中国语言文学文库·学人文库 吴承学　彭玉平　主编

河西走廊濒危藏语东纳话研究

邵明园　著

·广州·

版权所有　翻印必究

图书在版编目（CIP）数据

河西走廊濒危藏语东纳话研究/邵明园著．—广州：中山大学出版社，2018.12

（中国语言文学文库·学人文库/吴承学，彭玉平主编）

ISBN 978-7-306-06497-4

Ⅰ.①河… Ⅱ.①邵… Ⅲ.①藏语—研究 Ⅳ.①H214

中国版本图书馆 CIP 数据核字（2018）第281410号

| 出 版 人：王天琪
| 策划编辑：嵇春霞
| 责任编辑：周明恩　罗梓鸿
| 封面设计：曾　斌
| 版式设计：曾　斌
| 责任校对：袁双艳
| 责任技编：何雅涛
| 出版发行：中山大学出版社
| 电　　话：编辑部 020-84110283，84111996，84111997，84113349
| 　　　　　发行部 020-84111998，84111981，84111160
| 地　　址：广州市新港西路135号
| 邮　　编：510275　传　真：020-84036565
| 网　　址：http://www.zsup.com.cn　E-mail：zdcbs@mail.sysu.edu.cn
| 印 刷 者：佛山市浩文彩色印刷有限公司
| 规　　格：787mm×1092mm　1/16　29.5印张　490千字
| 版次印次：2018年12月第1版　2018年12月第1次印刷
| 定　　价：86.00元

如发现本书因印装质量影响阅读，请与出版社发行部联系调换。

中国语言文学文库

主　编　吴承学　彭玉平

编　委（按姓氏笔画排序）

　　　　王　坤　王霄冰　庄初升

　　　　何诗海　陈伟武　陈斯鹏

　　　　林　岗　黄仕忠　谢有顺

总　序

吴承学　彭玉平

中山大学建校将近百年了。1924年，孙中山先生在万方多难之际，手创国立广东大学。先生逝世后，学校于1926年定名为国立中山大学。虽然中山大学并不是国内建校历史最长的大学，且僻于岭南一地，但是，她的建立与中国现代政治、文化、教育关系之密切，却罕有其匹。缘于此，也成就了独具一格的中山大学人文学科。

人文学科传承着人类的精神与文化，其重要性已超越学术本身。在中国大学的人文学科中，中国语言文学学科的设置更具普遍性。一所没有中文系的综合性大学是不完整的，也几乎是不可想象的。在文、理、医、工诸多学科中，中文学科特色显著，它集中表现了中国本土语言文化、文学艺术之精神。著名学者饶宗颐先生曾认为，语言、文学是所有学术研究的重要基础，"一切之学必以文学植基，否则难以致弘深而通要眇"。文学当然强调思维的逻辑性，但更强调感受力、想象力、创造力和语言表达能力。有了文学基础，才可能做好其他学问，并达到"致弘深而通要眇"之境界。而中文学科更是中国人治学的基础，它既是中国文化根基的重要组成部分，也是中国文明与世界文明的一个关键交集点。

中文系与中山大学同时诞生，是中山大学历史最悠久的学科之一。近百年中，中文系随中山大学走过艰辛困顿、辗转迁徙之途。始驻广州文明路，不久即迁广州石牌地区；抗日战争中历经三迁，初迁云南澄江，再迁粤北坪石，又迁粤东梅州等地；1952年全国高校院系调整，始定址于珠江之畔的康乐园。古人说："艰难困苦，玉汝于成。"对于中山大学中文系来说，亦是如此。百年来，中文系多番流播迁徙。其间，历经学科的离合、人物的散聚，中文系之发展跌宕起伏、曲折逶迤，终如珠江之水，浩浩荡荡，奔流入海。

康乐园与康乐村相邻。南朝大诗人谢灵运，世称"康乐公"，曾流寓广州，并终于此。有人认为，康乐园、康乐村或与谢灵运（康乐）有关。这也许只是一个美丽的传说。不过，康乐园的确洋溢着浓郁的人文气息与诗情画意。但对于人文学科而言，光有诗情是远远不够的，更重要的是必须具有严谨的学术研究精神与深厚的学术积淀。一个好的学科当然应该有优秀的学术传统。那么，中山大学中文系的学术传统是什么？一两句话显然难以概括。若勉强要一言以蔽之，则非中山大学校训莫属。1924年，孙中山先生在国立广东大学成立典礼上亲笔题写"博学、审问、慎思、明辨、笃行"十字校训。该校训至今不但巍然矗立在中山大学校园，而且深深镌刻于中山大学师生的心中。"博学、审问、慎思、明辨、笃行"是孙中山先生对中山大学师生的期许，也是中文系百年来孜孜以求、代代传承的学术传统。

一个传承百年的中文学科，必有其深厚的学术积淀，有学殖深厚、个性突出的著名教授令人仰望，有数不清的名人逸事口耳相传。百年来，中山大学中文学科名师荟萃，他们的优秀品格和学术造诣熏陶了无数学者与学子。先后在此任教的杰出学者，早年有傅斯年、鲁迅、郭沫若、郁达夫、顾颉刚、钟敬文、赵元任、罗常培、黄际遇、俞平伯、陆侃如、冯沅君、王力、岑麒祥等，晚近有容庚、商承祚、詹安泰、方孝岳、董每戡、王季思、冼玉清、黄海章、楼栖、高华年、叶启芳、潘允中、黄家教、卢叔度、邱世友、陈则光、吴宏聪、陆一帆、李新魁等。此外，还有一批仍然健在的著名学者。每当我们提到中山大学中文学科，首先想到的就是这些著名学者的精神风采及其学术成就。他们既给我们带来光荣，也是一座座令人仰止的高山。

学者的精神风采与生命价值，主要是通过其著述来体现的。正如司马迁在《史记·孔子世家》中谈到孔子时所说的："余读孔氏书，想见其为人。"真正的学者都有名山事业的追求。曹丕《典论·论文》说："盖文章，经国之大业，不朽之盛事。年寿有时而尽，荣乐止乎其身，二者必至之常期，未若文章之无穷。是以古之作者，寄身于翰墨，见意于篇籍，不假良史之辞，不托飞驰之势，而声名自传于后。"真正的学者所追求的是不朽之事业，而非一时之功名利禄。一个优秀学者的学术生命远远超越其自然生命，而一个优秀学科学术传统的积聚传承更具有"声名自传于后"的强大生命力。

为了传承和弘扬本学科的优秀学术传统，从 2017 年开始，中文系便组织编纂中山大学"中国语言文学文库"。本文库共分三个系列，即"中国语言文学文库·典藏文库""中国语言文学文库·学人文库"和"中国语言文学文库·荣休文库"。其中，"典藏文库"（含已故学者著作）主要重版或者重新选编整理出版有较高学术水平并已产生较大影响的著作，"学人文库"主要出版有较高学术水平的原创性著作，"荣休文库"则出版近年退休教师的自选集。在这三个系列中，"学人文库""荣休文库"的撰述，均遵现行的学术规范与出版规范；而"典藏文库"以尊重历史和作者为原则，对已故作者的著作，除了改正错误之外，尽量保持原貌。

　　一年四季满目苍翠的康乐园，芳草迷离，群木竞秀。其中，尤以百年樟树最为引人注目。放眼望去，巨大树干褐黑纵裂，长满绿茸茸的附生植物。树冠蔽日，浓荫满地。冬去春来，墨绿色的叶子飘落了，又代之以郁葱青翠的新叶。铁黑树干衬托着嫩绿枝叶，古老沧桑与蓬勃生机兼容一体。在我们的心目中，这似乎也是中山大学这所百年老校和中文这个百年学科的象征。

　　我们希望以这套文库致敬前辈。

　　我们希望以这套文库激励当下。

　　我们希望以这套文库寄望未来。

2018 年 10 月 18 日

吴承学：中山大学中文系学术委员会主任、教授，长江学者特聘教授
彭玉平：中山大学中文系系主任、教授，长江学者特聘教授

序

藏语在汉藏语言中占有重要而又特殊的地位。藏语保留了汉藏语言中大量古老的成分，无论构拟原始汉藏语言的共同语，还是藏缅语言的共同语，都离不开藏语。没有藏语和藏文的启发和支持，至少上古汉语的拟音达不到今天的水平。作为藏缅语言中最具代表性和典型性的藏语，也为汉藏语系的建立带来不少麻烦。藏语与汉语在语法上不属于同一种类型，藏语是SOV型，汉语是SVO型，这不仅是语序问题，还涉及整个语言编码规则，而语言编码规则的差异是区别不同语言的根本标准。历史语言学家根据生物学的分化原理，使用片面的同源词比较方法，都认为藏语是与汉语最接近的语言，是汉藏语系建立的根本保证。苗瑶、壮侗语族语言由于发现了与南岛语言的"同源词"关系，在汉藏语系中的地位岌岌可危，而藏语和藏缅语族语言从语言编码规则上说要比苗瑶、壮侗语族语言与汉语的差别大得多，如果无法证明这种编码规则的同源性，那么汉藏语言同源成为空中楼阁。汉藏语系如果再失去这根藏语和藏缅语言的支柱，其语系的存在就值得怀疑了。因此，研究藏语的本源和发展演变已经成为确立汉藏语系的根本问题，由此可见，藏语研究在汉藏语言研究中的重要性和特殊地位。

藏语是一种方言复杂的语言，目前由于缺乏调查研究，分为3种方言只是权宜之计，特别是安多方言和康方言公布的全面描写资料很少，这对研究藏语的本源和发展演变是非常不利的。1949年中华人民共和国立以来，藏语调查研究得到迅速发展，特别是1956年全国少数民族语言普查和后续的补充调查，为藏语的研究奠定了基础。由于各种原因，安多方言和康方言都没有公布全面和完整的调查资料，更没有深入研究的著作。明园使用新描写主义的理论和方法对藏语东纳话进行详细描写和深入研究的皇皇巨著，为藏语方言研究填补了一个空白，做了一件筚路蓝缕的工作，为全面研究安多方言开了先河。

东纳话属于安多方言的半农半牧区土语，与我所调查的青海同仁县的藏语基本相同，同仁的藏族也自称"华锐"（དགུ་ལོགས་）。东纳话也有与同仁话不同的特点，特别是语音上既受到农区土语的影响，比如声母的圆唇化、舌面音的卷舌化、圆唇前元音等都是安多方言农区土语的区别性特征，青海省的循化、乐都和化隆等地都有这些语音特点。东纳话也受到附近牧区土语的影响，比如送气鼻音。此外，还受到康方言的影响，比如塞擦音的擦化，表示完成体的语法成分 le（与 nə 并用）、存在动词 ʰnaŋ 等。东纳话还有一些与其他地区藏语不同的语词，特别如"他"这样的一些核心语词。这些现象说明与迁徙和语言接触有关，也是东纳人觉得自己的话比较特殊的原因。藏语方言之间通话有困难，方言内部土语之间刚接触时也常常不能很快交流，这是很普遍的现象。东纳话这种"混合"的现象，与具有代表性的半农半牧区土语和牧区土语交流上产生一些困难，也可能是它处于濒危的一个原因。因此，研究东纳话不仅由于它的濒危性质，它本身的这种特点对研究藏语方言土语和语言接触就有一定的学术价值。

明园师从藏族语言学者阿错教授，阿错教授是少数精通现代语言学的藏族学者，为明园奠定了语言调查和藏语研究的良好基础。明园深入藏族自治区自学藏语，能说比较流利的藏语，这在汉族非藏语文专业出身的研究者中是少见的。语料的准确性使本书不仅具有研究价值，而且具有资料价值，因为近年来出版的藏语著作能作为资料使用的已经不多。这本书写得比较细致和深入，涉及的范围也广泛，是一本值得藏语文工作者参考和学习的作品。我虽长明园几岁，引为同道，特此为序。

2018 年 12 月

马伯成和叶玉花夫妇

索德廉和郝秀兰夫妇

刘自生和索翠花夫妇

文殊沟村俯瞰

目 录

第1章 绪论 ·· 1
  1.1 东纳藏族概况 ·· 1
    1.1.1 地理和环境 ·· 1
    1.1.2 族称和历史 ·· 4
    1.1.3 文化习俗 ·· 7
  1.2 东纳话概况 ·· 14
    1.2.1 河西走廊藏语分布 ·· 14
    1.2.2 东纳话使用 ·· 15
    1.2.3 既有研究 ·· 17
  1.3 调查地点和对象 ·· 18
  1.4 语料说明 ·· 20

第2章 音系及音变 ·· 22
  2.1 共时音系 ·· 22
    2.1.1 音节结构 ·· 22
    2.1.2 辅音/声母系统 ·· 23
    2.1.3 元音/韵母系统 ·· 29
  2.2 历史音变 ·· 34
    2.2.1 音节结构 ·· 35
    2.2.2 辅音/声母音变 ·· 36
    2.2.3 元音/韵母音变 ·· 49
  2.3 特殊变化 ·· 58
    2.3.1 辅音和声母 ·· 58
    2.3.2 元音和韵母 ·· 63
    2.3.3 因位变韵 ·· 67

  2.3.4 方言混合 …………………………………………… 67
 2.4 连读音变 ………………………………………………… 68
  2.4.1 重新分析与词界模糊 ………………………………… 68
  2.4.2 连读省缩 …………………………………………… 70

第3章 句法概览 ………………………………………………… 72
 3.1 语序 ……………………………………………………… 72
  3.1.1 名词短语语序 ………………………………………… 72
  3.1.2 谓词短语语序 ………………………………………… 75
  3.1.3 句子语序 …………………………………………… 79
 3.2 类型概览 ………………………………………………… 79
 3.3 句子类型 ………………………………………………… 80

第4章 词类及构词法 …………………………………………… 82
 4.1 名词组 …………………………………………………… 82
  4.1.1 普通名词 …………………………………………… 82
  4.1.2 专有名词 …………………………………………… 83
  4.1.3 方位名词 …………………………………………… 83
  4.1.4 时间名词 …………………………………………… 85
  4.1.5 指代词 ……………………………………………… 85
  4.1.6 数词 ………………………………………………… 106
  4.1.7 度量词 ……………………………………………… 110
 4.2 动词组 …………………………………………………… 110
  4.2.1 动词音节 …………………………………………… 111
  4.2.2 动词屈折 …………………………………………… 112
  4.2.3 动词重叠 …………………………………………… 113
  4.2.4 及物性和自主性 ……………………………………… 115
  4.2.5 形容词 ……………………………………………… 116
  4.2.6 系动词 ……………………………………………… 124
  4.2.7 存在动词 …………………………………………… 126
  4.2.8 情态动词 …………………………………………… 127
  4.2.9 助动词 ……………………………………………… 131

4.2.10　名物化 ··· 146
　4.3　副词 ·· 151
　　　4.3.1　副词形态结构 ·· 151
　　　4.3.2　副词语义类别 ·· 154
　4.4　连词 ·· 156
　　　4.4.1　并列连词 ··· 156
　　　4.4.2　从属连词 ··· 160
　　　4.4.3　从句链连词 ·· 160
　4.5　其他封闭词类 ·· 162
　　　4.5.1　格助词 ··· 162
　　　4.5.2　叹词 ·· 162
　　　4.5.3　拟声词 ··· 163
　　　4.5.4　语气助词 ··· 163
　　　4.5.5　话题助词 ··· 170
　　　4.5.6　焦点助词 ··· 171
　4.6　构词法 ··· 171
　　　4.6.1　复合构词 ··· 172
　　　4.6.2　派生构词 ··· 173
　　　4.6.3　重叠构词 ··· 175

第5章　名词和名词性形态 ··· 177
　5.1　性别标记 ·· 177
　5.2　小称标记 ·· 178
　　　5.2.1　词根＋词缀 ·· 178
　　　5.2.2　内部屈折 ··· 179
　　　5.2.3　异根 ·· 179
　　　5.2.4　重叠 ·· 180
　5.3　亲属称谓词缀 ··· 180
　5.4　有定性标记 ··· 181
　　　5.4.1　无定标记 ··· 181
　　　5.4.2　有定标记 ··· 183
　5.5　数标记 ··· 183

  5.5.1 双数标记 ……………………………………………… 184
  5.5.2 复数标记 ……………………………………………… 185
 5.6 格标记 ……………………………………………………… 187
  5.6.1 通格 …………………………………………………… 187
  5.6.2 施格 …………………………………………………… 188
  5.6.3 属格 …………………………………………………… 191
  5.6.4 离格 …………………………………………………… 194
  5.6.5 位格 …………………………………………………… 194
  5.6.6 与格 …………………………………………………… 195
  5.6.7 连同格 ………………………………………………… 198
 5.7 差比标记 …………………………………………………… 199
 5.8 话题标记 …………………………………………………… 199
 5.9 焦点标记 …………………………………………………… 201

第6章 动词和动词性形态 ……………………………………… 203
 6.1 体范畴 ……………………………………………………… 203
  6.1.1 完整体 ………………………………………………… 203
  6.1.2 完成体 ………………………………………………… 205
  6.1.3 结果体 ………………………………………………… 207
  6.1.4 经历体 ………………………………………………… 209
  6.1.5 进行体 ………………………………………………… 211
  6.1.6 持续体 ………………………………………………… 213
  6.1.7 将行体 ………………………………………………… 214
  6.1.8 即行体 ………………………………………………… 216
 6.2 否定范畴 …………………………………………………… 217
 6.3 情态范畴 …………………………………………………… 219
  6.3.1 认识情态 ……………………………………………… 219
  6.3.2 道义情态 ……………………………………………… 220
  6.3.3 动力情态 ……………………………………………… 221
 6.4 示证范畴 …………………………………………………… 222
  6.4.1 亲知示证 ……………………………………………… 222
  6.4.2 拟测示证 ……………………………………………… 225

     6.4.3 传闻示证 …………………………………………… 226
     6.4.4 引述示证 …………………………………………… 228
  6.5 向心范畴 ………………………………………………… 230
  6.6 新异范畴 ………………………………………………… 234

第7章 简单句及其构成 ……………………………………… 239
  7.1 疑问句 …………………………………………………… 239
     7.1.1 是非问句 …………………………………………… 239
     7.1.2 特指问句 …………………………………………… 242
  7.2 判断句 …………………………………………………… 243
     7.2.1 系动词 ……………………………………………… 245
     7.2.2 语尾助动词 ………………………………………… 248
  7.3 领有句 …………………………………………………… 251
     7.3.1 存在动词 …………………………………………… 252
     7.3.2 语尾助动词 ………………………………………… 255
  7.4 差比句 …………………………………………………… 257
     7.4.1 句法型差比句 ……………………………………… 258
     7.4.2 词汇型差比句 ……………………………………… 259
     7.4.3 标记存古 …………………………………………… 259
  7.5 致使句 …………………………………………………… 260
     7.5.1 词汇手段 …………………………………………… 260
     7.5.2 形态手段 …………………………………………… 261
     7.5.3 迂说手段 …………………………………………… 264
  7.6 否定句 …………………………………………………… 266
     7.6.1 否定标记 …………………………………………… 266
     7.6.2 否定辖域 …………………………………………… 267
     7.6.3 一般否定 …………………………………………… 269
     7.6.4 双重否定 …………………………………………… 270
  7.7 话题结构 ………………………………………………… 271
     7.7.1 话题助词 …………………………………………… 271
     7.7.2 话题敏感算子 ……………………………………… 272
     7.7.3 语序 ………………………………………………… 273

7.8 焦点结构 …… 274
　7.8.1 句焦点 …… 274
　7.8.2 成分焦点 …… 275

第8章 复杂句及其构成 …… 279
　8.1 并列结构 …… 280
　8.2 从句链结构 …… 284
　8.3 副词从句 …… 288
　　8.3.1 时间状语从句 …… 288
　　8.3.2 条件/假设状语从句 …… 289
　　8.3.3 让步状语从句 …… 290
　　8.3.4 原因状语从句 …… 291
　8.4 关系从句 …… 291
　　8.4.1 名物化和关系化 …… 291
　　8.4.2 中心词外关系从句 …… 295
　　8.4.3 中心词内关系从句 …… 297
　　8.4.4 无中心词关系从句 …… 297
　8.5 补足语结构 …… 298
　　8.5.1 限定性补语句 …… 298
　　8.5.2 非限定性补语句 …… 299
　8.6 连动结构 …… 302
　8.7 准分裂结构 …… 303

第9章 句子功能类型 …… 305
　9.1 陈述式 …… 305
　9.2 疑问式 …… 305
　9.3 命令式 …… 305
　9.4 禁止式 …… 308
　9.5 感叹式 …… 309
　9.6 邀约式 …… 310
　9.7 祈愿式 …… 310

第 10 章　动词形态变化 ·············· 312
10.1　声母屈折 ·············· 314
10.2　韵母屈折 ·············· 314
10.2.1　开音节词 ·············· 314
10.2.2　闭音节词 ·············· 316
10.3　元辅音屈折 ·············· 317
10.3.1　开音节词 ·············· 317
10.3.2　闭音节词 ·············· 318
10.3.3　开—闭音节词 ·············· 319

第 11 章　专门语汇 ·············· 320
11.1　姓和名 ·············· 320
11.1.1　历史原因 ·············· 321
11.1.2　姓氏 ·············· 321
11.1.3　名字 ·············· 323
11.2　动物名称 ·············· 329
11.2.1　绵羊 ·············· 329
11.2.2　山羊 ·············· 331
11.2.3　野羊 ·············· 333
11.2.4　牦牛 ·············· 333
11.2.5　犏牛 ·············· 336
11.2.6　黄牛 ·············· 336
11.2.7　马匹 ·············· 337
11.2.8　骆驼 ·············· 339
11.2.9　毛驴 ·············· 339
11.2.10　藏獒 ·············· 340
11.3　亲属称谓词 ·············· 341
11.3.1　祖辈和父母辈 ·············· 341
11.3.2　父母的同辈 ·············· 342
11.3.3　自己的同辈 ·············· 343
11.3.4　对象与晚辈 ·············· 344
11.4　地名 ·············· 345

  11.4.1 东纳重要地名 ······ 345
  11.4.2 堡子滩村地名 ······ 346
 11.5 颜色词 ······ 349
 11.6 敬语词 ······ 350
 11.7 借词 ······ 352
  11.7.1 名词类借词 ······ 352
  11.7.2 动词类借词 ······ 356
  11.7.3 虚词类借词 ······ 357

第 12 章 内部方言差异 ······ 361
 12.1 语音音系 ······ 362
 12.2 词汇语义 ······ 363
 12.3 形态句法 ······ 364

第 13 章 东纳话的地位 ······ 365
 13.1 藏语方言的分类 ······ 365
 13.2 东纳话的特征 ······ 367
 13.3 东纳话的地位 ······ 370

附录 ······ 372
 1. 词汇表 ······ 372
 2. 东纳话动词体式变化表 ······ 408
 3. 藏文动词待考正字 ······ 432
 4. 长篇语料选 ······ 434

参考文献 ······ 445

后　记 ······ 447

第 1 章　绪论

1.1　东纳藏族概况

东纳藏族隶属于今张掖市肃南裕固族自治县祁丰藏族乡，地处河西走廊中部、祁连山中段，且在方位上处于祁连山北麓。从地理环境上看，是分布最靠北的藏族群落，只在西南与青海的藏族聚居区相连。但东纳经济文化生活的核心还是在乡境西北一带，是故它类似一块"飞地"，悬置于祁连山北麓。同时，因南隔高大的祁连山，北近传统的蒙古族和汉族区域，东和西都较其他藏族聚居区为远，导致它与其他藏族聚居区交流甚少，现如今藏族传统文化失落严重，从而被称为"藏族自治区的孤儿"。

1.1.1　地理和环境

东纳藏族属于河西走廊区域内的藏族群落之一。在叙述东纳藏族乡有关事实之前，有必要介绍一下东纳及周边藏族分布的整体情况，即"河西走廊藏族群落"。

河西走廊为地处中国甘肃省西北部的狭长高平地，在祁连山以北，合黎山以南，乌鞘岭以西，甘肃与新疆边界以东，长约 900 千米。河西走廊包括甘肃省河西五市：武威（凉州）、张掖（甘州）、金昌、酒泉（肃州）以及嘉峪关。西北的"河西走廊"与西南的"藏彝走廊"并列为我国两大民族走廊，历来是中西民族文化交融之地。从敦煌藏经洞所出藏文文献可知，河西走廊在唐代即有来自现卫藏和康巴地区的移民，其后历代都有不同程度的藏族族群在该地聚居迁徙。如今藏族在河西走廊主要分布在张掖市肃南裕固族自治县和武威天祝藏族自治县区域内。20 世纪 50 年代基于民族自治将原属金昌市的泱翔乡、原属酒泉的祁连乡、祁林乡和祁青乡等统一划为肃南县管辖。所以如今藏族在河西走廊的分布较少且集中。

依照经度从东到西，纬度从南到北，肃南裕固族自治县区域内的藏族聚居区大体上可以分为 3 个部分，依次为皇城镇铧尖乡（གཙང་རིང་ gtɕaŋ. riŋ）、泱翔乡（གཡང་ཅང་ g-jaŋ. kʰjuŋ）两个藏族聚居社区，马蹄藏族乡（རྭ་ཁྱུང་ rwa. kʰjuŋ）以及最北端的祁丰藏族乡（མདུང་ནག mduŋ. nag）。皇城镇区域内的两个藏族乡是 1959 年从天祝藏族县划入肃南裕固族自治县内的，这部分藏族人自称"华锐娃（དཔལ་རིས་པ dpal. ris. ba）"或"瓦颜娃（བ་ཡན་བ ba. jan. ba）"，属于传统上的"华锐"部落。马蹄藏族乡区域内的藏族分为"东五族"（སྟོད་རྭ་ཚྭ་ཚོ་ལྔ stod. rwa. tswa. tsʰo. lŋa）和"西八族"（སྨད་ཁྱུང་ཚྭ་སྡེ་བརྒྱད smad. kʰjuŋ. tsʰwa. sde. brgjad）。这一区域内的藏族部落来源复杂，既有吐蕃时期征战至此的吐蕃后裔，又有后来因为战争、婚姻、行政调整、自然灾害等陆续从周边地区迁入此地的藏族人和其他民族，部落成员对于自身的来源、历史记忆甚至民族属性都有不同的意识和认知。

据尕藏尼玛（2014：31）调查，马蹄藏族乡的藏族部落对于"华热"（即上述"华锐"）这一地域身份的认同表现得十分模糊，祁丰藏族乡区域内东纳部落成员对于"安多"和"华热"这两个藏族传统地域概念完全没有认知，东纳藏族基层群众更多关注的是产生于血缘关系之上的家族意识（例如村民会强调自己是"某某家"的）或聚居社区地缘关系上的地域认同（例如"甘巴""措周""依如"3 个部落以及更大地域概念中的"东纳"部落）。这和笔者的调查完全契合。

本研究所调查的东纳藏族，现在行政称呼为祁丰藏族乡。其地理分布，东起马营河，西达石油河，北接肃北蒙古族自治县，南抵疏勒南山与青海祁连县、天峻县为邻，北与酒泉、嘉峪关、玉门接壤。区域内平均海拔在 4000 米左右，东西长 160 千米，南北宽 105 千米，总面积约 10202 平方千米。发源于原祁青乡的北大河贯穿全境，并从现在的乡上流过。东纳藏族乡现有农牧民群众 3800 多人，其中藏族约占 80%，基本上是东纳藏族。图 1-1 为祁丰藏族乡区位。

东纳藏族集聚的祁丰藏族乡总地势东南高、西北低，祁连山将全乡分为前山和后山两部分。当地最高峰素珠链海拔 5547 米，谷地最低处 1750 米。区域内群山叠峰，沟壑纵横，地质景观丰富多样，主要山脉有托勒山、托勒南山、走廊南山及祁连山，其中海拔 5000 米以上的山峰有素珠链、班赛日、镜铁山、大白水河梁、大白水河脑、托勒南山、水峡脑等，海拔 4500 米以上的山峰共有 1014 座，占全县此类山峰的 76.2%。

图 1-1 祁丰藏族乡区位

祁丰藏族乡处于高纬度地区，是我国东部季风区、青藏高原区和西北干旱区三大自然区域的交会地带，所处海拔为 1755～5547 米。悬殊的地势高差致使大气温度垂直递减率为每百米 0.5℃～0.7℃，年平均气温 6.6℃，绝对无霜期为 50～120 天，年降水量 150～300 毫米，全年日照时间约 2844 小时，为肃南县日照时间最长的地区之一。这里特殊的自然环境和海拔，导致本区内气候既有温差大、四季分明的大陆性气候，又有垂直地带水热显著变化的高山气候；既有夏季降水集中的季风气候特点，又具有以沙尘天气为标志的极端大陆性气候特点。大体上来看，其区域内形成了复杂的大气运动和水热在水平和垂直方向上变化的立体气候特征。祁丰藏族乡全区域内大体上可分为湿润高寒草原气候区（主要为祁丰南部）、半湿润山地草原气候区（主要为祁丰乡中部地区）以及干旱草原气候区（主要是祁丰乡祁文、祁连、祁林村的沿山地带）。

祁丰藏族乡处于祁连山中、西段核心腹地，发源其中的诸河川贯穿于山峡纵谷之间，形成众多河流湖泊，祁丰乡区域内的河流数目占肃南县河流总数的 45%，区域内大部分地区水源充沛，是河西走廊一带重要的水源涵养地，主要的河流有马营河、黄草坝河、榆林坝河、甘坝河、马苏河、观山河、红山河、洪水坝河、托勒河、白杨河等。

肃南县区域内主要植被为青海云杉等组成的寒温性针叶林，祁连圆柏等组成的温性针叶林，杜鹃等组成的常绿草叶灌丛，金露梅、鬼箭锦鸡儿、吉拉柳、冰川茶藤子等组成的落叶阔叶灌丛，以及高山稀疏植被、高山垫状植被、高山蒿草草甸、山地草原、山地荒漠草原等，呈垂直和水平分布状。其中，山地草甸和沼泽草甸海拔最高。

祁丰东纳藏族乡区域内是全县各类矿产资源较为富集的区域，主要矿产资源有金、银、铜、铁、银、玉石、石棉、高岭土、白云岩、煤、石灰石等。

祁丰藏族乡区域内野生动物，特别是珍稀动物种类非常丰富。根据中国科学院甘肃、青藏综合考察队及各级野生动物保护管理单位的调查和统计，国家一级保护动物有12种，国家二级保护动物有20多种，是祁丰各族人民宝贵的自然财富和历史遗产。在海拔4100~4300米的高山裸岩带，分布有雪豹、盘羊、白唇鹿等，海拔2400~3900米的高山草原、针叶林、灌丛和河谷林灌地带，栖居有野牦、野驴、西藏原羚、石貂、猞猁、麝、马鹿、盘羊、石羊、青羊、黄羊等野生兽类。此外，区域内的鸟类资源也比较丰富，在海拔4100~4200米有藏雪鸡、胡秃鹫、玉带海雕、白尾海雕等，海拔3600~4000米有藏雪鸡、云雀、高原山鹑等，海拔2400~3000米有高山雪鸡、蓝马鸡、黑头鸭、暗腹雪鸡等。

祁丰藏族乡现辖13个行政村，基本都是牧业区。红山村、黄草坝村、榆林村和甘坝口村四地有农业区，主要种植小麦、玉米、大豆、土豆，以及部分种值蚕豆、豌豆和各种蔬菜等，但主要还是以放牧为主。这从一些词汇上也可看得清楚，当地没有 roŋmaⁿdzok "半农半牧"这个词，却有 ⁿdʐemapol "半藏半汉"这个词（用当地汉语俗称"半番子"）。因为红山一带的居民不会说藏语，是故认为他们是"半番子"。

1.1.2 族称和历史

东纳藏族部落世居河西走廊中部地区，乃中国区域内最北端的藏族族群，是河西走廊藏族的主要分支和独立文化圈。"东纳"乃藏文མདུང་ནག mduŋ.nag 的汉语音译，意为"黑色矛戟"，汉族史书对其还有"当纳""东乐克""东纳赫""东乐赫"等不同称谓。东纳藏族乃吐蕃时代驻守河西的兵士的后代，是故又自称"噶玛洛"，藏文写作བཀའ་མ་ལོག bkaN.ma.log，乃"无令不得返回"之意。而关于"噶玛洛"的由来，藏文史集《松赞干布遗教》中记载，弃松德赞时有 9 位勇敢的军官，分别带领军队驻守北方。后来 9 位军官向国王请示他们何时返回。国王通知他们说，要等待他的命令，无令不得返回。但他们一直没有接到国王的命令，于是自称"噶玛洛"，在多麦的汉藏交界处定居下来。现代青海环湖一带以及甘肃省甘南藏族自治州卓尼县的某些藏族聚落，至今也同样称自己为"噶玛洛"。东纳藏族的具体族源，据口传来自康区窝绒宗喀，即今昌都地区。而这之前，又来自那曲地区，即经由"西藏那曲—西藏昌都—甘肃张掖东纳"地区这样一个迁徙路线。

东纳人自认为是藏族，自称"东纳娃"（即"东纳人"），认为自己说的是藏语。当地汉族人称呼他们为"黑番"①"西番"或"番子"，有时也加修饰语，称之为"山里的西番"，甚至贬称为"绍西番"，"绍ʂɔ⁴¹"乃当地汉语，意为"傻/有精神问题"②。历史上的东纳藏族部落聚居地名称是以部落名称命名的，称作"东纳卡森"，意为"东纳三山口"。"三山口"是因东纳先祖到此后镇守这一带的 3 个重要关隘山口而得名。其中一部镇守"甘坝口"一带，部落及地域名称作"甘巴隆僧"，其部落首领姓"佘年"。划归肃南裕固族自治县管辖后，取祁连山、榆林坝首二字行政地名，称"祁林"乡，2004 年撤区并乡后称作"祁林"村。一部镇守"瓷窑口"，部落及地域名称作"措周"，其首领姓"普尔擦"，划归肃南县后，因祁连山主峰素珠链在其区域内，行政地名命名为"祁连"乡。2004 年撤区并乡后称作"祁连"村。一部镇守"卯来泉口"，部落及地域名称作"依如"，该部落头目姓"周仓"，因其头目"以大布什得达赖喇嘛赐为世袭头目，委以该部落文官职务"，民间又称作"周掌印"。划归肃南县管辖后，因其地域面积广阔，加之祁连山脉自然将"依如"划分为前、后山地区，行政区划中分别以"祁文"（取祁连山、文殊山首字）、"祁青"（取祁连山、青头山首字）命名。2004 年撤区并乡后，行政区划命名为"祁文"村和"祁青"村。"祁林""祁连""祁文""祁青"这些行政区划地名所指的地域范围基本上涵盖了传统上东纳藏族部落聚居的所有地域。

---

① 当地的裕固族被称为"黄番"。
② 《酒泉市志（下）》方志出版社 2008 年版第 2132 页中用汉字"绍"来记录 ʂɔ⁴¹ 音，当是记音字，而非本字，是故 ʂɔ⁴¹ 音本字待考。

"东纳三部"在民国时隶属肃州镇守使,保甲制建立后,设祁连直属堡,属酒泉县管辖。中华人民共和国成立后设祁连直属乡。1950年与莲花乡(今肃南县明花乡)合并为祁明区,属酒泉县管辖。1954年划归肃南裕固族自治县管辖后,遂改称祁丰区。1958年改建为祁丰公社,不久改名为灯塔公社。1959年与双海公社(今肃南县明花乡)合并为祁明公社。1960年划为祁丰公社和双海公社。1962年将祁丰公社划为祁丰公社和祁文公社,不久合并为祁丰区。1971年将祁林公社和祁连公社划归酒泉县,祁文公社和祁青公社划归嘉峪关市。1972年将上述4个公社复划归肃南县,并恢复区、社原建置。1984年社改乡,2004年12月撤销区建置,将4个乡合并为祁丰藏族乡,辖珠龙观、陶丰、黄草现、祁林、甘现口、观山、红山、青稞地、瓷窑口、堡子滩、文殊、祁文、腰泉13个村。据2012年人口统计数据,其东纳藏族人口数量为2567人。

东纳藏族世居的河西走廊地区不仅是丝绸之路的重要贸易通道,还是我国古代西北多民族、多文化分布和中西文化交流的重要地区。东纳藏族世居的祁连山北麓河西走廊地区,自古以来是众多民族迁徙往来、流动频繁的地区。走廊北部伸入沙漠的石羊河、黑河下游的民勤绿洲和居延海,是通往蒙古草原的要径,南部穿越祁连山诸山口又可通往青藏高原。得天独厚的地理条件和优越的自然环境使河西走廊成为沟通中原、西域以及南北各民族之间的重要交通途径。千百年来,不同的民族先后到达这里,经过长期的接触、交流、融合后,形成多民族交错杂处的居住格局。伴随着这些民族实体的介入,其所负载的民族文化也进入河西走廊,不同的文化类型在这里碰撞、互动,形成这一地区多元、复杂的民族关系。

东纳地区具有便捷的交通,这种状况促进了东纳自身的发展,使本部落发展充满活力,现如今东纳藏族百姓生活富足,生活水平普遍比较高。笔者调查期间,恰逢兰新高铁开通。从距离东纳藏族百姓日益集中聚居的祁丰乡所在地到附近最近的嘉峪关火车站,仅有半个小时左右车程,极其便捷。"西气东输"工程也正在附近建设气站,可以非常便捷地使用来自新疆的天然气。但这种交通的便捷和经济的快速发展也带来了其他问题,最主要的就是藏族传统文化在极其快速地丢失和消融。仅以藏语为例,现在藏语已经不是东纳藏族内部的公共交际用语,藏语仅仅在部分老年人那里还会被使用,而且因为四十岁以下的人绝大多数藏语交际能力都非常差,或仅能勉强听懂一些。在实际生活中,使用藏语的频率非常低,即使在家庭内部,也不是主要交际用语,更多只限于老年人之间的交流和使用。

1.1.3 文化习俗

1.1.3.1 服饰

当地的藏族服饰独具特点,在颜色和样式上都和其他族群有明显的区别,和其他藏族聚居区民族服装也有明显不同。王岩松(2004:104～105)对此有详细论述。当地人称,通过服饰的样式即很容易辨别是不是东纳藏族人,这已经成为族群的标志符号之一。

1.1.3.2 食物

东纳藏族聚居区之前主要以牧业为主,牧民常吃的食物主要有牛羊肉,以及糌粑、酥油和牛羊奶,很少吃蔬菜。如今国家施行农牧民定居工程,建设牧民新居,集中迁移到靠近酒泉和嘉峪关的乡上居住。由于交通便捷,内地所能见到的各种蔬菜当地几乎都有,只要想吃都可以买来,非常方便。但日常饮食还是以面食为主,蔬菜习惯以土豆为主,尤其是将土豆作为佐料放在面食里一起食用。当地也有面片,但做法和相邻的青海藏族聚居区的面片做法不甚相同。

1.1.3.3 居住

东纳是牧区,百姓主要以放牧为主,所以之前大多数都是居住在牧区草原上,都是住黑牦牛皮毛帐篷,而小两口也有住白布帐篷的;夏天移牧夏窝子(^{ɦ}jarsʋ),住帐篷;冬天移牧冬窝子(^{ɦ}gənsʋ),住卧铺,即在周围用石头垒起来,上面用木头、树枝盖上,底下烧火,用来烧柴火或羊粪等。炕上还会放火盘取暖。现在牧区已经不再住帐篷,而改住泥土瓦房,用太阳能发电照明。

现在国家推行牧民定居工程,东纳百姓正大量移民到现在的文殊寺所在地定居,盖起了大量6层的现代式楼房,通自来水、电和暖气,家里现代化的电器,如冰箱、彩电、洗衣机等样样俱全,已经完全是现代化的居住环境,与城里汉族百姓几乎没有区别。

1.1.3.4 丧葬

东纳藏族聚居区流行火葬。当地只有 13 岁以下非正常死亡的孩子才天葬，当地叫"鹰葬"，不过，没有一个专门的藏语词来指称。鹰葬不似其他藏族聚居区需要解剖，东纳当地不解剖，而是放到比较高的地方，一般是山包上面，以便秃鹫看见，然后人就离开。13 岁以上正常死亡的居民都施行火葬。

火葬没有固定的火葬场，因为每家都有相对固定的放牧方位，因此，家里有人去世后，先找僧人占卜一个地方，通常要找个避风的地方，不能窝风，否则风散不开。然后筑个长方形火葬台，用 6 根木头，4 根竖放，两根横放，把遗体置于其上，把头向下，采用俯卧的姿势来焚化。当焚化时，遗体的头部因大量受热会抬起来，所以此时需另外再找一根木头来把头压下去。体质比较好的人一般两个小时可以焚化完；体质差的，一般一个半小时就可以火化完。焚化时还会说祷词，如本书末所附祷词。焚化时，儿子及其他男性亲属都可以在现场，但女性只能在未焚化之前过去烧纸张祭奠，焚化之前必须离开。

据王岩松先生和马伯成先生回忆，他们小的时候，人死之后一般 3～7 天才火葬，择单数日子 3、5 或 7 日火葬，一般会请一个喇嘛念经超度，通常不会请两个以上。或者请个"班第"（小僧人）也可以。而现在当天就有火葬的，尤其夏天，像祁文乡，海拔低，天气炎热，很多人开始住带暖气的楼房，遗体容易腐烂，难保存，所以有的人家就会很快火葬。但也有的把遗体放到冰柜里，或用吹风机吹着，或者用冰块堆着、围着以防腐烂。甚至有的也不再请僧人念经超度，因为东纳当地没有出家僧人，而乡上寺里只有 3 个外地的僧人。

遗体火化之后第三天，找 3 个不同姓氏的男人（可以包括自己亲族的人），将骨灰从腿到头按顺序搜集起来，装入一个约 70 厘米长的白布袋子里，在清明节的时候，选择一个能看见雪山与松柏的地方，挖一个深度超过 80 厘米的深窝，底层铺木炭灰或白石灰，垫上柏香，上盖石板，用白石头垒起来，垒成塔尖形状的坟头，直径大概 20 厘米左右。有上坟的习俗，一年通常可以上两次坟，即"腊月二十三，灶爷上了天"以后择日即可上坟，或者春天"二月二，龙抬头"至清明之间择日上坟。清明节更是上坟的好日子。

1.1.3.5 婚姻

东纳婚姻实行一夫一妻制，同时规定同族不通婚。联姻过程中，通常会有求婚、订婚和结婚 3 个步骤，各个步骤都有很多程序，非常烦琐。以前主要以马为交通工具迎娶，现在则以轿车为主。结婚时间一般不在农历四月、七月、九月和十一月，通常会选择其他月份的十五日之前的双日（按汉族的农历测算），当然最好是十四，因为十五月亮就圆了。

近亲一般不结婚。但以前也曾特别流行姑舅亲，原因是亲属间相互熟悉，好说话，定亲礼钱通常收得少。现在藏汉可以通婚，但当地年长者说，他们小时候，老一辈人很忌讳和汉族妇女结婚，认为汉族妇女脚小，不能干牧区妇女的活儿，不适合结婚。1958 年之后破除了此等观念，藏汉通婚逐步开始流行，现在则很普遍。祁丰乡所在肃南县为裕固族自治县，藏族和裕固族之间可以通婚。同时，祁丰乡北接肃北蒙古族自治县，但藏族和蒙古族通婚的为数甚少，据说仅有几例。东纳藏族人也绝少和回族人通婚，据传仅有一例。有关东纳婚姻的更多详情，请参看王岩松（2004：98～101）。

1.1.3.6 宗教信仰

一方面，东纳藏族几乎全部信仰藏传佛教，但宗教意识又较西藏和青海等藏族文化核心区淡漠得多。王岩松先生回忆道，他小时候还记得没有其他"外教"，没有其他宗教的信仰，连汉传佛教也没有。但近年来有极个别藏族人改信基督教，如祁文村某村民受从河南来打工的亲戚的影响，而改信了基督教。东纳藏人几乎无人信仰伊斯兰教，其他宗教，如道教等，也无人信仰。

另一方面，东纳藏族近 3000 人中，却没有一个出家的僧人，这在整个藏族地区恐怕也是非常罕见的一个现象。现在东纳地区还有僧人的寺庙就只有乡政府所在地的文殊寺，目前文殊寺只有 3 个僧人，全部是外地人。其中一个是肃北蒙古族的"小阿卡"，不知道具体姓名。一个据说可能是青海共和的活佛，名叫旦贝尼玛，祖寺在四川，信仰的乃藏传佛教中的红教。活佛的妻子是肃北人，所以上述蒙古族的"阿卡"据说是活佛的亲戚。还有一个是青海省名叫德禅的藏族人，据说也是活佛的亲戚。

1.1.3.7 历法和新年

据马伯成和王岩松等老人讲述,自他们记事起,当地即通行汉历(俗称"旧历")和新历(公历)。不过,老百姓的日常生活、宗教活动和牧业生产等主要还是按汉历进行,基本不用通行于其他藏族聚居区的藏历。但近些年,东纳藏族聚居区在积极努力地复兴藏族传统文化,努力恢复藏历年,试图复兴藏历,但实际上,在农牧业生产和日常生活中还是汉历更为通行,藏历仅具有代表意义。

新年是当地最大的节日。以前过年初一、初二不出门,初三才可以出门去拜年。初二通常去舅舅家,或给邻居老年人拜年。初三才可以走亲访友。如今各行其是,有的大年初一即给父母磕头,去给别人拜年。年轻一辈给老年人磕头时,老年人通常会说祝福的话,分对象男女有别。参见附录(M-6)新年"祝祷词"部分,现在则较为随意。

1.1.3.8 禁忌与礼俗

东纳藏族的禁忌有些是通行于整个藏族聚居区的禁忌,有些则呈现出自己的特色。结合尕藏尼玛(2014:188)和我们的调查,东纳藏族在宗教方面的禁忌主要如下。

(1) 到寺庙顺时针走,不能逆时针走。
(2) 不能在佛塔、拉孜、寺庙里打闹、喧哗、玩笑,等等。
(3) 磕头、祭"鄂博"时不能戴帽子。
(4) 严禁在寺庙里杀生,禁止僧尼和佛教徒杀生,也不能在他们面前杀生。
(5) 经期内的妇女不能进寺庙,进去磕头也不行。
(6) 女性不能在寺庙里留宿,即使僧人的亲戚也不行。
(7) 进庙时忌吃大蒜,忌戴帽子,忌吸烟,忌摸佛像等宗教用具。
(8) 在寺院内严禁坐活佛和其他僧人的座位。
(9) 忌在寺院内外喧哗、唱歌、跳舞、酗酒等。
(10) 忌跨过僧人座位、衣物、佛经佛像和各种法器。
(11) 忌对僧人直呼俗名,应称"阿克"或"阿拉"。
(12) 敬献给活佛的哈达,最好是黄色,或者白色。

生活方面的禁忌主要如下。

（1）不能在老人面前打闹、喧哗和玩笑等。

（2）不能打秃鹫和骨嚓鹰，但雕可以打，因为它对牲畜危害大。

（3）在羊圈门口不说不吉利的话，放羊的棒子不能敲打羊圈。

（4）对牲畜不能说不吉利的话。

（5）进帐篷门一定要按男左女右坐下。忌在帐篷里吐痰。

（6）送亲和给出嫁的姑娘梳辫子不能找寡妇。

（7）妇女一般不能喝酒。

（8）头和肩胛上不能碰和摸，传说男人肩胛上有 3 把火，触碰则会生灾难。

（9）帐篷周围不能大小便，在拴牛、拴马和圈羊的地方不能大小便，有水源的地方也不能大小便。

（10）家里来客人，先给老人和客人敬酒，然后按大小辈分为序敬酒。

（11）小时候喝茶吃饭先敬奉"三宝"，中指蘸着抛 3 下，彼时大小皆如此，但现在基本没有了。

（12）吃完饭，如喝完奶茶，要添碗，现在有些老年人还保持这个习惯，中年人和小孩已经放弃此习惯。

（13）对尊者、长者等，尤其是自己父母，不直呼其名，但对其他人则可以。

（14）不让小娃娃吃牛羊的眼睛和舌头，尤其舌根更不能吃。传说吃了牛羊的眼睛会向老人翻白眼，吃了牛羊的舌头会说话太多。尤其小舌更不能吃，吃了传说会变哑巴。但也有说舌尖可以给小孩吃，吃了会口齿伶俐。

（15）不吃尖嘴、圆蹄类动物，如马、驴、骡等圆蹄、奇蹄类牲畜的肉。忌吃猫、狗等带利爪的动物的肉，及飞禽的肉，如鸡肉，鸡为尖嘴动物，但现在越来越多人开始吃了。吃反刍类动物牛、羊等肉。很早以前鱼肉也不吃，但现在也开始吃。不吃已死的牛、羊等的肉。

（16）衣服中黄色属于吉祥色，但一般是男性老年人或僧人才穿，其他人较少穿。

（17）家里来客人时不能打小孩子，否则会被视为不尊重客人。

（18）忌讳反手用勺添茶倒水。

（19）吃饭时不擤鼻涕，来客人也不允许擤鼻涕。

（20）别人丢落的帽子不能捡。

（21）不能跨过或踩在别人的衣物上，尤其是帽子。

（22）忌用麻绳、毛绳当作腰带系身，除服孝者之外。腰带两端是不能在身前打结的，一般在背后打结。

（23）妇女晾衣服，尤其裤子、内裤不能晾在有人经过的地方。这类衣物不在家里洗，不和其他衣服挂在一起，挂到房后等隐蔽的地方。

（24）来家里的客人不能随便脱鞋。

（25）即使是再好的朋友，见面时也不能随意地搭肩、摸头顶。

（26）家里来客人，到炕上坐时，不能扫地。

1.1.3.9　祭祀

区别于其他藏族聚居区以藏传佛教活动为主要仪式的行为，东纳当地最主要的公共精神生活是祭祀山神活动，即拉孜信仰。各地山神不完全一致，祭祀时间也有别。三大部落都有各自的山神祭祀活动。甘坝三部的拉孜有"龙王泉拉孜""西拉孜""芦沟石拉孜""黑大阪拉孜"等7处左右。措周部落拉孜则有12处左右，如"苯拉孜""厦隆拉孜""嘉吉拉孜""高杆子拉孜"等，其中最重要的是苯拉孜，尚还保留有完整的祭祀颂词。依如部落的拉孜主要有"贡禅拉孜""达格拉孜""日杰拉孜""西沟拉孜"等20多处，其中最重要的是贡禅拉孜，至今还保留有口头的祭祀颂词。

1.1.3.10　文娱

祭祀鄂博既是当地最重要的宗教类活动，实际也是当地最重要的文娱活动。区域内每个村子鄂博祭祀的时间不完全相同。

牧区之前也会有唱曲子的活动，主要是演唱各类民歌。歌和舞在藏族传统娱乐中是并行的，紧密联系在一起，通常是歌必舞、舞必歌。这从东纳当地的一个短语中，或许可以看到某些端倪：ʱlə tʂʰoŋ - gə ɲaŋ"跳舞"，ʱlə 本义为"歌"，而 tʂʰoŋ 为"跳"，组合起来即"跳歌"，当地人也感觉这个组合有点怪，但这是通行的说法。

当地人以前在牧区生活时较少举行较大的赛马会，有时会有一两次，时间多在秋季，但人数不多。当地没有射箭比赛，我们的发音合作人说他们小时候也没见过。另外，近些年逐渐兴起在农历正月初六于乡上举行艺术节的活动，此时会举行唱曲子等各种文娱活动。每年农历四月一日到八日还是乡政府所在地的庙会。

1.1.3.11 教育

东纳当地的教育资源集中于乡上，设有一所小学到初中的学校——"祁丰藏族学校"，教学楼和办公楼等教学设施都是现代化的，在当地乡上算是相当优越的。藏文教师是从邻近的青海和甘肃华锐地区聘请的。从小学到初中都开设有藏文课程，但藏文教师资源相对不足，教授课时也较少，藏文教学没有受到足够重视。苍抓西、哈建民、黄晓芹于2014年在《中小学教育》第12期上发表了一篇有关当地藏语教学的文章《东纳藏族自治区双语教学的现状问题及对策》，从中可以看出当地藏语教学的特点及局限。

根据该文章，祁丰藏族学校于2012年重新开设藏语课，把藏语教学纳入学校正常的教学活动，从幼儿园、1～7年级均开设了藏语课，安排专业教师进行授课。幼儿园、1～3年级每班每周开设两节藏语课，主要结合当地语言文化特点进行口语教学，让学生掌握一些简单的日常生活用语；4～7年级同样每班每周开设两节藏语课，主要学习字母、单词、句子的拼读和写法。

对于东纳藏族聚居区双语教学中面临的问题，该文章的作者有如下总结：

（1）语言环境问题。由于各方面的原因，现在会说藏语的牧民很少，尤其是年轻一辈，学校生活、社会活动中都使用汉语，这种单一的语言环境对藏语教学很不利。

（2）思想认识不足。对学校开设藏语教学的认识不足，部分家长对学校的评价只限于文化课考试成绩，认为开设藏语加重了学生的课业负担，影响到文化课的教学课时，思想认识片面，藏语教学只能大打折扣。

（3）没有适合学生实际的教材可供选择。学校除校本教材外，没有统一使用的教材。上级管理部门为学生订了教材，但都是高年级使用的教材，许多学校开设藏语课是从最初级学起，教材不配套。大部分只是在课堂上通过老师的板书学习，课后再没有任何供学习用的材料，使学生不能及时地进行巩固、练习。

（4）对双语教学的认识不够。近年来，甘肃省甘南、肃南、肃北、阿克塞等地的许多学校都开展了双语教学，然而并不是所有的学校都能顺利地开展并坚持下来。有些学校还没有认识到双语教学的真正内涵及意义，不能确定究竟在什么时期、针对什么样的学生开展双语教学能实现其价值，在其实施过程中存在许多盲目性和随意性。

（5）缺少合格的学科双语教师。顺利开展双语教学的重要因素之一便是师资，双语师资的匮乏是甘肃省双语教学面临的最大困难。

（6）找不到合适的教学模式。关于双语教学的教学模式，国内外还没有一定之规。

由此可见，当地藏语教学在师资、教学法、教材、教学时间和思想认识等方面，都面临着诸多棘手问题，很难在短时间内迅速改观。而且现在面临着当地懂藏语的老年人逐渐老去的情形，藏语的使用环境更是非常不乐观。所以从整体上看，当地藏语渐趋消亡已经是很难改变的趋势。

1.2 东纳话概况

1.2.1 河西走廊藏语分布

在叙述东纳藏族的语言情况之前，有必要说一下整个河西走廊区域内的藏语分布情况。河西走廊区域内的藏语是藏语在地理分布上的最北段。1.1.1 已经说明，肃南县从东到西分布着皇城镇、马蹄乡和祁丰乡 3 个藏族乡，彼此相距遥远。原黄城区公署下辖的泱翔藏族乡和铧尖藏族乡，现都调整为皇城镇，它们是 1959 年由天祝县划拨给肃南县的，所说藏语与天祝县藏语近似。如今的马蹄乡是由原大泉沟乡、大都麻乡和西水乡 3 个乡镇合并而来，目前只有原西水乡区域内部分藏族人还可以说藏语，且都是老年人，据王岩松先生所说，大概还有 50 人可以说藏语。东城子和南城子原属大泉沟乡的飞地，离民乐县不远，是从青海搬迁过来的藏族，现藏语完全退化，已经没有会说的人了。

再往西，在大河乡的西河队，有 200 人左右的藏族群众，但他们的藏语全部退化，已经都不会说藏语了。再往西北，即祁丰藏族乡，关于祁丰藏族乡的藏语详细情况，请参见本书其他章节，此不赘述。

另外，王岩松先生还提到，张掖市山丹县的山丹军马场有个别藏族户，但藏语言文化等完全退化，永登县也有个别藏族户分布，但也已经完全汉化。

1.2.2 东纳话使用

1.2.2.1 语言使用

东纳当地人认同自己的藏族身份，且说自己所说的是"东纳藏话"(^{ⁿ}doŋnek po^{ˢ}kal)。但目前东纳话已经全面濒危，已经不是族群内部的共同交际语，当地酒泉和嘉峪关的汉语方言成了平时的主要交流用语。即使在家庭内部，藏语也仅在很少的家庭里被使用。因而可以说，东纳话现已成为仅仅保存在部分老年人口头上的语言，估计能熟练使用者不足百人，且都年龄偏大，在60岁以上；其他年龄稍小者，平日虽会说几句藏语，但往往不流利。另外，当地人基本可以说无人精通藏文，只有极个别人可以识别一些简单的藏文。当地人普遍对藏语和藏文持一种相对淡漠的态度，不仅对于自身的藏语藏文的学习不重视，而且对于孩子的藏语藏文学习也不关心；仅有少数知识分子对当地的藏语藏文持热心态度，但往往数量少，也得不到呼应。

东纳现在虽然经由撤乡并区，由原来的4个乡合并为一个祁丰藏族乡，但平时人们的口头上还是习惯于以之前的4个乡来叙述，而且事实上这4个乡也和东纳内部小部落的分布有一定关系。所以下面我们为叙述方便，兼采之前的一些行政划分。东纳原4个乡藏语详细使用情况大致如下：

（1）原祁文乡的4个村，文殊村几乎没有人会说，腰泉村还有部分人会说，但都是老年人。祁文村和堡子滩村的藏语保存得还可以，但年轻人同样都不会说，只有60岁以上的老年人才会，二三十岁的人很少说。

（2）原祁青乡的陶丰村和珠龙观村，这两地因为地处祁连山腹地内部，所以藏语相对保存得较好，但同样年轻人也不会说，老年人保存得相对其他地方更好一些。在家庭内部，两地的老年人交际普遍还是使用藏语进行，比如本书调查的刘自生夫妇，他们俩在家里基本使用藏语交流，虽然也夹杂了很多汉语成分，但汉语不是主流，只在外出时才转用汉语和别人交流。

（3）原祁连乡的瓷窑口和青稞地两个村，也都是老人才会说，说得还算流利。但另外的红山村和关山村已经完全汉化，老年人也不会藏语。

（4）原祁林乡的3个村，即甘坝口、祁林村和黄草坝村，都是汉化程度相当高的地方，连老年人都不说藏语，已经没有会说藏语的人了。由此我们可以得出当地藏语保存完整程度的一个等级排序：

陶丰村和珠龙观村 > 堡子滩和祁文村 > 瓷窑口和青稞地 > 其他

陶丰村和珠龙观村的百姓，都是 1949 年后不久由祁文村搬过去的，所以原祁青乡的人大部分是祁文籍的。而祁连村的人又有很多搬迁到祁文来。

另外，当地的机关行政单位开会及文件没有用藏文和藏语的情形。乡上的商店虽然会有一些有藏语的店名，但基本都是装饰性的，而且也曾出现过非常低级的错误。如把ཉི་མ་ཟངས་ "太阳饭馆" 写成了ཉི་ཟངས་ "屎饭馆"，但当地长期无人识别，后来还是西北民族大学藏学院的老师来调查才指出其错误。我们的调查合作者之一的马伯成先生，因其热心于传统文化的继承，虽然东纳话口语很好，但之前一直不识藏文，老年之后才发奋学习藏文。马伯成先生自己讲述到，他在学习藏文之后，发现乡上有处饭馆，汉名 "东纳饭店"，藏语本应写作མདུང་ནག་ཟངས་，却被写成了སྟོང་ནག་ཟངས་。后来他亲自给他们指出了该错误。通过这两个事例可见当地人的藏文水平之差。

东纳当地也没有用藏文出版的杂志书刊，也没有当地藏语的广播电视。之前肃南县委书记阿布主政时，开播过一段时间藏语和裕固语的广播电视，但后来随着他调走就停播了。东纳乡上有一所小学和初中一体的学校，但学校的藏文教学聘用的是外地教师，教授的不是本地方言读音。同时，藏文课程仅限在藏语的教育上，其他课程都是汉语教学。教授课时也较少，课堂教学有很多不足，不足以起到传承当地藏语的作用。

1.2.2.2 语言接触

祁丰藏族乡的南面是巍峨的祁连山，东面是裕固族、汉族居住的地方，西面是酒泉玉门，北面是嘉峪关和酒泉。特殊的地理位置，导致其较容易受到其他外部语言，尤其是汉语的影响。从目前的调查来看，除汉语之外，所受其他民族语言的影响微乎其微，尚未发现明显的例证。但受到汉语的影响是非常大的。通过上文可知，因为和汉族的接触，现在的好几个村子已经完全汉化而不再说藏语，即使那些还可以说藏语的一些村子，也都是老年人在说，年轻人基本已经完成语言转换，改说汉语。我们的调查语料也显示，即使在老年人口中，汉语也进入了很多层面，从词汇到语法，各个方面都有例证。详细情况可参看 7.7"借词系统"一节。

另外，东纳南面虽然隔着祁连山，但并不是和祁连山对面的藏族完全没有接触。我们目前的调查显示，即使同一个人的一段语料，在一些读音和语法上也会呈现些许不同。我们推测，这很可能是受到了对面青海地区语言影响的结果，比如藏文 bod "藏"这个词，东纳口语中读 pol，但在我们所录的自然语料中，都有既读 pol 也读 wol 的情形。而读 wol 是对面青海安多藏语的音变模式。语法上，完整体标记东纳话最地道的是 V – le jən 和 V – le re，但发音人有时也会发成 V – nə jən 和 V – nə re，而后两者是对面青海地区完整体常见的标记模式。还有存在动词 ʰnaŋ，有时也会用jogə 来代替，甚至在同一段语料中，两者自由变换。而我们的语料显示，两者在功能上并没有本质区别。还有个明确的例证可以说明当地和青海的藏语所发生的接触。如之前当地统称僧人为 pante，后来文殊寺来了一位青海的活佛，而因为青海的汉语称呼一般僧人惯常采用 akʰə，所以东纳话接受了这个词，从而将 pante 语义缩小，只指称小僧人。

所以，东纳话可以确定受到语言接触的影响主要来自两个方面，首先，最主要的是与当地汉语方言的接触，在词汇和语法上受到较为广泛的影响，但主要还是体现在词汇上。其次，受到南面青海藏族部落藏语的影响，但是这种影响并不够深，目前发现的主要集中于个别的语音、词汇和语法标记上。

1.2.3 既有研究

河西走廊里的东纳话方言使用人口和分布面积小，目前又面临濒危态势，但相关前期研究极其少见，在藏语语言学的研究意义上，基本可以划入"未知"的藏语方言之列。

王岩松（1994：37～38）在其编著的未刊稿《祁丰藏族历史概况》中有简单说明，认为东纳话和安多话相近，但又保留了不少古代读音。其后他又在《马蹄文殊古刹轶事》（2014：233）中简单列举了东纳话的个别读音特征。尕藏尼玛（2014：138～145）在《碰撞中的身份寻求：东纳藏族部落社会历史与文化变迁研究》对东纳话相对于书面上的 tɕ、tɕʰ、dʑ 组读音卷舌化情况进行了研究，但记音多有不准，错误较多，而且是举例性质的。苍抓西、哈建民和黄晓芹（2014）著有《东纳藏族自治区双语教学的现状问题及对策》一文，对东纳藏族的藏语教育问题进行了梳理和归纳，但不是语言本体的研究。

多识仁波切（2003：209）提到东纳人认为自己的方言与甘南卓尼农区方言接近，而笔者的几位发音人也都有类似观点，却说不清楚到底和哪个藏语方言相近，只是耳闻有人这么说。据笔者的田野调查经验，所谓"相似"，有时是某些语音、词汇或语法相似，但这种相似基本都属于语感，通常都没有客观的调查数据支持，而且究竟在何种程度上算相似，也说不清楚。

1.3 调查地点和对象

如前所述，现在东纳藏族聚居区还可以讲藏语的人群都是60岁以上的老年人，因为国家现在推行牧民定居工程，他们基本都已搬到乡上政府组织新修的楼房里，所以我们的调查就是在乡上完成的。调查合作者主要如下：

（1）马伯成和叶玉花夫妇。马伯成藏语名"洛桑尼玛"（བློ་བཟང་ཉི་མ་ blo. bzaŋ. ɲi. ma），叶玉花藏语名"昂昂"（དབང་དབང་ dbaŋ. dbaŋ），他们都是甘肃肃南县祁丰藏族乡堡子滩村的牧民。但马伯成原籍是瓷窑口（和下面所要提到的索德廉先生是邻居），叶玉花原籍青稞地，瓷窑口和青稞地是上下村，两个村的村部相隔大概7000米。他们家1960年搬迁到堡子滩村。青稞地村的口语和堡子滩的口语在发音上稍微有区别，马先生至今可以非常明确地区分哪些是自己母语的读音，哪些是堡子滩的口音。马伯成先生生于1948年2月26日，小学文化，只读到小学3年级。曾在堡子滩担任过民办教师及村上会计，东纳原生态藏文化传承人，歌手。现在家刻苦学习藏文，搜集原生态藏文化资料。马伯成先生藏语口语水平很高，可以流利地讲说故事和演唱民歌，口齿清晰，记忆力很好。他能够说唱东纳原生态历史演说词《旦木儿》。马先生自己说，小时候家里兄弟姊妹多，都是以藏语为交际用语，其父母说的也都是藏语。父母同时也会说汉语，但说的都是当地汉语方言，没有人会说普通话。他结婚后，在家里放牧也是基本以藏语为主的。妻子叶玉花小时候主要交际用语也是藏语，但现在藏语能力退化，口语表达能力因为长期不用而相对较差些，不过，她对词汇的记忆还是非常准确，我们的词汇搜集得到了她的很多帮助。

马伯成有一个儿子叫马雪明，小名小风，但无藏语名字，还有一个女儿叫马雪萍，小名小青，也无藏语名字。马伯成现在在家养老，同时和妻子一起照看两个孙子。但两个孙子他都给起了藏语名字，大孙子马瀚儒，藏语名"普巴绒"，上小学 4 年级，对藏语根本没有任何兴趣，平日里非常排斥和爷爷奶奶说藏语、聊藏语的事情，自己也不会说藏语，只在学校里有藏语课程。小孙子马瀚霖，藏语"名达孜"，4 岁，可以简单地听几句藏语，但也绝少说藏语，马伯成夫妇主要教授他的还是当地汉语方言。两个孙子平时在家也主要用汉语交流，虽然也会用不少的藏语，但藏语已经不是主流。

（2）索德廉，藏语名"卓玛"（འགྲོ་མ Ngro. ma）。生于 1933 年 12 月 12 日。祁丰藏族乡青稞地村人，但原籍是瓷窑口村，20 世纪 60 年代后搬迁到青稞地。西藏寺开展汉语教学的二期学生，祁丰兽医站站长退休。他被王岩松先生认为是对东纳历史文化了解最多的人，是东纳的"宝贝老人"。索德廉先生是唯一一位传承东纳非物质文化遗产《旦木儿》和《蒙唢高古》的老人。他口语表达流畅，思维清晰，对很多文化和历史现象可以清楚地表达出来。常年在东纳地区工作，没有到外地工作的经历，除了藏语，还会说当地汉语方言。妻子郝秀兰，是蒲家部落红山村人，红山村因为 1949 年以前藏语就基本丢失，所以郝秀兰女士藏语口语不佳，他们俩在家主要是以汉语交流。索德廉老人也只上过 3 年小学，且是新式汉语小学，不识藏文。

（3）刘自生和索翠花夫妇。刘自生于 1941 年 10 月出生，东纳乡陶丰村人，藏语名 $p^h ɐkmɔts^hɛrəŋ$ "普巴才让"。索翠花于 1953 年 2 月 6 日出生，藏语名 $ʂ^wəkjaŋtɕəl$ "舒央洁"，夫妻二人同村，原住在祁文乡文殊村①，后于 1956 年搬迁到原祁青乡托勒村（即陶丰村）。之前一直在牧区放牧，最近几年年纪大了才开始搬迁到乡上来住。大多数时候他们俩一起住，都是以藏语为主要交流用语，但同时外出则基本都是用当地汉语方言与他人交流。

另外，王岩松先生给本书提供了大量的文史资料以及部分词汇资料。王岩松先生是祁丰藏族乡腰泉村人，生于 1946 年 12 月 26 日，藏语名"磔祥释迦"。

---

① 他们具体住在文殊村下面一个叫 $zoŋ^ndzo$ "柴灶子"的地方。堡子滩村有大小两个柴灶子，是他们的冬季放牧圈场，俗称"冬窝子"。

本书音系以马伯成和索德廉两位先生为准。东纳话内部差别体现在音系、词汇和语法上，但目前仅发现非常细微的差别，不是根本性的。

1.4 语料说明

本书做语法分析时尽量选择长篇语料中的例句，长篇语料中未出现的，再利用诱导式调查法问询，作为补充。我们在田野调查期间录制的长篇语料体裁主要有叙事体裁的文本，如族群历史故事、本族群文化实体的解释以及日常生活的叙述等。本书正文所用语料由4位东纳藏族的合作者提供，他们分别是马伯成（标记为 M）、索德廉（标记为 S）和刘志成夫妇（标记为 L）。本书所用语料的编码及内容如下所示：

(1) M-1 乌龟和猴子。
(2) M-2 商人和小偷。
(3) M-3 公平。
(4) M-4 灶火的来历。
(5) M-5 民歌十首。
(6) M-6 贡禅拉孜煨桑颂词。
(7) S-1 东纳藏族简介。
(8) S-2 阿柔笨汉。
(9) S-3 马老藏剿匪记。
(10) L-1 家庭成员介绍。
(11) L-2 糌粑和酥油的做法。
(12) L-3 肃南县的民族、婚姻和语言。

其中，马伯成所讲语料（1）～（4）并非本地流行的民间故事，而是他从一本书中学习而来的，他说自己非常喜欢这几则故事，因此用藏语重新讲述。笔者调查期间所录和所转写语料远不止这些，但本书仅用到上述部分。正文析出这些语料时，将同时标记段数。比如 M-4：20，表示马伯成所讲语料（4）"灶火的来历"转写文本第20段。

本书正文及语料部分所用的一些符号，其含义如下所示：

^ 表示话语语义接续不上，或中间有较大停顿
…… 省略了某些内容

.	音节界限符号，主要用于转写书面藏文时使用
/	或者，两者择一
*	构拟形式，若放在句子前表示该句不成立
—	用于隔开实词和虚词的符号
~	重叠
ː	长元音
?	表示疑问；语料中表示听不清
>	音变方向，某音演变为某个音，符号右边表音变结果
<	音变来源，某音源自某个音，左边表示音变结果

本书对书面藏文的转写采用国际音标，而不用国际藏学界流行的威利（Wylie）转写方案。采用国际音标转写方案，一来印刷没有任何问题，二来可方便对威利转写不甚了解的读者快速掌握古今藏语的音变，提高阅读效率。

ཀ	ཁ	ག	ང	ཅ	ཆ	ཇ	ཉ
k	kʰ	g	ŋ	tɕ	tɕʰ	dʑ	ȵ
ཏ	ཐ	ད	ན	པ	ཕ	བ	མ
t	tʰ	d	n	p	pʰ	b	m
ཙ	ཚ	ཛ	ཝ	ཞ	ཟ	འ	ཡ
ts	tsʰ	dz	w	ʑ	z	N	j
ར	ལ	ཤ	ས	ཧ	ཨ		
r	l	ɕ	s	h	ʔ/a		

གྱ = gj གཡ = g-j

第 2 章　音系及音变

本章对东纳话的音系及音变（包括共时音系和历史音变）进行研究。东纳话语音系统相对复杂，不管在共时音系层面还是历史音变方面，在一定的规则下，都有不规则的地方。共时音系分别探讨音节结构、声母和韵母的构造及组配关系，历史音变分别讨论音节、声母和韵母的历史演变，主要是和书面藏语的正字法进行比较。

2.1　共时音系

本小节讨论东纳话的共时语音系统，包括音节结构、辅音/声母系统、元音/韵母系统等音系特征。

2.1.1　音节结构

东纳话的音节结构可以概括为：$(C_1)(C_2)V(C_3)$。括号中是可以省略的成分，非括号部分是不可以省略的部分。其中，C_1 和 C_2 为声母，可以构成成单辅音声母，或组合构造二合辅音声母。C_3 为辅音韵尾。其中，C_1 位置上可以出现 r-、ʂ-、h-、w- 等前置辅音成分；C_2 位置上可以出现表 2-2 中的基本辅音。C_3 位置上可以出现 -p、-k、-m、-n、-ŋ、-r、-l 等辅音韵尾形式。V 位置上只可以出现 i、u、e、o、ɔ、a、ə、ɤ、ʉ 等元音。整个音节中 V 是必不可少的成分，其他都是可以省略的成分。东纳话的音节结构模式及例词见表 2-1。

表 2-1　东纳话音节模式

音节模式	东纳话	释义	东纳话	释义
V	a	疑问助词	ɔ	咱们
CV	kʰə	嘴	ⁿba	叫羊

（续上表）

音节模式	东纳话	释义	东纳话	释义
C_1C_2V	ʰtan	垫子	ʰm̥e	痣
VC	amⁿdɔ	安多	oŋgo	我们
C_1VC_2	nor	牦牛	r̥əp	山阴面
$C_1C_2VC_3$	ɦlək	雕	ʰke	脖子

上述音节模式中，V 和 VC 式的例词占比很少，而其他 4 种模式数量都比较多，分布较为均衡。上述 6 种音节模式，相比书面藏语的音节模式大大简化。

2.1.2 辅音/声母系统

2.1.2.1 单辅音

东纳话音系中所能出现的单辅音较多，可以归纳为 63 个。（见表 2-2）

表 2-2 东纳话单辅音系统

p	pʰ	(b)	ⁿb			m	(m̥)				w
t	tʰ	(d)	ⁿd	ts	tsʰ	(dz)	ⁿdz	n	(n̥)	l	ɬ	s	z	r	r̥
tʷ	tʰʷ			tsʷ	tsʰʷ							sʷ	zʷ		
				tʂ	tʂʰ	(dʐ)	ⁿdʐ					ʂ	ʐ		
				tʂʷ	tʂʰʷ							ʂʷ	ʐʷ		
				tɕ	tɕʰ	(dʑ)	ⁿdʑ	ɲ	(ɲ̥)						j
				tɕʷ	tɕʰʷ										
k	kʰ	(g)	ⁿg			ŋ	(ŋ̥)			x	ɣ				h
kʷ	kʰʷ		ngʷ			ŋʷ				xʷ	ɣʷ				

（1）上述单辅音都可以做声母，但浊的阻塞音 b、d、g、dz、dʐ、dʑ 一般不能充当单音节词或多音节词首音节声母，但在非首音节中可以单独做声母，有些是受连读的影响，如 li + ʱdʑə "干的活"，实际口语中会发生音节的重新分析，而且第二音节的声母还会发生音变，实际按 liʳ.dʑə 的音节划分来读。清鼻音 m̥、n̥、ɲ̥、ŋ̥ 等同样会发生类似变化，如 ni + ʱŋ̊on "青稞"，口语发生音节重新分析，而且第二音节的前置辅音还会发生变读，读作 niʳ.ŋ̊on。

（2）ʐ 的实际读音为 ɹ，也不能出现在首音节中，如上述例词 aʐaŋ "舅舅"。

（3）书面藏文的 dp- 在口语中既可以读作 ʱp-，也可以读作 ɸ，处于自由变读过程中，即使同一个人也会发生这种变读，如"官"读 ɸon 或 ʱpon 都可以。

（4）r 为齿龈近-闪音，有时也可以发出颤音，实际为一组 r 音的集合，但它们没有区别意义的功能，我们统一写作 r。

（5）小舌擦音 ʁ 与软腭擦音 ɣ 一般不对立，即无"小舌—舌根音"的对立，而互为条件变体，在元音 ɔ、o 之前时为 ʁ，在 a、ə 之前时为 ɣ。如 rɐ ʁor "圆角的牛"、ʱtso ʁɔ "肋骨"、ɣa "狐狸"、ʱni ɣə "青羊娃子"，故本书统一归纳为 ɣ 音位。x 与 χ 同理，本书统一处理为 x。

（6）ⁿb、ⁿd、ⁿg、ⁿdz、ⁿdʐ 和 ⁿdʑ 中的 n- 乃代表与后面辅音协同发音的音，即 m、n-、ŋ-、ɳ-、ɲ- 等成分，本书统一写作 n 并上标。

（7）东纳口语中有圆唇化的辅音，它们绝大多数来自书面上前置辅音为 b- 的复辅音，个别来自 m- 前置辅音，以及声母本身是 K 组辅音的音，它们在某些例词上是和非圆唇对立的。但有个别的圆唇化声母，暂时没有找到对立，所以我们不列入上述辅音表，如 ⁿdʐar "粘"还可以读作 ⁿdʐʷar，但目前尚未发现 ⁿdʐ 与 ⁿdʐʷ 对立的例词。

（8）调查中记录到一个词"鸡"，马伯成先生发成 tewɔ，索德廉先生发成 tʲewɔ，有明显的颚化。但因为数量少，而且本音系以马伯成先生为主，所以不计入上述基本辅音之内。

（9）元音起首音节发音时有时会附带一个喉塞音 ʔ，如 ʔamɐ "阿妈"，在此不做音系处理。

单辅音	例词	释义	例词	释义
p –	paɲ	怀抱	pol	藏族
pʰ –	pʰər	飞	pʰɐk	击中
(b –)	mʲeⁿbar	火柴		
ⁿb –	ⁿbu	虫子	ⁿbəl	出水
m –	maɲ	多	miŋ	名字
(m̥ –)	ʰtsɐʳm̥an	草药/中药		
w –	wɐpʰu	石质草房 汉	wɐgə	真得
t –	tar	冰	taŋ	清澈
tʷ	tʷok	啃/摘		
tʰ –	tʰok	上面	tʰan	拉
tʰʷ	tʰʷok	啃/摘 命令		
(d –)	tʰaʳɖɔ	大沙尘	ʰkɐⁿbən	塔尔寺
ⁿd –	ʰkarⁿɖə	流星	ⁿdaŋ	够
ts –	tsək	无定标记	tsem	缝
tsʷ –	tsʷək	捞	tsʷər	挤 牛奶
tsʰ –	tsʰe	寿命	tsʰək	关节
tsʰʷ –	tsʰʷema	双胞胎	tsʰʷera	脾脏
(dz –)	ləkdzə	牧人	ɲəⁿdzaŋ	日食
ⁿdz –	ⁿdzən	持/拿	ⁿdzo	钻 动词
n –	nam	何时	naŋ	里面
(n̥ –)	ɦdɔⁿɕʰəɦmho	石油河	mə – n̥aŋ	没有
l –	lɐ	大坂	li	命运
ɬ –	ɬasɐ	拉萨	ɬɐk	剩下
s –	si	吃 完成	sʯ	毛
sʷ –	sʷi	召 完成/命令	sʷən	云
z –	zi	他	zer	疼
zʷ –	zʷar	贴	zʷel	隐藏
r –	rak	摸	ri	布
r̥ –	r̥an	忍受	r̥ap	马嚼子
tʂ –	tʂɐ	茶	tʂoŋ	捆绑
tʂʷ –	tʂʷɐɲɐ	十五	tʂʷaŋ	捏/攥

单辅音	例词	释义	例词	释义
tʂʰ –	tʂʰi	嚼栏	tʂʰək	积雪
tʂʰʷ –	tʂʰʷi	晚/迟	tʂʰʷek	石磨
(dʐ –)	ʂɐdʐəl	瘦肉	nadʐaŋ	相似
ⁿdʐ –	ⁿdʐok	惊诧	ⁿdʐi	打滚
ʂ –	ʂɐ	肉	ʂe	开
ʂʷ –	ʂʷa	鸟	ʂʷe	外面
ʐ –	ʐʮ	四	aʐaŋ	舅舅
ʐʷ –	ʐʷən	给	ʐʷar	刮
tɕ –	tɕɐk	发声	tɕɔmo	人参果
tɕʷ –	tɕʷek	抬	tɕʷi	打架
tɕʰ –	tɕʰɐk	冷	tɕʰər	牵
tɕʰʷ –	tɕʰʷɐk	端		
(dʑ –)	ɦɔʳdʑi	金刚	kʰokdʑe	肚量
ⁿdʑ –	ⁿdʑɔ	走未完	ⁿdʑa	衡量
ɲ –	ɲɐ	脚趾	ɲan	听
(ɲ̥ –)	lɔʳɲ̥c	属相		
j –	jarə	小牦牛	jɐri	上面/南方
k –	kɐʁɐ	糖	koŋma	皇帝
kʷ –	kʷaʁɐ	馒头	kʷa	驮/挂完成
kʰ –	kʰɐ	边/嘴	kʰama	大牲口
kʰʷ –	kʰʷɐ	肉汤	kʰʷama	肾脏
(g –)	məʳgɐ	不需要	teʳgoŋ	鸡蛋
ⁿg –	ⁿgor	延迟	ⁿgep	覆盖
ngʷ –	ngʷi	爬完成		
ŋ –	ŋi	我作格	ŋɐr	叫牦牛
ŋʷ –	ŋʷi	哭完成	ŋʷɐk	嘱咐
(ŋ̥ –)	niʳŋ̥on	青稞	tsʰɔʳŋ̥on	青海
x –	xaŋrə	杏子	xəŋtʰək	野果
xʷ –	ʰtamxʷe	谚语	xʷi	藏装某部位名
ɣ –	ɣi	施格标记	ɣɔ	分开未完
ɣʷ –	ɣʷi	分开完成/命令		
h –	hɐri	那边	aha	非常

2.1.2.2 复辅音

东纳话的最大复辅音组合是二合复辅音CC，没有超过二合复辅音的情况。东纳话的音节结构中，尚有一定的复辅音，可以归纳为30个。如下所示：

h-/ɦ-： ʰp ʰk ɦg ʰt ɦd ʰts ɦdz ʰtɕ ɦdʑ ʰtʂ ɦdʐ
　　　 ɦm ʰm̥
　　　 ɦn ʰn̥ ɦɲ̥ ʰɲ̥ ɦŋ ʰŋ̥ ɦl ɦj ɦdʷ ʰkʷ ɦgʷ ɦdzʷ
　　　 ɦdʐʷ ɦdʑʷ ɦŋʷ

-r-： mʳ-

m-： ᵐɲ̥ (mʲ)

（1）前置辅音h-和ɦ-，和基本辅音的清浊保持一致，发音较轻较短，h有变体ʂ，ɦ有变体齿龈近-闪音r，但都没有对立，是故统一归纳为h-和ɦ-，以上标形式置于基本辅音前。但当在第二音节时，如果前面首音节是开音节，那前置辅音h-和ɦ-往往会有更多变体，且听感上前附于首音节尾。ȵi ʂəʰtsᵝdzʷal "九十八" (< ȵi. ʂu. rtsa. brgjad)，"八" 单念为 ɦdzʷal，在数词 "九十八" 中前置ɦ变读为β；ᵝgəᵖtʂʰə "九十" (< dgu. btɕu)，"十" 单念为 tʂɥ，但文字显然有个前置辅音b，在 "九十" 中b清化做p。上述r、β和p都发生音节的重新分析，而成为前面音节的韵尾。

（2）存在7个圆唇化的复辅音。圆唇化绝大多数来自前置辅音为b的复声母，个别来自前置辅音为m复声母，以及基本辅音为舌根音k的声母。理论上将圆唇化当作复合元音的一部分也可以，但从兼顾古今比较和系统整齐的角度来看，还是处理成圆唇化更合适，也更符合发音实际。圆唇和非圆唇在东纳话中存在对立，例如ɦdzʷɐk "饱" 和ɦdzɐk "打" 就是通过声母圆唇与否来形成对立的。但有些词本身也会有圆唇和非圆唇两读，例如 sɐʳdʷɐk "土地神" (< sa. bdag) 和ᵐdzɐkdɐk "龙神" (< Nbrug. bdag)，书面bdag在前者圆唇化而后者不圆唇化。另外，ɦdʷ做声母的例词，如ɦdʷɐk "主人"，它本身还可以不圆唇，与ɦdɐk "舔" 也没有对立，因此，ɦdʷ可能是个变体，ɦdzʷ、ɦdʑʷ和ɦŋʷ也都如此。但鉴于ʰkʷ、ɦgʷ

和 ʱdʐʷ 目前可以明确地找到非圆唇形式的对立，是故 ʱdʷ、ʱdʐʷ、ʱdʐʷ 和 ʱŋʷ 同样可能存在与非圆唇对立的情况，只是目前限于语料，尚未发现，故此处以底下划横线标记。

（3）mʳ 声母只在一个词中发现，即 lɛmʳaŋ"拉卜楞"。ᵐȵ 和 mʲ 为自由变体形式，两者皆为书面上 mj 声母的口语读音形式。

（4）上述复辅音中，没有 ʱb 和 ʱbʷ，只有一个 ʰp，而实际上 ʰp 还往往发成 ɸ。因为东纳话中书面上基本辅音为 B 组的复合声母，音变最为独特。

复辅音	例词	释义	复辅音	例词	释义
ʰp	ʰpɐwu	英雄	*ʱb	无例词	无意义
ʰk	ʰkap	做事	ʱg	ʱga	喜爱
ʰt	ʰtɐ	马	ʱd	ʱdɔ	石头
ʰts	ʰtsɐ	草	ʱdz	ʱdzok	完毕
ʰtɕ	ʰtɕək	吐	ʱdʑ	ʱdʑɐ	汉
ʰtʂ	ʰtʂɐk	铁	ʱdʐ	ʱdʐəp	办成
ʱm	ʱmɐtʂʰə	黄河	ʰm̥	ʰm̥an	药
ʱn	ʱna	耳朵	ʰn̥	ʰn̥ɐ	鼻子
ʱȵ	ʱȵaŋ	泻/拉（肚子）	ʰȵ̥	ʰȵ̥əŋ	心
ʱŋ	ʱŋo	银子	ʰŋ̊	ʰŋ̊i	枕头
ʱl	ʱloŋ	风	ʱj	ʱjɐ	锈
ʱdʷ	ʱdʷɐk	主人	*ʱbʷ	无例词	无释义
ʰkʷ	ʰkʷan	给穿	ʱgʷ	ʱgʷi	感染
ʱdʐʷ	ʱdʐʷɐ	百	ʱdʐʷ	ʱdʐʷel	忘记
ʱdʐʷ	ʱdʐʷaŋ	装	ʱŋʷ	ʱŋʷi	炒 完成/命令
mʳ	lɛmʳaŋ	拉卜楞寺	mʲ/ᵐȵ	mʲək/ᵐȵək	眼睛①

---

① 该词口语中分别有 mʲək 和 ᵐȵək 两种读法。书面正字中的 mj 声母，在东纳口语中有 mʲ-和 ᵐȵ-两种读法，如"火"（书面正字为 mje，读 mʲe 或 ᵐȵe）、"爷爷"（书面正字为 a. mjes，读 amʲə 或 aᵐȵə）。另外，ᵐȵ-在东纳口语中的读音，其中基本辅音 ȵ 发音时显得较轻，远不如安多地区 ᵐȵ-这个复辅音的基本辅音 ȵ 发得饱满。

2.1.3 元音/韵母系统

东纳话共有 9 个单元音，没有复合元音，没有鼻化元音，也没有元音长短的对立。单元音都可以独立做韵母。同时，元音和韵尾组合成韵母，共有 26 个韵母。下面我们详细来分析元音及其参与组合的韵母。

2.1.3.1 –V#类韵母

东纳话本土词汇单元音共有 a、ɐ、i、u、e、o、ə、ɔ 和 ʮ 9 个，它们都可以独立做韵母，从而构成开音节结构。单元音做韵母的情况如下所示：

元音	例词	释义	例词	释义
a	kʰa	雪	ʂa	鹿
	la	藏袍	ŋa	睡
ɐ	kʰɐ	嘴	ʂɐ	肉
	lɐ	山坡	ŋɐ	鱼
e	ʂʷe	外面	ⁿdʐe	魔鬼
	ʰtɕe	生长_{未完}	ʂe	开
i	kʰi	搓~线	ri	布
	ʰtɕi	生长_{完成}	ŋi	买_{完成}
u	ŋu	哭_{未完}	pʰu	推开
	ru	蛇	ⁿbu	虫子
ʮ	sʮ	毛发	sʮri	疏勒山
	zʮ	醉	tɕʮ	洗
	tʂʮ	十	zʮ	四
	ʂʮŋɐʰ	佘家	zʮ	融化_{现在}
o	so	谁的	to	快快地
	ko	使用	ro	腐烂
ɔ	sɔ	吃_{命令}	tɔ	烟
	kɔ	明白	rɔ	尸体
ə	sə	谁_{通格}	tə	其_{兼指代词/通格}
	sə	谁_{通格}	rə	山

(1) 东纳话单元音 ə 和 Ts 组相拼时有时会读作 ɿ，为自由变体，本书处理成 ə 音位，作为其变体形式，如 ʱlaˢtsə "麝香"。

(2) ɔ 的实际发音也要比正则元音偏高。i 和 T-系辅音相拼时的发音近乎 ɪ，但没有对立情况，如"踩"，单独念时乃 ʱdɪ，但在句中又会发成 ʱdi。再比如 nɪ "吃奶_{完成/命令}"。

(3) 另外，发现一个词"虫子"，韵母有擦化的趋势，单念读作 ⁿbʋ，组词时又会念成 ⁿbu，是故本书擦化元音不做音位处理。

(4) ʯ 和 ɿ 不对立，东纳话中 ɿ 只和 s、z 和 tɕ 这 3 个辅音相拼，而 ʯ 只和 tʂ 类（tʂ-、tʂʰ、ʂ 和 ʐ）相拼，本书统一归纳为 ʯ。另外，目前尚未发现 ʯ 与 u 最小对立的情况，它们呈互补分布。理论上，ʯ 也可以归纳为 u 的变体，但鉴于两者音值差别还是较大，故此将两者分立。

2.1.3.2　-VC 类韵母

东纳话上述 9 个元音，除了 ɔ 和 u 不能接辅音韵尾外，其他 7 个元音皆可以接辅音韵尾从而构成 VC 的韵母结构，可以归纳为 30 个 VC 式韵母。（见表 2-3）

表 2-3　东纳话 VC 式基本韵母

V/C	-p	-k	-m	-n	-ŋ	-r	-l
a	ap	ak	am	an	aŋ	ar	al
ɐ		ɐk					
e	ep		em	en		er	el
o	op	ok	om	on	oŋ	or	ol
ə	əp	ək	əm	ən	əŋ	ər	əl
i		ik			iŋ		
ʯ						ʯr	

(1) 东纳话中，ɐk、ak 和 ək 这 3 个韵母存在最小对比对，如 drag "病愈"和 brag "石崖"同音，都读作 tʂɐk，而 dʐag. ba "土匪"读作 tʂak，drug "六"读作 tʂək。ap、ar、al 口语中往往发成 ɐp、ɐr、ɐl，am 实际发音为 a，an 实际发音为 ɛn，aŋ 实际发音为 ɑŋ。这几种情况的 a、

ɐ、ɛ 和 ɑ 因为没有对立组，是故统一归纳为 a。也就是说，除了 ɐk 和 ak 有对立之外，其余 – aC 和 – ɐC 韵母没有发现对立的情况。

（2）韵尾 – k 实际单念时通常发成小舌或舌根清擦音 – x/ – χ 或浊擦音 ɣ/ʁ，一般在 a、ɐ、ə 和 i 后发成舌根擦音，而在 o 后发成小舌擦音。有时甚至在上述元音后还可以发成清/浊塞音 – k/ – g。发 – k 时偶尔还可以爆破除阻，实际发成 – kʰ。但都没有对立，本书统一归纳为 – k 音位。

（3） – p 韵尾类似 – k 韵尾有送气除阻的情况，如 papʰ "降落" 等，并无一定规则，且无音位价值。同时，– p 韵尾有时还会发生擦化，读作 – ɸ 或 – β。本书统一归纳为 p。

（4）边音韵尾 – l 乃由书面上的 – d 韵尾演变而来。– d 在实际口语中既可以变读作 – t，也可以变读作 – l，现在正处于自由变读阶段，即使同一个人也忽读 l 忽读 t。如 bod "藏族" 这个词，有 pot 和 pol 的自由交替，书面正字 gsed "撕"，口语读作 sʷet 和 sʷel 皆可。本书统一归纳为 – l 韵尾。

（5）op、ok、or 和 ol 中的 o 实际发音接近于 ɔ，但 op、ok、or、ol 与 ɔp、ɔk、ɔr、ɔl 没有对立，所以我们不做区别，统一归纳为 o。

（6）口语中双音节词有时发生音节的重新划分，尤其是当前面一个音节为开音节，第二个音节书面藏文为复辅音声母时，更是明显，往往容易导致后面音节的前置辅音变为前面音节的韵尾，从而形成一些特殊的韵母。如 ʰȵiᵖdʐɐ "二百"，后面音节的前置辅音 b – 弱化为 p 而成为前面音节的韵尾，从而形成 ip 这样的韵母。还有像 zʮᵖtʂʰʮ "四十"、tʂʮᵏsəm "三十" 和 piⁿgɔ "膝盖" 这些词汇，音节重新分析会形成 ʮᵖ、ʮᵏ 和 iⁿ 等这样的韵母，而这在单音节词中是不存在的。本书不把这些音节重新分析而形成的韵母纳入基本韵母表中。不过，由于双音节的中间位置音变往往与单音节时音质相差不小，所以为了更准确地反映实际读音变化，语料中我们还是尽量把此位置的读音按实际音读记录下来，而尽量不做音位的归纳。

（7）ik 和 iŋ 两个韵母出现的例词较少，而且和声母有紧密关系。

（8）ʮr 的例词，目前只发现一例，即 zʮr "燎"。

上述韵母为 VC 型的例子如下所示：

VC	例词	释义	例词	释义
ak	tʂakpa	土匪	lakpa	手
ɐk	tʂɐk	山崖	ʰtɕɐk	害怕
ap	kʰap	灶	ⁿbap	下降 未完
am	ɦnam	天	ʰkam	晒干
an	ɦdʐʷan	点火	ʰkan	鄂
a	ŋɦgaŋ	山梁	ʰtɕaŋ	肿胀
ar	ʰkarma	星星	pʰar	生气
al	ʂʷal	梳子	tʂʰal	断绝
ep	ⁿdep	种植	lep	扁平
em	tsem	补/缝	sem	思考
en	pʰenpʰen	马额毛		
er	ʰtser	金子	ɦȵer	伺候
el	tʰel	破	ⁿdel	撵/赶
op	ɳop	差/弱	lop	学会
ok	rok	邻居	ⁿdʐok	惊诧
om	ʰtsompa	松树	ʰkom	口渴
on	ʰponwa	官员	ʰton	指示
oŋ	ɦloŋ	风	soŋ	去 完成/命令
ol	pol	藏族	ʰtol	上面
or	nor	牦牛	ʰtsor	钻探
əp	rəpsa	骨头	ɦdʐəp	成功
ək	tʂək	六	ʰtʂək	搅拌
əm	tʰəm	沉入	ʰkəm	蜷缩
ən	tʂʰʷənpa	肝	tʰən	和谐
əŋ	ʂəŋ	粮食	rəŋ	伸长
ər	pʰər	飞	ʰkər	邮寄
əl	ləl	污秽物	ɦȵəl	做梦
ik	tortʰik	腰带	tʰik	滴 量词
iŋ	piⁿgo	膝盖	miŋ	名字
ɥr	zɥr	燎		

另外，上述（6）所讲的双音节词的重新划分问题，此处有必要做更进一步的说明。其起因在于藏文发达的复辅音声母，口语中当双音节词第二音节的声母历史上为复辅音声母，而首音节此时又变为开音节时，最容易发生词类重新分析。这些词在韵律划分上，是明显属于前面音节的。

表 2-4 双音节词音节界限的重新分析

A 组				B 组			
VC	书面藏文	东纳口语	释义	VC	书面藏文	东纳口语	释义
ɐr	sa. dpon	sɐʳɸon	地方官	ɐʂ	las. ka	lɐˢkɐ	工作
ɔr	rdo. rdze	ʱdɔʳdʐɛ	多杰	ʮp	bzi. brgja	zʮᵖdʐɐ	四百
ɐp	kʰa. spu	kʰɐᵖsʮ	连鬓胡	oʂ	bod. skad	poˢkal	藏语
ək	ŋi. gn̩is	ŋɐᵏn̩i	我俩	eʂ	bde. skjid	ʱdeˢtɕɐl	幸福
ɐβ	kʰa. brda	kʰɐᵝɖɐ	聊天	ʮk	tɕu. gsum	tʂʮᵏsɐm	三十
əm	g-ju. mtsʰo	jəᵐtsʰɔ	玉湖	iŋ	pus. N go	piⁿgɔ	膝盖
ɐn	za. N tʰuŋ	sɐⁿtʰoŋ	吃喝	ɔn	rdo. N dril	ʱdɔⁿdʑi	滚石

从表 2-4 中可以看出，A 组音节重新分析出现的一些韵母形式，在单音节的词中，也基本都可以出现，比如 əkəm 本身即口语中常见的韵母形式，但另外几个，如 ɐr、ɔr、ɐp、ɐβ、ɐn，实际口语中都是可以作为基本韵母 ar、or、ap、an 的变体而出现的。而 B 组中的韵母，全部都不出现在单音节词所能出现的韵母中，如 las. ka "工作"，文字中的韵尾 s 口语中变读为 ʂ，且在韵律和听感上是附着在前面音节上，从而形成 ɐʂ 的韵母结构；zʮᵖdʐɐ "四百"，brgja "百"单念绝对不可能出现 p 前置音，但与 zʮ "四"组合时，其古代的 b 前置音发音部位保留，只是由浊变清，从而形成 ʮᵖ 一类的韵母。而不管 A 组还是 B 组，第二音节中的声母，在单音节中有些无论如何不会出现，如 sa. dpon "地方官"，dpon 在口语中读作 ʰpon 或 ɸon，绝对不会出现读 ʳɸon 的情况；g-ju. mtsʰo "玉湖"中的 mtsʰo，口语中读作 tsʰɔ，鼻冠音 m 在东纳话的单音节词中早已丢失。

上面仅是举例性质的，实际口语中还有不少类似的情况，理论上，表 2-3 的空格部分都有可能因为这种双音节的中间位置所出现的特殊读音而被填满。为了更准确地反映藏文中复辅音声母在单音节词和双音节第二音节中发展的不平衡性，本书尽量对双音节中的这类语音现象予以保留，而不是完全做音位归纳。

2.2 历史音变

本节探讨东纳话与标准书面藏语正字法语音系统之间的历史演变关系。我们主要讨论音节的演变、辅音及辅音组合做声母的演变、元音及元音+辅音组合做韵母的历史演变3部分。本节的分析采取"元辅音分析法"和"声韵调分析法"相结合的方式进行。

此处需特别说明的是，我们在为今音的演变寻找历史比较的根据时，是据藏文正字法厘定之后的形式，而藏文自7世纪初创后，到12世纪左右，先后进行了3次大规模的厘定。藏文史书一般认为最后一次厘定在9世纪吐蕃末代赞普热巴巾时代，但陈践先生（2017）赞同大译师和正字学家觉顿·阿旺仁青扎西（སྐྱོགས་སྟོན་ངག་དབང་རིན་ཆེན་བཀྲ་ཤིས། skjogs. ston ŋag. dbaŋ rin. tɕʰen. bkra. ɕis，生卒年不详，约16世纪人）在正字学名著《丁香帐》（དག་ཡིག་ལི་ཤིའི་གུར་ཁང་ dag. jig li. ɕiNi gur. kʰaŋ）中提出来的观点，即最后一次厘定当在11世纪，而非9世纪。理论上，进行藏语历史音变的比较，和最早的拼写法进行比较，才更加恰当和圆通，但目前的问题在于，对藏文最早时代文献的文字学梳理工作才刚起步，尚未有可资比较的字典。其次，藏文厘定，有相当一部分是对词汇的厘定，是为翻译佛经服务的，虽然也涉及部分音节结构的厘定，但对藏文音节结构并未做根本的变动。因此，即使经过3次厘定，藏文的音节结构依然足够复杂和多样，而且可以认为基本的特点都得以保留。是故和厘定之后的正字法比较，也基本可以做到符合语音演变的历史情况。关于3次厘定的情况，罗秉芬、安世兴（1981）将3次厘定在藏文结构上的变革归纳为3条：①规范异体字（比如当时书面中存在མཁར和མཁར两个词形，表达"城市/城镇"意思，文字厘定规范为མཁར）；②简化拼写法（如把བསལ规范为བསལ"消除/清除"，把ཅེ规范为ཅེ"人"）；③规范异体元音符号（如取消反写的ཨི①，

---

① 此处反写的 ཨི 按惯例用 I 来转写，但具体音值待考。

一律写作ঽi)。这种厘定，充分考虑到了当时藏语的历史音变，也具备了语言规范化的眼光。因此，我们以厘定后的藏文正字为基点进行历史音变的研究，不会从根本上影响历史音变研究的效果。

还需要特别说明一点，与书面藏文正字法进行历史比较时，需特别小心，绝不能囿于字形，强行比较。原因一是本来比对的书面藏文是厘定规范后的结果，二是音变本身的复杂性。因为有些音变规则和书面正字有不少差距，尤其是藏语正字中的大量复杂辅音组合绝大多数来自动词的形态变化，而东纳话相对简单的声母结构，给很多声母的历史比较带来困难。不过，此处我们尽量采取从严的标准。

例如书面正字 gos$_{完成}$、Ngo$_{未完}$ 为"感染/爬"义，但在口语中读作 ^{ɦ}g^{w}i$_{完成}$/^{ɦ}gɔ$_{未完}$。按照东纳话一般音变规则，该词的元音可以得到解释，完全符合 os > i 和 o > ɔ 的规则音变，但声母则不完全对应，因为 g > ^{ɦ}g^w 和 Ng > ^{ɦ}g 是东纳话中不可能存在的音变。① 再比如，"磕头"书面正字为 btsal$_{完成}$、Nts^{h}al$_{现在}$、btsal$_{将来}$、Nts^{h}ol$_{命令}$，口语中则表现为 ts^{hw}a$_{完成}$、ts^{hw}a$_{未完}$、ts^{h}o$_{命令}$，此词元音可以得到解释，符合东纳话元音/韵母的规则音变，但声母则没有完全对应关系。根据东纳话圆唇的一般规则，前置辅音为 b - 时容易导致基本辅音圆唇化，所以从 ts^{hw}a 的声母 ts^{hw} - 来看，当来自 bts^h - 才对，显然藏文正字不存在这样一个形式。而若认为 ts^{hw}a < Nts^{h}al$_{现在}$，则必然导出鼻冠音 N 致使基本辅音圆唇化，这显然又不符合东纳话一般音变规则。我们的设想是：bts - 复合声母中，b - 的丢失，形成了基本辅音 ts 的送气化。藏缅语中送气清爆音后起，是一个有广泛共识的假说，其来源之一就是复合辅音的简化。

2.2.1 音节结构

书面语最大音节结构为（C_1）（C_2）（C_3）（C_4）V（C_5）（C_6），其中 C_3 为基本辅音。图 2 - 1 是古藏文的音节结构。

---

① 据东纳话的音变规则，或许可以认为，古代"1 感染；2 爬"的完成和未完成形式的声母，很可能是如下几个 rg -、bg - 或 dg - 形式，只是书面上已经音变简化为 g - 的形式。

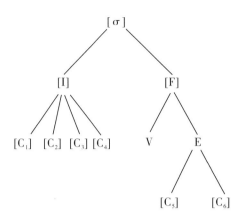

图 2-1　古藏文的音节结构

上述音节结构层级中，V 以及 C_1、C_2、C_3、C_4、C_5、C_6 出现哪些成分都有严格的限制。具体如下：V = {a、i、u、e、o}，C_1 = {b、d、g、m、N}，C_2 = {r、l、s}，C_3 = {藏文的 30 个基本辅音}，C_4 = {j、r、l、w}、C_5 = {b、d、g、m、n、ŋ、r、l、s}、C_6 = {d、s}。

从上述音节结构到现代东纳话，发生了一定变化，其最大音节结构变为（C_1）（C_2）V（C_3），其中 C_2 为基本辅音。括号中是可以省略的成分，无括号部分是不可以省略的部分。其中，C_1 和 C_2 为声母部分，可以构成单辅音声母和二合辅音声母，C_3 为辅音韵尾。C_1 位置上可以出现 h-、ɦ- 等前置辅音成分，C_2 位置上可以出现东纳话的基本辅音，C_3 位置上可以出现 -p、-k、-m、-n、-ŋ、-r、-l 这 7 个辅音韵尾形式。V 位置上只可以出现 i、u、e、o、ɔ、a、ɐ、ə、ɥ 这 9 个元音。整个音节 V 是必不可少的成分，其他都是可以省略的成分。不存在复元音 VV 形式。

2.2.2　辅音/声母音变

本节讨论辅音及辅音组合的变化，主要涉及音节结构中的声母部分。本节按照书面藏文的音节组合关系，分单辅音及复辅音两个部分来讨论。

2.2.2.1 单辅音音变

本节讨论书面上的 30 个单辅音字母的读音变化。① 按发音方法，主要有如下几组：

1. **塞音组**：k、kʰ、g、t、tʰ、d、p、pʰ、b

这一组单辅音的变化，大致可以概括为浊音清化和清音不变两条规则，当然不排除个别例词有例外音变的情况（如下述的"弯弯"和"现在"）。如下所示：

辅音音变	书面正字	东纳口语	释义
k	ka. ba	kɐwɐ	柱子
kʰ	kʰol	kʰo	沸腾 ~水~~
g > k/ɣ	gug	kək	弯曲
	gor. gor	ɣorɣor	弯弯的
t	me. tog	metok	花
tʰ	tʰaŋ	tʰaŋ	平坝
d > t	dar	tar	发展
p	pus. mo	piⁿgɔ	膝盖
pʰ	pʰud	pʰəl	脱 ~衣服
b > p/w	bod	pol	藏族
	ta. bar	tɐwar	现在

2. **塞擦音组**：tɕ、tɕʰ、dʑ、ts、tsʰ、dz

这组辅音的演变，主要有两个特点：浊音清化和卷舌化。其中 dʑ 和 dz 单独做声母清化，而 tɕ、tɕʰ、dʑ 则发生卷舌化。当然，也有个别例外音变的情况。

辅音音变	书面正字	东纳口语	释义
tɕ > tʂ	tɕig	tʂək	一
tɕʰ > tʂʰ	tɕʰar	tʂʰar	雨

---

① 虽然传统的 30 个字母未必都是单辅音，但绝大多数是单辅音，这是确定无疑的。只有几个字母的音值到底是辅音还是元音还不能完全确定，如最后一个字母ཨ的音值到底是什么还不确定。还有，འ和ཡ的具体音值也不确定，但它们是辅音则是基本确定的。

辅音音变	书面正字	东纳口语	释义
dʑ > tʂ/tɕ	dʑa	tʂa	茶
	dʑus	tɕi	计谋
ts	tsan.dan	tsʷantan	檀香
tsʰ	tsʰa	tsʰɐ	热
dz > ts	dza.ja	ɐtsɐ	漂亮

3. 擦音组：ʑ、ɕ、z、s、h

该组声母的音变同样是浊音清化和卷舌化。其中 ʑ 和 z 清化，而 ʑ、ɕ 发生卷舌化。如下所示：

辅音音变	书面正字	东纳口语	释义
ʑ > ʂ	ʑim	ʂəm	香
ɕ > ʂ	ɕa	ʂɐ	肉
z > s	zo	sɔ	吃 命令
s	so	sɔ	牙
h	hor	hor	蒙古

4. 鼻音组：ŋ、ɲ、n、m

该组辅音单独做声母保持不变。如下所示：

辅音音变	书面正字	东纳口语	释义
ŋ	ŋa	ŋɐ	我 通格
ɲ	ɲa	ɲɐ	鱼
n	nam	nam	什么
m	min	mɛn	非

5. 边流音、半元音组：r、l、w、j

藏文字母ཝ的音值一直是个非常有争议的问题。如果按照通常的规则，转写成半元音的 w，则该组辅音声母最大的变化是 w，变成了舌根浊擦音 ɣ。而 l 和 j 则没有变化。如下所示：

辅音音变	书面正字	东纳口语	释义
r	ras	ri	布
l	la	lɐ	达坂
w > ɣ	wa	ɣɐ	狐狸
j	jib	jəp	遮盖

6. 特殊符号：འ（本书转写作 N）、ཨ（本书转写作 ʔ）

书面上的འ和ཨ在东纳话中都可以音变为舌根浊擦音 ɣ，但འ除此之外，还有 j 和零声母等音变方向。如下所示：

辅音音变	书面正字	东纳口语	释义
N ＞ ɣ/j	零声母 No. ma	ɣɔma	奶子
	Nog	jok	下 ₍方位₎
	No. brgjal	a˞ʑɿ	谢谢
ʔ ＞ ɣ	ʔoŋ. do	ɣoŋtoŋ	臀部

上面只是列出了最为基本和最为常见的音变模式，但口语中实际上还有例外，但这种例外并不多，只是个别现象，不是主流，或者有特殊条件的限制。如下所示：

辅音音变	书面正字	东纳口语	释义
pʰ ＞ h	pʰar	har	那边
tsʰ ＞ s	tsʰur	sor	这边
k ＞ ɣ	skja. ka	ʰtɕɥɣɐ	喜鹊
g ＞ kʷ	go. re	kʷɐrɛ	馒头
m ＞ ᵐɲ	mid	ᵐɲəl	吞咽
n ＞ ɲ	na. niŋ	nɛɲau	去年
ŋ ＞ ŋʷ	ŋus	ŋʷi	哭 ₍完成/命令₎

根据音变规则，pʰ-一般都是保持不变，但"那边"一次变为 h-，属于弱化。skja. ka 的 ka 变为 ɣɐ 也是第二音节弱化的结果。ᵐɲəl "吞咽"在文字规范之前的读音，很可能是 *mjid。mj-腭化发成 ᵐɲ-在部分复辅音发达的藏语方言中是常见的音变方向。na. niŋ 的 niŋ 变为 ɲɛŋ，有两种可能：一是文字厘定前的读音是 *njiŋ，nj-腭化变读为 ɲ-；二是 n-处在高元音 i 后，发生腭化而读为 ɲ。g ＞ kʷ 和 ŋ ＞ ŋʷ 的圆唇化音变，这类例词也不是很多，舌根音因为发音部位的原因，本来就很容易圆唇化，而如果后面所跟的元音是高元音，就更加容易圆唇化。

2.2.2.2 复辅音音变

本小节讨论复辅音组合的古今音变，以基本辅音的发音部位为纲，比较书面正字和东纳话的关系，梳理古今音变的规则。需要强调的是，下面的语音变化，是最为基本的音变，是东纳话中占主流地位的音变。而实际上，口语中的词汇语音变化，与标准书面藏文系统比较起来，仍然会有些例外的情况。例外情况我们作为个案而放在 2.2.4 "特殊变化"一节中论述。

1. P 组语音变化

P 为基字的复辅音组包括 p、p^h 和 b，是整个东纳话中复辅音组古今音变最大、最明显的。P 组通常在现代藏语的很多方言中都是古今音变特别大的，而且即使在同一个方言内部，变化往往也不均衡，这点尤其值得关注。如下所示：

辅音组音变	书面正字	东纳口语	释义
dp > ^hp	dpaN.bo	^{h}pɐwu	英雄
lp > p	lpags.pa	paksa	皮①
sp > $s^w/^hp$	spaŋ	s^waŋ	草坪
	spun	s^wən	兄弟
	spar	sar/s^war	把_度量_
	spu	sʮ	毛
	spuŋ	^{h}poŋ	积累/积聚
p^hj > $tʂ^h/ʂ^w$	p^hjur.ba	$tʂ^h$or	奶渣
	p^hjags.ma	$ʂ^w$ɐkma	扫帚
	p^hjen	$ʂ^w$an	屁
p^hr > $tʂ^h/r$	p^hrag.pa	$tʂ^h$ɐkkʰɐ	肩膀
	p^hreŋ.ba	$tʂ^h$əŋŋa	念珠
	ba.p^hrug	porək	小黄牛
Np^hr > $tʂ^h$	Np^hred	$tʂ^h$el	横_横竖_
	Np^hrog.bcom	$tʂ^h$oktʂom	抢劫
Np^h > p^h	Np^hur	p^hər	飞

---

① 关于"皮革、皮肤"，文字上有两种写法：pags 和 lpags。所以口语中 paksa 到底是由 pags 还是 lpags 演变而来，目前尚不能完全肯定。但我们在东纳话中尚未记录其他更多正字为 lp- 的复辅音词，所以暂时存于此，以备参考。但若遵循藏语辅音简化"由繁到简"的一般原则，则很可能 lpags > pags。

辅音组音变	书面正字	东纳口语	释义
dpj > ʰtʂ	dpji. mgo	ʰtʂə	胯骨
spj > ʰtɕ/s	spjaŋ. kʰ	uʰtɕaŋkʰʷə	狼
	spjaŋ. po	sʷaŋɔ	聪明
Npʰj > tʂʰʷ/tʂʰ/ʂʷ	Npʰjag	ʂʷɐk	擦拭
	Npʰjis	tʂʰʷi	迟到
	Npʰju	gtʂʰək	错误
spr > ʰp/sʷ/ʰts	sprug	ʰpɐk	摇晃
	sprin	sʷən	云
	sprel	sʷer	猴子
	spraŋ. po	ᵐȵəˢtsaŋ	乞丐
db > ɣ	dbaŋ	ɣaŋ	权利
rb > ɣ	rbab. Ngril	ɣapⁿdʐi	滚石
sb > z/zʷ/r	sbed	zel/zʷel	隐藏/掩盖
	sbaŋs	zʷaŋ	浸泡
	sbom. po	rom	粗
lb > r	lbu. ba	rɔ	泡沫
bj > ʂ/ʂʷ/j/ʱj	bje	ʂe	开着
	bja	ʂʷa	鸟 较大者
	kʰu. bjug	kʰijək	布谷鸟
	bjil	ʱji	敷/涂
br > tʂ	brag	tʂɐk	岩石
bl > ʱl	blo	ʱlɔ	心思
Nb > ⁿb	Nbu	ⁿbu	虫子
dbj > ʱj	dbji	ʱjəyar	猞猁
sbj > z̞/z/zʷ	sbjin	z̞ʷən	给 未完
	sbjar	zar/zʷar	粘
sbr > r	sbra	rɐnɐk	牛毛帐篷
	sbrul	ru	蛇
	sbrid. pa	rəl	打喷嚏
Nbr > ⁿdʐ̞	Nbrug	ⁿdʐ̞ək	龙
	Nbri	ⁿdʐ̞ə	写 未完

辅音组音变	书面正字	东纳口语	释义
Nbj > ⁿdʐʷ	Nbjar	ⁿdʐʷar	粘贴
dbr > ʰtʂ	dbral	ʰtʂɐ	弄烂①

另外，书面语中的 pj、pr、dpr、pʰjw 等复辅音组合，东纳话中尚未发现常见的例词。

2. D 组语音变化

D 组语音包括 t、tʰ 和 d，这组复辅音组合变化相对较为简单，基本的演变情况是：浊音 d 若无前置辅音，则发生清化；有后置辅音 j 时腭化，而有后置辅音 r 时则发生卷舌化。如下所示：

辅音音变	书面正字	东纳口语	释义
gt > ʰt -	gtam	ʰtam	故事
bt > ʰt/t	gtugs	ʰtək	控告
	kʰa. btags	kʰɐtɐk	哈达
mtʰ > tʰ	mtʰun	tʰən	和谐
Ntʰ > tʰ	Ntʰug. po	tʰək	厚
rt > ʰt -	rta	ʰtɐ	马
lt > ʰt -	lte. ba	ʰte	肚脐
st > ʰt -	ston	ʰton	指示
bd > ɦdʷ/ɦd	bdud	ɦdəl/ɦdʷəl	魔王
rd > ɦd	rdo	ɦdɔ	石头
ld > ɦd	ldad	ɦdal	反刍
sd > ɦd	sdug	ɦdək	悲苦
gd > ɦd	gdaŋs	ɦdaŋ	张开
md > ⁿd	mdud	ⁿdəl	打结
Nd > ⁿd	Ndaŋs	ⁿdaŋ	足够
dr > tʂ/r	drag	tʂɐk	痊愈
	dril	ri/tʂi	叠~被子
dʷ > t	dʷaŋs. ma	taŋma	清的
Ndr >	Ndrogs	ⁿdʐok	惊诧

---

① 比如把不需要的东西弄烂。该词发生了特殊变化，成了清音。

辅音音变	书面正字	东纳口语	释义
bsd > ʱd/zʷ	bsdams	ʱdam	捆绑
	bsdad	zʷal	待/住

另外，书面语当中的 brd、bld、tr、tʰr、brt、blt、bst 等复辅音组合，东纳话中尚未发现常见的例词。

声母为 tr 和 tʰr 的情况，不管名词还是动词，东纳话都没有找到例词。而 brd、bld、brt、blt 和 bst 则主要是因为 b 大多数时候为动词的形态成分。在目前的情况下，如 bld，到底是 bld > ʱd，还是 ld > ʱd，很难说清楚。如"舔"，书面完成体为 bldags，进行体为 ldag，将行体为 bldag，而口语中上述 3 种体形式不再有形态的区别，而全部变为 ʱdɐk。而理论上，bld 和 ld 都可能变为 ʱd，但 ʱd 到底是由哪个变来的，目前还很难说清楚。

3. K 组语音变化

辅音音变	书面正字	东纳口语	释义
dk > ʰk/k/kʰ/ɣ	dkaN	ʰkɐ	困难
	dkar. po	karo	白的
	duŋ. dkar	toŋkʰar	海螺
	rgju. dkar	ʱdzəɣar	大肠
bk > kʷ/k	bkar	kʷar	悬挂
	bkod. pa	kɔpa	办法
lk > ʰk	lkugs	ʰkək	哑
sk > ʰk	skar. ma	ʰkarma	星星
rk > ʰk	rked. pa	ʰkepa	腰
Nkʰ > kʰ	Nkʰor. lo	kʰorlɔ	轮子
mkʰ > kʰʷ/kʰ	mkʰar	kʰʷar	城市
brk > ʰk	brkus	ʰkʷi	偷 完成/命令
	mkʰan. po	kʰanpo	堪布
kʰr > tɕʰ/tʂʰ	kʰrag	tɕʰɐk	血
	kʰra	tɕʰɐ	鹞子
	kʰri	tʂʰə	万
kj > tɕ	kjog	tɕo	瘸/弯
kʰj > tɕʰ	kʰjim	tɕʰəm	家

辅音音变	书面正字	东纳口语	释义
Nkʰj > tɕʰ	Nkʰjag. pa	tɕʰaksa	冷
mkʰr > tɕʰ	mkʰris. pa	tɕʰəpsa	胆
kl > ɦl	klad. pa	ɦlalpa	脑袋
kr > tʂ	kraŋmo	tʂaŋmu	直的
kʰʷ > h	kʰʷa. ta	hɐtʰɐ	乌鸦
bkj > tɕʷ	bkjags	tɕʷɐk	端/抬
bkr > tɕ/tʂ	bkru	tɕɥ	洗
	bkra. ɕis	tʂɐ ʂə	扎西 新兴词
dkj > ʰtɕ	dkjil	ʰtɕi	中间
dkr > ʰtɕ/ʰtʂ	ȵwa. dkris	ʰkaŋʰtɕə	裹腿
	dkrugs	ʰtʂək	搅拌
skr > ʰtɕ	skra	ʰtɕɐ	头发
rkj > ʰtɕ	rkjaŋ	ʰtɕaŋ	野驴
skj > ʰtɕ	skjag. pa	ʰtɕakpa	屎
	skja. ka	ʰtɕɐɣɐ	喜鹊
Nkʰr > tʂʰ	Nkʰrogs	tʂʰok	扭伤
bskj > ʰtɕ	bskjal	ʰtɕa	派送
mg > ⁿg	mgo	ⁿgɔ	头
Ng > ⁿg	Ngag	ⁿgɐk	沟谷
sg > ɦg	sgo	ɦgɔ	门
rg > ɦg	rgan. po	ɦgapo	老头
dg > ɦg	dgod	ɦgal	笑
bg > ɣʷ/ɣ	bgos	ɣʷi	分开 完成/命令
	bgo	ɣɔ	分开 未完
gj > tɕ	gjen	tɕan	向上
gr > tɕ/tʂ	grag	tɕɐk	响动
	gram	tɕam	河/滩
grw > tʂ	grwa. pa	tʂɐwɐ	僧人
gl > ɦl	glag	ɦlɐk	雕
dgr > ɦdʐ	dgra	ɦdʐaʅ	坏人
mgj > ⁿdʑ	mgjogs. po	ⁿdʑok	快

辅音音变	书面正字	东纳口语	释义
mgr > ⁿdʐ̥	mgron. po	ⁿdʐ̥ɔwa	客人
Ngr > ⁿdʐ̥	Ngram. pa	ⁿdʐ̥ampa	脸颊
rgj > ɦdʑ̥	rgja	ɦdʑ̥a	汉族
sgj > ɦdʑ̥	sgjur	ɦdʑ̥ɚ	翻转
Ngj > ⁿdʑ̥	Ngjur	ⁿdʑ̥ɚ	变化
sgr > ɦdʐ̥/ɦdʑ̥	sgro	ɦdʑ̥ɔ	羽毛
	sgrub	ɦdʑ̥əp	做成功
brgj > ɦdʑ̥ʷ/ʰtɕ	brgjad	ɦdʑ̥ʷal	八
	No. brgjal	ɔrdʑ̥a	谢谢

另外，书面语中的 mkʰj、kw、blk、bskr、bsk、lg、gw、brg、bsg、bgr、dgj、bgj、bsgj、bsgr 等复辅音组合，东纳话中尚未发现常见的例词。这些复合声母，绝大多数也都和形态有关，而且主要体现在动词上，而据东纳话的一般音变规则，尚不能明确地推导出它们的音变方向。比如 bsg-，典型的词如书面上的"卡住/勒"：bsgags完成、sgag现在、bsgag将来 和 sgogs命令，东纳口语则读作 ɦgɐk完成/未完 和 ɦgok命令。因而 bsg- 和 sg- 都有可能变成 ɦg-，所以 bsg- 到底变为何者，是不确定的。

4. Ts 组和 Tɕ 组语音变化

辅音音变	书面正字	东纳口语	释义
gtɕ > ʰtʂ	gtɕin	ʰtʂən	尿名词
btɕ > tʂ/s/sʷ	btɕu	tʂʅ	十
	btɕus	sʷi	舀完成/命令
	btɕu	sʅ	舀未完
ltɕ > ʰtʂ	ltɕags	ʰtʂɐk	铁
mtɕʰ > tʂʰw/tʂʰ	mtɕʰan	tʂʰʷan	腋
	mtɕʰoŋ	tʂʰoŋ	玛瑙
gts > ʰts	gtsaŋ. ma	ʰtsaŋma	干净
bts > ʰts	btsog. pa	ʰtsokpa	脏
bts > tsʰʷ/tsʷ	btsalts	ʰʷa/tsʰa	磕头
rts > ʰts	rtsa	ʰtsɐ	近前
brts > ʰts	brtsed	ʰtsel	牙碜

辅音音变	书面正字	东纳口语	释义
rtsw > ʰts	rtswa	ʰtsɐ	草
mtsʰ > tsʰ/tsʰw	mtsʰots	ʰɔ/tsʰwɔ	海洋
	mtsʰer.çul	tsʰwer ʂo	旧窝子
Ntsʰ > tsʰ	Ntsʰag	tsʰɐk	过滤
tsʰw > tsʰ	tsʰwa.kʰu	tsʰɐkwə	盐
mdz > ⁿdz	mdzu.gu	ⁿdzoyo	手指
Ndz > ⁿdz	ɲi.Ndzin	ɲəⁿdzən	日食
rdz > ɦdz	rdzi.bo	sokdzɐ	牧人
	rdzogs	ɦdzok	完毕
brdz > ɦdz/ɦdzw	brdzaŋs	ɦdzwaŋ/ɦdzaŋ	装/派遣
ldʐ > ɦdʐ/ʐ	ldʐaŋ.kʰu	ɦdʐaŋri/ʐaŋ	绿
rdʐ > ɦdʐ/ʐ	rdʐan	ɦdʐan/ʐan	面粉
Ndʐ > ⁿdʐ	Ndʐog	ⁿdʐok	放置
brdʐ > ɦdʐ/ʐw	brdʐes	ɦdʐi/ʐi	交换 完成/命令
	brdʐed	ɦdʐwel/ʐwel	忘记

另外，书面语中的Ntɕʰ、sts 和 bsts 等复辅音组合，东纳话中尚未发现常见的例词。

5. 鼻音组语音变化

辅音音变	书面正字	东纳口语	释义
gɲ > ɦɲ	gɲer.ma	ɦɲerma	皱纹
gn > ɦn	gnam	ɦnam	天/雨
dŋ > rŋ	dŋul	ɦŋo	银子
dm > ɦm	dmag.mi	ɦmɐk	兵
mɲ > mɲ/mʲ/ɲ	mɲe	mɲe/mʲe	火
	mɲam	ɲampɔ	公平
mŋ > ŋʷ	mŋags	ŋʷɐk	使唤
mn > n	mnaN.ma	nama	媳妇
rŋ > ɦŋ	rŋul	ɦŋo	汗
rɲ > ɦɲ	rɲiŋ.pa	ɦɲəŋŋa	心
rn > ɦn	rna.ba	ɦnɐ	耳朵

辅音音变	书面正字	东纳口语	释义
rm > ʱm	rma	ʱmɐ	伤口
lŋ > ʱŋ	rŋa	ʱŋɐ	五
sŋ > ʰn̥	sŋas	ʰnipɐk	枕头
sɳ > ʰɳ̊	sɳiŋ	ʰɳ̊əŋ	心
sn > ʰn̥/ʰɳ̊	sna	ʰnɐ	鼻子
	snad	ʰɳ̊el	弄伤
bsn > ʰn̥	bsnan	ʰn̥an	添加
sm > ʰm̥	sman	ʰm̥an	药
mj > ᵐɳ̥/mʲ	ʔa. mjes	amʲi/aᵐɳi	爷爷
	mje	mʲe/ᵐɳe	火
	mji	mʲi/ᵐɳi	人
	miŋ	miŋ	名字
dmj > ʱɳ̊	dmjig	ʱɳ̊ək	眼睛
ɳʷ > ɳ̥	ɳʷa	ɳɐ	脚
brŋ > ʱŋʷ	brŋos	ʱŋʷi	炒 完成/命令
brɳ > ʱɳ̊	brɳaŋ	ʱɳaŋ	泻/拉 肚子
bsɳ > ʰɳ̊	bsɳal	ʰɳ̊a	使入睡
rmj > ʱɳ̊	rmji. lam	ʱɳ̊əlam	梦
smj > ʰɳ̊	smjon. pa	ʰɳ̊anpa	疯子

上述 mj > ᵐɳ̥/mʲ 的音变中，ᵐɳ̥ 和 mʲ 没有对立，在口语中为自由音变。

另外，书面语中的 brn、bsŋ、snr、smr、mr 等复辅音组合，东纳话中尚未发现常见的例词。

6. 擦音组语音变化

辅音音变	书面正字	东纳口语	释义
gʐ > ʱʐ̥	gʐan	ʱʐ̥an	其他
bʐ > ʐ̥/ʐ̥ʷ	bʐi	ʐ̥ʅ	四
	bʐar	ʐ̥ʷar	刮/剃
	bʐus	ʐ̥ʷi	融化 完成/命令
	bʐu	ʐ̥ʅ	融化 未完

辅音音变	书面正字	东纳口语	释义
gɕ/bɕ > ʂ	gɕog. pa	ʂokpa	羽毛 家禽
	bɕan. pa	ʂanpa	屠夫
gz > ɦdz/z	gzan	ɦdzan	袈裟
	gzugs	ɦdzək	身高
	gzer	zer	疼痛
bz > z/zʷ/s	bzi	zɿ	醉
	bzos	zʷi	造/做 完成/命令
	bzas	si	吃 完成
	bzo. kʰug	sɔkʰək	针线包
zʷ > ʂ	zʷa	ʂɐ	帽子
ɕʷ > ʂ	ɕʷa. ba	ʂawu	鹿
zʷ > s	zʷa	sɐ	荨麻
gs > ʰts	gser	ʰtser	金子
bs > sʷ	bsaŋs	sʷaŋ	香
	bsil	sʷi	阴凉
sr > r̥	sruŋ	r̥oŋ	守护
zl > ɦdz	zla. ba	ɦdza	月亮
rl > ɦl	rluŋ	ɦloŋ	风
sl > ʰts/ɦl/l	sla. po	ʰtsɐ	容易
	slog	ɦlok	翻动
	sla	lɐ	编织
bsl > ʰts	bslaŋs	ʰtsaŋ	乞讨/竖立
bzl > ɦdz/z	bzlas	ɦdzi/zi	说 完成
brl > ɦl	brla	ɦlɐʂɐ	大腿

另外，书面语中的以下复辅音组合，东纳话中尚未发现常见的例词。如下所示：

hr、bsr、hw

7. 边流音组语音变化

辅音音变	书面正字	东纳口语	释义
g－j > ɦj	g－jag	ɦjɐk	驮牛

辅音音变	书面正字	东纳口语	释义
rʷ > r	rʷa	rɐ	犄角
lʷ > l	lʷa	la	藏袍

2.2.3 元音/韵母音变

书面藏语中韵母组合形式最大结构为 V（C_1）（C_2），其中 V = {a、i、u、e、o}，C_1 = {b、d、g、m、n、ŋ、r、l、s、N}，C_2 = {d、s}。上述音素可以构成 V、VC、VC_1C_2 3 种韵母结构。现代东纳话单音节词中韵母形式则简化为 V 和 VC 两类，不存在 VCC 复辅音韵尾的音节构造。其中 V = {a、ɐ、i、u、e、o、ɔ、ə、ɥ}，C = {p、k、m、n、ŋ、r、l}。我们下面来详细分析它们的古今演变情况。

2.2.3.1 -V#类韵母音变

书面语中的 a、i、u、e 和 o 单独做韵母时在东纳话中的音变较为规则，主要是央化、低化和保持不变 3 种。如下所示：

V#音变	书面正字	现代读音	释义
a > ɐ/a	tsʰa	tsʰɐ	热
	rŋa	ʱŋɐ	鼓
	la	lɐ	达坂
	lʷa. ba	la	藏袍
	ra. ma	rama	山羊
aN① > ɐ/a	dkaN	ʰkɐ	份子
	NgaN	ⁿgɐ	一些
	dgaN	ʱga	喜欢
	bçaN	ʂʷa	宰杀

---

① a aN 此处是对འ的转写，འ在藏文中，放置于音节首，表示鼻冠音。而置于音节尾，古代音值到底是多少，是有争议的：是代表具体音值，还是零，只是用于划分音节的正字法需要？现代藏文中的很多开音节词，古藏文会附加这个འ符号，但后世厘定藏文时把绝大多数此类情况下的འ给取消了，只是当音节内部划分困难时才需要。比如དག "干净/正确" 和དགའ "爱/喜欢"，如果后者不用འ符号，两者就无法正确区别，都可能转写成 dag，因为 g 可以做辅音韵尾，加上འ以后则不会相混，此时དགའ就只能转写成 dgaN 了。我们认为古藏文的འ表示开音节，是故把 aN 放置于此。

V#音变	书面正字	现代读音	释义
e > e/ə	Ndre	ⁿdʐe	鬼
	sne	ʰn̥e	梢
	kre. nag	tʂəmək	烟垢
	de	tə/te	代词/连词/定指
o > ɔ	mtsʰo	tsʰɔ	湖
	rdo	ɦdɔ	石头
i > ə/i/ʅ	Nbri	ⁿdʐə	雌牦牛
	skji	ʰtɕə	借贷 未完
	kji/gji	tɕi	属格助词①
	gi	ki/ɣi	属格助词
	mji	mʲi/ᵐȵi	人
	bzi	zʅ	醉
	bʐi	ʐʅ	四
u > ə/ʅ/u	tɕʰu	tʂʰə	水
	g-ju	ɦjə	绿松石
	ŋu	ŋu	哭 现在
	bkru	tɕʅ	洗
	bʐu	ʐʅ	融化

必须强调的是，上述音变在东纳话中是基本变化，也是绝大多数单元音的音变规则。同时，还有些词不符合上述音变规则，但目前发现的词并不是很多，可以视为特例处理，如数字"十"的音变。词根加词缀合音而导致的音变等，基本都发生在高元音 i 和 u 上。i 和 u 的规则音变和青海安多藏语的核心区一样，都是央化为 ə，但和部分声母相拼时，变读作 ʅ。比如 bʐu "融化"和 bʐi "四"在东纳话中变为同音的 ʐʅ。再如上述"哭"，其现在式形式按照规则音变应变为 ŋə 才对（青海的安多藏语即如此），但口语依然读作 ŋu，u 并未央化。a > ə、e > ə、i > ʅ 或 u > ʅ/u 的音变，不是主流的音变，只在少数词中发现。更多例子，详见下文 2.3 "特殊变化"部分的论述。

---

① 此处书面语中的几个属格标记 kji、gji、gi 等，口语中，元音 i 都以保持不变为常态，当然也都可以弱化为 ə，但 ə 是 i 的变体形式。

2.2.3.2 -VC$_1$C$_2$类韵母音变

V（C$_1$）（C$_2$）类韵母在东纳话中的音变也相对规整，上面已经看到，书面藏语的 C$_1$ = {b、d、g、m、n、ŋ、r、l、s}，C$_2$ = {d、s}。C$_1$ 在东纳话中的音变，有4个特点：①b、d、g 这3个浊擦音，其中 b 和 g 有变化，既可分别读作 p 和 k，有时也可以分别读作或清或浊的擦音 ɸ/β 和 χ/ɣ。g 甚至仍然可以读作浊擦音 g。d 或清化读作 t，或弱化读作 l，不过 t 和 l 没有对立，是自由变读，但整体上更倾向于 d 变读为 l。②m、n、ŋ 这3个鼻音保持不变。③颤－闪音 r 保持不变。④边音 l 和擦音 s 都脱落，但对主要元音则产生影响，促使其发生不同的音变。

C$_2$ 在历史上共有 s 和 d 两个音，d 在9世纪的文字厘定中就已经被取消，现代东纳话中同样不存在此音及其残留形式。s 在文字中得以保存，不过，在东纳口语中 s 也不再发音，但在个别词中以另外一种形式保存下来。以下是具体的韵母音变，若超过两个的，则前者是主要的音变方向，而后者是次要的，只占很少的一部分。（见表2-5）

表2-5 藏文 V（C$_1$）（C$_2$）类韵母在东纳话中的音变

V/C	d	-l	-n	-r	-s	-b/-bs	-m/-ms	-g/-gs	-ŋ/-ŋs
a	al/el	ɐ/a	an	ar	i/ɐ	ap	am	ɐk/ak	aŋ
e	el	i	an	er	i	ep	ɐm/em	ək	əŋ/aŋ
o	ol/al	o	on/an	or	i/ɔ	op	om	ok/ɐk	oŋ/aŋ
i	əl	i/ɥ	ən	ər	i/ə	əp	əm	ək/ik	əŋ/iŋ/oŋ
u	əl/ər/u	o	ən	ər/er	i/u	əp	əm	ək	əŋ

VCC 音变	书面正字	现代读音	释义
ad > al/el	çad	ʂʷal	梳子
	skad	ʰkal	声音
	snad	ʰn̥el	弄伤
ed > el	Nded	ⁿdel	驱赶
	bjed	ʑel	做_{未完}
od > ol/al	bod	pol	藏族

VCC 音变	书面正字	现代读音	释义
	mtɕod. me	tʂʰolmʲe	酥油灯
	dpod	ʰpal	交付
id > əl	dpjid. ka	ʰtʂəl	春天
	ldzid. po	ɦdz̪əl	重
ud > əl/ər/u	kʰa. lud	kʰɐləl	污秽
	bdud	ɦdəl	妖精
	pʰud	pʰu	推门
	nud	nər	后退/挪动
al > a/ɐ	tal. ba	tʰa	灰尘
	jal	ja	消散/消隐
	btsal	tsʰʷa	磕头
	bçal	ʂʷa	冲刷
	tʰal	tʰɐ	亲知示证标记
	skal	ʰkɐ	份子
el > i	drel	tʂi	骡子
	brel. ba	tʂiwa	着急
ol > o	sol. ba	so	炭
	ol. tɕog	otɕʰok	喉咙
il > i	rɲil	ɦni	牙龈
ul > o/əl	dŋul	ɦŋo	银子
	pʰul	pʰəl	呈上/奉上
an > an	mtɕʰan	tʂʰʷan	腋
	sman	ʰman	药
	stan	ʰtan	垫子
en > an	glen. pa	ɦlanpa	傻瓜
	bden. pa	ɦdanpa	真的
	rten	ʰtan	挂
on > an/on	ʐon	ʂʷan	骑
	sgron	ɦdz̪ʷan	点火
	dpon. po	ʰponpo	官员
	Non. pa	ɦnaɣon	聋子

VCC 音变	书面正字	现代读音	释义
in > ən	mtɕʰin. pa	tʂʰʷənpa	肝
	sprin	sʷən	云
un > ən	spun	sʷən	兄弟
	dgun. kʰa	ᶠgən	冬天
ar > ar	bkar	kʷar	分开
	btɕar	ʰtʂar	踹/打
er > er	gser	ʰtser	金子
	gɲer	ᶠɲer	伺候
or > or	nor	nor	牦牛
	Nkʰor	kʰor	转动
ir > ər	gtɕir	ʰtʂər	包裹
	btsir	tsʷər	挤牛奶
ur > ər/er	skur	ʰkər	邮寄
	tʰur. ma	tʰərma	筷子
	ɕiŋ. pʰur	ʂənpʰer	木头橛子
as > i/ɐ	ʂlas	li	做
	Nbras	ⁿdʐi	大米
	las. ka	lɐˢkɐ	工作
es > i/e	ɕes	ʂi	知道
	tsʰes	tsʰi	日子
	ɲes. pa	ɲewa	罪过
os > i/ɔ	tɕʰos	tʂʰi	经 经书/经文
	rkos	ʰkʷi	雕刻
	jos	jɔlɔ	属兔
is > i/ə	gɲis	ᶠɲi	二
	ske. dkris	ʰkeʰtɕə	项圈
	bkra. ɕis	tʂaʂʂ	扎西
us > i/u	ŋus	ŋʷi	哭 完成
	gtɕus	ʰtʂi	拧/挤
	Nbus	ⁿbu	出 天花
ab(s) > ap	tʰab. ka	tʰap	灶

VCC 音变	书面正字	现代读音	释义
	ɲe. Ndabs	ɲeⁿdap	坡下面
eb(s) > ep	leb	lep	扁平
	kʰebs	kʰep	遮盖
ob(s) > op	job	jop	马镫
	lobs	lop	习惯
ib(s) > əp	grib. ma	tɕəpⁿgɔ	影子
	rdip	ʰtəp	塌陷
ub(s) > əp	ɕubs	ʂəp	套子
	sgrub	ɦdʐəp	做成
am(s) > am	gnam	ɦnam	天
	Ndam	ⁿdam	泥
em(s) > am/em	sems	sam	心
	Ntsem	tsem	补
om(s) > om	gsom. pa	ʰtsompa	松树
	kʰom	kʰom	空闲
im(s) > əm	ʐim. po	ʂəmpɔ	香
	tʰim	tʰəm	沉没
um(s) > əm	gur. kum	kərkəm	藏红花
	gsum	ʰtsəm	三
ag(s) > ɐk/ak	nags	nɐk	森林
	drag	tʂɐk	痊愈
	dʐag. pa	tʂakpa	土匪
	lag. pa	lakpa	手
eg(s) > ək	Nbreg	ⁿdʐək	剪羊毛
	reg	rək	摸
og(s) > ok/ɐk	Npʰrog	tʂʰok	抢夺
	bzogs	zʷɐk	削
	pʰog	pʰɐk	击中
ig(s) > ək/ik	sdig	ɦdək	危害
	tsʰigs	tsʰək	关节
	tʰigs	tʰik	滴

VCC 音变	书面正字	现代读音	释义
ug(s) > ək	sdug	ʱdək	悲伤
	sprug	ʰpək	摇晃
aŋ(s) > aŋ	skraŋ	ʰtɕaŋ	肿胀
	gaŋ	kaŋ	一
eŋ(s) > əŋ/aŋ	seŋ.ge	səŋgi	狮子
	pʰreŋ.ba	tʂʰəŋŋa	念珠
	deŋ.saŋ	taŋʂə	现在
oŋ(s) > oŋ/aŋ	doŋ	toŋ	坑/洞
	mtʰe.boŋ	tʰɤyoŋ	拇指
	sre.moŋ	r̥emaŋ	黄鼠狼
	sloŋ	ʰtsaŋ	乞讨
iŋ(s) > əŋ/iŋ/oŋ	sriŋ	r̥əŋ	拉伸
	ziŋ	ʂəŋ	田地
	miŋ	miŋ	名字
	Ndiŋ	ⁿdiŋ	铺
	btɕiŋ	tʂoŋ	扎/捆
uŋ(s) > oŋ	sruŋ	r̥oŋ	守卫
	tɕʰuŋ	tʂʰoŋ	小

另外，书面上还有几个由于小称的形态变化而导致的特殊韵母形式，即-Nu，附着在前面开音节后面，共有-eNu、-iNu、-aNu、oNu、-uNu 5 种形式，其在东纳话中也有所反映。当然，书面上的-Nu 有些并非小称形态，而是一种反映语音变化的拼读形式。目前搜集到-Nu 表小称的词有如下几个：

藏文正字	东纳口语	释义
rteNu	ʰti	小马驹
reNu	rəˢtsə	山羊羔
spreNu	sʷer	猴子
bjeNu	ʂʷi	小鸟
bjiNu	ʂɥ	旱獭
gaNu	kɐwu	护身符盒

上述只搜集到 -eNu、-iNu、-aNu 3 种形式，而 -uNu、-oNu 则没有搜集到。rteNu"马驹"和 bjeNu"小鸟"在口语中则是使主要元音发生高化。reNu"山羊羔"在实际口语中却发生了央化，变成了 rə。spreNu"猴子"这个词比较特殊，元音没有发生变化，但却多出来了一个韵尾 -r。bjiNu"旱獭"则使高元音 i 圆唇化，变成了 -u。gaNu"护身符盒"的口语读音与书面读音保持了较好的关系，而没有形成主要元音发生变化。

另外，需要特别说明的是，东纳话和书面藏文相比，主元音为 a 的词韵母音变最为复杂。其他主元音为非 a 的词，只在部分词中可能会发生特殊的不符合一般规则的音变，这类词数量有限。而主元音为 a 的韵母则不然，往往各类音变方向都有相当数量的词，而且有些相同音韵条件的词，音变方向不一致，找不到确定的规律。

这些词中，有规则的音变，比如 -a 和 -ag（s）做韵母的情况。单音节词中，韵母为 -a 和 -ag（s）的词，韵母一般音变为 -ɐ 和 -ɐk，而在双音节词中，当第二音节书面藏语为 ba、pa 或 ma 词缀时，则有时会发生合音变化，导致词根元音发生特殊变化。（见表 2-6）

表 2-6 藏文带附缀 ba、pa、bo 和 ma、mo 的词汇音变

ba、bo、pa			ma、mo		
书面藏文	东纳口语	释义	书面藏文	东纳口语	释义
gla. ba	ɦla	獐子	rgja. ma	ɦdʐɐma	秤
pʰja. ba	ʂʷa	鸟/旱獭	rŋa. ma	ɦŋɐma	尾巴
lʷa. ba	la	藏袍	za. ma	sɐma	粮食
çʷa. ba	ʂa	鹿	rgja. mo	ɦdʐɐmɔ	汉族女人
ka. ba	rɐka	柱子	ba. mo	pɐmɔ	母黄牛
grʷa. pa	tʂɐwa	僧人	ra. ma	rama	山羊
dzag. ba	tʂakpa	土匪	bla. ma	ɦlama	喇嘛
lag. pa	lakpa	手	ŋag. ma（?）	ŋɐkma	山羊胡子
pags. ba	paksa	皮	bag. ma	pɐkma	嫂子
dgo. ba	ɦgo	黄羊			

上述"鸟""藏袍""鹿"等书面上的后缀 ba 与词根合音，导致词根主要元音 a 保持不变，而不是像单音节中那样变为 ɐ。rɐkɐ"柱子"中 kɐ 表明书面上的 ka. ba 一词，ba 尚未与 ka 发生合音。tʂɐwɐ"僧人"一词，原则上也应该像"鸟"等一样，词根主要元音变为 a 的，但却变成了 ɐ，不知何故。"土匪""手""皮"等韵母 ag/ags + 词缀 ba/pa，同样导致词根主要元音保持书面形式不变，如口语中 tʂak"土匪"和 tʂɐk"痊愈"就是两个对立词。ma 后缀同样有时会对词根主元音带来影响，比如"山羊"和"喇嘛"二个词，ra 和 ɦla 不能读作 rɐ 和 ɦlɐ，但其他词，如"秤""粮食"等，则词根元音要变读为 ɐ。

还有一个现象值得注意，上述词缀导致词根发生特殊的音变，口语中，发生音变后，有些词缀已经不能再出现，比如 gla. ba"獐子"，口语只能说 ɦla，kʰa. ba"雪"，口语中只能说 kʰa。但有些词缀，还可以继续在口语中出现，如 dʐag. ba"土匪"，口语作 tʂak 或 tʂakpa 皆可，其至长篇语料中，以后者为常见。同时还发现个别主元音为 o 的，如 dgo. ba"黄羊"，口语读作 ɦgo，因为按照东纳一般音变规则，dgo 当读作 ɦgɔ 才对，此处显然是词缀 ba 对词根 dgo 的音变产生了影响。

至于 –al 和 –aN 的音变，目前尚找不到规律可循，发生这两种音变的词的数量相对较为均衡。表 2-7 为韵母 –al 和 –aN 音变例词比较。

表 2-7 藏文韵母 –al 和 –aN 音变例词比较

	书面藏文	东纳口语	释义	书面藏文	东纳口语	释义
–al	bçal	ʂʷa	冲刷	rgjal. kʰab	ɦdʐɐkʰap	国家
	rgal	ɦga	过河	skal	ʰkɐ	份子
	bal	pa	羊毛	ral	rɐ	散开
	dal	ta	慢			
–aN	dgaN	ɦga	喜欢	dkaN	ʰkɐ	困难
	bçaN	ʂʷa	宰杀	mdaN	ⁿdɐ	箭
	NbaN	ⁿba	叫₍羊₎	NgaN	ⁿgɐ	一些
	NdzaN	ⁿdza	彩虹			

上述例词，通过最小对比对和同音词，很容易找出它们的语音演变情

况。比如"宰杀"、"冲刷"和"鸟"是同音词，都读作 ʂʷa。"散开"和"犄角"同音，前者书面为闭音节 al，后者为开音节 a。"过河"和"喜欢"同音，而与 ɦgɐ"鞍子"则不同音。"困难"和"份子"同音，读作 ʰkɐ，韵尾前者为 aɴ，后者为 al。

2.3 特殊变化

上述音节、辅音、元音及其组合的变化，是东纳口语中主流的、主要的变化。另外，与标准书面藏语语音系统相比较，实际上口语中还有一些不规则的变化，这些变化既有方言之间相互影响混合的因素，也有自身语言系统的因素。以下我们讨论发生在辅音和声母上的特殊变化、元音和韵母上的特殊变化、因位变韵及方言混合的情况。

2.3.1 辅音和声母

东纳口语中，辅音及辅音组合充当声母，其发生的最大变化主要有两类：塞擦音擦化，以及非唇部的塞音、塞擦音和擦音圆唇化。其他还有个别清浊不规则的变化。

1. 塞擦音擦化

既包括浊塞擦音的擦化，也包括清塞擦音的擦化。口语中塞擦音及其擦化后的读音并存，没有音位区别，擦音是塞擦音的变体形式。即使同一个发音人，也会在这两者之间不断地变化。同样一个词，单独念时，发音人通常会发塞擦音，但也有时会发擦音，发擦音时，摩擦比正常擦音要重。但在长篇语料中，常常又会发成擦音。下面是我们搜集到的一些常见例词：

（1）浊塞擦音擦化。

书面正字	塞擦音	擦音	释义
rdzen	ɦdʐan	ɦʐan	面粉
brdzed	ɦdʐʷel	ɦʐʷel	忘记
brdzes	ɦdʐi	ɦʐi	交换 _{完成/命令}
ldzaŋ	ɦdʐaŋ	ɦʐaŋ	绿

书面正字	塞擦音	擦音	释义
gzob	ɦdʐop	ɦʐop	烧焦
sgron	ɦdʐʷan	ɦʐʷan	点火
brgjus	ɦdʑi	ɦʑi	套/戴
rdza	ɦdʐɐ	ɦʐɐ	疯 羊疯了
brdzis	ɦdzi	ɦzi	拌 完成
brdzaŋ	ɦdzʷaŋ	ɦzaŋ	装进去
Ndzul	ɦdzo	ɦzo	钻进去

上述浊塞擦音擦化的例子，其声母要么是复辅音，要么是鼻冠音，擦化后的语音与源头形式的塞擦音为同部位的音。但上述由塞擦转擦化的词，绝大部分乃自由变读，目前还在变好过程中，尚未从音位上区别开来，但从语料中来看，擦音形式比塞擦音形式更高频。比如 ɦdzan "面粉"虽然也可以变读作 zan，与 zan "别人"音同，但发音人还是可以辨识到两者的不同，在慢速、强调的语境下，还是会发成 ɦdzan "面粉"。另外，带鼻冠的浊塞擦音虽然也可以擦化，但相对来讲，不能擦化的更常见，比如 Ndʐog > ⁿdʐok "放置"，口语不能变读为 ʐok。

（2）清塞擦音擦化。

书面正字	塞擦音	擦化音	释义
bstsaŋ. pa	ʰtsaŋ	ʰsaŋ	干净
gtsaŋ. ma	ʰtsaŋma	ʰsaŋma	全部
rtsam. pa	ʰtsampa	ʰsampa	糌粑

上述一组例子，书面正字的基本辅音都是清塞擦音，口语中则既可以读塞擦音，也可以擦化而读擦音。

2. 非唇部的塞音、塞擦音和擦音圆唇化

东纳话中另外一个非常显著的变化是非唇部的塞音、塞擦音和擦音会发生圆唇化，而且不是个别现象，口语中可以找到大量的词。另外，进一步说，圆唇化和非圆唇化的声母已经形成最小对比对，可以找到对立形式，如 $k^{hw}i$（<$mk^h as$）"精通"和 $k^h i$（<$Nk^h el$）"搓~线"，而且口语中 $k^h wi$ 已经固定下来，不能再读作 $k^h i$ 了，形成对立。不过，大量的词是圆唇和非圆唇形式为自由变体形式，没有区别意义的功能。有时即使是同一段语料中，同一个词也会有圆唇和不圆唇两种读法。如下所示：

(2.1) ta　　　　joɬɤː　　　　　sʷaŋ – zək　　　pʰəl – nə,
　　　然后　　　土地神：与格　　香 – 无定　　　敬献 – 连词
　　　sʷaŋ　　　pʰəl – taŋ – nə　　　　ti.
　　　香　　　　敬献 – 助动词 – 连词　　其：施格
　　　saŋ　　　pʰə – tʂek　　　tə　　　　　jaŋ,
　　　香　　　　敬献 – 助动词　　其：通格　　又
　　　ti　　　　jar – ta　　　　kʰe sʷal　　　　ʂi – zək.
　　　其：施格　往上 – 语气　　说头　　　　　做：完成 – 拟测
　　　然后给土地神上了个香，他上完香。上完香后，他又起身呢说了段颂词。
　　　(S-2：7)

(2.2) ɦdzɐŋek – kə　　　te　　　　ʂʷan – taŋ – zək,　　　ɦdzwɔ – a
　　　汉族 – 属格　　　其：与格　献 – 助动词 – 拟测　　　皇帝 – 与格
　　　ʂan – taŋ – zək.
　　　献 – 助动词 – 拟测
　　　（然后装好到北京去，）献给了他，献给了皇帝。(S-1：32)

例(2.1)"香"除了读 sʷaŋ 外，还可以读 saŋ，两者为自由变体。①例(2.2)中"献"既可以读 ʂʷan 也可以读 ʂan，同一段语料中出现了这两种读法。

不过，迄今发现的可以圆唇化的辅音，还是有一定规律可循。除了唇辅音没有发现圆唇化外，其他发音部位均有发现，但分布不均衡。基本辅音为 T（包括 t、tʰ、d）的目前只发现了 sɐrdʷek（<sa.bdag）"土地神"和 tʷok "啃啮；摘"。其他尚未发现用例。而 K 组（含 k、kʰ 和 g）、Tɕ 组（含 tɕ、tɕʰ 和 dʑ）以及 tʂ 组（含 tʂ、tʂʰ 和 dʐ）、Ts 组（含 ts、tsʰ 和 dz）都有发现用例。（见表2–8）

表2–8　圆唇与非圆唇交替例词

书面正字	圆唇形式	非圆唇形式	释义
brdzaŋs	ɦdzʷaŋ	ɦdzaŋ	派遣
btɕar	ʰtʂʷar	ʰtʂar	打/揍
mtsʰo	tsʰʷə	tsʰɔ	海

---

① saŋ 实际读作 ᶲsaŋ，ᶲsaŋ 与 sʷaŋ 没有对立。

（续上表）

书面正字	圆唇形式	非圆唇形式	释义
pʰjag. btsal	ʂʷɐktsʰʷa	ʂʷɐktsʰa	磕头
bjin	ʂʷən	ʂən	给
bjed	ʂʷel	ʂel	做_未完_
zer	sʷer	ser	说
spar	sʷar	sar	把_度量_
bje	ʂʷi	ʂi	开_完成_
dgu	ɦgʷə	ɦgə	九
tsʰags	tsʷɐk	tsɐk	筛_动词_
bsad	sʷal	sal	杀
bzag	zʐʷɐk	zʐɐk	放置/树立作
mtsʰer. pa	tsʰʷe. ra		脾脏
bzaŋ	zʷaŋ		好
btsal	tsʷa		找
bkjag	tɕʷɐk		端
rkus	ʰkʷi		偷盗_完成_
brdʐed	zʐʷel		忘记
sbjin	zʐʷən+		给予_未完_
bja. ba	ʂʷa		鸟
bsdad	zʷal		待/住

表 2-8 中的"brdzaŋs"行到"bzag"行中，圆唇形式和非圆唇形式是并存的，为自由变体形式。而"mtsʰer. pa"行到"bsdad"行则口语中通常只有圆唇形式，而没有非圆唇形式，或者发音人认为非圆唇形式也可以说，但不太符合一般的发音习惯。圆唇化的历史来源，通常大部分是来自前置辅音为 b 和 m 的词，但也有不少例外，如上述的 zer"说"就不是。而至于 rkus"偷盗_完成_"，我们还可以认为是因为软腭音本来就容易导致圆唇化的动因。圆唇和非圆唇形式，在东纳口语中虽然有时是自由变体，但在有些时候，已经形成对立，比如 ɦdʐʷɐk"吃饱"和 ɦdʐɐk

"打"、tɕʷɐk"举起"和 tɕɐk"发声"就是通过声母圆唇与否来形成对立的。

3. 浊音清化

有些词，按书面上的正字形式及在东纳话中的一般音变规则，当变为浊音，但是口语中却读成了清音。目前发现这类词不多，主要有如下几个（见表 2-9）。

表 2-9 特殊浊音清化例词

书面正字	东纳口语	释义
No. brgjal	ɔʳdzɐ	谢谢
rdib	ʰtəp	塌陷
ldab	ʰtap	重叠
dbral	ʰtʂɐ	弄烂
sdud	ʰti	填/塞
sgril	ʰtʂəl	卷/包/裹
lab. rgjag	lapdzɐk	吹牛

还有些是复辅音的前置辅音有差别。如 ⁿde "烤（火）"，该词的书面形式为 lde，按东纳话的规则音变当变为 ɦde 才对，但口语读音却是 ⁿde，显示了前置鼻音的性质。如 mʲeⁿde "烤火"，其书面形式为 mje. lde，口语上音节划分为 mʲan + de，明显可以看出有个鼻音成分。另外，如 ɦdi "子弹"，其书面形式为 mdeNu，按东纳话规则音变当变为 ⁿdi 才对，而口语却显示了另外的音变形式。sgr — 一般变成 ɦdʐ -，此处却浊音清化，变成了 ʰtʂ -。

另外，在个别地名中，也发生了浊音清化的例子。比如 tsoŋɣor "野牛沟"，发音合作者认为当念 ⁿdzoŋɣor 才符合村名的缘由，因为 ⁿdzoŋ 乃"野牛"之义，在口语中单念尚读作 ⁿdzoŋ，但是作为地名时口语却读作了 tsoŋ。

4. 清音浊化

部分词存在清音浊化的现象。如书面正字 pʰjogs "方向"，东纳口语读作 ʐʷok，和"放置"的完成体形式读音一致，而若按规则音变，pʰjogs 应该读作 ʂʷok。因此，此处发生了清音的浊化现象。另外，书面正字

slad. ma "后来"，口语读作 ⁽ʱ⁾dzɐma，也是清音浊化的例子，因为若按规则音变，当变读作 ʰtsalma 才符合实际。

5. 第二个音节弱化

有些词处于第二个音节时，并未遵循规则音变，而是发生了浊化和擦化，但这类现象还是以舌根部位的 K 组更常见。如下所示：

书面正字	东纳口语	释义
mtʰe. boŋ	tʰeɣoŋ	拇指
rgju. dkar	ʱdzəɣar	大肠
ji. ge	joɣo	字
lu. gu	loɣo	羊羔

第二音节弱化还包括一种情况，即第二音节有些词保持原本的浊音性不变，而当其处在首音节时，则清化。如 ʂɐ "帽子"，单念时是清擦音，而当在 ɣɐzɐ "狐皮帽"这个词的第二个音节时，却读作浊音的 zɐ，保持了原本的浊音不变（文字正字为 zwa）。再比如"舅舅"一词，当其处于首音节时，读作清音的 ʂŋ，如 ʂaŋtsʰan "大舅"，而当其处在第二个音节时，保持浊音不变，如 azaŋ "舅舅"。这种类似现象还有一些，此不赘述。

6. 送气与不送气交替

双音节词第二个音节或多音节词末音节，声母有"清送气—清不送气"的对立情况。

书面正字	东纳口语	释义
ta. sta	tɐtʰaŋ	现在
ras. gur	rikʰər	布帐篷
	ʱjaŋkʰar	白羊/宝贝
ȵin. dkar	ȵəŋkʰar	白天
ol. tɕog	otɕʰok	喉咙

上述送气塞音不可以读不送气塞音。

2.3.2 元音和韵母

这类情形主要发生在韵母上，如韵母元音的不规则音变，开闭音节的不同等。目前所发现的例词主要有如下一些，相信实际口语中还会有更多例证。

（1）rəpsa 或 rəpa "骨头"。该词对应的书面形式为 rus. pa，书面语的韵母 -us 在东纳话中的规则音变当是 i，个别情形是 ɥ。而 rəpsa 或 rəpa 显然不符合这种音变模式。rəpsa 应该是书面语 rus. pa 中 rus 的 s 和 pa 的 p 换位形成的。

（2）tɕʰəpsa "胆"。该词为身体器官名词，书面形式为 mkʰris. pa，书面语的韵母 -is 在东纳话中的规则音变为 -i 或 ə，tɕʰəpsa 显然也不符合这种音变规则。tɕʰəpsa 同样应该是书面正字 mkʰris. pa 的 s 和 p 换位形成的。

（3）ʰtɕepsa "丈夫"。该词书面形式为 skjes. pa，而书面语韵母 es 在东纳话中的规则音变形式为 i，ʰtɕepsa 显然也不符合该音变规则。ʰtɕepsa 乃书面正字 skjes. pa 的 s 和 p 换位形成的。

（4）ȵəpsa "第二"。该词书面形式为 gȵis. pa，该词同样是 s 和 p 换位形成的。

（5）semɔ "指甲"。该词书面形式是 sen. mo，口语中韵母的韵尾 n 丢失。类似的词还有 ɦgʁpu "老头"，其书面形式为 rgan. po，口语中鼻音韵尾脱落。

（6）ɦgonma "母马"。该词书面形式为 rgod. ma，韵尾 -d 和 -n 在鼻音和塞音间发生了互换①。

（7）韵母中的鼻音韵尾 -m、-n 和 -ŋ 在东纳话中的规则音变是保持古音不变，但在有些词中三者也会发生相互转化。如 ʰtanʰpe "谚语"，书面形式为 gtam. dpe，口语读音变读为 ʰtan.ʰpe，韵尾 m 变成了 n。neȵəŋ "后天"，其中 ȵəŋ 书面形式为 ȵin，口语中韵尾 -n 变成了 ŋ。

（8）ɦŋamaŋ "骆驼"。书面形式为 rŋa. mo，词缀形式 mo 在口语中由 o 变为 a，并增生韵尾 ŋ。ɣoŋtoŋ "屁股"，书面形式为 oŋ. do，也是增生鼻音。这类词还有一些，此不赘述。另外，个别词有鼻音丢失的情况，如 mdaŋ. dgoŋ > ⁿdɐʳgoŋ "昨天"，不仅意义由书面上的 "昨晚" 变为 "昨天"，而且首音节由 mdaŋ 变成了 mda。

（9）数字 10 会发生变韵，单念时和组合成词时有些会有不同。10 的书面语为 bcu，口语中韵母 u 共有 ə、a、ɥ、o 和 ɔ 等几种音变，如：

---

① d 和 n 互换在书面语正字中也是常见的一种语音现象。

东纳口语	释义	东纳口语	释义
tʂɯ	10	tʂɯᵏtsʰək	11
tʂozʐɯ	14	tʂʷarŋɐ	15
tʂʷərək	16	tʂoʳdən①	17
tʂɔʳdʐʷal	18	zɯtʂʰɯʰtsɐŋɐ	45
ŋɐᵖtʂʰəʰtsɐŋɐ	55	tʂʰəktʂʰəʰtsɐŋɐ	65

（10）tɔ "烟"。书面形式 du. ba 在口语中发生音节合并，而读作 tɔ。如果按规则音变推导，则 du. ba 应该读作 təwa。

（11）tʂʰɐ 或 tʂʰo "细"。该词书面形式为 pʰra. bo，口语读音之一的 tʂʰɐ 则是规则音变的结果，但读作 tʂʰo 则应该是音节合并的结果，因为后面的词缀 bo 的主元音是 o，因此导致 pʰra 的元音发生了不规则的音变，由 a 变成了 o。

（12）有些词汇中，韵母元音 o 变成了 a，但不是合音导致的，是非规则音变，如"瞎话/废话"义，书面正字写作 loŋ. gtam，东纳话则读作 laŋʰtam。

（13）pɔmɔ "女儿"。该词书面形式为 bu. mo，若按规则音变，当变为 pəmɔ 才对，但却变成了 pɔmɔ，属于不规则的音变。

（14）ȵəle "亲戚"。该词书面形式为 gȵen. tsʰan 或 gȵen. bɕes。gȵen 则与 ȵe "近"有同源关系。但不管 gȵen 还是 ȵe，其韵母若按规则音变都不会变为 ə，是故它也应是发生了不规则音变。

（15）pʰəl "敬献"。该词书面形式为 pʰul，韵母 ul 在东纳话中的规则音变为 o，而变读为 əl 乃不规则音变。sgril "卷/包/裹"，口语变读作 ʰtʂəl，il > əl，不符合东纳口语中 il > i 的一般规则。

（16）ʂʷe "外面"。该词的书面形式为 pʰji，若按东纳话该韵母的规则音变，则韵母 i 该演变为 ə，而此时却变为 e，这也是不规则的音变。

（17）leˢkɐ "活儿"。该词书面形式为 las. ka，书面上的辅音韵尾 s 在东纳口语中基本和主要元音发生相互作用而丢失了，如 as 在东纳话中的规则音变为 i。但 las. ka 这个词是例外，口语中实际读作 leˢkɐ，韵尾 s > ˢ，而且在韵律上和听感上也是前面一个音节的韵尾。这是比较特殊的

---

① 该词的书面形式为 btɕo. bdun，口语中数词 7 的前置辅音 b 变读为 r 而发生音节重新分析，变成了数字 10 的韵尾。

一个变化。

（18）文字中的辅音韵尾 -b 和 -g 在口语中有交替的情形。如 ʂʷək "打~酥油"，其书面形式为 bsrubs完成、srub现在、bsrub将行 和 srubs命令，韵尾 b（s）变成了 g。① 另外，还有"天黑"，本字为 rubs，按东纳话规则音变当变为 rəp，但口语中却读作 rək，如 məŋⁿgɔ rək-soŋ-zək "天黑了"。正字法形式 gn̠en.sgrig "结婚"，东纳口语读作 ɦn̠ənɦdz̠əp。sgrig 按东纳话的规则音变应该变为 ɦdz̠ək，但东纳话中却变成 ɦdz̠əp。

（19）书面正字韵尾 r 和 d 交替。nər "后退"，本字为 nud，按东纳话规则音变当为 nəl，口语中读作 nər。

（20）kjog > tɕo "瘸"。若按东纳话的规则音变，则应为 og > ok 才对，但"瘸"这个词变成了 tɕo，不符合规则音变。

（21）ʰkɐᵖli "麻烦"。书面正字写作 dkaN.las，口语中首音节韵尾却多出一个 p。

（22）ɦgɐɕɔ "老头"。此词书面正字为 rgad.po，按规则音变，韵母应为 ad > al，但此处变为 ɐ，与 ɦgɐ "鞍子"同音（ɦgɐ < sga）。

（23）tək ʂel "那么"。指示代词 tək ʂel 源自书面上的 te.bjed，但口语中首音节末尾明显有个 k，此韵尾 k 不知从何增生而来。

另外，还有一种情况，即在部分双音节词中，书面上该词首音节为闭音节（可以是单辅音韵尾，也可以是复辅音韵尾），第二音节声母为单辅音，且第二音节是构词词缀的时候，韵母中的辅音韵尾会侵占词缀声母的位置，从而首音节的韵尾得以延伸到词缀上去。如下所示：

书面正字	东纳口语	释义
pags.pa	paksa	皮肤
Nkʰjags.pa	tɕʰaksa	冷
spjaŋ.po	sʷaŋɔ	聪明
pʰrag.pa	tʂʰakkɐ	肩膀
dkar.po	karo	白的

前两个词是复辅音韵尾 -gs 的第二辅音 -s，被重新分析为第二音节

---

① 口语中发音人认为"拆"与"打~酥油"同音，"拆"的书面形式为 bɕig，在口语中读作 ʂʷək。

的声母，后三个词是首音节的韵尾被重新分析为第二音节的声母。

2.3.3 因位变韵

东纳话同样存在"因位变韵"现象。但它不够发达，不如康巴等地区的方言那么发达，比如昌都市左贡县扎玉镇藏语就存在丰富的"因位变韵"现象。[①]"因位变韵"是同一个音节因为位置的不同而发生韵母的变化，出现在东纳口语（C）（C）V +（C）（C）V（C）这样两个音节组合的中间位置，即首音节的韵母 V 才发生这种变化。"因位变韵"是藏语非常独特的一类语音变化，其机制和动因至今不明，是元音和谐的残留，还是某种韵律机制，或是其他原因，尚不明确。目前发现如下一些词：

sʵ	毛	ʰŋəksə	眉毛
ɦŋa	耳朵	ɦŋɐkʰi	耳记
sɔɦȵi	两年牦牛	sozʵ	3 周岁牦牛
ɦŋa	青羊	ɦŋɐᵏjək	公青羊
ʰtʂo	身子	ʰtʂɔroŋ	赤条身子
ʂʷa	旱獭	ʂʵʳgan	大旱獭
ʂorək	小旱獭	ʂʷəloŋ	旱獭沟

"旱獭"的书面形式为 pja.ba，但在组成词汇的过程中，先后出现了 a、ʵ 和 o 等 3 种变化，是一种比较极端的情况，因为通常存在"因位变韵"现象的方言，韵母只出现两种变化。

2.3.4 方言混合

东纳口语中有些词的读音受到方言混合的影响，发现的主要有如下一些：

（1）"藏族"，东纳口语中，既可以发 pol，实际语料中也有大量发 wol 的情况。但我们仔细询问发音人，则说发成 pol 更符合东纳口语实际的情况。我们认为这是受到了南边安多方言影响的结果。因为书面上的 b 字母无前置辅音时，东纳话读作 p，而不似安多方言，读作 w。

---

① 笔者曾指导在中山大学中文系就读的扎玉籍学生洛桑对此做过调查，资料未刊。如书面藏文 tɕʰu "水"，单念时为 tɕʰʊ⁵³，而组合成复合词"眼泪"时，读作 mi³³ tɕʰɤ⁵³，字面意思即"眼水"。

（2）"知道"，书面正字为 çes，东纳口语单念时为 ʂi，符合当地擦音卷舌化的音变特点，但在语料中，通常又会读作 çi。也可能是受到安多口语影响的结果，因为南边的安多口语此词通常读作不卷舌的擦音。

（3）"虫子"，书面为 Nbu，口语元音带擦化，实际读作 ⁿbʋ，元音 u 并未央化为 ə。这应该是受到当地汉语擦化元音影响的结果。

2.4 连读音变

连读音变乃自然口语中发生的一些语音变化，或称语流音变。东纳口语中特别重要的两类连读音变，主要是"重新分析与词界模糊"和"连读省缩"，都与音节组配有关。

2.4.1 重新分析与词界模糊

东纳话中的重新分析与词界模糊现象在双音节词中比较常见。重新分析与词界模糊，同音节结构有很大关系，它主要发生在口语中两音节组合为（C）（C）V+CCV（C）的情况下。也即首音节为开音节，第二音节声母最少出现两个复辅音的情况下，此时第二音节的第一个 C 往往会在韵律上变为第一个音节的韵尾，有极个别例外，见下面第（5）的例子。而且一些在第二音节 CCV（C）中单念不能出现的复辅音形式，此时都可以出现。①

这类情形，有些在听感上和韵律上，都是属于前面音节的成分，但有些就不容易判断到底是属于前还是属于后，两个音节的界限模糊。此时往往保留的是更加书面化的读音形式，和单念时的复辅音并不完全相同。下面仅举几个例子加以说明。

（1）tʂʰəˈgɔ "泉"。这个词书面形式写作 tɕʰu+Ngo "水+头"。口

---

① 此种现象，藏族历史上的语言学家已有观察，比如著名的夏鲁译师仁青·却窘桑波（ཞ་ལུ་ལོ་ཚ་བ་རིན་ཆེན་ཆོས་སྐྱོང་བཟང་བོ་ za. lu. tswa. ba rin. tɕʰen tɕʰos. skjoŋ. bzaŋ. bo，1444—1529）所著正字学著作《正字宝箧》（དག་ཡིག་ཟ་མ་ཏོག་ dag. jig za. ma. tog）中，就提到当时有些复合词第二音节的前加字或上加字有时会被误写为第一音节的后加字，比如ངར་གྱལ་ ŋar. gjal（正字ང་རྒྱལ་ ŋa. rgjal）、བྱར་གོད་ bjar. god（正字བྱ་རྒོད་ bja. rgod）、རྡོར་ཛེ་ rdor. dze（正字རྡོ་རྫེ་ rdo. rdze）、བཟབ་ཏུང་ bzab. tuŋ（正字བཟང་བཏུང་ bzaN. btuŋ）等。

语则把第二音节的鼻冠音成分读作首音节的韵尾。再如 ʂɐⁿdok（<ça. mdog）"肉的颜色的总称"，piⁿgɔ（<pus. Ngo）"膝盖"，同样由此而来。ⁿdʑɐ 为"相似、像"的意思（<Ndra），重叠后形成 ⁿdʑɐⁿdʑɐ，听感上前面的音节韵尾会带上后面音节的前置鼻音。

（2）lɔ ɦŋɐʳtʂʰəʳ ʰtsɐʳŋa "五五年（1955 年）"。这个词书面形式为 lo lŋa. btɕu rtsa. lŋa。lo 虽然也是开音节，但因为和后面的 lŋa "五"不是构成一个韵律单位，所以"年"和"五"之间并未发生音节的重新分析。但 lŋa "五"和 btɕu "十"作为一个词，就发生了音节的重新分析，btɕu "十"的声母复辅音第一辅音 b 发生清化，而附着在首音节后，从而构成了 ɐp 韵母。而 btɕu 单念时为 tʂʅ，所以在这个双音节词中，保留了更加书面化的读音形式。后面起到连接十位数与个位数的连词成分 rtsa 也与 lŋa "五"发生了重新分析。另外，ɦŋɐʳdʐʷa–kə lɔ "五八年（1958 年）"也是比较特殊的一个音节重新分析，该词书面形式为 lŋa. brgjad–gi lo，而 brgjad "八"单念时读作 ɦdʐʷal，并不是以 r 做复辅音首音节的。

（3）tsʰɔʳŋ̊on "青海"。该词书面形式为 mtsʰo. sŋon，口语发生音节重新分析后，读作 tsʰɔʳŋ̊on，其中有一个单念时不会出现的韵母形式 ɔr。类似情形还有 kʷiʳdʑɐ "百种丝绸"（<gos. brgja），重新分析后出现了一个单念时也不会出现的韵母形式 ir。

（4）məʳgi linʈʂʰu "不需要的东西"。该词组的书面形式为 mi. rgo–Ni las. Nkʰrol，4 个音节双双发生了重新分析。mi. rgo–Ni "不需要"，单念为 mə+ⁿgi，而实际读音发生重新分析，读作 məʳgi。las. Nkʰrol 按单字音变则读作 li+tʂʰo，但实际口语中保留了第二音节的前置鼻音，而单字中东纳话书面的前置清鼻音都已经丢失。再比如 ŋɐ tərəŋsam–ni məⁿ–tʂʰol–ki [我：通格 今天 心里–位格 否定–舒服–新异]"我今天心里不太舒服"。其中，məⁿ–tʂʰol 同样如上所示，否定词 mə 后附带上了后一音节的清鼻音，所以实际口语中读作 məⁿ–tʂʰol。再如"开水"，在口语中有 tʂʰəkʰo 和 tʂʰəⁿkʰo 两读，后者明显多出一个鼻音，而这个鼻音就是对书面上鼻冠音的继承。

（5）kʰɐᵖsʅ "胡子"。该词书面正字作 kʰa. spu，重新分析时，不是第二音节的首辅音变为前面音节的韵尾，而是基本辅音变为韵尾，从而在听感上为 ɐp 韵母。

上面我们简单举例说明了这种跨音节的重新分析现象，其实在口语中这种情况是极其普遍的，再比如 jəʳmon‑ŋa "思念家乡"（< jul. smon）、sɐʳdʐɐk "锁上门"（< sa. rgjag）、sɐʳdʷɐk "土地神"（< sa. bdag）、ɬɐʳku "神像"（< lha. sku）、ᵑȵəˢtɕaŋ（< mji. rkjaŋ）等等，此不尽数。通常第二音节声母为ʱC‑类的，ɦ 变为 r；第二音节声母为ʰC‑类的，h 变为 ʂ。r 的实际发音近龈拍闪音 ɾ，ʂ 听感相对较模糊，常常也近拍闪音 ɾ。

2.4.2 连读省缩

连读省缩的出现环境与重新分析和词界模糊在首音节上正好相反，它通常发生在口语中（C）(C) VC + CCV（C）音节组合的情况下，也即首音节为闭音节、第二音节为复辅音的词上，此时往往第二音节由复辅音变为单辅音。如下所示：

书面藏文	独立读音	东纳口语	释义
lab. skja	lap + ʰtɕɐ	laptɕɐ	爱谝大话的人
gtub. rdzen	ʰtəp + ʱdʐan	ʰtəpdʐan	面条
gnid. skja	ʱȵəl + ʰtɕɐ	ʱȵətɕɐ	爱睡觉的人
bçad. rgju	ʂʷal + ʱdʑi	ʂʷadʑi①	说的
brgjad. brgja	ʱdʐʷal + ʱdʐʷɐ	ʱdʐʷaʳdʐʷɐ	八百
Nbrug. bdag	ⁿdʐək + ʱdɐk	ⁿdʐəkdɐk	龙神
mjig. rdoNu	ʱȵək + ʱde	ʱȵəkde	眼珠子
zur. mjig	sər + ʱȵək	sərȵək	斜眼
dmar. dmag	ʱmar + ʱmɐk	ʱmarmɐk	红军
gtam. rgju	ʰtam + ʱdʑi	ʰtamdʑi	说的话
gtɕin. skja	ʰtsən + ʰtɕɐ	ʰtsəntɕɐ	爱尿尿的人
brdzun. skja	ʱdzən + ʰtɕɐ	ʱdzəntɕɐ	爱撒谎的人
Nthoŋ. rgju	ʰtoŋ + ʱdʑi	ʰtoŋʳdʑi / ʰtoŋdʑi	喝的
rȵaŋ. skja	ʱȵaŋ + ʰtɕɐ	ʱȵaŋtɕɐ	爱拉屎的人
tɕʰu. rlabs	tʂʰə + ʱlap	tʂʰəlap / *tʂʰəʳlap	波浪

上面是东纳口语中韵尾为 ‑p、‑k、‑m、‑n、‑ŋ、‑r 和 ‑l 的首

---

① rgju 在东纳口语中做名物化标记时，可以两读，即ʱdʑi 和ʱdʐə，但感觉以ʱdʑi 更常见。另外，该组合中该词的前置辅音 ɦ 并未像上文的 "八百" 一样，重新分析为前置音节的韵尾，而是丢失。

音节与其后声母为 CC - 结构的音节组合的例子，除了韵尾为 - l 的例子外，口语中首音节韵尾都保留，而 - l 却习惯性地不念出来。① 而鼻音韵尾 - ŋ 有点奇特，当其后的复辅音为浊音性的时，前置辅音ɦ 往往会变成 r 保留下来，比如 tʰoŋʳdʑi "喝的"，听感上的音节划分是 tʰoŋʳ.dʑi，当然 r 不念出来同音是可以的。"波浪" 一词，口语通常不会念成 tʂɘʳlap，可能是 r 和 l 同属龈边流音，具有相似的语音特征，所以省略了前置辅音 r。

上述 "重新分析与词界模糊" 和 "连读省缩" 可以用 sɐʳdʑi tʰoŋʳdʑi "吃的喝的" 做一总结。该词组的书面形式写作 za.rgju Ntʰoŋ.rgju，rgju 为名物化标记。za.rgju "吃的" 首音节 za "吃" 为开音节，其后 rgju 的复辅音第一辅音由单念时的 ɦ 变为 r 并发生前移，韵律上则变为首音节 "吃" sɐ 的韵尾。而 Ntʰoŋ.rgju "喝的" 在口语中的音节划分和省缩模式上文已述，此不赘述。

另外，还有一点需要特别说明，鼻冠音在书面藏文中用ᠳN 置于基本辅音前来表达，文字上是复合辅音，但实际上，从现代语音学的角度来看，鼻冠音是介于单辅音和复辅音之间的一类音。东纳话中只有浊鼻冠音，没有清鼻冠音。连读省缩的例子显示，鼻冠成分在这种情形下并不会被省缩掉，而是完整保留，显示了单辅音的性质。如 rbab.Ngril > ɣapⁿdʑi "滚石"。

---

① 实际上，即使第二音节为单辅音，由书面上的韵尾 - d 音变而来的韵尾 - l 口语中也往往不念出来，如 gad.pa > kapa "沟壑"，而如果单念 gad，则一定是 kal。

第3章 句法概览

本章主要讨论名词短语的词序、谓语动词的词序和句子的基本词序。确定语序的基本标准乃采用"频率""标记性"和"语用中性"3个条件。

3.1 语序

语序类型是语言类型学研究的重点之一，本章对东纳话的语序进行分析，分名词短语语序、谓词短语语序和句子语序3个部分。

3.1.1 名词短语语序

东纳话名词短语的最小结构为一个名词，其扩展结构可以附带一个及以上修饰成分。东纳话名词短语的理论最大结构为：

（领属）+（关系句）+（定指）+名词+（形容词）+（度量词）+（数词）+（指代词）

这些修饰成分与核心名词之间的语序，大致有如下一些：

（1）普通名词位于专有名词前；没有发现出现在之后的情况，而特指名词位于泛指名词前。

(3.1) akʰə　　　mapaitʂʰən
　　　叔叔　　　马伯成
　　　马伯成叔叔

(3.2) tɕʰiwən　　çaŋ
　　　祁文　　　乡
　　　祁文乡

（2）形容词修饰名词，名词位于光杆形容词前；当形容词名物化后，同样名词位于其前。名物化后的形容词带领属标记，需要前置于名词。

(3.3) pɔmɔ   tʂʰe
女儿   大
大女儿

(3.4) lək   karo   vs.   karo-ɣə   lək
绵羊   白色的   白色的-属格   绵羊
白色的绵羊

(3) 领属关系和限定关系，中心词在后，领属、限定成分在前。

(3.5) tsʰɔtʂək-kə   pʰərtʰi   ʰpɔnpɔ
措周-属格   蒲儿擦:属格   头人
措周蒲儿擦部落的头人（S-1：32）

(3.6) ŋo-ɣə   ʰnɐloŋ   ⁿdə
银子-属格   耳坠   这
这个银耳坠

(3.7) ŋi   lɔtʂʰe-ɣə   amɐ
我:属格   高龄-属格   妈妈
我的高龄妈妈

(4) 名词位于数词前，同时数词可以附加名物化标记，也可以不加。如果有度量名词，则度量名词放在名词和数词中间。

(3.8) kɔzi   ʰtsəmpu   ～   tɕʰəmtsʰaŋ   ᵸŋɐ
衣服   三   家庭   五
三件衣服   ～   五个家庭

(3.9) ʰŋukar   r̊aŋ   ʰŋɐtʂʰɿtsʰəm
银子   两   五十三
五十三两银子（M-2：10）

(5) 关系从句可以位于名词前，也可位于名词后。名词位于关系名词前，有话题化的功能。

(3.10) ŋi   li-ɲi   lɐˢkɐ   vs.   lɐˢkɐ   ŋi   li-ɲi
我:施格 做-名物化 工作   工作 我:施格 做-名物化
我干的活   活儿我干的

(6) OV 语序的语言，指代词通常采用 N-Dem 的语序，东纳话同样符合这条规则。不过，东纳话同时还存在 Dem-N 语序，甚至形成 Dem-

N-Dem 结构。这是因为指示词的可辨别度高于名词,有认知动因。东纳话的指代词常见的有 tə/te(来自书面上的 de)和 kan。

(3.11) lɔlon   tə   tsʷa-a   tɕʰə-la   ʂok.
       老人   其:通格   找-连词   带领-连词   来:命令
       把那个老人找来,把他带来!(M-3:11)

(3.12) tsʷa-a   tɕʰoŋ-nə   tə,   ʰponpɔ-gə   lɔlon-na
       找-连词   来-连词   其:通格   县官-施格   老人-与格
       tʂi-zək.   tɕʰo   ʂələ   tə
       问:完成-拟测   你:属格   儿子   其:通格
       ɦȵe-tʂɐk-ni,   ɦdʐɐma   tə   re.
       生-助动词-连词   斤两   多少   是:叙实
       (把那个老人)找来了,县官就问老人:"生完你儿子,他是多少斤,有多少斤?"(M-3:12)

(3.13) ti   lɔlon-gə   ʂʷal-tsʰək,   ŋi   ʂələ   ɦȵe-ti,
       其:施格   老人-施格   说-拟测   我:施格 儿子   生-之时
       ɦȵe-tʂɐk-nə   ɦdʐɐma   ʰtsəm-lɐ   raŋ
       生-助动词-连词   斤两   三-连词   两
       ɦdʐʷa   tʂe.   tə   tsʰi-ɣəˆ
       八   是:叙实   其:通格   邻居-施格
       tɐroŋ   tsʰi-ɣə   rok-zək.   kan
       也/还   邻居-施格帮   助-拟测   那
       lɔlon-zək-kə   ʰti-ni   ⁿdʐa-le jən.
       老人-无定-施格   看:完成-连词   称量-完整:向心
       kʰorku   la   kɔ-ɣo nə re.
       她:施格   也   知道-完整:叙实
       那个老人说:"我生我儿子的时候,生完了称了一下,是三斤八两。这事邻居……邻居帮过忙,他看完称量的,她也是知道的。"(M-3:13)

(3.14) te   sɐtʂʰɐ   te   ŋɐ
       其:通格   地方   其:通格   我:通格
       la   soŋ,   ŋi   kɔ-nə re.
       也   去:完成   我:施格   知道-完整:叙实
       那个地方我也去过,我是知道那地方的。(M-3:34)

(3.15) tə‒ɣə　　　jəro‒ɣə　　　tsʰɔtʂək　　　tə‒ɣə
　　　 其‒施格　　　依如‒属格　　　六部落　　　　其‒施格
　　　 jile　　　　 poˢkal　　　　 ʂʷal‒kə jo‒kə.
　　　 全部　　　　 藏语　　　　　说‒进行‒新异
　　　 那个依如的措周部落他们还全部都说藏语。（S‒1：55）

（7）名词位于双数和复数标记前。

(3.16) ŋə‒tsʰɔ
　　　 我‒复数
　　　 我们

(3.17) tom‒tsʰɔ
　　　 账‒复数
　　　 很多账

(3.18) ʰkənma‒n̪iɣə
　　　 小偷‒双数：施格
　　　 两个小偷

（8）名词位于后置词前，下述 3 个后置词 gə、ni、ɐ，都是附置词在后。mɐ 采用长元音：表示与格，实际也是在后。

(3.19) ʂələ‒gə　　　mɐː　　　ɦgɔ‒ni　　　ʂʷe‒a
　　　 儿子‒施格　　妈妈：与格　门‒离格　　外面‒与格
　　　 ɦdʑaŋ‒taŋ‒zək.
　　　 撵‒助动词‒拟测
　　　 儿子就把妈妈从家里赶出去了。（M‒3：7）

下面补充一个名词短语最大结构相关的例句：

(3.20) ŋi　　　　n̪i‒n̪i　　　　kɔzi　　　　nɐkri
　　　 我：施格　买：完成‒名物化　衣服　　　黑的
　　　 ɦtsəmpu　　kan　　　　tʰel‒tsʰoŋ‒zək.
　　　 三个　　　那　　　　　烂‒助动词‒拟测
　　　 我买的那三件黑衣服烂了。

3.1.2　谓词短语语序

　　东纳话谓语动词短语的最小的结构是单一动词，其前面和后面还可以附加其他修饰成分。当谓语核心为形容词时，关涉的主要语序有比较句中比较基准、比较标记和形容词的关系问题。下面详细说明。

（1）各类副词都在动词之前。因为东纳话为 SOV 结构，所以限制了副词可以出现的位置。

（3.21） tɕʰi　　　　hɔtaɣi　　　　tʰoŋ – go.
你：施格　　慢慢地　　　　喝 – 语气
你慢慢地吃哈！

（3.22） ŋa　　　　tɕaŋ　　　　joŋ – le jən.
我：通格　　刚刚　　　　来 – 完整：向心
我刚刚来。

（2）附置词短语 + 动词。各类附置词短语，诸如本书所谓格助词所联系的成分，都在动词之前。如下述附置词 kə 和 nə 所关联的 ᶲsʷer 和 kʰɐ。

（3.23） ti　　　　sʷer – kə　　　　tʰap　　me – la,　　　tɕo　　kʰɐ – nə
其：施格　　猴子 – 施格　　方法　　无 – 连词　　就ᴴ　　嘴 – 位格
ṣʷal – nə – ta
说 – 连词 – 话题
那么猴子就没办法了，就只好嘴上说（M – 1：15）

（3）述谓短语放在系动词/存在动词之前。下面主谓结构后的系动词 jən 和存在动词 ɣo 和 naŋ，已经发生语法化，变为助词，表达体和示证意义。但需注意的是，在这类结构中，述谓短语的指称性大大降低，指称性大大增强，已经由事件句变为事态句。

（3.24） kan　　　　lɔlon – zək – kə　　　　ʰti – ni　　　　ⁿdʐa – le jən,
那个　　　　老人 – 无定 – 施格　　看：完成 – 连词　　称量 – 完整：向心
kʰorkə　　la　　　　kə – ɣo nə re.
她：通格　　也　　　　知道 – 完整：叙实
有个邻居他看完称量的，她也是知道的。（M – 3：13）

（3.25） ɦdɔʳdʐi – a　　　jar　　tʂə – gə naŋ.
多杰 – 与格　　向上　　拉 – 进行：新异
往上拉多杰。（M – 3：63）（字面意思：把多杰往上拉的有）

（4）疑问标记附着在动词前，或者附着在主要动词前，或者附着在助动词前，但两者不可以同时出现。否定和禁止标记只能附着在动词前。

下述例（3.26）是对事态助动词的疑问，例（3.27）是对动态助动词的疑问，例（3.28）是对主要动词的疑问。例（3.29）是叙实句，对主要动词进行否定。例（3.30）是非叙实句，为禁止语气，否定标记也是在主要动词前面。

(3.26) joŋ – a – jo – gə.
来 – 疑问 – 助动词 – 新异
是否来了？(S – 3：18)

(3.27) zi　　　　　tʂəma　　　　　tʰoŋ – a – taŋ – zək.
他：施格　　饭　　　　　　喝 – 疑问 – 助动词 – 拟测
他吃完饭了吗？

(3.28) zi　　　　　tʂəma　　　　　a – tʰoŋ – zək.
他：施格　　饭　　　　　　疑问 – 喝 – 拟测
他吃饭了吗？

(3.29) ʰke　　jo – ɲi　　　ɦjəkpa　　ma – loŋ – zək.
腰　　有 – 名物化　　棍子　　否定 – 取：完成 – 拟测
腰里的棍子没有取下来。(S – 2：14)

(3.30) ma – tʰoŋ.
否定 – 喝
别喝！

（5）东纳话动词之后可以依次附加动词助动词、事态助动词和语气词。主要动词后所附的所有成分都是封闭的类，数量有限。动态助动词对前面的主要动词的体和趋向等意义进行补充说明，而事态助动词则表达体范畴、示证范畴、向心范畴和新异范畴等。趋向动词附着在主要动词后，主要表达趋向意义，和主要动词构成连动结构。其结构如下：

动词_{屈折} –（趋向动词）+（动态助动词）–（事态助动词）–（语气）

(3.31) tʂak – kə　　　ʰtɛ – ɣə jo – tsʰaŋ.
土匪 – 施格　　看：未完 – 进行 – 语气
土匪也正在观察呢。(S – 3：51)

(3.32) tsʰɐtʰap　　lekʰɐ – na　　har　　tsʰaŋkor　　pʰaŋ – taŋ – zək.
炕　　　上面 – 位格　　那边　　一枪　　　打：完成 – 助动词 – 拟测
在炕上往那边打了一枪。(S – 3：58)

(3.33) jile   ɲokron   soŋ-zək,   ŋɐ   ma-soŋ.
全部   年轻人   去：完成-拟测   我：通格   否定-去：完成：向心
（自卫队的）年轻人全部都去了，我没去。(S-3: 93)

(6) 比较句中，比较基准位于比较标记之前，且比较基准同时位于形容词之前。

(3.34) zi   ʰtɕe-lo   ɦdʐək   ŋɐ-ni   ʰtʰɔ-ɣɐ.
他：通格   生长-名物化   身体   我-比较   高-新异
他的个子长得比我高。

(7) 在迂说式致使结构中，主要动词和致使动词的语序为"主要动词 + kʰɐ + （ma）+ 致使动词"，中间必须附加名物化标记 kʰɐ。实际上，"主要动词 + kʰɐ +（ma）+ 致使动词"可以视作复合致使动词。如下所示：

(3.35) tɕʰi   ɲoɣɔː   ʂʷeː
你：施格   娃娃：与格   外面：与格
ⁿdʐɔ-kʰɐ   ma-tʂɐk.
去：未完成-名物化   否定-致使：未完
你别让娃娃出去！

(8) 主要动词在助动词之前，不管助动词是时体助动词、情态助动词还是趋向助动词。

(3.36) ta   təro   kɔpa   tʰan-dʐɐk-zək.
然后   如此   办法   想-助动词-拟测
然后这样想办法了。(S-3: 19)

(3.37) niʳŋ̍on   ⁿdep-laŋ-nə   ta   ɦdoŋ   ʰɕɔ-gə
青稞   种植-助动词-连词   然后   敲打   需要-新异
青稞种上，然后需要打青稞（L-1: 1）

(3.38) te   ɔkn̩i-ɲiɣi   ⁿdʐɔ   lan-ⁿdʐɔ.
那么   咱俩-双数：施格   去：未完   取：未完-助动词：未完
那咱俩去取去吧！(M-1: 19)

上述例（3.36）中的 dʐɐk 和例（3.37）中的 laŋ 都是时体助动词，例（3.37）中的 ʰɕɔ 是情态助动词，而例（3.38）中第一个 ⁿdʐɔ 是主要动词，第二个 ⁿdʐɔ 附着在主要动词 lan 之后，表达趋向意义，为助动词。

3.1.3 句子语序

东纳话中，S、O 和 V 的基本语序为 SOV，因此，主语和动词的顺序即 SV，而宾语和动词的顺序是 OV。东纳话关于句子语序类型，主要有以下几种。

（1）从句和主句的顺序是从句在前，而主句在后。

(3.39) maso   sɐtʂʰɐ   jar   soŋ – na,
　　　 马苏   地方   往上   去：完成 – 连词总
　　　 tsoŋpiŋ ʂan   tarlɐ   re.
　　　 总兵山汉语   冰山   是：叙实
　　　 马苏地方往上走的话，是总兵山雪山。(S – 3：95)

（2）从句在标句词之后。言说动词做主句动词的内容宾语从句中，从句可以放在标句词之后。

(3.40) zi   ʂʷal – na   tɕʰi   tʂom   tɕʰi – soŋ – zək.
　　　 他：施格   说 – 连词   你：施格   抢夺   去：完成 – 助动词 – 拟测
　　　 他说你抢去了。(S – 3：106)

（3）副词性从句的连接词在从句之后。(3.39) 就是例证之一，连词 ɐ 前面为假设状语从句。其他亦然，此不赘述。

（4）句子 + 疑问标记。疑问语气助词附着在句尾。

(3.41) tɕʰo   ʰtʂo – ni   toŋtʂʰe   me – ni.
　　　 你：属格   身上 – 位格   钱财   无：向心 – 语气
　　　 你身上没钱吗？(不相信他身上没带钱，如此反问)

(3.42) ᵐɲə   kan   tɕʰi   mə – ʂi – ki – pa.
　　　 人   那   你：施格   否定 – 认识 – 新异 – 语气
　　　 那人你不认识吧？

3.2 类型概览

东纳话在语言类型上，大致偏向于黏着 – 孤立语中间位置。黏着主要体现在动词上，否定标记、疑问标记、时体标记、示证标记、向心标记、新异标记、语气标记等都要附着到动词上，并形成一个有序排列。在语法词所包含的语素方面，每个语法词所包含的语素数量少，呈现孤立语的特征。语序和虚词在整个句法系统中起到非常重要的作用。动词有时态和自动/使动的形态屈折变化，呈现了一定的屈折性。词的派生能力较差，前缀和后缀数量少，没有一致屈折。如下所示：

(3.43) ʰti - nə - saŋ   matʂʰənjaŋ - gə,   pʰɐ - ɣə   mar
下面   看：完成 - 连词 - 语气   马成阳 - 属格   父亲 - 施格
joŋ - nə   ɣoŋŋɐ   tʰi - gə jo ɣə - ser - kə.
来 - 连词   牛粪   拾 - 进行：新异 - 传闻 - 新异
看过后呢，听说马成阳的父亲下来拾牛粪。(S-3：150)

3.3　句子类型

东纳话的句子大致可以分为两种基本类型：①以限定动词结尾的句子；②以系动词和存在动词结尾的句子。以限定动词结尾的句子，陈述某个事件，且必然表达向心范畴和示证范畴，而以系动词和存在动词结尾的句子，包括它们语法化做助动词结尾的情况，对事物或事件的状态或属性进行指称，且必然表达向心范畴和新异范畴。如下所示：

(3.44) ta   raŋŋa   tɕʰənkʰorgonpa - ɣə   ɦgondɐk   re.
然后   他自己   西藏寺 - 属格   寺主   是：叙实
然后他自己就成了西藏寺的寺主。(S-3：9)

(3.45) ta   ɦgeloŋ - gə   ʰti - nə   ɦgo - nə - ta   mʲə
然后   老藏 - 施格   看：完成 - 连词   门 - 位格 - 话题   人
me - kʰɐ re,   rema   tsʰaŋ   kʰʷər - ni
没 - 情态：叙实   迅速   枪   携带 - 连词
pə - tɕʰoŋ - zək.
去：完成 - 助动词 - 拟测
然后老藏一看，在门那里呢可能再没土匪了，他就快速地携带着枪就出来了。(S-3：66)

(3.46) nɐⁿde   ⁿdɐk   mə - tʂʰok - nə re.
这里   住   否定 - 可以 - 完整：叙实
这里不能再待了。(S-3：32)

例（3.44）中是判断句，表达同一性关系，re 有叙实义。例（3.45）中，附着在主要动词后的 kʰa 有名物化功能，re 本是系动词，此时 kʰa 和 re 发生重新分析，成为一个语法单位，表达叙实义和情态义，re 的语法功能也变为助动词。句末的 pə‐tɕʰoŋ‐zək 中，pə 为主要动词，发生内部屈折，tɕʰoŋ 为具有趋向意义的助动词，zək 兼作完成体标记和示证标记，对主要动词进行限定。例（3.46）中，ⁿdək 为主要动词，tʂʰok 为情态助动词，nə 具有名物化功能，把从句ⁿdək mə‐tʂʰok 由陈述变为指称，re 本为系动词，此处同样 nə 和 re 发生重新分析而成为一个单位。不过，全句在语义上还是可以看出指称性，严格对译，应该翻译成"这里是不能再住的"。

(3.47) te   tʰap   mə‐ṅaŋ.
       其：与格   办法   否定‐有：新异
       （马成阳）他就没办法了。(S‐3：129)

(3.48) ta   naŋ‐na   tʂʰə‐zək   la   jo‐kə.
       叹词   里面‐位格   什么‐无定   也   有‐新异
       （乱石岗顶上）里面什么都有。(S‐3：16)

(3.49) sɥri‐a   te: ʰtsep‐nə   te
       疏勒‐与格   其：与格   到‐连词   其：通格
       tʂakpa   tə‐ɣi   zʷal‐ṅaŋ.
       土匪   其‐属格   待‐结果：新异
       到了疏勒，（发现）那帮土匪在疏勒那里。(S‐3：142)

(3.50) mar‐gə   ɦmarmɐk①   jar   joŋ‐gə ṅaŋ.
       下面‐属格   部队   往上   来‐进行：新异
       ɦmarmɐk   rək‐soŋ‐zək.
       部队   看‐助动词‐拟测
       下面的部队正往上来。（土匪他们）看到部队了。(S‐3：144)

例（3.47）和例（3.48）的 ṅaŋ 和 jo 构成领有和存在句（东纳话中，表存在、领有和处所都用同一个标记）。ṅaŋ 本身即可表达新异意义，而 jo 其后附加 kə 表达新异意义，单独 jo 表达向心意义。例（3.49）中，ṅaŋ 附着在主要动词 zʷal 后做助动词，表结果的时体义。例（3.50）gə 和 ṅaŋ 重新分析作为一个整体表达进行体和新异意义；rək‐soŋ‐zək 中，rək 是主要动词，soŋ 乃表时体意义，是 zək 表达拟测的示证标记，因此，可以看到主要动词 rək 是限定性的。

---

① ɦmarmɐk 字面意思是"红军"，因红军是中国人民解放军的前身，是故此处我们译为"部队"。

第4章 词类及构词法

东纳话的词类大致可以根据语义和句法行为分为名词、动词、形容词、数词、度量词、代词、副词、叹词、拟声词和语气词等几类。其中，名词、动词和形容词是开放性的词类，而后面几种是封闭性的词类。下面分门别类对此进行初步研究。

4.1 名词组

名词组可以分普通名词、专有名词、方位名词、时间名词等一些次类。每类包含的数目和功能会有所不同。

4.1.1 普通名词

普通名词是名词类中最常见的类，也是数量最多的类。这类词通常可以带格标记、数标记、比较标记和话题标记等。语义上可以做核心论元和间接论元。句法上可以做名词短语中心，也可以做名词的修饰成分。如下面这些带 ma 音节的词，是当地人用来玩猜谜一样的文字游戏，都是普通名词。如下所示：

例词	释义	例词	释义
rama	山羊	rima	羊粪
ŋekma	山羊胡子	tʂʰʷima	眼泪
kʰʷama	肾脏	ɦdzəma	肠子
ɦŋauma	尾巴	nəma	乳房
ɣɔma	奶子	kima	公山羊性器官

4.1.2　专有名词

专有名词主要是人名、地名等。地名可以带属格标记、位格标记、离格标记、比较标记和话题标记等。地名通常做间接论元出现在语句中。人名可以带各种格标记、比较标记和话题标记，不能带性标记和小称标记。我们仅举几个例子说明，如下所示：

(4.1)　tɔtsʰək – ta　　　te – nə　　　tʂəkə　　　tɕiaŋsu – gə
　　　今年 – 话题　　　其 – 位格　　　这个 汉　　　江苏 汉 – 属格
　　　te – nə　　　lək　　　ɲɔ – ɲə – zək　　　　　joŋ　mən,
　　　其 – 位格　　　绵羊　　买：未完 – 名物化 – 无定　来　非
　　　今年要不是有个江苏的人来买羊 (L-1: 29)

(4.2)　tɕʰəmaː　　　joŋ – ŋa　　ta　　soktʂʰə – nə　　zʷal – taŋ,
　　　家里：与格　　来 – 连词　然后　酒泉 – 位格　　住 – 助动词
　　　回到家里，然后就去了酒泉住下 (L-1: 6)

(4.3)　tə – ɣə　　　arək – ki,　　o,　　　　ⁿdə　　jołɬ – ɣə – ta
　　　其 – 施格　　阿柔 – 施格　叹词　　其：通格　土地神 – 施格 – 话题
　　　ŋi　　　　ʰtser　　　　ʰtsaŋma　　lək　　ma – zək – ɣaˆ
　　　我：施格　金子　　　　全部　　　倒　　　否定 – 助动词 – 连词
　　　然后阿柔这人就说："哦，这土地神吧，我没把金子全部放下（你就不让我走）……" (S-2: 16)

例 (4.1) 地名后带的属格标记，例 (4.2) 带了位格标记，例 (4.3) 部族名 arək "阿柔（部落）" 后用了施格标记，专有名词 jołɬ "土地神" 后用了施格标记和话题标记。地名后带离格的情况还可以见下面例 (4.4) 所示。

4.1.3　方位名词

方位名词主要有 jar "上面" ～ mar "下面"、tɕan "上面" ～ tʰər "下面"、ʰtol "上面" ～ʰmal "下面"、koŋ "上面" ～ ɣok "下面"、ʰŋon "前面" ～ʱdzap "后面"、ʂʷe "外面" ～ naŋ "里面"、ʰlal "顶之上"、tʰok "某物之上"，还有表达时间方位的词 taŋŋɔ "以前" 等。另外，jar 和 mar 不能带与格（这两个词末尾都是 -r，本身就是书面与格成分 -ra 并入的），但可以跟位格、离格和属格。tɕan 和 tʰər 不带位格助词，但可以带与格、属格和离格助词。除此之外，其他的都可以带位格、与格、离格和属格。

另外，sor 在前面韵尾为鼻音 -n 时还会发生语音变化，读作 tsʰor，有时即使 -n 并不是韵尾，而是前面音节的声母时同样会发生这样的变化，但这并不是强制的，因为同样一个句段中，可能变，也可能不变。如下所示：

(4.4)　te - nə　　kʰɐʳtsaŋ　　teʰŋon - ni,　　ŋə - tsʰɔ
　　　其 - 位格　以前　　　其：通格　　前面 - 位格　我 - 复数：通格
　　　joŋ - leˆ　　te - ni　　sor　　joŋ - le jən - ser - kə,
　　　来 - 连词　其 - 离格　这儿　来 - 完整：向心 - 引述 - 新异
　　　kʰampa - nə　　tsʰor　　joŋ - le jən - ser - kə。
　　　康巴 - 离格　　这里　　来 - 完整：向心 - 引述 - 新异
　　　在这之前，据说我们是从那儿到这儿来的，是从康巴到这儿来的。（S - 1：31）

(4.5)　ta　　mʲə　　lɔlon - gə　　ta　　ɦdʐʷatɕʰi　　tʰampa　　koŋ - gə
　　　现在　人　　老人 - 施格　　现在　八十　　　整数　　以上 - 属格
　　　mʲə - ɣə　　lɐli　　tə　　ɦdʐʷe - tsʰoŋ - zək - ser - kə。
　　　人 - 施格　某些：施格　其：通格　忘记 - 助动词 - 拟测 - 传闻 - 新异
　　　据说现在八十岁以上的老人都忘记了。（S - 1：21）

(4.6)　ɦdʐʷan - taŋ - nə,　　　　jar　　ɦlal - nə　　tɐroŋ　　ɦgɔ - zək
　　　点着：完成 - 助动词 - 连词　上面　顶上 - 位格　仍然　　门 - 无定
　　　ŋaŋ,　　ɦgɔ - ɣə　　naŋ - nə　　tɔ　　pʰək - kə ŋaŋ.
　　　有：新异　门 - 属格　里面 - 位格　烟火　冒 - 进行：新异
　　　点着火以后，发现上面顶上还有一个洞。那个洞里面在冒烟。（M - 4：8）

(4.7)　ta　　ɦdʐɐ　　naŋ - gə　　ɦdʐɐ
　　　然后　汉族　　里面 - 属格　汉族
　　　re,　　taŋŋɔ - ta　　ŋaŋŋa - zək　　ʂʷal - nara
　　　是：叙实　以前 - 语气　名字 - 无定　说 - 连词
　　　pol　　ma - re,　　ɦdʐɐ　　re.
　　　藏族　否定 - 是：叙实　汉族　是：叙实
　　　他们是汉族里的汉族，根系上，从根本上说的话，不是藏人，是汉人。
　　　（L - 3：24）

(4.8) nɐⁿde   ⁿdək   mə-tʂʰok-nə re.
      这里   住   否定-可以-完整：叙实
      这里不能再待了。(S-3：32)

4.1.4 时间名词

时间名词指语义上表达时间的概念的词，可以带属格标记、与格标记、位格标记、比较标记和话题标记等，比如 tɕɔ "现在"、kʰɐʳtsaŋ "以前" 当时间名词修饰名词时，出现在名词短语中心词之前。还有一些时间名词，如 tʰikʰɐ "一会儿"、ȵəndʑi "每天" 等。如下所示：

(4.9) ta   kʰɐʳtsaŋ-gə-ta   ɦdʐʂkal-gə   ʂʷal-na-ta
      然后   以前-属格-焦点   汉语-施格   说-连词-话题
      tɕʰitsu   xʷaŋfan   patsu   xəfan
      七族   黄番   八族   黑番
      se-na   jile   tə   ȵampu   re.
      叫-连词   全部   其：通格   平等   是：叙实
      以前汉语说"七族黄番，八族黑番"，现在都全部平等了。(S-1：43)

(4.10) poʂkalˆ   kʰɐʳtsaŋˆ   tɕɔ-nəˆ   ʂɯȵəŋloŋʰtsəm
       藏语   以前   现在-位格   佘家三部落
       kʰɐʳtsaŋ-gə-ta   ɦŋɐʳdʐʷal-gə   lo   ʰŋoŋ-nə
       以前-属格-语气   五八-属格   年龄   以前-位格
       ʂʷal-dʑi-ta   ȵoŋ～ȵoŋ-zək   re.
       说-名物化-话题   少～重叠-无定   是：叙实
       藏语……之前……现在吧……佘家三部的藏族，五八年以前说藏语的人也很少。(S-1：54)

(4.11) ʰton   ⁿdʐəmar   ɦdzarə   ʂoma   ⁿdʐɐ.
       秋天   牦牛乳   月亮   明净   相似
       秋天的牦牛乳像月亮般明净。(M-5：I-2)

(4.12) tɕɔ-ta   ʰtsep-joŋ-ni,   tʂakpa   la   ʂor-ʂoŋ-zək.
       现在-语气   到-助动词-连词   土匪   也   走-助动词-拟测
       现在呢到家里来，土匪也走了。(S-3：84)

4.1.5 指代词

东纳话的指代词主要有人称代词、指示代词、疑问代词、不定代词和反身代词等几类。以下我们分别论述它们的格和数的变化。

4.1.5.1 人称代词

人称代词分第一人称、第二人称和第三人称，分单数、双数和复数，其中双数和复数都有包括式和排除式的区别。人称代词在东纳话中还系统地存在着通过内部屈折来表达格意义的形态变化，而不像其他词类，基本都变成了通过附加格助词形式来表达格的区别。第二、第三人称已经没有敬语和普通形式的区别。以下是3种人称代词在东纳话中的具体形态句法情形。

1. 第一人称代词

第一人称代词的数和格的形态变化见表4-1。

表4-1 第一人称代词数和格的形态变化

数 格	单数	双数		复数 I		复数 II
		包括式	排除式	包括式	排除式	
通格	ŋaɯ	ɔ - ȵi ɔ - ȵi - ȵiɣa aȵiȵ - ɔ	ŋə - ȵi ŋə - ȵi - eŋ	ɔ	ŋə - tsʰɔ	oŋgo
施格	ŋi	ɔ - ȵiɣi iɣi - ȵiɣi aȵiȵ - ɔ	ŋə - ȵiɣi ŋə - ȵi - eŋ iɣi - ȵi - ȵiɣi	e①	ŋə - tsʰi	oŋgu
属格	ŋi/eŋ	ɔ - ȵiɣi ɔ - ȵi - ȵiɣi aȵiȵ - ɔ	ŋə - ȵiɣi ŋə - ȵi - eŋ ŋə - ȵi - ȵiɣi	o	ŋə - tsʰo	oŋgu
与格	ŋaɯ	ɔ - ȵiːa ɔ - ȵi - ȵiːa aȵiȵ - ɔ	ŋə - ȵiːa ŋə - ȵi - eŋ ŋə - ȵi - ȵiːa	ɔː	ŋə - tsʰɔː	oŋgo - a

需要说明的是，上述双数包括式和排除式中，ɔ 和 ŋə 都还可以读作 ɔk 和 ŋək，从而形成类似 ɔk - ȵi 和 ŋək - ȵi 这样的读音，但以不带 - k 更普遍。- k 其实来自其后双数标记 ȵi 的影响，因为 ȵi 的书面形式为 gȵis "二"，音节首辅音 g 在双音节词中被保留下来，从而发生音节的重

---

① 施格的"咱们"，发音实际接近 ɿ，但不是 ji。像第二人称通格是 tɕʰɔ，施格是 tɕʰi，主元音 ɔ 变成了 i。音理上第一人称的通格和施格的音变也当如此，但实际上并非如此。

新分析，成为首音节的韵尾形式。复数标记 ȵi 后，还可以再加复数标记 ȵiɣa，从而形成类似双复数标记的形式，不过不加同样可以。上述双数中的施格和属格标记 ɣi 还可以读作 ɣə（以下第二、第三人称同理，不再赘述）。ɔ"咱们"来自书面上的 No，在现代藏语的方言中不多见。我们看下面的几个例子。

(4.13) tɕʰi   ŋək - ȵi - ȵiɣaː   tʂəma   ʰko - a ʂok.
　　　你：施格　我 - 双数 - 双数：与格　饭　　煮 - 命令
　　　你给我们俩做饭！

(4.14) ⁿdə   ŋək - ȵi - ȵiɣi   tʂəma   re,
　　　这：通格　我 - 双数 - 双数：属格　饭　　是：叙实
　　　to   tʰoŋ - ŋa   tʰaŋ - ŋa   ⁿdzɔ - ja.
　　　快　　喝 - 连词　　滩 - 与格　　去：未完 - 语气
　　　这是我们俩的饭，快吃完到滩上去。

(4.15) ta   ŋə - ȵiɣi - ta   tək ʂe   kʰon - taŋ.
　　　那么　我 - 双数：施格 - 话题　那样　生怨 - 助动词
　　　那么咱俩就生怨气了。（S - 3：128）

(4.16) ŋə - tsʰɔ   jar   ⁿdzɔˆ   e   ⁿdzɔ - a
　　　我 - 复数：通格　往上　去：未完　咱们：施格　去：未完 - 连词
　　　tə   ʂe - dʑi,   tʂakpa   ʰtsal - ja   ser - kə.
　　　其：通格　做：未完 - 将行　土匪　　杀 - 未完 - 语气　说 - 新异
　　　我们到上面去……咱们去做那个去，杀土匪啊！（S - 3：135）

(4.17) ɔ   o   rok - kə   tɕʰəma - zək   ⁿdzɔ - ja.
　　　咱们：通格　咱们：属格　邻居 - 属格　家 - 无定　去：未完 - 语气
　　　咱们去咱们的邻居家吧！

(4.18) naŋkʁ   e   ʂʂ   tʰikɛ   tsʷɔ - a   sɐ - ja.
　　　明天　　咱们：施格　肉　　一点儿　煮 - 连词　吃：未完 - 助词
　　　明天咱们煮点肉吃吧！

东纳口语中复数Ⅱ式的 oŋgo "我们"在现代藏语中的分布较少，它没有包括式和排除式的区别，来自书面上的 No. skol 一词。口语中，No 因其后 skol 的基本辅音 - k 的同化作用，从而增生了韵尾 - ŋ，变成了 oŋ。如下所示：

(4.19) oŋgo   ⁿdzɔ   ʂɐ-zək   sɐ-ja.
　　　 我们：通格 去：未完   肉-无定   吃：未完-语气
　　　 我们去吃个肉吧！

(4.20) tɕʰi   toŋtsʰe   oŋgo-a   ʰtɕɐn-na ʂən.
　　　 你：施格   钱   我们-与格   还-连词给
　　　 你把钱还给我们！

2. 第二人称代词

藏语书面语及现代方言第二人称代词通常会有"统称"和"敬称"的区别，但东纳话中已经没有这种分别。第二人称代词数和格的形态变化见表4-2。

表4-2　第二人称代词数和格的形态变化

格＼数	单数	双数	复数
通格	tɕʰɔ	tɕʰə-n̠iɣa tɕʰə-n̠i-n̠iɣa	tɕʰə-tsʰɔ
施格	tɕʰi	tɕʰə-n̠iɣi tɕʰə-n̠i-n̠iɣi	tɕʰə-tsʰi
属格	tɕʰo	tɕʰə-n̠iɣi tɕʰə-n̠i-n̠iɣi	tɕʰə-tsʰo
与格	tɕʰɔː	tɕʰə-n̠iɣaː tɕʰə-n̠i-n̠iɣaː	tɕʰə-tsʰɔː

上述双数形式中，tɕʰə-n̠i 通常还会有 tɕʰək-n̠i 的读音形式，原因即在于 n̠i 的词源为 gn̠is，和 tɕʰə 相连时，gn̠is 的音节首 g 发生音节的重新分析，成为前面音节的韵尾形式，在韵律上也是可以明显感受到 g 附着到了前面音节尾上。

(4.21) ⁿgɔwa   tɕʰɔ   ɦdemɔ.
　　　 领导   你：通格   平安
　　　 领导您好！

(4.22) tɕʰək - ɲi   ɣi   to   tʂəmatʰoŋ - ja.
你 - 双数：施格   快点   饭   喝 - 语气
你们俩快吃饭啊！

(4.23) ⁿdə   tɕʰək - ɲiɣi   tʂəma   re,   to   tʰoŋ.
这：通格   你 - 双数：属格   饭   是：叙实   快   喝
这是你们俩的饭，快吃！

(4.24) tɕʰə - tsʰi   jile   tsʰaŋ   ndzˌəkɳ̊aʂe   tə   ʂi,
你 - 复数：施格   全部   枪声   好好地   其：通格 做：命令
你们全部都好好地打枪！（S-3：107）

东纳口语中复数标记 tsʰɔ 和 tɕʰɐwɔ 往往可以互换而没有区别。如下所示：

(4.25) o,   tɕʰɔ - tɕʰɐwɔ   ʰtsep - ɣoŋ - zək - ta   ɦga - ɣə.
哦   你 - 复数：通格   来 - 助动词 - 无定 - 话题   高兴 - 新异
哦，你们来呢（我）很高兴。（S-3：26）

3. 第三人称代词

东纳话用于指代相当于"他/她"的第三人称代词，通常会采用两种办法：一是用专门的第三人称代词来指代，二是用指示代词来指代。前者第三人称代词有 zi 和 kʰɔrgɔ，而后者通常采用兼指代词 te "其"和指远的指示代词 kan 来指代。

人称代词 zi$_{通格}$ 和 kʰɔrgɔ$_{通格}$ 的区别，我们认为是本地层和外来层的关系，即 zi 是本地固有层次，而 kʰɔrgɔ 为外地借入的层次。zi 不管在我们的语料中，还是发音人的语感，都被认为是更常见、更高频的形式；而 kʰɔrgɔ 不管在长篇语料中，还是发音人的使用中，使用频率都相对低得多。

kʰɔrgɔ 很可能是和南边的安多藏语有关。如东纳话的隔壁是青海省祁连县的阿柔话，属于安多藏语，它与东纳话相同，也用指示代词 te 和 kan 来指代第三人称。但与阿柔话不同的地方是，东纳话的专用第三人称代词是 zi 和 kʰɔrgɔ，而阿柔话则采用 kʰɔrgo 和 mərgo、kʰo 和 mo 这两组来表达，它们体现的是自然性别男性和女性的关系，kʰərgo/kʰo 通常用来指代男性（或者统指第三人称而无性别差异），mərgo/mo 只用来指代女性。但东纳口语中没有 morgɔ 一词。

表 4-3 是 zi 和 kʰɔrgɔ 的格和数的形式变化。

表 4-3 第三人称代词数和格的形态变化

格 \ 数	形式 A			形式 B		
	单数	双数	复数	单数	双数	复数
通格	zi	zi - ɲiɣa	zi - tsʰɔ	kʰɔrgɔ	kʰɔ - ɲiɣa kʰɔ - ɲi - ɲiɣa	kʰɔ - tsʰɔ
施格	zi	zi - ɲiɣi zi - ɲi - ɲiɣi	zi - tsʰi	kʰɔrgɔ - yi kʰɔrgu	kʰɔ - ɲiɣi kʰɔ - ɲi - ɲiɣi	kʰɔ - tsʰi
属格	zi	zi - ɲiɣi zi - ɲi - ɲiɣi	zi - tsʰo	kʰɔrgɔ - yi kʰɔrgu	kʰɔ - ɲiɣi kʰɔ - ɲi - ɲiɣi	kʰɔ - tsʰo
与格	zi - a	zi - ɲiɣa: zi - ɲi - ɲiɣa:	zi - tsʰɔ - a zi - tsʰɔ:	kʰɔrgɔ - a kʰɔrgɔ:	kʰɔ - ɲiɣa: kʰɔ - ɲi - ɲiɣa:	kʰɔ - tsʰɔ - a kʰɔ - tsʰɔ:

形式 B 双数和复数形式的首音节 kʰɔ，在口语中还可以读作 kʰə，比如既可以说 kʰɔ - ɲiɣa，也可以 kʰək - ɲiɣa；既可以说 kʰɔ - tsʰɔ，也可以说 kʰə - tsʰɔ。不过，单数形式 kʰɔrgɔ 之首音节只能用 kʰɔ，而不能用 kʰə。如下所示：

(4.26) zi　　　　　jaŋ　　　　ʰtser　　　lək - taŋ - zək.
　　　他：施格　　又　　　　金子　　　到 - 助动词 - 拟测
　　　他又把金子倒下了。(S-2：16)

(4.27) tɕʰi　　　zi - a　　　ɲɕɔ　　　lan - nə,　　ɲɕɔ　　　mar
　　　你：施格　他 - 与格　娃娃　　取 - 连词　娃娃　　往下
　　　ʰɲe - tsɐk - nə　　ⁿdzɑ - nə　　ʰdzʐma　　tə　　re - si.
　　　生 - 助动词 - 连词　称量 - 连词　斤两　　多少　是：叙实 - 引述
　　　你给她取过孩子，孩子生下后，称完是几斤？(M-3：14)

(4.28) zi - ɲiɣ　　　　　andzəkya　　　ʂi - ni　　　　ta,
　　　他 - 双数：通格　　好好地　　　做：完成 - 连词　然后
　　　tək - ɲi - ɲiɣa　　　tsɐktoŋ - zək　　naŋ - nə
　　　其 - 双数 - 双数：通格　洞窟 - 无定　　里面 - 位格

ʱgəndza　　　　　　ʰtsək - ɣa　　　　　zʷal - taŋ - zək.
冬天　　　　　　　　一 - 与格　　　　　住 - 助动词 - 拟测

他俩好好相处，然后他俩在一个岩石洞里待了一个冬天。（M - 1：2）

(4.29)　zi - ȵi - ȵiɣi　　　　　lək　　　tsʰɔ - ɣə do.
　　　　他 - 双数 - 双数：施格　羊　　　放牧 - 未完 - 进行：向心
　　　　他们俩在放羊。

(4.30)　kan　　　　zi　　　　　　ʰman　　dze.
　　　　那　　　　他：属格　　　药　　　是：叙实
　　　　那是他的药。

(4.31)　kan　　　　zi - tsʰo　　　toŋtsʰe　　re.
　　　　那　　　　他 - 复数：属格　钱财　　　是：叙实
　　　　那是他们的钱。

(4.32)　kʰɔrgɔ　　　la　　　　　kɔ - ɣo nə re.
　　　　他：通格　　也　　　　知道 - 完整：叙实
　　　　他也是知道的。（M - 3：13）

(4.33)　toŋtsʰe　　　kʰɔrgɔ - ɣi　　ˢkʷi - le re.
　　　　钱财　　　　他 - 施格　　　偷：完成 - 完整：叙实
　　　　钱是他偷的。（kʰɔrgɔ - ɣi 发成 kʰorgu 亦可）

(4.34)　toŋtsʰe　　　kʰɔrgɔː　　　ʂən - na tʰoŋ.
　　　　钱财　　　　他：与格　　　给 - 命令
　　　　把钱给他！

另外，值得一提的是，kʰɔrgɔ 的单数形式，其施格（和属格）形式，既可以是 kʰɔrgɔ - ɣi，也可以是 kʰorgu，即前者采用独立助词形式 ɣi，而后者采用内部屈折。其区别主要体现在语用的不同上，用 kʰɔrgɔ - ɣi 形式，如例（4.33），ɣi 有强调话题焦点的作用，即强调"是他，而不是别人偷的钱"。如果采用 kʰorgu 形式，则无此语用功能。

4.1.5.2　指示代词

东纳话的指示代词类型有近指、远指和兼指 3 类。指示代词同样会有格形态的内部屈折变化和数的变化，但在单数和复数时，其格形态会有所不同。指代词主要用于指示称代，用于指近、指远、回指、实指、虚指等。其数和格的形态变化见表 4 - 4 至表 4 - 6。

表4-4　近指代词的格和数的形态变化

格＼数	单数	双数	复数
通格	ⁿdə	ⁿdək-ȵiɣa/ⁿdək-ȵi-ȵiɣa	ⁿdə-tsʰɔ
施格	ⁿdi/ⁿdə-ɣə/ⁿde-ɣə	ⁿdək-ȵiɣi/ⁿdək-ȵi-ȵiɣi	ⁿdə-tsʰi
属格	ⁿdi/ⁿdə-ɣə/ⁿde-ɣə	ⁿdək-ȵiɣi/ⁿdək-ȵi-ȵiɣi	ⁿdə-tsʰo
离格	ⁿde-ni/ⁿdə-ni		
位格	ⁿde-ni/ⁿdə-ni		
与格	ⁿdeː/ⁿde-a	ⁿdək-ȵiɣaː/ⁿdək-ȵi-ȵiɣaː	ⁿdə-tsʰɔː/ⁿdə-tsʰɔ-a

表4-5　远指代词的格和数的形态变化

格＼数	单数	双数	复数
通格	kan	kan-ȵiɣa/kan-ȵi-ȵiɣa	kan-tsʰɔ
施格	kan-gi	kan-ȵiɣi/kan-ȵi-ȵiɣi	kan-tsʰi
属格	kan-gi	kan-ȵiɣi/kan-ȵi-ȵiɣi	kan-tsʰo
离格	kan-ni		
位格	kan-ni		
与格	kan-na	kan-ȵiɣa/kan-ȵi-ȵiɣaː	kan-tsʰɔː/kan-tsʰɔ-a

表4-6　兼指代词的格和数的形态变化

格＼数	单数	双数	复数
通格	tə	tək-ȵiɣa/tək-ȵi-ȵiɣa	tə-tsʰɔ
施格	ti/te-ɣə/tə-ɣə	tək-ȵiɣi/tək-ȵi-ȵiɣi	tə-tsʰi
属格	ti/te-ɣə/tə-ɣə	tək-ȵiɣi/tək-ȵi-ȵiɣi	tə-tsʰo
离格	te-ni		

（续上表）

数 格	单数	双数	复数
位格	te – ni		
与格	teː/te – a	tək – n̥iɣaː/tək – n̥i – n̥iɣaː	tə – tsʰɔː tə – tsʰɔ – a

以通格为例，上述近指 ⁿdə、远指 kan 和兼指 tə 分别对应于书面上的指示代词 Ndi、di 和 kan，ⁿdək 和 tək 的语音模式，是和双数标记 n̥i 音节重新分析的结果，即 Ndi – gn̥is > ⁿdək – n̥i 和 di – gn̥is > tək – n̥i。

上述东纳话的指示代词分类，在现代诸多藏语方言中基本都是这种模式。而之前对藏语其他一些方言相似指示代词的分析，很多学者采用"近—中—远"的模式，Ndi 指近，di 指中，而 kan 指远，我们认为这是不妥当的。最主要的是 tə 在这个系统中没有"指远—指近"的区别，实际上它既可以指远，也可以指近，据语境而定。因此，我们在语料中统一用"其"这个汉语兼指成分来注释，而在具体译文中则根据实际情况选择现代汉语的"这"或"那"来对译。另外，兼指的 tə 其属格有时还可以采用分析的形式，而不是内部屈折，词形即 te – ɣə。

另外，需要特别指出的是，来自书面上的兼指代词 de 的功能最为复杂，在东纳话中具有定指、指代、连接 3 种功能。定指和指代时，口语中有 te 和 tə 两种读音，而做连词，基本只读作 te。做指代时，可以指物和事，还可以代替第三人称代词。如下所示：

(4.35) ta　　　　　joɬeː　　　　　sʷaŋ – zək　　pʰəl – nə,
　　　 然后　　　土地神：与格　　香 – 无定　　敬献 – 连词
　　　 sʷaŋ　　　pʰəl – taŋ – nə　　　　ti.
　　　 香　　　　敬献 – 助动词 – 连词　　其：施格
　　　 saŋ　　　 pʰə – tʂɐk　　　tə　　　jaŋ,
　　　 香　　　　敬献 – 助动词　其：通格　又
　　　 ti　　　　jar – ta　　　　kʰeʂʷal　　ʂi – zək.
　　　 其：施格　往上 – 语气　　说头　　　做：完成 – 拟测
　　　 然后给土地神上了个香。他上完香，上完香后，他又起身呢说了段颂词。
　　　 (S – 2: 7)

(4.36) ŋətsʰɔ   te－ɣə   tsʰɔwa   teˆ   ŋətsʰɔ
      我们：通格   其－属格   部落   其：通格   我们：通格
      te－nə   ŋətsʰo   ɦdewa   kan－nə   ᵐɐ
      其－位格   我们：属格   村子   其－位格   人
      ɦdəntɕʰəˆ   ɦdʐʷə－ra   ɦdəntsʰətseʳgʷə   jo.
      七十   百－连词   七十九   有：向心
      我们那个部落……我们那个村有七十个人①……一百七十九个人。（L-1：15）

(4.37) ti   tʰap   ʂi－ni,   sam－nə
      其：施格   办法   做：完成－连词 心里－位格
      ta   ⁿdaŋ   ʂi－ni,   te－ɣəjoɣo
      然后   思考   做：完成－连词 其－施格字
      ⁿdʐə   ʂi－ɲi   ᵐɐ－zək   pi－laŋ－nə.
      写：未完   知道－名物化：属格   人－无定   叫：完成－助动词－连词
      她就想了办法，在心里想着，就叫了个会写字的人来。（M-3：8）

(4.38) tɐtʰaŋ   ʰti－na,   tɐtʰaŋ   ŋə－tsʰɔ   ⁿdoŋɴɐk
      现在   看：完成－连词 现在   我－复数：通格 东纳
      kan   təˆ   ⁿdoŋɴɐk   təˆ   ɦdʐɐkʰap
      那   其：通格   东纳   其：通格   国家
      sɔma   tə   tar   te   tsʰor
      新的   其：通格   发展   其：与格   这边
      joŋ－nə   ʰti－na,   kʰɐʳtsaŋ－ta   ŋə－tsʰɔ－ta namsa
      来－连词   看：完成－连词 以前－话题   我－复数－话题 日子
      la   ʰkɐ－nə re,   jile   tə   mepu
      也   困难－完整：叙实 全部   其：通格   穷人
      maŋ－gə,   ʂʷekpu   ɲoŋ－gə,   ta   ⁿdəmɔ
      多－新异   富人   少－新异   现在   如此
      jən－nə re.
      是－完整：叙实
      现在的话，现在我们东纳那……这……东纳……新国家成立以来的话，以前我们日子过得很艰难，全都是很多穷人，富人少，就是这样的情形。（S-1：45）

---

① 这是说话者边思考边说的，所以并不是真实的数目。

(4.39) ʰtol˄   ŋə‑tsʰo   kʰɐˈrtsaŋ   ʂʷal   tə‑ta,
       上面   我‑复数：属格   以前   说   其‑话题
       nɐʰkartʰaŋ   re‑mo,   ʰmal   tə   tʰaŋ
       大湖滩   是：叙实‑语气   北面   其：通格   滩
       ʰkarjək①   re‑mo,   ʂar   tə   ʰtsɐloŋho
       平滩   是：叙实‑语气   东面   其：通格   马营河
       re,   ʰnɐp   ʱdonɐmho   re,   ⁿdə
       是：叙实   西面   石油河   是：叙实   这
       ⁿdoŋnɐk   sɐtʂɐ‑gə   herəp   tʂʰəro   sɐ   jən.
       东纳   地方‑属格   方圆   如此   地方   是：向心

上面……我们以前说的那样，是大湖泊，下面那是大平滩，东面是马营河，西面是石油河。东纳地区方圆大小就是这样的。（S‑1：4）

(4.40) ti‑ɲiyɐ   sam‑nə   kɔpa   tʰan‑nə,   tə‑ta
       其‑双数：施格   心‑位格   办法   拉‑连词   其：通格‑话题
       ɣɐ   tə   toŋ‑gə naŋ   teː
       狐狸   其：通格   洞‑属格 里面   其：与格
       tɐroŋ   ʱdzo‑ya   tə   re.
       依然   钻‑连词   其：通格   是：叙实

他们俩就在心里想了个办法，然后这洞里狐狸还钻着呢。（M‑4：5）

(4.41) ta   ʰŋon‑ni,   tə‑tsʰɔ˄   ɕɥnantʂ̩tʂ̩ɕan
       然后   以前‑位格   那‑复数：通格   肃南自治县汉
       te   jar   tʂʰəli   ʂi‑taŋ‑ɲi
       其：通格   往上   成立汉   做：完成‑助动词‑连词
       ta,   kʰɔ   ra   pol   tə
       然后   他：通格   也   藏族   其：通格
       jən‑zi‑na   ta,   ŋə‑tsʰo   te‑nə
       是：向心‑引述‑连词   然后   我‑复数：通格   其‑离格
       tʂəkɐ   tɕʰilian   tɕʰilin‑gə   tə‑tsʰɔ
       这个汉   祁连汉   祁林汉   那‑复数：通格
       jile   pol   tsoŋ‑soŋ‑nə re.
       全部   藏族   变成‑助动词‑完整：叙实

---

① 山下面汉族和蒙古族住的地方都叫 tʰaŋkarjək。ʰmal 本义为"下"，在东纳地区表示"北面"。因为祁连山呈西北—东南走向，而东纳在山的北面，所以影响了东纳藏族人的方向认知。

然后以前,他们……肃南自治县成立后,他也说自己是藏族,然后我们就……这个……祁连、祁林的那些人全部变成了藏族。(L-3:20)

(4.42) ʰnaɲənparte　wukui – la – sʷer – zək – n̠iya　　tʂokpɔ　tʂɐkya.
以前　　　　乌龟 – 连词 – 猴子 – 无定 – 双数:通格　朋友　　好的

re.　　　　tək – n̠i – n̠iya　　tʂɐk – kə　　toŋ – zək
是:叙实　　他俩:双数:通格　　岩石 – 属格　洞窟 – 无定

naŋ – nə　　ʰgəndza　　ʰtʂək – ya　　zʷal – taŋ – ni.
里面 – 位格　冬天　　　一 – 与格　　住 – 助动词 – 连词

以前,乌龟和猴子两个是好朋友。他们俩在一个岩石洞里住着过了一个冬天。(M-1:1-2)

(4.43) ⁿdə　　　　　a – re.
这　　　　　疑问 – 是:叙实

是这个吗?(从日常对话听来)

兼指代词 tə 在我们的语料中,是最高频的指示代词,这显然和其兼指功能有关。通过上面的例子也可以看到,tə 指远、指近的功能是不明确的,将其作为中指(功能)是不恰当的,因为在分布上,就可以看到 tə 的数量远多于其他两者,和另外两个是不对称的。

东纳话中,除了上述常见的 te、ⁿdə 和 kan 之外,还有专门指示时间的代词、指示处所的代词,以及由上述近指、远指和兼指 3 类代词的词根附加其他形式派生出的指示代词,指示处所、时间、方式、性质、状态或程度等。如下所示:

指代处所名词:　　har 那儿　　　sor 这儿　　　nɐⁿde 这里
指代时间名词:　　tɐ[①] 这会儿　　tɕhɐ 这会儿　　tɐˢkap 当前
指代状语(副词):　ⁿdək ʂel 这么　　tək ʂel 那么　　təzək 那样
　　　　　　　　　təra 那么　　　ⁿdəra 这样　　　ⁿdəro 这样
　　　　　　　　　ⁿdəmɔ 这么　　　təro 那么　　　kantʂo[②]/kanto 那样

(4.44) tʂakpa　　　par　　　ʰkor – zɐk – zək.
土匪　　　　那边　　　转 – 助动词 – 拟测

---

① ta 的词源为 da,但作为指示代词,在东纳口语中只能指代时间,而且还非常高频。
② kantʂo 还有一个语音变体形式 kaⁿdo。

把那边的土匪包围了。(S-3:152)

(4.45) çantsai - ɤə　　kan　　　jile　　　tço　　　kantʂo　　　ʂʷək.
　　　 现在ᵢ-属格　　那　　　全部　　　就ᵢ　　　那样　　　　冲搅
　　　 现在的（酥油）全部都是那样冲搅的。(L-2:22)

(4.46) te　　　　tço　　　　ta　　　　təro　　　　re - sə.
　　　 其:通格　　就ᵢ　　　 然后　　　 那样　　　 是:叙实-传闻
　　　 据说他……就是那样的。(S-3:85)

(4.47) pʰɐmɐ　　　la　　　　təra　　　mə - ⁿbol - gi,
　　　 爸妈　　　 也　　　 那么　　　 否定-叫-未完-新异
　　　 爸妈也不那样叫了。(S-1:64)（即"爸妈"这种常用词也不用藏语来叫了）

(4.48) tək ʂel　　　ʂʷal - kə jo - kə,
　　　 那样　　　　说-进行-新异
　　　 是那样说的。(S-3:7)

(4.49) tərəŋ　　　təra　　　mə - tçʰɐk - ki.
　　　 今天　　　 那么　　　 否定-冷-新异
　　　 今天不那么冷。

(4.50) tɐtʰaŋ　　　 kʰɔtʰɐk　　　tæzək　　　 ʂʷal - tʰəp　　　me - gə - ta,
　　　 现在　　　　确定　　　　那样　　　　说-能够　　　　没-新异-话题
　　　 kʰɔtʰɐkzək,　　təroŋ　　　ⁿdəra　　　ndzəkɣazək　　　mə - ʂʷal - ɤə.
　　　 确定地　　　　仍然　　　 这样　　　 好好地　　　　 否定-说-新异
　　　（东纳部族原来的地方）……现在没法确切地说，……但现在仍然还不能完全肯定地这么说。(S-3:37)

另外，上述 kanto、kantʂo、təro、ⁿdəmɔ 等还可以置于名词前修饰名词，之后可以附加领属格助词，也可以不加。另外，由疑问代词非疑问用法而来的 tʂʰəro 也具有同样的功能。如下所示：

(4.51) tʂoˆ　　　kanto　　　tʂo - zək　　　mə - ɲaŋ.
　　　 味道　　　 那么　　　 味道-无定否定-有:新异
　　　 味道……没有那种味道。(L-2:21)

(4.52) təro - gə　　　ɸon　　　re.
　　　 那样-属格　　 官　　　 是:叙实
　　　 是那么一个官。(S-3:3)

(4.53) pʰərtʰiŋoma ser – ŋə   təro   ⁿŋə – zək   jo.
       蒲家弘马   叫 – 名物化   那样   人 – 无定   有：向心
       有个叫蒲家弘马那样的人。(S-3：79)

(4.54) lɔ   ȵi ʂə   səmtʂʰə – ɣə   ⁿdɛmɔ
       年   二十   三十 – 施格   这样
       lɔȵoŋ – gə – ta   poˢkal   mə – ʂi – ɣə.
       年轻人 – 施格 – 话题   藏语   否定 – 知道 – 新异
       二十岁三十岁这样的人已经不知道藏语。(L-3：17)

(4.55) ⁿdə   ⁿdoŋnɐk   sɐtʂʰɐ – gə   herəp   tʂʰəro   sɐ   jən.
       这   东纳   地方 – 属格   方圆   如此   地方   是：向心
       东纳地区大小就是那样的地方。(S-1：4)

另外，kanto、kantʂo、təro、ⁿdɛmɔ、təra、tsʰɐno 等还可以做论元成分，主要是做主语和表语。如下所示：

(4.56) ʂʷeji – a   ⁿdzɔ – na   lɐˢkɐ   li – ŋə   təra – zək
       外面 – 与格   去：未完 – 连词   工作   做 – 名物化   那样 – 无定
       me – kə.
       没有 – 新异
       到外面去的话，那样到外面干活的人也没有。(L-1：17)

(4.57) kʰɐrtsaŋ – gə   sɐkʰə – ta   ⁿdɛmɔ – zək   re.
       以前 – 属格   地区 – 话题   如此 – 无定   是：叙实
       以前的地区是这样的。(S-1：3)

(4.58) tsʰɐno   tə   re.
       那样   其：通格   是：叙实
       是那样的。(S-3：41)

还有两个词 o 和 ho，我们怀疑它俩同源，即可能源自书面上 No。o 从不单用，而且只与指示代词 kan、tə、te、ⁿdək ʂe、ⁿdəro 等合用，省略也不影响句义。ho 只出现在 ho – ni 组合中（ni 为位格或离格），在句中可以看出明显的指代的意义。

(4.59) okan – gə   atʂəya   re.
       他 – 属格   姐姐   是：叙实
       是他的姐姐。

(4.60) te – nə　　kʰɔgɔ - ɣə　　sʷən – gə　　pante – zək,　　otə
其 – 位格　他 – 属格　　兄弟 – 属格　　班第 – 无定　　那：通格
ʰtɕɐk – ni
害怕 – 位格
在那有个他兄弟的班第（小僧人），他害怕了（S–3：116）

(4.61) te　　　　oŋte　　　　ɦdzɐ – ni,　　ta　　　　ɲə – tsʰi
其：通格　　那　　　　以后 – 离格　　然后　　　人 – 复数：施格
tʰapkʰa　　ɦgɔ – na,　　tɕo　　　　oⁿdək ʂe.
灶火　　　需要 – 连词　　就(汉)　　　这样
tʰapkʰa　　kolək – ta　　oⁿdəro – zək　　re – se.
灶火　　　用法 – 话题　　这样 – 无定　　　是：叙实 – 引述
从那以后，人们需要灶火的话，就这样做。灶火的用法呢就是这样的。（M–4：12）

(4.62) mar　　　joŋ – nə,　　ho – ni,　　tsʰoŋ – nə,　　sorjoŋ – ni,
往下　　　来 – 连词　　其 – 离格　　青海 – 离格　　这边来 – 连词
tɐtʰaŋ – gə　　tʂoŋɣor,　　tʂoŋɣor – nə　　ʰkor – nə　　ho – ni,
现在 – 属格　　珠龙观　　　珠龙观村 – 离格　　转 – 连词　　其 – 位格
santʂʰakʰou – a　　ʰtsep – ni,　　teː　　ʰtsep.
三岔口 – 与格　　　到 – 连词　　其：与格　　到
（土匪）下来了，从那里，从青海到这边来了，到了现在的珠龙观，从珠龙观那里转过去，到了三岔口，到了（三岔口）那里。（S–3：23）

(4.63) te – nə　　ho – ni　　tsoŋpiŋ ʂan　　ser – sɐ̂
其 – 位格　其 – 位格　　总兵山　　　　叫 – 名物化
在（土匪住的）那里有个叫总兵山的地方（S–3：95）

例（4.59）为调查者家里来客人时，他们说的一句话。例（4.59）和（4.60）中 okan 和 otə 里面的 o 都可以省略而不影响句义，但通常要加上。例（4.61）中 oŋte 中的 oŋ 是增音的结果，即 ote 增音后变成 oŋte。另外，oⁿdək ʂe 和 oⁿdəro 也是 o 和指示代词复合的结果。例（4.62）和（4.63）中的 ho – ni，可以清楚看到 ho 的指代作用，实际上 ho – ni 都是可以省略的，乃插入语。

东纳口语中还有一个指示代词 re，附着在名词（短语）之后，表达"每"的意思。如下所示：

(4.64) tʂɐ   ʱjaŋmar   ʰko-a   mɐ   reʱgɔ,
茶   吉祥酥油茶   煮-连词   母亲   每一需要
要有一个熬煮奶茶的母亲（M-5：A，2）

4.1.5.3 疑问代词

东纳话的疑问代词，大致可以分为两类：①问询时间、处所、数量、人物、事物等的疑问代词，诸如 tʂʰətsək/tʂʰɐzək"什么"、sə"谁"（该词有形态变化，即：sə通格、si施格、so属格、sɔ与格）、kaŋ"哪里处所/哪个人或物"、tə"多少"、nam"何时"、tʂʰərɐzək/tʂʰəmɔzək"多少"；②问询原因、性状和方式等的疑问代词，诸如 tʂʰəro"如何/怎么"、tʂʰəzəkya"为何"、tʂʰəgə"如何"、tʂʰəmɔzək"如何"，等等。如下所示：

(4.65) ʰtsampa   tʂʰətsək-gi   li-le re,   tʂʰək ʂe   li-yɐ ɳaŋ.
糌粑   什么-施格   做-完整：叙实   如何   做-进行：新异
糌粑是用什么做的，怎么做的？

(4.66) tɕʰə-tsʰi   tʂʰəzək   ʂe-gə jo.
你-复数：施格   什么   做：未完-进行：向心
你们在做什么？

(4.67) tɕʰək-ɳi-ɳiɣi   tom-tsʰɔ   ʰtsaŋma   ʰtsi-taŋ-zək.
你-双数-双数：属格   账-复数   全部   计算-助动词-拟测
si   sɔ   la   ŋon   mə-ɳaŋ,
谁：施格   谁：与格   也   少   否定-有
si   sɔ   la   ʂan   mə-ɳaŋ.
谁：施格   谁：与格   也   欠   否定-有
你俩之间的所有账都算完了。谁也不少谁的，谁也不欠谁的了。（M-3：18）

(4.68) ⁿdə   so   sok   re.
这   谁：属格   羊   是：叙实
这是谁的羊？

(4.69) tɕʰɔ   kaŋ-ni   joŋ-ni.
你：通格   哪儿-离格   来-语气
你是从哪儿来的？

(4.70) kan   sə   re.
他：通格   谁   是：叙实

他是谁?

(4.71) tɕʰɔ   ɲɔyɔ   tə   jol.
你:通格 孩子   多少 有
你有几个孩子?

(4.72) zi   nam   joŋ – le   re.
他:通格 何时   来-完整:叙实
他是什么时候来的?

(4.73) tʂʰəro   ʂi – na   tɕʰo   nal   tsek - ⁿdzɔ - kə.
什么   做:完成-连词 你:属格 病   好-助动词-新异
怎么做你的病才能好呢?(M-1:5)

(4.74) ŋɐ   tərəŋ   lakjoŋ   mə – ɲaŋ,
我:通格 今天   手气   否定-有:新异
tɕʰɔ   tərəŋ   lakjoŋ   tʂʰərore.
你:通格 今天   手气   如何是:叙实
我今天手气不好,你今天手气怎么样?(打牌的时候常说这句话)

上述是疑问代词的基本用法和功能。另外,上述①类疑问代词都可以重叠,重叠后表达量的增加意义。如下所示:

(4.75) ɲəma   ⁿgoŋ   ⁿde   tɕʰɔ   kaŋ – ŋa ~ kaŋ – ŋa
日子   上面   这:通格 你:通格 哪里-与格~重叠
soŋ,   tʂʰətsək ~ tʂʰətsək   ʂi – la.
去:完成:向心 什么~重叠   做:完成-连词
soŋ.
去:完成:向心
这些天你去哪里了,去做什么了?

(4.76) toɲtsʰe   ⁿdə   so ~ so   re.
钱财   这:通格 谁:属格~重叠 是:叙实
这谁的钱?

(4.77) joɣo   ⁿdə   si ~ si   tʂi – le re.
字   这:通格 谁:施格~重叠 写:完成-完整:叙实
这是谁写的字?

另外,东纳话中的疑问代词都还可以有非疑问的用法,用以指代不确定的内容。如下所示:

(4.78) ta   ʱdzɐ-nə   ʰtsep-na,   tʂʰəro
然后   后来-位格   到-连词   怎么
ʂel-dzən   te-ni.
做：未完-将行：向心   其-位格
(找个人看不到的地方，先住着，) 到后来再看怎么办。(S-3: 13)

(4.79) tə-ɣə-ta   nam   jən-na   ʱdzɐ-ɣə   naŋ-gəˆ
其-施格-话题   何时   是-连词   汉族-属格   里面-属格
(虽然不懂藏语，) 他们任何时候在汉族人里 (都可以说汉语。) (L-3: 17)

4.1.5.4 不定代词

东纳口语中常用的不定指代词主要有如下几个：

lɐlɐ	"有些、某些"，可代不定的人或物
ⁿgɐ	"一些"，可代不定的人或物
ezək	"大部分"，可代不定的人或物
ʰtsaŋma	"全部"，代所指所有的人或物
kʰɐjək	"其他地方"，代方位名词
ʂŋ	"任何"，可代不定的人或物
ʐanmʲə	"别人"，代人
kʰɐtsək	"有些""部分"，代人或物

(4.80) zi   ʂʷa-ɲi   ʰkatʂʰɐ   kan   lɐlɐ
他：施格 说-名物化   话   那   有些：通格
ʱdanpa   re,   lɐlɐ   ʱdanpa   ma-re.
真实   是：叙实   有些：通格   真实   否定-是：叙实
他说的话有些是实话，有些不是实话。

(4.81) lɐli   tə   ʱdzʷe-tsʰoŋ-zək-ser-kə.
有的：施格   其：通格   忘记-助动词-拟测-传闻-新异
据说（现在八十岁以上的老人）有些忘记了。(S-1: 21)

(4.82) mʲə   ⁿgɐ   rok   ⁿgɐ   tsa-nə
人   一些   邻居   一些   找-连词

找了一些人和亲戚（S-3：14）

(4.83) tontek ⁿdə ẓanmʲə-a ʂʷal ŋan-dʑi ma-re.
事情 这 他人-与格 说 允许-情态：否定：叙实
这件事不能对其他人说。

(4.84) ta sor joŋ-nə ezək-kə ʂʷal-kə jo kə.
然后 这儿 来-连词 大部分-施格 说-进行-新异
然后往这边来就大部分说藏语（S-1：55）

(4.85) ŋi tʂaŋ-ŋa ma-ʂʷal.
我：施格 什么-与格 否定-说
我什么也没说。

在东纳话中，有些疑问代词，还可以有非疑问的用法，比如 sə、tʂʰə、nam、kaŋ 等。如下所示：

(4.86) ʂələ tʂʰe-ɣə soktsʰɔ-ɣə,
儿子 大-施格 牲畜放牧-新异
kaŋ-ŋa la ma-soŋ,
何处-与格 也 否定-去：完成：向心
大儿子在放羊，哪儿也没去。（L-1：3）

(4.87) ⁿdə ⁿdoŋʋek seʂʰɐ-gə herəp tʂʰəro sɐ joŋ.
这 东纳 地方-属格 方圆 如此 地方 是：向心
东纳地区方圆大小就是这样的。（S-1：4）

(4.88) ta tə-nə tə-ta tʂʰəzək tsoŋ-soŋ-zək.
然后 其-位格 其-话题 什么 发生-助动词-拟测
然后（他想），那到底发生了什么。（M-2：5）

(4.89) ɕɥnan-na nam-zək soŋ-na tʂʰok-kə.
肃南-与格 何时-无定 去：完成-连词 可以-新异
什么时候去肃南都可以。

4.1.5.5 反身代词

东纳话通常是附加一个独立性较强的后缀 raŋ"自己"来表达。raŋ 通常用于"三称代词通格+数标记+raŋ+格标记"，构成不同的人称、数和格的形态变化，此时 raŋ 本质上不是个反身代词，而是"强调代词"，起强调作用。raŋ 有反身代词的功能，其典型的句法环境是带与格标记，做动词的与事论元。raŋ 本身可以独立使用，做主语，表达"自己"的意义。如下所示：

(4.90)　tɕo　　　　raŋ – gə　　　raŋ – ŋa　　　ta　　　　ʂʷal – ni,
　　　　就汉　　　　自己–施格　　 自己–与格　　 然后　　 说–连词

　　　　raŋ – gə　　raŋ – ŋa　　　 sam – nə　　　tʂə – nə,　　ta
　　　　自己–施格　 自己–与格　　 心–位格　　　 问–连词　　 现在

　　　　ŋɐ – ta　　　　nal　　　　 tʂʰe – zək　　　ʂoŋ　　　　ʱgɔ – gə.
　　　　我：通格–话题　 病　　　　 大–无定　　　　发生　　　 需要–新异

　　　　ⁿdəro　　　　ma – ɕi – ɣɐ – ta　　　　　　　 pʰɔˢtɕi　　tə
　　　　这样　　　　 否定–做：完成–连词–话题　　　 男人　　　 其：通格

　　　　raŋ – gə　　tɕʰəma – nə　　 ⁿdzɣkyaʂe　　 ⁿdək – dʑi ma – re.
　　　　自己–属格　 家–位格　　　　好好地　　　　住–将行：否定：叙实

然后就自己对自己说，自己问自己，现在我呢需要得场大病才行，要不这样的话，那男人就不好好地在自己家里待着。(M-1：4)

上述"自己对自己说""自己问自己"采用的是"raŋ – gə raŋ – ŋa"结构，带施格标记 gə 的 raŋ 实际上是"强调代词"，只不过此时省略了第三人称代词 zi，若附加上也是完全成立的。而第二个带与格标记的 raŋ 才是反身代词，但它本身并不会显示具体的人称，若补出，同样是符合语法的。类似汉语"他打自己""他自己打自己"和"他自己打他自己"结构，在东纳话中都是存在的。如下所示：

(4.91)　a.　 zi　　　　　　　　　　raŋ – ŋa　　　　　ʰtʂar – taŋ – zək.
　　　　　　他：施格　　　　　　　 自己–与格　　　　打–助动词–拟测
　　　　　　他打自己了。

　　　　b.　 zi – raŋ – gi　　　　　raŋ – ŋa　　　　　ʰtʂar – taŋ – zək.
　　　　　　他–强调代词–施格　　　自己–与格　　　　打–助动词–拟测
　　　　　　他自己打自己了。

　　　　c.　 zi – raŋ – gi　　　　　zi – raŋ – ŋa
　　　　　　他–强调代词–施格　　　他–反身代词–与格
　　　　　　ʰtʂar – taŋ – zək.
　　　　　　打–助动词–拟测
　　　　　　他自己打他自己了。

d. zi – tsʰɔ – raŋ – gi　　　　　　raŋ – ŋa　　　　ʱtʂar – taŋ – zək.
他 – 复数 – 强调代词 – 施格　　自己 – 与格　　打 – 助动词 – 拟测
他们自己打自己了。

raŋ 做反身代词和强调代词的不同主要体现在：raŋ 做强调代词是可以省略的，而其做反身代词则不可以省略，并且对全句语义的解读起到重要作用。

raŋ 做强调代词时，并不限于只用在人称代词之后，还可用于指人的普通名词之后，如下所示：

(4.92) ʱmɐsɐ – ni　　　jile – ɣə　　　ʱdzɐnaŋ – tsʰɔ – nə,　　jile – ɣə
　　　低处 – 位格　　全部 – 属格　　汉区 – 复数 – 位格　　全部 – 属格
　　　seʴpon – tsʰɔ – raŋ,　　　ʱdzən – ŋɐ
　　　地方官 – 复数 – 强调　　　抓 – 名物化
　　　ʱdzən – gə ɲaŋ,　　ʱdzək – n̪i　　ʱdzək – gə ɲaŋ.
　　　抓 – 进行：新知　　跑 – 名物化　　跑 – 进行：新知
　　　在下面所有的汉族地区，所有的地方官们，抓的抓，跑的跑。(S–3：11)

另外，raŋ 做强调代词和反身代词都还可以出现在系表结构中。如下所示：

(4.93) toɲtsʰe　　ⁿdə　　zi – tsʰɔ – raŋ – gə　　re.
　　　钱财　　　这　　　他 – 复数 – 强调 – 属格　　是：叙实
　　　这钱是他们自己的。

(4.94) zi　　　　ʂʷal – n̪i　　　ᵐŋə　kan　　zi – raŋ　　re.
　　　他：施格　说 – 名物化　　人　　那　　他 – 反身　　是：叙实
　　　他说的那个人是他自己。

上述例（4.93）的 raŋ 是个强调代词，并非表语成分，全句表语为属格之后被省略的成分。例（4.94）中，raŋ 为反身代词，去掉的话则语义理解会出现歧义。

另外，raŋ 还可以重叠，重叠后表达"各自"的意思。如下所示：

(4.95) ʂʷe – a　　　　　soŋ – na　　　lɐˢkɐ　　te
　　　外 – 与格　　　　去：完成 – 连词　工作　　其：通格
　　　ʰtsɐ – ɣə　　　　raŋ – gə　　　raŋ～raŋ – gə
　　　容易 – 新异　　　自己 – 施格　　自己～重叠 – 属格

tɕʰəma-nɛ	lɐˢkɐ	li-na	tɐroŋˆ
家-位格	工作	做-连词	依然

到外面去的话，外面的活儿也容易。自己在自家做各自家的活儿，还（不好好干呢）。(L-1: 17)

4.1.6 数词

东纳话的数词主要有基数词、序数词、概数词和分数词等。其中基数词和概数词还保存得相对较好，而序数词基本较少使用藏语式的表达，或只在特定时候才使用，而分数词则不存在藏语式的表达，完全借用汉语的表达式。

4.1.6.1 基数词

基数词采用十进位制。东纳话中没有数字0。1～10为基本系数词，11～19采用"10+系数"的方式构成。若为整数倍数词，如20、30、40等到90的数词，采用"系数+位数（十）"的方式。21、31、41、51等类型的数字，采用"系数+位数（十）+连词+系数"的方式。百以上、千以下数字，采用"系数+位数（百）+连词+系数+位数（十）+连词+系数"的构造。十位数之间连词用ʰtsɐ，而百位数与十位数之间、千位数和百位数之间，连词用la。一千以上，则位数词往往在系数词后，构造规则即"千位数规则"+连词+"百位数规则"+连词+"十位数规则"。基数词存在一些特殊的音变，与书面语形式不完全对应。如下所示：

ʰtʂək	1	ɦɲi	2
ʰtsəm	3	zʴ	4
ɦŋa	5	tʂək	6
ɦdən	7	ɦdzʷal	8
ɦgʷə	9	tʂʴ	10
tʂʴᵏtsʰək	11	tʂʴᵏɲi	12
tʂʴᵏsəm	13	tsozʴ	14
tʂʷaʴʴək	15	tʂʷʴrək	16
tʂɔʴdən	17	tʂɔʴdzʷal	18
tʂʴʴgo	19	ŋəʂə	20

ȵəʂə ʰtsɐᵏtʂək	21	ȵə ʂə ʰtsɐᵏȵi	22
ȵəʂə ʰtsɐᵏsəm	33	ȵə ʂə ʰtsɐʳdʐʷal	28
səmtʂʰə ʰtsɐᵝʐʯ	34	səmtʂʰə ʰtsɐrək	36
ʐʯᵖtʂʰʯ ʰtsɐʳŋɐ	45	ꞕŋɐᵖtʂʰʯ ʰtsɐʳŋɐ	55
tʂʰəktʂʰə ʰtsɐʳŋɐ	65	ꞕdʐʷatʂʰə ʰtsɐʳdən	87
ꞕgəᵖtʂʰə ʰtsɐʳdʐʷal	98	ꞕgəᵖtʂʰə ʰtsɐʳgʷə	99
ꞕdʐʷɐ–la ʰtʂək	101	ꞕdʐʷɐ–la tʂʷɐŋ	115
ꞕdʐʷaʳdʐʷɐ–la ꞕdʐɐtʂʰəʰtsɐʳdʐʷal	888		

位数词有以下几个：

tʂʰə/tʂʰʯ	十	ꞕdʐʷɐ	百
ʰtoŋ	千	tʂʰə	万
ⁿbəntsʰɐ	十万		

1、3、9、10 这几个数词是变化最大的，尤其 10 的变异最多。另外，数词中尤其可以体现藏语连读时语音的变化和相互作用。像 11 这个数词，十位数变成了 tʂʯᵏ，而个位数为 tsʰək，十位数的韵尾 –k 应该是来自个位数的声母，但从韵律上可以看出已经完全成了黏附在前者身上的语音成分。21、31、41、51 等采用"系数+位数+连词+系数"的数字，其中连词为 ʰtsɐ，但因其后系数词声母结构的影响，往往和其后系数词发生音节重新分析，构成一个音系词，结合紧密，把系数词的声母一部分变为连词的韵尾，比如 tsɐᵏtʂək、tsɐᵝdʐʷal、tsɐʳŋɐ 等。不过，百及以上的连词 la 则相对独立。

位数词通常只数到十万，十万以上我们暂未调查到，口语中真正比较常用的是"百""千"和"万"这 3 个位数词。

另外，在计量一些特定的单位时，如布匹、钱财、升斗、斤两等时，数词 1 还常用 kaŋ（口语中常常弱化为 ɣaŋ）来表示。如下所示：

kʰɐ kaŋ/ʰtʂək	一尺	ꞕdʐɐma kaŋ/ʰtʂək	一斤
r̥aŋ kaŋ/tʂək	一两	tʂə kaŋ/ʰtʂək	一角

从 2 以上就用上述基数词来表达。青海的安多藏语除了 1 可以用 kaŋ 表达外，2 还可以用 to 表达，但东纳话中是不可以的，比如不可以说 *ꞕdʐɐma to "两斤"，只能说 ꞕdʐɐma ꞕȵi。

4.1.6.2 序数词

序数词会有两种不同的表达法，依据不同环境会有所不同。如下所示：

toŋtʂək	第一	toŋn̠i	第二
toŋsəm	第三	toŋz̩ɻ	第四
toŋŋa	第五	toŋtʂək	第六
toŋdən	第七	toŋdzʷal	第八
toŋʳgʷə	第九	toŋtʂɻ	第十

上述是在 toŋ 后附加基数来表达，toŋ 起到类似汉语"第"的功能。但在说家里的几个孩子的排行时，则会采用另外一种更加书面语的说法。我们以 atɕɐ "哥哥"为例：

atɕɐ tʃʰe	老大哥	atɕɐ n̠əpsa	老二哥
atɕɐ ʰtsəmpa	老三哥	atɕɐ z̩ɻwa	老四哥
atɕɐ ɦŋɐwa	老五哥	atɕɐ tʂəkpa	老六哥
atɕɐ ɦdənpa	老七哥	atɕɐ ɦdzʷapa	老八哥
atɕɐ ɦgʷəwa	老九哥	atɕɐ tʂɻwa	老十哥

另外，表示星期的词基本都是采用汉语表达法。不过，索德廉先生也给我们提供了另外一种表达法，采用"ɦdən '七' + 基数词一到六"的模式来计量。星期天则是"日 + 七"组合而成。如下所示：

ɦdəntʂək	星期一	ɦdənn̠i	星期二
ɦdəntsəm	星期三	ɦdənz̩ɻ	星期四
ɦdənŋɐ	星期五	ɦdəntʂək	星期六
n̠əʳdən	星期天		

另外，表示农历初几的法则，则是采用"tsʰi '日子' + 基数词一到十"构成的。同时发音过程中会发生连读音变，导致后面声母的一些辅音在韵律上前移，而变为前面音节 tsʰi 的韵尾，如下面的 tsʰi-ʳgʷə，在听感上和韵律上实际为 tsʰiʳ.gʷə。如下所示：

tsʰiʰtʂək	初一	tsʰiɦȵi	初二
tsʰiʳtsəm	初三	tsʰizʮ	初四
tsʰiʳŋɐ	初五	tsʰitʂək	初六
tsʰiʳdən	初七	tsʰiʳdʐʷal	初八
tsʰiʳgʷə	初九	tsʰitʂʮ	初十

计量月份的数词中,"十月"则稍微有点独特,如下所示:

(4.96) joŋ – nə   jaŋ   ɦdza   tʂʮji   jən – ni
      来 – 连词   又   月份   十月   是 – 连词
      tʂʮtsʰək   təro – zək   re.
      十一   那么 – 无定   是:叙实
      到了后,又到了十月份还是十一月份那么一个时间。(S – 3:132)

tʂʮji "十"这个词中,不知道 ji 到底从何而来,只能存疑。

4.1.6.3　概数词

表示概数,如 "一两个" "两三个" "三四个" "四五个" "八九个" "十五六个" "二十五六个" 等,采用 "两个基数词并列 + 无定标记 zək" 来表达的模式。如下所示:

ɦȵəʰtsəm – zək	二三个
ɦdən ɦdʐʷal – zək	七八个
tʂʷɐrŋɐ tʂʷərək – zək	十五六个
ȵiʂəʰtsɐrŋɐ ȵiʂəʰtsɐtʂək – zək	二十五六个

(4.97) ŋɐ   ȵima   ɦȵi   səm – zək – ya   ndʐɔ – ʳdʐɐ jən.
      我:通格 天   二   三 – 无定 – 与格   走:未完 – 将行:向心
      我过两三天就要走了。

表达"十几个"则用"tʂʮ – kʰɐ – zək"[十 + 概述助词 + 无定代词] 来表达。表达"二十几个""三十几个""四十几个"等概数时,则用 "基数词 + 数字位数连接词ʰtsɐ + 程度副词ⁿgɐ [有些]" 来表达,如 ȵiʂəʰtsɐⁿgɐ [二十 + 连接词 + 程度副词] "二十几个"。我们看下面这个例句:

(4.98) ŋɐ   ⁿde   joŋ – ni   ȵəma
      我:通格 这:与格 来 – 连词   日子

  tʂɿ - kʰɐ - zək　　　　　　　　　pəl - taŋ - zək.
  十 – 概数助词 – 无定代词　　　　过去：完成 – 助动词 – 拟测
  我来这里大概十多天了。

4.1.6.4　分数词

  当地分数词如"三分之一""五分之四"等没有藏语式表达法，完全改用汉语表达。

4.1.7　度量词

  东纳话没有语法意义上的分类词，只有为数甚少的一些表达度量意义的词，此处权且暂时称为量词。数词、量词和名词之间结合的次序是"名—量—数"，如有指示词，则指示词置于数词后面。下面是常见的量词。

sʷar	把	ⁿdʐi sʷar kaŋ	一把米
poŋ（tʰok）	（圆）堆	ʰtsɐ poŋtʰok ɦȵi	两个草堆
lan	顿/次	tʂəma lan ʰtʂək	一顿饭
kʰɐ	方/尺	ri kʰɐ kaŋ	一尺布
ɦdʐɐma	斤	tʂʰaŋ ɦdʐɐma kaŋ	一斤酒
ȓaŋ	两	tʂʰaŋ ȓaŋ kaŋ	一两酒
tʂe	斗	sɐma tʂe kaŋ	一斗粮食①
ʰkarma	分	ʰkarma tʂək	一分钱
tʂə	毛	tʂə ʰtʂək	一毛钱
ɣor	块	ɣor ʰtʂək	一块钱

4.2　动词组

  东纳话的动词音节词较多，双音节以及多音节词少。部分动词可以重叠。还有 50 多个动词保留内部形态变化，用以表达体范畴（见第 6 章）。及物性和非及物性、自主性和非自主性、致使性和非致使性是动词较为重

---

  ① tʂe "斗"，十升是一斗。古时候称粮食的器具。以前种地不说种了几亩，而说种了几斗粮食。如 sɐma tʂe tə ⁿdep - kə - jo "种了几斗粮食" 和 tʂe kaŋ/ɦȵi "一斗/两斗"。

要的语义特征。动词的分类主要有一般动词、系动词、存在/领有动词、主动词、助动词等，形容词可以视为不及物的静态动词。

4.2.1 动词音节

东纳话的动词以单音节为主，双音节以及多音节词相对较少。多音节词的一些口语常用形式见表4-7。

表4-7 东纳话多音节动词举例

东纳话	释义	东纳话	释义
ke ʂ i	喊叫	ⁿgɔᶦjok	欺哄
mɛřo	休息	pʰəⁿdzɐ	朝拜
ʂʷɐktsʰʷa	磕头	tɕʰəsən	生气
tsʰanⁿdʐək	问候	ŋɔᶦjok	遮住
naⁿdʐɐ	相似	o ʂ i	接吻
kʰɐᵝɖɐ	聊天	kʰe ʂʷal	自言自语
ⁿdʐapɲan	偷听	tsʰəkpasa	生气
kʰɐlap	谝大话	lapdʐɐk	吹牛
kʰɐɲan	听话	kəmⁿdək	待/坐
ŋolok	翻脸	kʰɐloktsʰəklok	顶嘴
ᶦdoŋʰtɕa	送葬	t ʂʰokt ʂ om	抢劫
raŋᶦɲəl	亲生	ᶦdzɐⁿdək	坐月子
pʰeʳtək	叫①	eʰtək	叫②
kʰɐʳdʑi	忌口	sɐⁿtok	拧/旋
narser	乞讨	ʰtɕɐtɕʰme	盘腿
kʰɐrok	住嘴	ᶦjermoŋ	遗憾
jənmən	是否	hɐtʰaŋ	抵挡

---

① 专用于指黄牛或狼叫。
② 专用于指驴叫。

(4.99) zʷək – ni　　　tə,　　　　　　　　ⁿdək ṣel　　ṣʷal – taŋ – zək,
　　　　后来 – 位格　　其：通格　　　　这样　　　　说 – 完整体 – 拟测
　　　　kʰe ṣʷal　　　ṣi – taŋ – nə　　　　　　ti　　　　ra
　　　　说头　　　　　做：完成 – 助动词 – 连词　其：施格　　又
　　　　ṣʷɐktsʰʷa – zək,　ṣʷɐktsʰʷa – taŋ – zək.
　　　　磕头 – 拟测　　　磕头 – 助动词 – 拟测
　　　　然后这么说完了，颂词说完后，他又磕头，磕了头。（S-2：10）

(4.100) tɕʰɔ　　　　soŋ – a　　　　ke ṣi – la.
　　　　你：通格　　去：命令 – 连词　喊叫：命令 – 语气
　　　　你去喊一下！

(4.101) kʰɐtʰam　　　pʰetək – kə ṅaŋ
　　　　狼　　　　　叫 – 进行：新异
　　　　狼在叫。

(4.102) ʰkaŋɳa　　　ʰtɕɔtɕʰəm – ṣi – a　　　　zol.
　　　　腿　　　　　盘腿 – 助动词：命令 – 连词　坐：命令
　　　　盘腿坐！（只用于大人）

东纳话中的多音节动词主要是双音节，超过三音节的动词在我们的调查材料中还没有发现，估计即使有，数量也是极少的。双音节动词既可以是由两个动词复合而来，如 pʰəlⁿdʐɐ 就是由 pʰəl"贡献"和 ⁿdʐɐ"朝拜"复合而来；也可以由名词+动词复合而来，如 ⁿgɔʱjok 就是由 ⁿgɔ"头"和 ʱjok"摇晃"复合而来的一个动词形式。另外，这些双音节动词，通常中间可以附加无定冠词 zək，显示它们之间的结合并不十分紧密。如 oṣi 和 o – zək ṣi"接吻"，maro 和 ma – zək ro"休息"。当然，有些就不行，如 kʰɐᵝdɐ"聊天"（*kʰɐ – zək – ᵝdɐ）、ⁿdʑap ɳan"偷听"（*ⁿdʑap – zək – ɳan，ⁿdʑap 乃"隐藏"义）。但 ⁿdʑap – ni ɳan 和 ʰkʷi – ni ɳan"偷而听"这种附加连词的结构是允许的。

另外，有些单音节动词复合而为双音节或多音节动词后，变成名词形式。如下所示：

　　　　tsʰokⁿdə　　　　会议（由 tsʰok"会"和 ⁿdə"会聚"复合而成）

4.2.2　动词屈折

东纳话动词部分存在屈折的形态变化，表现"体"（完成体和未完成体）和"式"（命令式）的区别。在我们所调查的 450 多个单音节动词中，发现 115 个还有形态变化的动词，占比为 25% 左右，虽远低于书面上约 62% 的比例，但与现代藏语其他方言口语相比已经不小。

东纳话动词的形态变化从发生屈折的音节部位看，可以分为 3 种：韵母屈折、声母屈折和声韵母都屈折，屈折的方式是元、辅音的交替变化。东纳口语中相当于书面上的现在时和将来时的动词之间已经没有形态上的区别，"现在时"和"将来时"已经合二为一了，我们统称为"未完成体"。

有关动词形态变化的详细情况，请参看第 10 章，此不赘述。

4.2.3　动词重叠

东纳话中动词具有重叠式的形态变化，动词重叠的模式口语中主要发现了如下这些。

1. VV 重叠式

该式动词既可以是自主动词，也可以是非自主动词。其义表示量的增加。如下所示：

（4.103）ŋi　　　　　ʱȵək - kə　　　　naŋ - nə　　　　rək～rək - ki,
　　　　我：施格　　眼睛 - 属格　　　里面 - 位格　　　看见～重叠 - 属格
　　　　ⁿdoŋnɛk　　ʰtsɐk - ʰʁ - ɣə　　ʰtɛnorlək　　　ʰtsəmre.
　　　　东纳　　　　草场 - 属格　　　马牛羊　　　　三者是：叙实
　　　　我眼里看到的全部是东纳草场上的马牛羊等牲畜。

（4.104）ŋi　　　　　zi - a　　　　　　ʂʷal～ʂʷal - taŋ - ʐɛk.
　　　　我：施格　　他 - 与格　　　　说～重叠 - 助动词 - 助动词
　　　　我把他狠狠地说了一顿。

（4.105）tɕi　　　　　tʂʰənkʰo　　　　tʰoŋ - na　　　　ʱlaŋrgan - gə
　　　　你：施格　　开水　　　　　　喝 - 连词　　　　老牛 - 施格
　　　　tʰoŋ～tʰoŋ　　ⁿdʐɐ～ⁿdʐɐ - ʐək　　　re.
　　　　喝～重叠　　相似～重叠 - 无定　　　是：叙实
　　　　你喝开水像老牛一样能喝。

（4.106）arək　　　　lanpa　　　　　tə　　　　　　polpa
　　　　阿柔　　　　笨人　　　　　其：通格　　　藏族人
　　　　sɐtʂʰɐ - nə　　kʰətsaŋ　　　ŋən　　　　　ʂʷal～ʂʷal
　　　　地方 - 位格　　以前　　　　天　　　　　说～重叠

```
            pəl - ɲi      jo - nə re              tə.
            去-名物化    有-完整：叙实       其：通格
阿柔笨人就是藏地以前经常被人们说起的一个傻瓜的名字。(S-2：1)
```

(4.107) mar   laŋ ～ laŋ - nə
         酥油   取：完成～重叠-连词
         反复多次取酥油（L-2：16）

(4.108) tɛʈʰaŋ - gə   loŋoŋ - gə   ȵokʐon   jən - ni - ta,
        现在-属格   年轻-施格   小伙子   是-连词-话题
        ʂæʑi   jən - ni   jo ～ jo - gə,   jile
        小孩   是-连词   有～重叠-施格   全部
        tə   ʰdʐæˢkal   ʂʷal - kə jo.
        其：通格   汉语   说-进行：向心
        现在的年轻人……小伙子也好，小孩也好，全部都在说汉语。(S-L：63)

2. V-Ca-V 重叠式

该重叠式实际是基于从句链结构基础上产生的一个构式，V 采用未完成时态，Ca 为连词，其声母会和宿主的韵尾相和谐，有 ma、na、ŋa、wa、ɣa、la、ra 等语音变体。这表示非末尾从句的动作还没开始，而后续从句就开始了某种新情况。

(4.109) ŋi   kaʈʂʰæ   zi - a   ʂʷa - la - ʂʷa - ma - laŋ - ŋa
        我：施格   话语   他-与格   说-连词-说-否定-助动词-连词
        zi   ʂor - tʰæ.
        他：通格   跑-完成：亲知
        我话还没来得及给他说上他就走了。

3. V-gi V-gi 重叠式

该重叠式相当于汉语的"V 着 V 着"的含义，表达动作持续不间断地进行。V-gi 结构应当是口语中进行体结构 V未完-gi ṅaŋ 或 V未完-gi jo 省缩助动词 ṅaŋ 或 jo 的结果。gi 有时会弱化为 gə。

(4.110) ŋi   pojək   łoŋ - gə ～ łoŋ - gə   łoŋ - ʰdʐɔ - ɣə.
        我：施格 藏文   学习-连词～重叠   会-助动词-新异
        我学着学着藏文就学会的。

(4.111) zi   ʰtæ   ʂʷan - nə   ʰlə
        他：施格 马   骑-连词   歌

lan‑gi～lan‑gi　　　joŋ‑gi ñaŋ.
唱‑连词～重叠　　　来‑进行：新异
他一边骑着马一边正唱着歌走来。

4. V‑ni V‑ni 重叠式

该重叠式表达动作做了又做，重复不间断地做了许多次，也是增量的意义。连词 ni 也可以弱化为 nə。V‑ni V‑ni 实际是从句链结构中非末尾从句"动词+连词"的重叠，V 要用完成体时态。

(4.112)　zi　　　tʂʰənkʰo　　　tʰoŋ‑ni～tʰoŋ‑ni　　　ta　　　ʂor‑tʰɐ.
　　　　他：施格　开水　　　　喝‑连词～重叠　　　　然后　　跑‑亲知
　　　　他喝了好一会开水才走的。

(4.113)　waŋjansoŋ‑gə　　ta　　tʂi‑nə～tʂi‑nə,　　ja　　ʂʷa‑kəjo‑kə.
　　　　王岩松‑施格　　　现在　写：完成‑连词～重叠　也　说‑进行：新异
　　　　王岩松写着写着（原意即反复地写），（他）也这么在说着。(S‑1: 37)

4.2.4　及物性和自主性

根据能否所带论元动词，可以分为及物动词、不及物动词两类。根据说话者对动词动作是否可以自主控制，则分为自主动词和非自主动词。借鉴 Tournadre（2001）对藏语动词及物和自主性的分类，可以把东纳话的及物动词做如下分类：

　　施格动词　　　　　X（施格）Y（通格）V　　　sɐ "吃"
　　混合施格动词　　　X（施格）Y（与格）V　　　ʰtɐ "看"
　　领属‑受益动词　　　X（与格）Y（通格）V　　　jo "有"
　　宾格‑情感动词　　　X（通格）Y（与格）V　　　ɦga "爱"

如果把自主和非自主也考虑进来，则进一步可以分为如下所示：

　　[不及物][不自主]　　　　　　　ʂə "死"
　　[不及物][自主]　　　　　　　　ɦdzək "跑"
　　[及物][自主][施格]　　　　　　sɐ "吃"
　　[及物][自主][混合施格]　　　　ʰtɐ "看"
　　[及物][非自主][施格]　　　　　rək "看见"
　　[及物][非自主][领属]　　　　　jo "有"
　　[及物][非自主][与格]　　　　　ɦga "爱"

4.2.5 形容词

东纳话的光杆形容词可以视作动词的一个次类,即静态动词,其后和动词一样,可以附加时体标记和示证标记。如下所示:

(4.114) tʂəma   maŋ – soŋ – zək.
        饭   多 – 助动词 – 拟测
        饭太多了。(主人欲添碗饭时,客人表示饭太多了吃不了)

4.2.5.1 形容词名物化

1. 附加自指后缀

上文已说,东纳话光杆形容词可以视作动词的一个次类,即静态动词,其后和动词一样,可以附加时体标记、示证标记等。而当词根形式附加上后缀 – pa、– pɔ、– ŋɔ、– ŋa、– tʂi①、– ri、– ma、– tʰɔ、– te 等时,开始具有一定的名词性,不过依然还可以重叠,表示程度的加深,所以同时它还有形容词性。附加这些词缀后,形容词变成自指性的。"N + 光杆形容词"倾向于分析成词,而"N + 自指后缀形容词"倾向于分析成同位短语,但对前面的 N 也有修饰作用。如下所示:

释义	词根	词根 + 词缀
香	ʂəm	ʂəmpɔ
好	zʷaŋ	zʷaŋŋɔ
黄	ser	setʂi
白	kar	katʂi
黑	nɐk	nɐkri
青	ʰŋɔ	ʰŋɔri
圆	ɣor	ɣori
坏	ŋan	ŋanpa
长	rəŋ	rəŋŋa
短	tʰoŋ	tʰoŋŋa
真	ɦdan	ɦdanpa

---

① tʂi 实际为 ri 的语音变体形式,即当 ri 处于韵尾为 – r 音节的词后,变读为 tʂi,而原词根的 – r 丢失。

释义	词根	词根+词缀
轻	jaŋ	jaŋmo
硬	r̥ə	r̥əma
蠢	ᶠilan	ᶠilantʰɔ
清	taŋ	taŋma

我们看下面其做表语和修饰语时的功能。如下所示：

(4.115) mɛmɔ   kan   katʂi   re.
       母绵羊   那   白的   是：叙实
       那个母绵羊是白的。

(4.116) tɕʰɔ   tʂʰoŋŋa   a-gɔ.
        你：通格   小的   疑问-要
        你要小的吗？

(4.117) pɔmɔtʂʰe   ŋə-tsʰo   tsʰoŋ-gə   naŋ   te: jo.
        大女儿   我-复数：属格   村子汉-属格   里   其：与格   有：向心
        大女儿在我们村子里呐。(L-1：7)

(4.118) pɔmɔ   tʂʰoŋŋa   te-ni^   ɕəŋtʂo①
        女儿   小的   其-位格   新州汉
        te-ni^   ⁿdzoŋγor   tʂe.
        其-位格   珠龙观村   是：叙实
        小女儿……在新州……是珠龙观。(L-1：8)

上述例（4.115）中的 katʂi 如果采用词根形式 kar 是不成立的。例（4.116）中 tʂʰoŋŋa 做宾语，显示了它的名词性。例（4.117）和例（4.118）相比较我们会发现，前者用了词根形式，而后者采用了词根加词缀的形式。其区别在于，前者为一个词，中间不能插入任何其他成分，结合紧密；而后者为词组，tʂʰoŋŋa 做修饰语置于中心词 pɔmɔ 之后，是"中心语+修饰语"结构，而且中间还可以插入其他成分。如"特别长的绳子"可以说成 tʰakpa aha rəŋŋa［绳子 非常 长］。这个词组进一步压缩，就可以变成复合词 tʰak rəŋ "长绳子"。所以 pɔmɔ 和 tʂʰoŋŋa 之间实际有同位关系。像下面这个句子所示：

---

① 新州公司，珠龙观村的一个采矿公司。

(4.119) tʰakpa   aha   rəŋŋa   kan   kʰʷə-ra   ṣok.
绳子   非常   长   那   拿-连词   过来
把那个特别长的绳子拿过来！

而当形容词做谓语附加新异标记 gi 时，则只能采用词根形式，而不能带后缀。如下所示：

(4.120) tʰakpa   ⁿdə   rəŋ-ɣə,   kan   tʰoŋ-gə.
绳子   这   长-新异   那   短-新异
这条绳子长，那条绳子短。

2. 附加转指后缀

附加转指名物化后缀 wɔ 时，指称具备某种性质的事物。既可以在词根基础上附加 wɔ，也可以在"词根 + 自指后缀"基础上再附加 -wɔ。wɔ 口语中常常弱化为 wʊ，但两者无对立。特别注意当宿主的自指词缀为 ri 时，如下述"黄""白""黑""青"，附加转指词缀 wɔ 后会发生合音，读作 rɔ（setʂi "黄"和 katʂi "白"实际是 ser + ri、dkar + ri 合音的结果）。如下所示：

释义	词根	词根+自指词缀	词根（+自指词缀）+转指词缀 wɔ
香	ṣəm	ṣəmpɔ	ṣəmpɔ-wɔ/ṣəm-wɔ
好	zʷaŋ	zʷaŋŋa	zʷaŋŋa-wɔ/zʷaŋ-wɔ
坏	ŋan	ŋanpa	ŋanpa-wɔ/ŋan-wɔ
黄	ser	setʂi	setʂi-wɔ/se-rɔ
白	kar	katʂi	katʂi-wɔ/ka-rɔ
黑	nɐk	nɐkri	nɐkri-wɔ/nɐk-rɔ
清	ʰŋɔ	ʰŋɔri	ʰŋɔri-wɔ/ʰŋɔ-rɔ
长	rəŋ	rəŋŋa	rəŋŋa-wɔ/rəŋ-wɔ
短	tʰoŋ	tʰoŋŋa	tʰoŋŋa-wɔ/tʰoŋ-wɔ
大	tʂʰe	tʂʰepa	tʂʰepa-wɔ/tʂʰe-wɔ
小	tʂʰoŋ	tʂʰoŋŋa	tʂʰoŋŋa-wɔ/tʂʰoŋ-wɔ
新[1]	sarwa 食物	sarwa	sarwa-wɔ/sar-wɔ

---

[1] 表"新"意义的词，指一般物品时用 sɔma，其中 ma 不是自指后缀，因为若去掉 ma 后，sɔ 之后就不能跟时体和示证标记，但 sɔma 可以跟转指后缀 wɔ，从而形成 sɔmawɔ 结构。

释义	词根	词根+自指词缀	词根（+自指词缀）+转指词缀 wɔ
旧	ʰŋən	ʰŋəŋŋa	ʰŋəŋŋa－wɔ/ʰŋən－wɔ
真	ʰdan	ʰdanpa	ʰdanpa－wɔ/＊ʰdan－wɔ
假	ʰdzən	ʰdzənpa	ʰdzənpa－wɔ/＊ʰdzən－wɔ

加词缀－wɔ后的形式，既有修饰前面中心语的功能，而在功能上与前面的中心语两者事实上形成了并列的同位关系，因为在特定的语境中，中心词是可以省略的，而且带名物化的形容词还可以独立做论元。如下所示：

(4.121) tsʰɔtʂək－kə pʰərtʰi ʰponpɔ ⁿdi
措周－属格　蒲儿擦：属格　头人　　这：施格
jar tə tsʰɔkʰɐ－zək－ni tʂʰətɐʰŋɔri－zək
上面　　其：通格　　海面－无定－位格　海青马－无定
jo－kə－ser－kə, ta tʂʰɐt ʰŋɔri－wɔ
有－新异－传闻－新异　叹词　海青马　　蓝色－名物化
tə zoŋ～zoŋ－ni ʰdzɐ－nə ʰdzʷaŋ－laŋ－nə,
其：通格　捉：完成～重叠－连词　后头－位格　装－助词－连词
mɐser－ra soŋ－ni te: ʰdzɐnək－kə
北京－与格　去：完成－连词　其：与格　汉族－属格
te: ʂʷan－taŋ－zək, ʰdzɔaŋ ʂan－taŋ－zək.
其：与格　献－助动词－拟测　皇帝：与格　献－助动词－拟测
措周部蒲儿擦部落的首领，据说在上面海里有个海青马，他把那个海青马捉了几次捉到了，然后装好到北京去，献给了汉族的那个，献给了皇帝。(S-1：32)

(4.122) kan ŋanpawɔ joŋ－gə ɳaŋ.
那　　坏的　　来－进行：新异
那个坏人正过来。

(4.123) tɕʰɔ tʰoŋwɔ a－gɔ.
你：通格　短的　　疑问－需要
你要短的吗？

(4.124) ʰtsɐkʰɐ－nə lək karo ⁿgɐ ʰɳaŋ.
草场－位格　绵羊　白色的　一些　有：新异
草场上有一些白绵羊。

上述例（4.121）"海青马"有 tʂʰɐʰtɛʰŋɔri 和 tʂʰɐʰtɛʰŋɔriwɔ 两种表达形式，前者ʰŋɔri 是"词根ʰŋɔ + 自指词缀 ri"形式，后者ʰŋɔriwɔ 是"词根ʰŋɔ + 自指词缀 ri + 转指词缀 wɔ"的形式。例（4.122）中 ŋanpawɔ 乃"坏人"义，做主语。例（4.123）tʰoŋwɔ 乃"短的东西"义，做宾语。例（4.124）中的 karo 实际是 kar 和 wɔ 合音音变的结果，此处做修饰语。

4.2.5.2 形容词重叠

	释义	词根	重叠（A）	词根+词缀	重叠（B）
第一组	红	ɦmar	ɦmarɦmar	ɦmatʂi	ɦmatʂi ɦmatʂi
	黄	ser	serser	setʂi	setʂisetʂi
	蓝	ʰŋɔ	ʰŋɔʰŋɔ	ʰŋɔri	ʰŋɔri ʰŋɔri
	紫	kʰam	kʰamkʰam	kʰamri	kʰamrikʰamri
	黑	nɛk	nɛknɛk	nɛkri	nɛkrinɛkri
	绿	ɦdʐaɲ	ɦdʐaɲɦdʐaɲ	ɦdʐaɲri	ɦdʐaɲri ɦdʐaɲri
第二组	大	tʂʰe	tʂʰetʂʰe	tʂʰewa	*tʂʰewatʂʰewa/ tʂʰeːtʂʰeː
	小	tʂʰoŋ	tʂʰoŋtʂʰoŋ	tʂʰoŋna	tʂʰoŋna tʂʰoŋna/ tʂʰoŋtʂʰoŋ tʂʰoŋtʂʰoŋ
	多	maŋ	*maŋmaŋ	maŋna	maŋnamaŋna/ *maŋmaŋmaŋmaŋ
	少	ȵoŋ	ȵoŋȵoŋ	ȵoŋna	*ȵoŋnaȵoŋna/ ȵoŋȵoŋȵoŋȵoŋ
	长	rəŋ	*rəŋrəŋ	rəŋna	rəŋnarəŋna/ *rəŋrəŋrəŋrəŋ
	短	tʰoŋ	tʰoŋtʰoŋ	tʰoŋna	*tʰoŋnatʰoŋna/ tʰoŋtʰoŋtʰoŋtʰoŋ
	高	tʰɔ	*tʰɔtʰɔ	tʰonpɔ	tʰonpɔtʰonpɔ/ *tʰɔtʰɔtʰɔtʰɔ
	低	ɦmɐ	ɦmɐɦmɐ	ɦmɐmɔ	ɦmɐmɔɦmɐmɔ
	圆	ɣor	ɣorɣor	ɣori	ɣoriɣori

上述第 3 列和第 5 列都是形容词的重叠形式，其中第 3 列是词根的重

叠式，而第 5 列是形容词词根 + 词缀后的重叠式。重叠式都变成了表达事物的状态，不能用程度副词修饰。当然，里面有些重叠式口语中并不用，如"多"的词根 maŋ 的重叠式 * maŋmaŋ，"长"的词根 rəŋ 的重叠式 * rəŋrəŋ，"高"的词根 tʰɔ 的重叠式 * tʰɔtʰɔ，都不可以说。例如 tʰɔ～tʰɔ - zək re［高～重叠 - 无定 是：叙实］"是高高的"不成立，而 ʱmɐ～ʱmɐ - zək re［低～重叠 - 无定 是：叙实］"是低低的"就成立。个中原因，有待进一步考察。

另外，上述第一组表颜色的形容词，词根不能单独做表语构成"NP - 形容词 - 系动词"结构，但重叠之后则可以进入上述结构。词根加词缀的形容词形式及其重叠式同样可以进入上述结构。如下所示：

(4.125) a. * mar　　　ⁿdə　　　ser　　　　　re.
　　　　　酥油　　　这　　　　黄　　　　　是：叙实
　　　　　这个酥油是黄的。

　　　　b. mar　　　ⁿdə　　　setʂi　　　　re.
　　　　　酥油　　　这　　　　黄　　　　　是：叙实
　　　　　这个酥油是黄的。

　　　　c. mar　　　ⁿdə　　　ser～ser　　　re.
　　　　　酥油　　　这　　　　黄～重叠　　是：叙实
　　　　　这个酥油是黄黄的。

　　　　d. mar　　　ⁿdə　　　setʂi～setʂi　re.
　　　　　酥油　　　这　　　　黄～重叠　　是：叙实
　　　　　这个酥油是黄黄的。

由上文可知，形容词词根形式单独做表语不成立，而其词根重叠形式、词根加词缀形式、词根加词缀后再重叠形式皆可。

第二组形容词，其词根形式，部分可以构成重叠式，部分不可以。与第一组相同，在"NP - 形容词 - 系动词"结构中，单音节词根形式不能进入上述结构。而那些单音节词根重叠形式，可以进入该格式，但通常重叠式后要放一个无定代词 zək，才显得更自然一些，而上述第一组此种情形下则放与不放都可以。如果不放置，词根加词缀形式及词根加词缀后的重叠形式都可以进入上述格式。

上述不管第一组还是第二组，其重叠式都可以直接置于中心语之后来修饰中心语，或者重叠式后附加无定代词 zək 后再附着在中心语之后。如下所示：

(4.126) tṣʰʷək　　　　tṣʰe～tṣʰe-ɣə　　　ʱn̨i-lɐkʰə　　　tʰɐk-na-ta,
　　　　 磨　　　　　大～重叠-施格　　　　二-上面　　　　研磨-连词-连词
　　　　poŋwo-ɣə　　　tʰɐk-kə jo-n̨ə.
　　　　驴子-施格　　　研磨-进行：向心-语气汉"嚷"
　　　　需要这么大小的磨，用这么大大的两扇大大的磨来磨的话，要用驴来磨。(L-2：3)

(4.127) rə　　　 tʰonɕo～tʰonɕo　　　kɐ　　　tɕʰi　　　a-rək-kə.
　　　　山　　　高～重叠　　　　　　那　　　你：施格　　疑问-看见-新异
　　　　你看到那座高高的山了吗？

4.2.5.3　形容词比较级范畴

东纳话形容词有比较级形态，通常采用在形容词词根后附加比较级词缀 -se 的形式来表达，se 是个语义完全虚化的词缀，本义存疑。但它不是强制性的，不用 se 而用程度副词如"一点儿"等来修饰限制形容词同样可以表达比较意义。最高级则没有固定形态，通常采用词汇手段表达，即在形容词前附加程度副词 aha "非常、特别"来表达，而不是采用程度副词"最"。我们的 5 位发音人都不知道如何表达"最"这个程度副词。形容词比较级的例子如下所示：

词根	释义	比较级	释义
tṣʰe	大	tṣʰe-se	比较大的
rəŋ	长	rəŋ-se	比较长的
tʰoŋ	短	tʰoŋ-se	比较短的
rap	薄	rap-se	比较薄的
tʰək	厚	tʰək-se	比较厚的
jɐk	美	jɐk-se	比较美的
rom	粗	rom-se	比较粗的
tṣʰɐ	细	tṣʰɐ-se	比较细的
tʂi/tʂɔ	热	tʂi/tʂɔ-se	比较热的
tɕʰɐk	冷	tɕʰɐk-se	比较冷的
ʰkel	浅	ʰketsʰe	比较浅的

但是 se 并不能加到所有的形容词上，在我们后附的词汇表中，主要有下列形容词后可以附加 se 后缀来表达比较意义：

大、小、粗、细、高、低、长、短、厚、薄、深、浅、满、多、少、直、弯、黑、白、红、黄、绿、重、轻、快、慢、早、迟、锋利、钝、清、浑浊、胖、瘦、肥、干、湿、稠、硬、软、光滑、滑路～、紧、松、生、熟、新、旧、好、坏、贵、便宜、美、丑、冷、凉快、容易、香、臭、酸、甜、苦、辣、咸、干净、脏、野蛮、乖

但下列一些形容词，则不可以加 se 后缀。如下所示：

凸、凹、空、准、偏、歪、对、错、真、假、聪明、笨、老实、厉害、客气、懒、可怜、高兴、幸福

表达状态的形容词是肯定不可以加 se 后缀表达比较级意义的。至于除此以外的其他形容词为何不可以加 se 后缀，暂时不得而知。另外，se 后缀除了语义上表达比较级的功能外，所构成的词在功能上，由陈述变为指称，即 se 本质上是个构词后缀，而不是构形后缀。如下所示：

(4.128) sok ⁿdə kan-nə tʰiɣazək tʂʰoŋ-gə. (* tʂʰoŋ-se-gə)
羊　这　那-比较助词　一点儿　小-新异
这个羊比那个小点儿。

(4.129) sok ⁿdə ŋə sok-kə
羊　这　我：属格　羊-属格
naŋ-gə tʂʰoŋ-se re.
里面-属格　小-比较级　是：叙实
这个羊是我的羊里面小些的。

(4.130) zoŋɳu rom-se te kʰʷər-ra ʂok.
木头　粗-比较级　其：通格　拿-命令
把那根粗点的木头拿过来！

例（4.128）比较句中，句末的谓语 tʂʰoŋ-gə 不能换成 tʂʰoŋ-se-gə，可见 tʂʰoŋ-se 缺乏谓词性。从例（4.129）和例（4.130）中更可以看到，Adj-se 构成的词是指称性的，像例（4.129）中 tʂʰoŋ-se 做表语，此处恰是东纳话中典型的名词所在位置。例（4.130）中 rom-se 实际可以视作"木头"的同位语，对"木头"进行补充说明，而 se 的位

置，也恰好是名物化标记 pɔ 或 wɔ 的位置。

4.2.5.4 四音节形容词

东纳话中还有一些四音节状态形容词，这些状态形容词有些是由基本的词根而变音演变过来的。状态形容词后不能附加时体和示证标记。我们搜集到如下几个：

tʰɐletʰelə	破破烂烂	ɦŋaŋŋenəŋŋa	破破旧旧
səɣesɔɣa	乱七八糟	sɐlesəle	乱七八糟
ɐləɡaɟə	马马虎虎	sɔmaŋŋenəŋŋa	新新旧旧
ɐnɐmɐnɐ	一模一样	kəkmakəktʂʰɐk	弯弯曲曲

4.2.6 系动词

东纳话具有连系功能的词和词组共有 3 个：jən（< jin）、re（< red）和 jən le re/jən nə re（jən le re 是当地层次，而 jən nə re 为借用其他方言而来。两者没有对应的书面形式，可以按文字书写为 jin. le. red 和 jin. ni. red）。前两者是独立单纯词形式，最后一个是由前面两个复合而来，中间加了一个具有连接作用的助词形式 ni。

re 通常还会弱化读作 rə，刻意强调时韵尾 -l 甚至也可以读出来（读作 rel）。本书叙述部分我们通用 re。另外，系动词 re 存在变体形式，会根据宿主韵尾的不同而有不同的读音。不过，有时不仅是前面音节的韵尾，甚至是声母也同样可以影响系动词声母的语音形态。其变化规则和一个特例见表 4-8。

表 4-8 系动词 re 的语音变体

韵尾	变体
-n	ⁿdʐe
-l	tʂe
-r	tʂe/re
-m, -ŋ, -p, -ɣ	re
-V	re

(4.131) ŋə–tsʰɔ　　　tɕʰəm–ɣə　　　nor　　　a–tṣe.
我–复数：通格　　家–属格　　　牛　　　疑问–是：叙实
是我们家的牛吗？

笔者调查时，尝试用当地藏语询问他们俩今年多少岁了，但索翠花阿姨可能是一时走神没听清楚，所以她向在一旁的丈夫问了上面的例（4.131）这句话。即使中间有个疑问助词 a，但因为前面"牛"这个词的韵尾是 –r，末尾的系动词仍然被读成了 tṣe。

东纳话系动词及功能相当于系动词的词组的肯定、否定和疑问形式（见表 4–9）。

表 4–9　系动词肯定、否定和疑问表达式

肯定	否定	疑问 A	
jən	mən	a–jən	
re	ma–re	a–re	
jən–te–re	jən–te–ma–re	jən–te–a–re	
疑问 B		疑问 C	
jən–ni	mən–ni	jən–na	mən–na
re–ni	ma–re–ni	re–la	ma–ra
jən–te–re–ni	jən–te–ma–re–ni	jən–te–re–la	jən–te–ma–ra
	jən–te–mən–ni		jən–te–mən–na

mən 为书面语 ma–jin 的合音形式。另外，实际口语中还有因语言接触带来的外来层，即第四行凡是 te 都替换为 nə，形成类似 jən–nə–re、jən–nə–ma–ra 等组合，此处暂未列入表中。

另外，上述形式都具有向心与否的功能。凡是含有 jən 及否定形式 mən 的，都表"向心"义，而凡是含有 re 的，都表"叙实"义。但当处于副词从句、关系从句、从句链的非末尾从句等从句中时，则发生中和，只用 jən 及否定形式 mən。如下所示：

(4.132) lɔ　　　　ŋɐᵖtṣʰə̥　　　　koŋ–gə
　　　　年　　　　五十　　　　　上面–属格

	mən – pe,	ta,	mar – kə – ta
	非–名物化:连词	叹词	下面–属格–话题
	ʂʷal – ɲi	ȵoŋ～ȵoŋ – zək	re.
	说–名物化	少～重叠–无定	是:叙实

(现在的说藏语的人,)若非五十岁以上的那些人,五十岁以下会说的人很少很少。(S-1: 58)

例 (4.132) 中, pe 实际是名物化兼连词形式,来自书面上的 pas 合音而来, – s 本为施格,此处虚化为连词成分。口语汇总 pas 音变为 pe。此时 mən 是假设条件从句的动词,此时只能用 mən,而不能用 ma – re。

关于 jən 和 re 的更加详细的功能和语义,详情参看本书 6.1.1 和 7.2 所述。

4.2.7 存在动词

东纳话中,存在、处所和领有动词不再做具体内部区分,通用 jo (<jod)、ʰȵaŋ (<snaŋ)、jo te re 及 jo kə (书面上没有规则的对应形式,按读音写作 jod gi) 和 jo nə re (书面上没有规则的对应形式,按读音写作 jod ni red) 等词及词组形式。其肯定和否定形式见表 4-10。

表 4-10　存在动词肯定和否定形式

肯定	否定
jo	me
ʰȵaŋ	mə – ȵaŋ
jo – te re	jo – te ma – re
jo – kə	me – kə
jo – nə re	jo – nə ma – re

存在动词及词组同样有接触层,其中最末两行灰色部分,我们认为是和安多藏语接触而来的,是外来层,前 3 行才是本地层。其中, jo – te re 和 jo – nə re 所在两行功能一致,区别仅仅在于关联词不同,前者为 te (实际来自 le,为同化所致),而后者为 nə。ʰȵaŋ 和 jo – kə 所在两行功能一致。jo – te re 和 jo – nə re、ʰȵaŋ 和 jo – kə 在我们的调查语料中,其功能

尚未发现有任何区别。我们的调查合作者告诉我们，jo‐te re 和 ʰnaŋ 是更加地道的表达，而 jo‐kə 和 jo‐nə re 则感觉貌似是受到了青海的藏语影响的结果。因为邻近青海的藏语，存在领有动词没有 ʰnaŋ 和 jo‐te re，却有 jo‐kə 和 jo‐nə re。所以我们认为 jo‐nə re 和 jo kə 是语言接触带来的。不过，jo‐nə re 和 jo‐kə 在我们的语料中并不罕见，甚至在同一个人的故事语料中，一时用 jo‐kə，一时用 ʰnaŋ。

jo 和 me 表达向心意义，而 ʰnaŋ（jo‐kə）和 mə‐naŋ（me‐kə）表达新异意义，jo‐te re（jo‐nə re）和 jo‐te ma‐re（jo‐te ma‐re）表达叙实意义。上述几个动词或动词组形式，除了可以表达处所、存在和领有意义，还可以附着在动词后，做助动词表达时体意义。详见本书 7.3。

4.2.8　情态动词

情态动词又叫情态助动词，不过，这类词和本书 4.2.9 的"助动词"有不少不同之处，适宜单独论述。东纳话中常见的情态动词有"愿意""能够""会""敢""打算""舍得"等，出现在补语句的谓语动词之后，带非名物化的补语。它还可以受程度副词修饰，程度副词要置于补语句动词和情态动词之间。该类动词的否定式和疑问式也与前述程度副词的句法位置相同，置于补语句动词和情态动词之间。另外，情态动词置于句子末尾时，其后必须附加表达示证意义的助词或助动词。如下所示：

(4.133) tɕʰi　　　　poˢkal　　　ʂʷal　　　a‐ʂi‐ɣə.
　　　　你：施格　藏语　　　说　　　疑问‐知道‐新异
　　　　你会不会说藏语？

(4.134) zi　　　　joɣo　　　ⁿdʐi‐lo　　　ŋan　　mə‐ʂi‐ɣə.
　　　　他：施格　字　　　写：未完‐名物化　接受　否定‐知道‐新异
　　　　他的字写得没法看。

上述 ʂi 的意思为"知晓、明白"，表达动力情态，但只用于通过后天习得、获得的能力，而不用于先天具有的能力。

(4.135) ʂəzi　　　ⁿdə　　　tʂʰoŋ‐gə,　　　ŋi
　　　　孩子　　这　　　小‐新异　　　我：施格
　　　　kə　　　ʰtʂar‐ⁿdʐok　　mə‐ʂi‐ɣə.
　　　　那：通格　打‐助动词　　否定‐舍得‐新异
　　　　这孩子太小，我不忍心下手打他。

如上所示，ʂi 还可以进一步语义引申为"舍得"，此时它有表达道义情态的功能。

(4.136) tʂəma   ⁿdə   sʁ   mə-n̠an-gə.
        饭   这：通格   吃：未完   否定-可以-新异
        这个饭不能吃。（比如饭有毒，不能吃）

(4.137) ŋi   pojək   ⁿdʐə   mə-n̠an-gə.
        我：施格 藏文   写：未完   否定-可以-新异
        我不能写藏文。（如是文盲）

(4.138) lɐri   tɕʰəma-nə   lan   mə-n̠an-gə.
        情歌   家庭-位格   唱：未完   否定-可以-新异
        在家里不能唱情歌。（违反了藏族民俗习惯）

n̠an 相当于汉语"可以、能"的意思，可以用于认识情态、道义情态和动力情态之中。

(4.139) ŋi   la   ta   tɕʰɔː   sok
        我：施格 也   现在   你：与格   养育
        mə-ʱgɔ-gə,   n̠er-ʂel   mə-ʱgɔ-gə,
        否定-需要-新异   伺候-助动词：未完   否定-需要-新异
        tɕʰi   ʂʷeː   pə-la   soŋ.
        你：施格 外面：与格   去-连词   去：命令
        raŋ-gə   namsa   taŋ.
        自己-施格   日子   过
        现在我不需要养你了，也不需要伺候你了，你出去吧！自己过日子去吧！（M-3：5）

上述例句中，ʱgɔ 的意思为"需要"，表达道义情态，除此之外，不表达其他情态。

(4.140) ŋɐ   nan̠kɐ   ɕɣnan-zək   ⁿdʐə-jasam-gə.
        我：通格 明天   肃南-无定   去：未完-语气想-新异
        我明天想去趟肃南。

上述例句中，sam 意思为"想"，为认知-思维类动词，通常也是带非名物化补语句的。

(4.141) ta　　　　　ʂʷeː　　　　　pəl - taŋ - zək,
　　　　然后　　　外面：与格　　去：完成 - 助动词 - 拟测
　　　　raŋŋa　　　ʂʷeː　　　　　pə - tʂɐk - zək,
　　　　随性　　　外面：与格　　去：完成 - 助动词 - 拟测
　　　　ɦjəkpa　　 laŋ - taŋ　　　 ʂʷeː
　　　　棍子　　　取：完成 - 助动词　外面：与格
　　　　pəl　　　　tʂʰok - zək.
　　　　去：完成　可以 - 拟测
　　　　然后到（寺庙）外面去了，随便就到外面去了。棍子取下来了，就可以到外面去了。(S-2：26)

(4.142) ɣɔʂtɐ　　　　　ɦdzɐk - taŋ - nə　　　teˆ
　　　　奶角子　　　　做 - 助动词 - 连词　　其：通格
　　　　tʂʰɐk - zɐk - na　　te,
　　　　形成 - 助动词 - 连词　其：通格
　　　　ʂɔ　　　　　　ɦdoŋ　　　　　　 tʂʰok - kə.
　　　　酸奶　　　　　打　　　　　　　 可以 - 新异
　　　　放上奶角子后，……（酸奶）就形成了，就可以打酸奶了。(L-2：12)

上述 tʂʰok 在两例中都表达动力情态，表达有能力或有条件做某事。

(4.143) sʷer - kə　　　ʂʷal - nə,　　　tɕʰo　　　　　tɕʰəma - nə
　　　　猴子 - 属格　　说 - 连词　　　你：属格　　　家 - 位格
　　　　tsʰɔ - ɣə　　　ʂap - nə　　　 ŋɐ,　　　　　ŋɐ
　　　　海 - 属格　　　底 - 位格　　　有　　　　　我：通格
　　　　tsʰɔ - ɣə　　　ɣor　　　　　 zʷər　　　　　mə - tʰəp - kə.
　　　　海 - 属格　　　下面　　　　　下去　　　　　否定 - 可以 - 新异
　　　　ŋɐ　　　　　　 ⁿdzɔ　　　　　tʰəp - dzə ma - re.
　　　　我：通格　　　去：未完　　　能够 - 将行：否定：叙实
　　　　猴子说："你的家在海底呢，我下不去海底，我去不了。"(M-1：11)

(4.144) tsʰɔ - ɣə　　ɣor　　　zʷər - nə,　　　zʷər　　　　ma - tʰəp - na
　　　　海 - 属格　下面　　　下去 - 连词　　下去　　　　否定 - 可以 - 连词
　　　　ŋi　　　　　tɕʰɔ　　　 nɐɹ　　　　　　kʰʷə - ra　　ⁿdzɔ - ja.
　　　　我：施格　　你：通格　 背上：与格　　背 - 连词　　去：未完 - 语气
　　　　（你）要到了海的下面，无法下去的话，我把你背到背上去啊！(M-1：14)

(4.145) ta　　　　　te-gə̂　　　te-nɐ　　　　man-tʂʰal-la,
　　　　然后　　　其-属格　　其-位格　　　下面-跌下-连词
　　　　jaŋ　　　　nal　　　　te　　　　　la
　　　　又　　　　病　　　　其：与格　　也
　　　　maŋ-gə,　　nal　　　　tsəɣezək　　maŋ-na
　　　　多-新异　　病　　　　一点　　　　多-连词
　　　　ta　　　　　lək　　　　ⁿdə-tsʰɔ　　nor
　　　　然后　　　羊　　　　这-复数　　牛
　　　　ⁿdə-tsʰɔ　　　　　　　raŋ-sɐ:　　　　　　　ⁿdʐɔ
　　　　这-复数：通格　　远-名物化：与格　　去：未完
　　　　mə-tʰəp-kə.
　　　　否定-能够-新异
　　　　然后那个……从那再往下来，瘟疫也多，瘟疫有点多的话，然后这些牛这些羊就没法（卖到）远处去（字面意思乃"这些牛羊没法到远处去"）。(L-1：22)

(4.146) zi　　　　　ləˢkɐ　　　li　　　　　aha　　　　tʰəp-kə.
　　　　他：施格　活儿　　　做　　　　非常　　　能-新异
　　　　他非常能干活。

上述 tʰəp 用于动力情态，既可以用于后天学习获得的能力，也可以用于先天的能力。tʰəp 在我们的语料中暂未发现认识情态和道义情态的用法。

(4.147) ŋi　　　　　mʲe　　　　ʂʷən-na　　　ʂel　　　　mə-tʂʰol-ki.
　　　　我：施格　人：与格　给-连词　　做：未完　否定-舍得-新异
　　　　我舍不得给别人。

助动词如果和助动词（如下面的动态助动词和事态助动词）相用，要处于助动词前、主要动词之后。如下所示：

(4.148) ŋə　　　　　sɔ　　　　tʂəma　　　tʰoŋ　　　tʰəp-soŋ-zək.
　　　　我：属格　牙齿　　饭　　　　吃喝　　　可以-助动词-拟测
　　　　我的牙可以吃东西了。

上述 soŋ 为动态助动词，表达时态和趋向意义，而 zək 为事态助动词，表达拟测的示证意义。

4.2.9 助动词

东纳话的助动词数量有限，但功能重要。这类动词按其功能可以分为两类：附着在动词后的动态助动词和附着在句尾的事态助动词。事态助动词附着在动态助动词之后，从而形成"NP – V – 动态助动词 – 事态助动词"这样的词序结构。其中，附着在动词后的动态助动词既可以出现在从句链结构的非末尾从句中，也可以出现在副词性从句中，不受限制。而事态助动词只能出现在句末，有结句功能，对句子进行限定，不能出现在诸如副词性从句和从句链结构中。下面分类详细讨论这些助动词的语义和功能。

4.2.9.1 动态助动词

动态助动词附着在动词之后，对主要动词进行说明，具有趋向、时体、情态、价变等功能。常用的动态助动词在东纳话中大概有十几个，数量虽不多，但功能和语义非常重要。如 soŋ$_{完成/命令}$ ~ ^{n}dʐɔ$_{未完}$、taŋ、ʐʑek$_{完成}$ ~ ^{n}dʐok$_{未完}$、joŋ、tɕʰoŋ、laŋ$_{完成}$ ~ lan$_{完成/未完}$、ɕi$_{完成/命令}$ ~ ɕel$_{未完}$ 和 tsʰar 等，这些助动词在东纳话中都还可以做主要动词。不管做主要动词还是做助动词，它们都可以有形态变化。

1. soŋ：表动作完成或状态完成

soŋ 的本义是"去"，为完成体和命令式形式，其未完成体形式为 ^{n}dʐɔ，下面我们将会谈到。soŋ 既可以做主要动词，也可以做助动词，做助动词时附着在完成体动词后，表达动作的完成或状态的变化。soŋ 通常用于不及物动词和非自主动词中，和另外两个通常用于及物动词和自主动词中的助动词 taŋ 和 ʐʑek 是口语中出现频率最高的助动词。但需要注意的是，soŋ 和 taŋ（以及 ʐʑek）这种分布上的互补只是一种整体趋向，并不是完全固定的，可以发现有些动词可以分别与 soŋ 和 taŋ 搭配，受到一系列语义和语法因素的制约，是个复杂的系统。本书暂时不对此进行详细分析。详细分析可以参考 Ebihara（2005），她将其影响因素主要分为"自主性"（intentionality）和"趋向性"（directionality）。

soŋ 还会根据其前附主要动词韵尾的不同而有语音变化，我们以表拟测示证的事态助动词 zək 和 soŋ 结合时的例子说明。（见表 4 – 11）

表 4-11　V-soŋ-zək 中 soŋ 的语音变化

韵尾	例词	变化	例句	释义
-p	tʂəp	soŋ	tʂəp-soŋ-zək	成功了
-t/-l	ɦdzʷel	tsʰoŋ	ɦdzʷe-tsʰoŋ-zək	忘了
-k/ɣ	tʂɐk	soŋ	tʂɐk-soŋ-zək	病好了
-m	ʰkam	soŋ	ʰkam-soŋ-zək	地干了
-n	lon	tsʰoŋ	lon-tsʰoŋ-zək	湿了
-ŋ	rəŋ	soŋ	rəŋ-soŋ-zək	长得很了
-r	tsʰar	soŋ	tsʰar-soŋ-zək①	完了
V	ʂə	soŋ	ʂə-soŋ-zək	死了

下面我们看其做主要动词和助动词在东纳话中的具体例子。如下所示：

(4.149)　tə　　　　　sʷer-kə　　　　　ɦgʷi-nə,
　　　　　其：通格　　猴子-施格　　　　爬：完成-连词
　　　　　nɐk-gə　　　ʰtseː　　　　　　soŋ-nə,
　　　　　树-属格　　　尖顶：与格　　　　去：完成-连词
　　　　　kʰɐ　　　　naŋ-ŋa　　　　　tʂʰa-tsʰoŋ-zək.
　　　　　嘴　　　　　里-与格　　　　　掉-助动词-拟测
　　　　　那个猴子就爬到树顶上去，（往下拉了一坨屎……）掉到（乌龟）嘴里去了。（M-1：22）

(4.150)　wukui-ɣə　　　ta　　　　sʷer　　　　kʰʷər-nə,
　　　　　乌龟-施格　　　然后　　 猴子　　　　背着-连词
　　　　　tsʰɔ-ɣə　　　　ɣor　　　ʂap-wa　　　tɕap-soŋ-zək,
　　　　　海-属格　　　　下面　　 底部-与格　　送-助动词-拟测
　　　　　tsʰʷa　　　　　ʂap-kə　　wukui-gə　　tɕʰəmaː
　　　　　海　　　　　　 底-属格　　乌龟-属格　　家：与格
　　　　　ʰtsep-soŋ-zək.
　　　　　到达-助动词-拟测

---

① 边音-l 可以让 soŋ 的声母塞擦化，而闪音-r 就不可以，此处不能说成 tsʰar-tsʰoŋ-zək。

它就……乌龟然后就驮着猴子把它送到海底下面去了,到了海底乌龟的家里。(M-1:16)

例(4.149)中,第一个 soŋ 为主要动词"去",而第二个 soŋ (tsʰoŋ)就是助动词,例(4.150)中的两个 soŋ 都是助动词,其中第一个 soŋ 作为趋向助动词附着在自主动词 tɕap"送"之后,而第二个 soŋ 则附着在非自主动词ʰtsep"到达"之后。附着在 tɕap 之后时,相对其他助动词而言,此时的 soŋ 还保留着较多的趋向意义。

但必须注意的是,在有些句子中,soŋ 还可以处在某些动态助动词之后,表明 soŋ 在特定条件下是比其他动态助动词语法化程度更高的助动词。而在例(4.183)中,soŋ 要处在 ʂoŋ 之后才行。请参该例,此不赘述。

2. ⁿdʐɔ:表达动作或状态在未来将发生的变化

上文已经说明,ⁿdʐɔ 为 soŋ 的未完成体形式,本义是"去",它附着在未完成体动词后,做助动词表达动作或状态在未来将发生的变化。如下所示:

(4.151) leˢkɐ   li-taŋ-na,   jaŋ   te
        工作   做-完成-连词   又   其:与格
        ⁿdʐɔ   ʱgɔ-ɣə,   leˢkɐ   maŋŋa～maŋŋa
        去:未完   需要-新异   工作   很多～重叠
        li-na,   lɔ   tsʰək   tsʰar-ⁿdʐɔ-kə.
        做-连词   年   一   完成-助动词:未完-新异
   然后干完活儿又要去另外一个地方……要是有很多活儿干的话,需要一年才干完。(L-1:11)

上述例子中,第一个ⁿdʐɔ 是主要动词,义为"去",而第二个ⁿdʐɔ 附着在主要动词 tsʰar 后,表达动作在以说话为参照的将来时间内将会完成,具有认识情态的价值。ⁿdʐɔ 也像前面的完成体形式 soŋ 一样,主要附着在非自主动词或不及物动词及助动词之后,但个别也会附着在自主动词或及物动词后,其所受限制因素和 soŋ 是一致的,此不赘述。

3. taŋ:表达动作的完成或状态的改变

taŋ 做主要动词是"做、放、置"等,而做助动词表达动作的完成或状态的改变。通常和 soŋ、ⁿdʐɔ 处于互补分布,且通常用于自主动词和及物动词后。如下所示:

(4.152) ŋɐ   la   tṣʰe-zˌək-nə   nama
       我：通格   也   大-助动词-连词   媳妇
       la   laŋ-taŋ,   tɕʰi   ʂʷeː
       也   娶：完成-助动词   你：施格   外面-与格
       pə-la   soŋ,   raŋ-gə   namsa   taŋ.
       去-连词   去：命令   自己-施格   日子   过
       我长大了，也娶了媳妇，……你出去吧！自己过日子去吧！（M-3：5）

(4.153) kʷok-taŋ-na   ti^   ɣɔma   ra
        凝结-助动词-连词   其：属格   奶子   也
        ɦdzɐk-taŋ-na   ta,
        做-助动词-连词   然后
        凝结上的话，……奶子加上的话（L-2：11）

上述例（4.152）中，第一个 taŋ 为表达动作完成意义的助动词，而第二个为主要动词，附着在自主动词 laŋ "娶"后。例（4.153）中，第一个 taŋ 置于非自主动词 kʷok "凝结"之后，具有某种致使的意义，而第二个 taŋ 置于自主动词 ɦdzɐk "做"之后，表达动作的完成及实现。

但 soŋ 和 taŋ 的区别其实较为复杂，其影响因素除了上述所说的自主/非自主、及物/非及物之外，还和动作趋向，以及语用功能相关。比如下面这个例子：

(4.154) sɐma   lɐlɐ   ŋɐ
        粮食   有些   我：通格人
        mʲə   maŋ-gə,   si-soŋ-zək.
        人   多-新异   吃：完成-助动词-拟测
        有些粮食，我的人多，给吃掉了。（S-3：110）

故事语境是：马老藏等人抢了土匪的粮食等，土匪要求归还，否则打死他们。这时马老藏说，土匪的一些粮食被他的人吃了。此时用 soŋ，说话者意在强调"吃粮食"这件事的非自主性，意欲减轻责任。若说 si-taŋ-zək 同样成立，用 taŋ 则意味着马老藏等人"积极主动地吃土匪的粮食"。我们看到，上述分析是基于说话者语用上的"自主/非自主"，而不是基于词汇语义上的"自主/非自主"。

4. zˌək：表达动作的完成或状态的变化

zˌək 和下面将要讨论的另外一个助动词 ⁿdzˌok 是"做、放置、建立"

的不同形态，ʐek 是完成体形式，而 ⁿdʐok 是未完成体形式。做助动词的 ʐek 会根据前面所附主要动词韵尾的不同，而在声母上发生语音变化，主要是在 - n 和 - l 后变成了塞擦音 tʂek，在 - n 后有时还可以发成浊音的 dʐek。（见表4 - 12）

表4 - 12 V_{完成} - ʐek - zək 中 ʐek 的语音变化

韵尾	例词	变化	例句	汉义
- p	ⁿdʐəp	ʐek	ⁿdʐəp - ʐek - zək	办好了
- t/ - l	sal	tʂek	sa - tʂek - zək	醒了
- k/ɣ	ɦdʐʷek	ʐek	ɦdʐʷək - ʐek - zək	把他打下了
- m	tsem	ʐek	tsem - ʐek - zək	补完了
- n	ʂʷən	tʂek	ʂʷən - tʂek - zək	给完了
- ŋ	ⁿdiŋ	ʐek	ⁿdiŋ - ʐek - zək	铺上了
- r	ɦdar	ʐek	ɦdar - ʐek - zək	磨完了
V	li	ʐek	li - ʐek - zək	干完了

主要动词的韵尾为 - l 和 - n 的会发生变化，东纳话的韵尾 - l 主要由书面上的 - d 音变而来，而所有书面上的 - l 都已经不存在了，韵尾 - l 影响后面 ʐek 发生声母的塞擦化后，通常自身在口语中也不再发音。但有的仍然会对 ʐek 的声母产生影响，如 pʰul "敬奉"，口语单念读作 pʰəl，但其后的 ʐek 声母要变为 tʂek。但有的就不会，如 kʰol "（水）开"，口语读作 kʰo - ʐek。

ʐek 与上文谈到的 taŋ 有很大的相似性，主要也是用于自主动词和及物动词后，同时也可以用于非自主动词和不及物动词后，其主要限制因素同样是 "自主性" 和 "方向性" 这两个特征。但它们之间的细微语义区别在于：ʐek 类似汉语的完成体助动词 "过" 或 "上"，强调某件事已经做过；而 taŋ 则类似于汉语的完成体助动词 "完"，强调某件事情已经完成。如 si - taŋ - zək [吃：完成 - 助动词 - 拟测] "吃完了"，强调某种东西吃干净了，没有了。而 si - ʐek - zək [吃：完成 - 助动词 - 拟测] "吃过了"，强调动作的完成，不含有某事到底是否还存在的意思。更多例子如下所示：

(4.155) ʂələ ȿʰoŋŋa-ta…… tɐroŋ nama-ta ma-zʴek.
儿子　　小的-话题　　依然　媳妇-焦点　否定-放置
小儿子呢……（现在）还没有娶上媳妇。（L-1：9）

(4.156) ŋi ʰtser ʰtsaŋma lək-ma-zʴek-ɣaˆ
我：施格　金子　　全部　　倒-否定-助动词-连词
我没把金子全部放下（S-2：16）

(4.157) ti saŋŋa la kʰo-zʴek-nə,
那：属格　锅　　又　　开-助动词-连词
ti ʱŋ̍i-ɣi sɐ-le tʰoŋ-le
其：施格　两-施格　吃-未完-连词　喝-连词
ʂi-ni, te ʂək
做-完成-连词　其：通格　力气
la jo-zʴek-zək.
又　　有-助动词-拟测
那锅又开了，那两个人吃了喝了一顿，就又重新有了力气。（M-4：11）

zʴek 在例（4.155）中为词汇动词，在例（4.156）中为助动词，附着在否定词缀 ma 之后，其主要动词是自主、及物动词 lək"倒"。例（4.157）中的两个 zʴek 都是附加在非自主动词后，含有某种程度的致使意义。

5. ⁿdzok：表达动作的未完成或状态的变化

ⁿdzok 乃未完成体形式，因此，通常用于非叙实语境表达动作未完成或状态变化，但其相对要比 zʴek 词义更实在一些，通常还含有较多的"处置、致使"的意义，还可以弱化读作 zok。如下所示：

(4.158) ta ok-ɲi ʱgɔ: mʲe
那么　咱-双数：通格　门口-与格　火
ⁿdzok-ɣa taŋ-ŋa ⁿdək-ja.
放置-连词　放：未完-连词　待-语气
那么咱俩在门口把火点着等着啊！（M-4：6）

(4.159) ʰn̥ol tʂʰe-zək naŋ-ŋa saŋ-ŋaˆ
盆子　　大-无定　　里面-与格　　锅-与格
naŋ-ŋa ʱn̥a-ⁿdzok-na, ta,
里面-与格　盖-助动词：未完-连词　然后

```
ʰn̥a – z̻ok – na                    naŋ – ŋa      mar
盖－助动词：未完－连词              里面－与格    酥油

ɣɔʰtɛ           ɦdʑɐk – kə do.
奶角子          做－持续：向心
```
用一个大的盆子放在锅里盖住，盖住后，里面用奶角子把酸奶点上。
(L-2：11)

6. joŋ：表达向心趋向的动作

joŋ 本义即"来"，是趋向说话者方向的动作。做助动词时同样保留了这个向说话者中心的趋向意义。joŋ 做助动词时，通常发生弱化，读作 ɣoŋ。如下所示：

```
(4.160)  tɕʰɔ          kaŋ – ni       joŋ – ni.
         你：通格       哪儿－离格     来－语气
```
你从哪里来的？

```
(4.161)  ŋɐ           tərəŋ         ɕʏnan – na     soŋ – ni
         我：通格      今天           肃南－与格     去：完成－连词
         ta           ʂʷər          ʰtsep – ɣoŋ.
         然后         返回           到达－助动词
```
我今天去肃南又回来了。

```
(4.162)  zi           kʰɐrtsaŋ      ɕʏnan – ni    ʰtsep – ɣoŋ – zək.
         他：通格     昨天          肃南－离格     到达－助动词－拟测
```
他昨天从肃南来到的。（说话者未亲知）

7. tɕʰoŋ：表达动作的趋向

tɕʰoŋ 与上述向心趋向的助动词 joŋ 类似，也是个表达趋向的动词。但与 joŋ 不同的是，它没有固定的趋向，可以表达向上、向下、向心，但口语语料中尚未发现可以表达离心，离心通常由助动词 soŋ 来表达。tɕʰoŋ 的书面语来源当是 bjuŋ，本义为"发生、获得、出现"，并没有明确的趋向意义，这在东纳话中依然保留。但同时它演变为表达趋向意义的助动词。不过，bjuŋ 做主要动词时，读音作 ʂoŋ 或 tʂoŋ；而当其做助动词时，读作 tɕʰoŋ。如下所示：

```
(4.163)  ŋi           nama         tə             nal       ʂoŋ – ni
         我：属格     媳妇          其：通格       病        发生－连词
```
我媳妇得了病（M-1：18）

(4.164) ʰtɕakpa   mar   ʰtaŋ – tɕʰoŋ – nə,
　　　　屎   下面   放：完成 – 助动词 – 连词
　　　　kʰɐ   ʰtaŋ – nə,   tɕiekuo,
　　　　嘴巴   张开：完成 – 连词   结果汉
　　　　mar   ɦjək – tɕʰoŋ – ɲi
　　　　下面   扔 – 助动词 – 名物化
　　　　tə   ʰɲ̥əŋ   ma – re
　　　　其：通格   心   否定 – 是：叙实
　　　　（猴子）往下拉了一坨屎，（乌龟）张开嘴，结果，往下扔的那不是（猴子的）心（M – 1：22）

(4.165) soŋ – nə   mə ʂəŋ   tʰi – tɕʰoŋ – nə,
　　　　去：完成 – 连词 柴火   捡拾 – 助动词 – 连词
　　　　ŋək – ɲiɣi   soŋ – nə,
　　　　我 – 双数：施格 去：完成 – 连词
　　　　mə ʂəŋ   kə   tʰi – tɕʰoŋ – ni
　　　　柴火   那   捡拾 – 助动词 – 连词
　　　　ɦgɔː   jar   ɦdzʷan – taŋ.
　　　　门：与格   上面   点 – 助动词
　　　　去把柴火捡拾来，我们俩去把那柴火捡拾来，在洞的上面把火给点着。(M – 4：7)

例（4.163）中的 ʂoŋ 做主要动词，意为"发生"。例（4.164）和例（4.165）中的 tɕʰoŋ 做助动词，表达动作的趋向意义。

8. lan 和 laŋ：表达动作和状态达到某种结果

lan 和 laŋ 本义为"取、拿"的意思，lan 和 laŋ 都可以用于命令式。不同之处在于，lan 不仅可以用于完成体，也可以用于未完成体中；而 laŋ 只用于完成体，不能用于未完成体。这种情况在下面的例子中也有体现，lan 可以受否定词缀 mə 否定，而 laŋ 却不行。如下所示：

(4.166) ta   ʂʷeː   pəl – ni,
　　　　然后   外边：与格   去：完成 – 连词
　　　　joɬə – gəˆ,   ɦjəkpawɔ   laŋ – taŋ – nə,
　　　　土地神 – 施格   棍子   取：完成 – 助动词 – 连词
　　　　lakpaː   ʰte – nə   ʂʷeː
　　　　手：与格   拄 – 连词   外面：与格

pə – tṣɐk – zək.

去：完成 – 助动词 – 拟测

然后再出去时，土地神就……棍子被取下来了，放在手里拽着，所以就出去了。(S-2: 24)

(4.167) ʰkənma   tṣək – kə   poŋwo   ⁿgɔ – ɣə

小偷   一 – 属格   驴子   头 – 属格

tʰər   mar   ṣʷə – laŋ – nə,

笼头   下面   摘下 – 助动词 – 连词

一个小偷把驴头上的笼头取下来（M-2: 3）

(4.168) lɐˢkɐ   li – mə – lan – gə.

工作   做 – 否定 – 助动词 – 新异

活儿干不上。(L-1: 19)

(4.169) niʳŋon   ⁿdep – laŋ – nə   ta

青稞   种植 – 助动词 – 连词   然后

ʱdoŋ   ʱgɔ – gə,   ʱdoŋ – lan – nə

敲打   需要 – 新异   敲打 – 助动词 – 连词

ta   joŋ – na

然后   来 – 连词

青稞种上，然后需要打青稞（即给青稞脱粒），打完青稞再往下的话（L-2: 1）

例（4.166）的 laŋ 用于主要动词，为"取"的意思，为完成体动词形式。例（4.167）的 laŋ 的 laŋ 用于完成体中，表达动作的结果。例（4.168）用于未完成体中，受用于对未完成体动词否定的副词 mə 进行修饰。在例（4.169）同样具有完成体意义的句子中，一个用 laŋ，一个用 lan，两者都表达动作的结果意义。

9. zʷal：表达动作或状态的持续

前面音系部分已经说明，zʷal 乃来自书面上的 bsdad（书面上完成体和将行体为 bsdad，现在进行体和命令式是 sdod）。虽然两者的基本辅音不一致，但发音部位一致，zʷal 应该是 bsdad 不规则音变的形式。除此之外，两者前置辅音和韵母的对应都完全一致。另外，bsdad 在口语中还可以与向心的存在动词 jod 合音做助动词，读作 do，此时就保存了它的基本辅音 – d。如下所示：

(4.170) tɕʰɑmaː   joŋ – nə   ta   soktʂʰə – nə
       家里：与格   来 – 连词   然后   酒泉 – 位格
       zʷal – taŋ,   te – ni   nɐma   tsʷa – ʐɐk
       住 – 助动词   其 – 位格   媳妇   找 – 助动词
       回到家里，然后就去了酒泉住下，然后找了媳妇（L–1：6）

(4.171) te   wukui – ɣə   ɦgək – zʷal – nə
       其：通格   乌龟 – 施格   等 – 助动词 – 连词
       乌龟便等着（M–1：22）

(4.172) ʂələ   tʂʰe – ɣə,   lək   tsʰɔ – ɣə do.
       儿子   大 – 施格   羊   放牧 – 未完 – 持续：向心
       大儿子（放着羊，哪儿也没去，）在放着羊。（L–1：2）

例（4.170）的 zʷal 做主要动词，意为"住、待"。例（4.171）的 zʷal 置于 ɦgək 之后，做助动词，表达状态的持续。例（4.172）句尾的 do，我们认为乃 bsdad 和 jo 合音的结果，语义上表达向心意义。

10. ⁿdək：表达动作的状态和结果

ⁿdək 本义为"住、待"的意思，东纳话中至今习用。同时还可以做助动词，表达动作所带来的状态和结果。如下所示：

(4.173) ⁿdəro   ma – ʂi – ɣə – ta,   pʰɔʰtɕi
       这样   否定 – 做：完成 – 新异 – 话题   男人
       tə   raŋ – gə   tɕʰəma – nə
       其：通格   自己 – 属格   家 – 位格
       ⁿdzʅəkɣa ʂel   ⁿdək – tɕi ma – re.
       好好地   住 – 将行：否定：叙实
       要不这样的话，这男人就不好好地在自己家里待着。（M–1：4）

(4.174) tɕʰi   tɐroŋ   ŋɐ
       你：施格   依然   我：通格
       ɦdzən – ⁿdək – nə   zʷok – ɣa
       抓 – 助动词 – 连词   放置：完成 – 连词
       你干吗还捉着我（S–2：22）

例（4.173）的 ⁿdək 为主要动词功能，意为"住、待"；在例（4.174）中为助动词，附着在自主动词"抓"后，表达"抓"的结果和状态。

11. tsʰar：表达动作的完结和结束

tsʰar 的本义乃"完了、结束",在口语中尚存该义,同时可以做助动词,做助动词时同样表达该义。如下所示:

(4.175) lɐˢkɐ tsʰar – soŋ – ŋa, ta
   工作 完毕 – 助动词 – 连词 然后
   jaŋ te   ⁿdʐɔ ɦgo – ɣə.
   又   其:与格 去   需要 – 新异
   lɔ tsʰək tsʰar – ⁿdʐɔ – kə.
   年 一   完成 – 助动词:未完 – 新异
   (过了一两个月)活干完了又要去另外一个地方。……需要一年才干完。(L-1:11)

(4.176) ŋi zi – a ʂʷal – ma – tsʰar ʂor – tʰɐ.
   我:施格 他 – 与格 说 – 否定 – 助动词 跑 – 亲知
   我还没给他说完,他就跑了。

上述例(4.175)的 tsʰar 是主要动词,意为"完结",而例(4.176)的 tsʰar 为助动词,附着在否定词缀 ma 后面,表达"完结、终了"的意义。

12. ʂi 和 ʂel：表达动作的完成和未完成,对动作情状进行补充

ʂi 和 ʂel 分别为完成体、命令式形式和未完成体形式,本义为"做",来自书面上的 bjas完成体 和 bjed将行体。其做助动词时,ʂi 置于完成体动词之后,表达动作完成的意义,而 ʂel 置于未完成体动词之后,对动作做补充说明。如下所示:

(4.177) tɕʰi tɕʰə – ra soŋ – ŋa ɦdʐɐ – nə
   你:施格 拿 – 连词 去:命令 – 连词 后面 – 位格
   ⁿdʐəkya ʂel tsʰowa ʂi.
   好好地   生活   做:命令
   (我手头有五十三两银子,)你拿去以后好好地生活吧。(M-2:10)

(4.178) ti   tʰap   ʂi – ni, sam – nə
   其:施格 办法   做:完成 – 连词 心里 – 位格
   ta   ⁿdaŋ – ʂi – ni,   te – ɣə
   然后 思考 – 助动词:完成 – 连词 其 – 施格
   joɣo ⁿdʐə ʂi – ɲi ᵐɲə – zək
   字   写:未完 知道 – 名物化 人 – 无定

    pi – laŋ – nə.
    叫：完成－助动词－连词
    她就想了办法，心里思考后，就叫了个会写字的人来。（M-3：8）

(4.179) ŋi   la   ta   tɕʰɔː sok
    我：施格 也   现在   你：与格 养育
    mə –ʳɕʐ – gə, ȵer – ʂel   mə –ʳɕʐ – gə
    否定－需要－新异 伺候－助动词：未完 否定－需要－新异
    现在我不需要养你了，也不需要伺候你了（M-3：5）

(4.180) jaŋ   jitɕʰəŋ   tɕantʂʰa   ʂi   tə – ɣə
    又   疫情汉   检查汉   做：完成 其－施格
    又是做疫情检查（L-1：26）

  例（4.177）的 ʂi 做主要动词，表达命令式。例（4.178）的第一个 ʂi 做主要动词，意为"做"；而第二个 ʂi 做助动词，置于ⁿdaŋ"思考"之后，说明动作的完成意义。例（4.179）的 ʂel 置于自主动词 ȵer"伺候"之后，对主要动词进行补充说明。例（4.180）的 ʂi 置于汉借动词 tɕantʂʰa"检查"之后，做主要动词，因为从汉语借进东纳话的动词，都是赋予了名词的性质，通常其后要附加 ʂel 或 ʂi。

13. ran：表达动作"合宜、适宜"的意义

  ran 表达"合宜、适宜"的意义，进一步引申可以有"轮到、该当"的意义。其做助动词时同样表达类似意义。如下所示：

(4.181) ŋɐ   ⁿdʐo – ran – na   ʰtsep – soŋ – zək.
    我：通格 去：未完－助动词－与格 到达－次要动词－助动词
    我该走了。

14. ʂoŋ：表达动作"完结、过去"的意义

  ʂoŋ 的藏文书面本字是 bjuŋ，本义乃"发生、变化"，做动态助动词时表达时间"完成、过去"的意义。bjuŋ 做主要动词时，读作 tʂoŋ；而做动态助动词时，擦化读作 ʂoŋ。如下所示：

(4.182) ᵐȵəŋɐn jaŋ   poŋwo – zək tʂoŋ – soŋ – nə
    坏人   又   驴子－无定 变成－助动词－连词
    坏人又变成一头驴子（M-2：13）

（4.183） pɔmɔ   kɐ   ɦdzɐ – ʂoŋ – soŋ – zək.
女孩   那：通格   疯 – 助动词 – 助动词 – 拟测
那个姑娘疯了。

例（4.182）中，tʂoŋ 乃谓语主要动词，意为"变化"；在例（4.183）中则处于谓语主要动词 ɦdzɐ 之后、助动词 soŋ 和 zək 之前，表达"发生、完成"的意义。

4.2.9.2 事态助动词

事态助动词是指那些居于句尾的助动词，兼有表达时体、示证范畴、向心范畴、新异范畴的功能。主要分布在陈述句和疑问句中，个别可以出现在感叹句中。以陈述句为例，东纳话的陈述句可以分为两类：事态句和事件句。事态句指以系动词 jən 和 re、存在动词 jo 和 ɦnaŋ 以及助词 ki 结尾的句子；而事件句是以助动词 tʰɐ 和 zək 结尾的句子，或直接以主要动词结尾的句子。

先看由系动词和存在动词经重新分析而做助动词的格式。系动词 jən 的否定形式是 mən，而 re 的否定形式是 ma-re。我们仅看其中肯定和否定的表达。（见表4-13）

表4-13　jən 和 re 做句尾助动词

体范畴	示证	肯定	否定
完整体	向心	V_{完成} – le jən	V_{完成} – le mən
		V_{完成} – nə jən	V_{完成} – nə mən
	叙实	V_{完成} – le re	V_{完成} – le ma – re
		V_{完成} – nə re	V_{完成} – nə ma – re
将行体	向心	V_{未完} – dʑi jən	V_{未完} – dʑi mən
	叙实	V_{未完} – dʑi re	V_{未完} – dʑi ma – re

完整体中，加底色部分我们认为是与南部安多藏语接触而来的。加底色和无底色部分没有功能的区别，是自由变体形式。说话人认为非底色部分更符合东纳话的惯常表达。不过，加底色部分在实际口语中也是存在的，这在我们的语料中也有反映。nə 和 le 在东纳话中都不是名物化标记，

而是连接词，可以起到连接从句的功能，与后面的系动词 re 和 jən 发生重新分析，而使整个动词后成分成为助动词性质，表达时体和向心范畴。

将行体中的 ɦdʑi，本身在东纳话中就是个名物化的标记，通过和后面的系动词发生重新分析，从而成为助动词。ɦdʑi 在宿主为闭音节时，往往读作 dʑi（或读作 dʐə），如 ʰbap‑dʑi re "要降落"；而在宿主韵尾为开音节时，往往前置辅音 ɦ 变读为 r，且发生音节的重新分析，听感上成为宿主韵尾形式，如 ʰdʐɔʳ‑dʑi re "将要去"。

下面来看存在动词及其组合做助动词的情况，存在动词 ʰnaŋ 转做助动词时，常读作 n̥aŋ。表 4‑14 是 jo 和 n̥aŋ 做句尾助动词时的常见组合。

表 4‑14 jo 和 n̥aŋ 做句尾助动词的常见组合

体范畴	意义	肯定	否定
进行体	向心	V_未完 ‑ ki jo	V_未完 ‑ ki me
	新异	V_未完 ‑ ki jo ki	V_未完 ‑ ki me ‑ ki
		V_未完 ‑ ki n̥aŋ	V_未完 ‑ ki mə ‑ n̥aŋ
	叙实	V_未完 ‑ ki ‑ jo nə re	V_未完 ‑ ki ‑ jo nə ‑ ma ‑ re
		V_未完 ‑ ki jo le re	V_未完 ‑ ki ‑ jo le ‑ ma ‑ re
经历体	向心	V_完成 ‑ le jo	V_完成 ‑ le ‑ me
	新异	V_完成 ‑ le jo ki	V_完成 ‑ le me ‑ ki
		V_完成 ‑ le n̥aŋ	V_完成 ‑ le mə ‑ n̥aŋ
	叙实	V_完成 ‑ le jo nə re	V_完成 ‑ le ‑ jo nə ‑ ma ‑ re
		V_完成 ‑ le jo le re	V_完成 ‑ le jo le ‑ ma ‑ re
结果体	向心	V_完成 ‑ jo	V_完成 ‑ me
	新异	V_完成 ‑ jo ki	V_完成 ‑ me ki
		V_完成 ‑ n̥aŋ	V_完成 ‑ mə ‑ n̥aŋ
	叙实	V_完成 ‑ jo nə re	V_完成 ‑ jo nə ‑ ma ‑ re
		V_完成 ‑ jo ‑ le ‑ re	V_完成 ‑ jo le ‑ ma ‑ re

其中加底色部分，我们的研究认为是借自东纳南边的安多藏语，是因语言接触而导致的，但现在它们已经基本融入东纳话的口语中，和东纳本土的层次并存使用。进行体中紧挨动词的连接助词 ki 在东纳话中与施格

助词同形，但没有做名物化的功能，它和后面的存在动词 jo、ñaŋ 以及表达新异功能的助词 ki 一起构成类似助动词的组合结构，从而表达时体和示证范畴。

另外，上述连接助词 ki 还会根据宿主韵尾的不同而发生语音变化，其中元音 –i 可以弱化读作 ə，从而形成 kə、gə 和 ɣə 的变体。我们以 ñaŋ 为例说明。（见表 4–15）

表 4–15 进行体标记 –ki–ñaŋ 中 ki 的语音变化

韵尾	变体	例句	释义
– p	ki	ⁿbap – ki ñaŋ	正在下雨
– t／– l	ki	ṣʷal – ki ñaŋ	正在说
– k／ɣ	ki	ʱlək – ki ñaŋ	正在倒水
– m	gi	ṣ am – gi ñaŋ	正在敬献
– n	gi	tʰan – gi ñaŋ	正在挤奶
– ŋ	gi	tʰoŋ – gi ñaŋ	正在喝
– r	ki	tsʰʷer – ki ñaŋ	（马）正在叫
V	ɣi	sɐ – ɣi ñaŋ	正在吃

上述有关系动词和存在动词重新分析为助动词的情形，更多详细例证，请参看本书 7.2"判断句"和 7.3"领有句"的分析，此不赘述。

另外，事态句中表新异意义的 ki① 不是助动词，而是个助词，它除了不能附着在系动词后，其他动词后都可以附着，既可以用于叙实性的句子，也可以用于非叙实性的句子，表达新异意义（mirativity）。ki 的词源不可考。例句请参看本书 6.6 所述。

事件句句尾通常附着 tʰɐ 和 zək，它们可以直接附着在谓语动词后，也可以附着在助动词后，既有表达时体的功能，同时又有表达示证的功能。其中，tʰɐ 既表达完成的意义，又表达亲知的示证意义，它来自趋向动词"去"的语法化。zək 既表达完成体意义，又表达拟测的示证意义，

---

① 含有语音变体 kə、gi、gə、ɣi 和 ɣə 等，根据宿主韵尾性质而定，基本规律是鼻音后面读作"gi 或"gə（我们省作 gi/gə），–l、–r、–p、–k 后读作 ki 或 kə，开音节后读作 ɣi 或 ɣə。

表明信息的来源是说话者根据某种痕迹，或别人告之而做出的陈述，说话者并未亲见事件的过程。zək 的词源我们认为来自数词"一"。zək 还会根据其前附音节韵尾不同而有语音变体形式。（见表 4 – 16）

表 4 – 16　拟测示证标记 zək 的语音变体

韵尾	变体	例词	例句	释义
– t/ – l	tsək	ʂʷal	ʂʷa – tsək	说完了
– n	ⁿdzək	ⁿdon	ⁿdon – ⁿdzək	念完了
– r	tsək	kʷar	kʷar – tsək	支起来了
p, k, m, ŋ, V	zək	si	si – zək	吃完了

有关 tʰɐ 和 zək 的具体例证请参看本书 6.4.1 和 6.4.2 的论述，此不赘述。

4.2.10　名物化

谓词及谓词性短语附加词缀后，往往会发生词类转化，主要是由谓词成分变为体词成分，即由陈述到指称，这种情况也往往称作名物化。名物化由附加一些意义已经开始虚化的成分派生而来。这些成分还不是完全虚化的词缀形式，尚带有较多的词汇意义，但和典型的复合词又有所不同，可以视作"类词缀"。附加这些类词缀后，词根由动作行为向动作行为的受事、对象、施事或结果等转移。东纳话常见的派生名词的类词缀主要有以下这些：

1. – ȵi（或弱读作 ȵə）：转指施事或受事

ȵi 或 ȵə 来自表"人"义的 ᵐȵə，既可用于转指做某事的人，也可以转指所做的事。如下所示：

　　　　ʰtətȵi　　砍东西的人　　　　lanȵi　　唱歌的人
　　　　ʰtseȵi　　玩耍的人　　　　　tʂʰoŋȵi　　跳舞的人

(4.184)　tɐtʰaŋ – ta　　　ŋetsʰɔ – ta　　　poˢkal　　　ʂʷal – ȵə
　　　　 如今 – 语气　　 我们：通格 – 话题　藏语　　　说 – 名物化
　　　　 la　　　　　　ŋoŋ – soŋ – zək.
　　　　 也　　　　　　少 – 助动词 – 拟测

现如今呢我们呢说藏语的人也很少。(S-1: 48)

(4.185) si - ma - taŋ - n̠i
吃：完成 - 否定 - 助动词 - 名物化
没吃完的（东西）(S-3: 111)

2. -sɐ ~ -so：转指处所

sɐ 的本义是"地方"，因此，由其参与构成的词指示动作的处所。另外，sɐ 其后还可以附加名物化标记 wo，而常合音读作 so。sɐ 同时还因所附着的词的韵尾不同而有不同的语音变体，在 -n、-l 和 -r 后常变读为 tsʰɐ。如下所示：

ʰtsapsɐ	针扎的地方	ʂʷatsʰɐ	说的地方
ʰləksɐ	倒水的地方	ʂamsɐ	敬献的地方
ʰlontsʰɐ	弄湿的地方	tʰoŋso	喝的地方
ʰdzʷartsʰɐ	粘的地方	ŋsetsʰɐ	所睡的地方
ⁿdəksɐ	住的地方	ⁿdʐosо	去的地方
raŋsɐ	远的地方	rəksɐ	相似的地方
sersɐ	所说的那个地方	zʷaŋsɐ	好地方
joŋso	所来的地方	ʰtɕesɐ	所出生的地方
tsʰɔsо	放牧的地方	ⁿdzersɐ	（针）扎的地方

3. -ʰdʐə ~ -ʰdʐo：转指施事或受事

ʰdʐə 当来自书面上的 rgju，表达"物质、物体"的意思，同时是个名物化词缀。当附着在开音节的动词后时，书面上的 r 前置音往往还有保留。ʰdʐə 有时元音高化读作 ʰdʐi。ʰdʐə 后还可以附加另外一个名物化标记 wo，两者往往发生合音读作 ʰdʐo。ʰdʐə 和 ʰdʐo 目前尚未发现有功能上的区别。置于动词后，构成名词，转指施事或受事成分。如下所示：

kondʐə	穿的（衣服）	ʰtɐrdʐə	看的（东西）
ŋandʐə	听的（歌）	pʰandʐə	打的（猎物）
tʰoŋrdʐo	所喝的	sɐrdʐo	所吃的
kʷandʐo	所穿的	tsʰoŋrdʐo	所卖的

(4.186) sɐrdʐə　　　tʰoŋrdʐə　　maŋ - na　　zʷaŋ,
　　　　 吃的　　　　 喝的　　　 多 - 连词　　好

ʂʷadzə	ʰtamdʐə	ȵoŋ – na	zʷaŋ
说的	论的	少－连词	好

吃的喝的多了好，说的论的少了好。

(4.187)
ta	ŋi	ɬɐ	teː	ʂam – dzə
现在	我：施格	神仙	其：与格	献－名物化

me – gə,	ta	ʰtser	tsamazək	ʂam – na
无－新异	现在	金子	一点点	敬献－连词

tʂʰok – ki – se.
可以－新异－引述

现在我没有可以给神贡献的东西，现在给他一点点金子的话应该可以。
(S－2：12)

4. –lo：转指结果或受事

lo 在藏文文献中的本义暂不可考证，存疑。在宿主韵尾为 n 或 l 时，会变成 ⁿdo 和 to，为 lo 的语音变体。附着在谓词后时，往往转指结果或受事。如下所示：

lilo	所做的	ʰtilo	所看的
ȵando	所听的	ʂʷato	所说的
ʂamlo	所献的	tɕilo	所写的

(4.188)
zi	tɕi – lo	joɣo	kɐ	mə – zʷaŋ – gə.
他：施格	写：完成－名物化	字	那	否定－好－新异

他写的那个字不好看。

5. –rok：表示帮助、帮忙①

rok 的词源形式乃书面上的 rogs，本义是动词"帮助"，此处置于动词后表达自指功能。不过，严格说来，V – rok 并未完全名物化，还带有一定的动词性。其后常常附加一个本义为"做"的助动词，从而构成一个词组。如下所示：

sɐ – rok（ʂi命令）	帮着吃	tʰoŋ – rok（ʂi命令）	帮着喝
ŋa – rok（ʂi命令）	帮着睡	li – rok（ʂi命令）	帮着做

---

① rok 没有语音变体，即不会根据前面所附音节末尾的辅音情形而有 ⁿdzok、tsok 等的变化。

(4.189) sɐ – rok ṣʷel a – gɔ
吃：未完 – 名物化 做：未完 疑问 – 需要
需不需要帮着吃？

6. – kʰom：做某事的时间

kʰom 的词源形式乃书面上的 kʰom，本义为"空闲时间"，置于动词后表做某事的时间。如下所示：

ʰtɐkʰom 看的时间 ⁿdzɔkʰom 去的时间
joŋkʰom 来的时间 sɐkʰom 吃的时间

7. – ton：做某事的原因和理由、根据

ton 的词源乃书面上的 don，本义为"内容"，置于动词之后，表动作的原因或目的。如下所示：

joŋ – ton 来的目的 ⁿdzɔ – ton 去的目的

(4.190) ŋɐ ⁿdzɔton mə – ɳaŋ
我：通格 去的理由 否定 – 有：新异
我没有去的必要。

8. – lək：做某事的方式和方法

lək 的词源乃书面上的 lugs，本义即"方式、方法"，置于动词之后，表达做事所采取的方式和方法。如下所示：

sɐlək 吃的方式 lilək 做的方式
ṣʷallək 说的方式 ʰtamlək 唱的方式

9. – ʰtɕɐ：具有某种特殊嗜好和行为习惯的人

该词书面上的对应形式尚不可考，据读音可构拟为 *skja。它既可以置于动词之后，也可以置于名词之后。下面首行的例子是置于名词之后，后面 3 行的例子则是置于动词之后。如下所示：

ʰtṣəntɕɐ 爱尿尿的人 tṣʰaŋtɕɐ 爱喝酒的人
ɦloʰtɕɐ 爱吹牛的人 laptɕɐ 爱谝大话的人①
ṣʷantɕɐ 爱放屁的人 ɦȵaŋtɕɐ 爱拉屎的人

---

① 含有"捏造（空话）"的含义。

ʱȵəʰtɕɐ　　　爱睡觉的人　　　ʱdzəntɕɐ　　爱撒谎的人

10. -tɕan：某种动作的声音，有时也指某种动作的形象

tɕan 的词源乃书面上的 rkjen，本义为"名声""声音"，因而其做名物化后缀时，通常表示某种具体的声音。如下所示：

ʂək/ʂoktɕan	唰唰的声音①
ʱdʐoktɕan	来回摇晃的声音
ʱȵoktɕan	来回咣当的声音
ʰtoŋtɕan	响动或惊动的声音②
zʷərtɕan	嗖嗖的声音
loktɕan	来回滚动的声音

11. -kʰɐ：表达某种样子或形象

kʰɐ 的词源乃书面上的 kʰa "边缘、外表"，因而其做名物化后缀时，表达某种形象或样子。

(4.191) tɕʰi　　　tʂəma　　ma-tʰoŋ-na　　tʰoŋ-kʰɐ-zək　　ʂi,
　　　　你：施格　饭　　否定-喝-连词　　喝-名物化-无定　　做：命令
　　　　ma-si-na　　　　　　sɐ-kʰɐ-zək　　　　　ʂi.
　　　　否定-吃：完成-连词　吃：未完-名物化-无定　做：命令
　　　　你不喝就做个喝的样子，不吃就做个吃的样子。（宴席上的谦虚话）

(4.192) tɕʰi　　　tʂʰə　　　　tʰoŋ-na　　　ʱlaŋʳgan-gə
　　　　你：施格　水　　　　喝-连词　　　老牛-施格
　　　　tʂʰə　　　tʰoŋ-kʰɐ　　naⁿdʐɐ-zək　　re.
　　　　水　　　喝-名物化　　类似-无定　　是：叙实
　　　　你喝水像老牛喝水的样子一样。

另外，需要补充说明的是，上述 ȵi、ʱdʐə 和 lo 还可以使从句名物化和关系化，而其他的则不行。详请参考 8.4 "关系从句"一节。

---

① 如可以说 ʂək/ʂok-tɕan tʂʰal-ki-naŋ "唰唰的声音响着"。
② 比如车发出的声音，或者羊群受惊到处跑动的声音。

4.3 副词

4.3.1 副词形态结构

副词主要有两类构成模式。一类是单纯副词，即本身就是副词，或由其他词类转化而来，比如形容词转化为副词，它们含单音节、双音节或多音节等类。一类是派生副词，由词根加词缀派生而来，而词缀通常采用与格助词相同的形式，实际上其本源就是由词根和格助词跨层语法化而来的。

1. 单纯副词

sɔma	刚刚	ŋɔma	真真地
ɦdanpa	真正地	ʰtsaŋma	全部
rema	快速地	taŋma	最后
aha	非常	jaŋ	又
jaŋ	也	la	也
tɕaŋ	刚	tɐroŋ	仍然
terkɔ	突然	kʰikəma	以前
tɛktɛk	完全地	ta	马上
tsamka	大约	jile	全部
to	快快地	tsʰɔ	都

前两行为形容词转化而来的副词，采用的是形容词词根 + 名物化标记 ma/pa 的形式，不能只用词根形式，此时后面还可以加无定标记 zək，比如 ʰtsaŋmazək 和 ŋɔmazək，同样起到修饰的作用。后面 8 行则是副词的固有形式。

2. 根词加词缀构成的副词

（1）加与格 la（及变体）①。

raŋɲa	随便	kʰɐrokya	安静地
kʰantɕəkya	悄悄地	ⁿdʐ̩əkya ʂel	好好地
ɦgoŋla	每晚	ɐlɐpɐlɐ	马马虎虎

---

① 其语音变化见本书 5.6.6 "与格"一节。

（2）加施格或属格①。

hɔtaɣi	慢慢地	wɐgə	真真地
ⁿdʐəjigi	全部	hɐⁿgə	一起
zʷaŋgə	好好地	korəkɣi	突然

（3）加位格②。

ȵɐmɐnɐ　　一模一样　　jənnamənnɐ　　一定

（4）一些短语，口语中已经固定为词，具有副词功能。

ɦnɐȵənparte　　以前

ɦnɐȵənparte 是书面语 gnaN "古代" + ȵin "日子" + par "中间" + te "位格"③ 构成的，本义为 "在古时"，现在已经凝固成一个词 "古代"。韵律上，ɦnaȵən 为一个韵律单位，parte 为一个韵律单位。

下面举几个例子，看这类副词成分的句法和语义的作用情况。如下所示：

(4.193) wukuimɔ - ɣə　　ȵan - nə　　ta　　raŋna　　ʂʷa - te re,
　　　　母乌龟-施格　　听-连词　　然后　　随意　　说-完整：叙实
　　　　母乌龟听后，便随意地说（M-1：9）

(4.194) ŋo - nə　　tək ʂe　　ʂʷal - ni　　ɦga - ɣə,
　　　　脸-位格　　那样　　说-连词　　高兴-新异
　　　　脸上这么说了，说高兴（S-3：27）

(4.195) lɐli - ta　　kʰikəma　　tə̂　　tə - ti
　　　　有些人：施格-话题　　以前　　其　　其-那时
　　　　lop - ma - ʐək - ɣa　　ta　　jile　　ɦdʐe - tsʰoŋ - zək,
　　　　学习-否定-助动词-连词　　现在　　全部　　忘记-助动词-拟测

---

① 东纳话中施格和属格在人称代词上还有内部屈折的形态变化，但在其他类词上则都是通过附加成音节的 kə（含语音变体 gə、ɣə、gi、ɣi 和 ki 等形式）来实现的，施格和属格采用相同的语音形式。

② 位格在东纳话中采用 ni（含语音变体 nə）来表达。但在这类副词中，有的还保留着书面位格的词形 na，这应该是词汇化固定的结果。

③ parte 源自书面上的 par - du，du 乃位格标记。但此处东纳话中发生不规则音变 du > te，而不是按规则音变 du > tə。

ⁿdzəkɣazək　　　　　　mə - kɔ - ɣə.
好好地　　　　　　　　否定 - 明白 - 新异
有些人之前……那时没有学会，现在全部都忘了，没法明白得清楚。（S -
1：22）

(4.196) ʰnɐɲənparte　　wukui - la - sʷer - zək - ɲiɣa
　　　 以前　　　　　乌龟 - 连词 - 猴子 - 无定 - 双数：与格
　　　 tʂokpɔ　　　 ʂɐkɣa　　　re.
　　　 朋友　　　　好　　　　是：叙实
　　　 以前，乌龟和猴子两个是好朋友。（M - 1：1）

(4.197) ta　　　　　jile　　　　ʰtsɐwɐ　　　　tə
　　　 然后　　　　全部　　　　情况　　　　　其：通格
　　　 ʰtsaŋmazək　　jar　　　ʂʷal - taŋ - zək.
　　　 完全地　　　　上面　　 说 - 助动词 - 拟测
　　　 （抓住他以后，他就没办法了，）然后就把那全部实情完全向上交代了。
　　　 （S - 3：148）

(4.198) zi - a　　　　zʷaŋə　　　ʂʷal.
　　　 他 - 与格　　 好好地　　　说
　　　 好好地说他！（gə 施格标记，义为用好来说）

(4.199) tɕʰi　　　　　soŋ - ɲa　　　　zək　　　tʂi - la.
　　　 你：施格　　　去：命令 - 连词　一下　　 问：命令 - 命令
　　　 你去（把她叫回来）问问！（M - 3：13）

(4.200) ŋək - ɲi　　　　hɐⁿgə　　　ⁿdzɔ - ja.
　　　 我 - 双数：通格　一起　　　 去：未完 - 语气
　　　 我们一起走啊！

另外，一些指示代词置于形容词或动词前时，也具有修饰的作用，可以称作"代副词"，比如 tək ʂel、tʂʰəro（ʂel）、təro（ʂel）、tərɐ 等。如下所示：

(4.201) təro ʂel　　　　　ʂʷal - nə　　　tɕo　　　　ʰkənma^
　　　 那样　　　　　　　说 - 连词　　　就汉　　　 小偷
　　　 那样说了后，小偷（M - 2：11）

(4.202) ⁿdzəkɣa ʂel　　　　lop - kʰɐ.
　　　 好好地　　　　　　 学习 - 助词

好好学习！

4.3.2 副词语义类别

（1）程度副词。

tsəyezək	一点点	tʰiyazək	一点点
ŋɔma	真正地/实在地	to	快/马上
ɦdanpa	实在	aha	非常
tɐktɐkzək	真切地		

（2）情态副词。

kʰʁoya	静悄悄地	hɔtayi	慢慢地
kʰantɕəkya	静悄悄地	raŋŋa	随便地
ⁿdʐəkya ʂel	好好地	ⁿdʐɔse	马上/立马
jə汉	也	zək	一下
hɐⁿde	一起	ŋɔmazək	确实地

（3）处所/方向副词。

hara	往那	sora	往这
jara	往上	mara	往下

（4）疑问副词。

tʂʰəro（ʂel）	怎么	tʂʰəzəkya	为何
tʂʰəgə	如何（手段）		

（5）语气副词。

jənnamənna	一定	kʰɔtʰɐk	肯定
tɐktɐk	完完全全	pʰatɕʰer	大概

（6）范围副词。

kʰərekʰəre	逐个	tʂaŋ	任何
tsʰaŋma	全部	jile	全部
la	也	harʁsora	全部
jaramara	全部	tsʰɔ	都

（7）时间副词。

ta	现在	tɕeroŋ	仍然
sɔma	刚刚	jaŋ	又
ʱdzæni	后来	tɕeŋ	经常汉
tɕaŋ	刚刚	taŋma	起先
ʰŋ̊æsi	先前	z̪ʷəkya	后来

下面我们简单举几个例子来展示副词的功能和语义。如下所示：

(4.203)　ŋi　　　　　ʰtser　　　　　ʰtsaŋma　　　lək – ma – z̪ɐk – ya ̂
　　　　我：施格　　金子　　　　全部　　　　倒 – 否定 – 助动词 – 连词
　　　　我没把金子全部放下，（你就不让我走……）(S – 2：16)

(4.204)　tɕʰi　　　　ʰŋ̊æsi　　　　mə – ʂʷal – kə – ma,　　kan
　　　　你：施格　　先前　　　　否定 – 说 – 新异 – 语气　　那
　　　　ŋə – tsʰɔ　　　sʷer – kə　　　ʰŋ̊əŋ　　　jile
　　　　我 – 复数：通格　猴子 – 属格　　心　　　　全部
　　　　nɐk – kə　　　　ⁿgɔ – ni　　　　jo – nə re – ma,
　　　　树 – 属格　　　　头 – 位格　　　有 – 完成：叙实 – 语气
　　　　tɕʰəma – nɔ　　me – te re.
　　　　家 – 位格　　　　无 – 完整：叙实
　　　　然后猴子听后说："哎，没问题，你不早说嘛，我们猴子的心全部都在树上嘛，不在家里。"(M – 1：19)

(4.205)　ti　　　　　　tʂakpa – gə　　　aha
　　　　其：施格　　　土匪 – 施格　　　非常
　　　　sɐlam　　　　la　　　　　　　ʂi – jo nə re.
　　　　地方路　　　　也　　　　　　　知道 – 完整：叙实
　　　　土匪对那地方的路也特别熟悉。(S – 3：24)

(4.206)　jəro　　　　　tsʰɔtɕʷək　　　tɐtʰaŋ　　　ŋɔmazək　　　mə – ʂi – ɣə.
　　　　依如　　　　　六部　　　　　现在　　　　实在　　　　否定 – 知道 – 新异
　　　　依如六部现在（我对它）实在不熟悉。(S – 1：20)

(4.207)　tətsʰi　　　　jaramara　　　te – nə　　　tsʰoŋ　　　ʂi – nə,
　　　　他们：施格　　上上下下　　　其 – 位格　　生意　　　　做：完成 – 连词
　　　　tsʰoŋon – na　　jaramara　　　tsʰoŋ　　　　ʂi – nə,　　ta
　　　　青海 – 位格　　上上下下　　　生意　　　　做：完成　　语气

  poˢkal   ŋma   tɛktɛkzək ṣʷal   tʂʰok - nə re.
  藏语   着实   真切地   说   可以 - 完整：叙实
  他们在那里来来回回做生意，在青海来来回回做生意，藏语真是说得非常好。(S-3：22)

(4.208) raŋ tsʰaŋ pʰan - nə, tsʰaŋkal ᶝdzɛk - nə ʰtsep - ɣoŋ - zək.
   随意 枪   打 - 连词   枪声   打 - 连词 到 - 助动词 - 拟测
   随意打枪，打枪后枪声过来了。(S-3：44)

(4.209) tɕʰɔ kʰɔtʰɛk tə ʰnaŋ.
   你：通格 肯定   其：通格 有：新异
   那些情况你肯定都熟悉。(S-3：134)

(4.210) kʰɔtʰɛkzək tɛroŋ ⁿdɛrə ⁿdzəkɣazək mə - ṣʷal - ɣə.
   确定地   仍然   这样   好好地   否定 - 说 - 新异
   （东纳部族来的地方，……）但现在仍然还不能完全肯定地这么说。(S-3：37)

4.4 连词

  连词是句法上起到关联意义的词，包括从句之间的连接词以及从句内各个成分的连接词两种。但起关联意义的词并不一定都是连词，还有关联副词，以及一部分短语形式。

  按功能来分，东纳话的连词主要有并列连词、从属连词和从句链连词3种，分别起到连接词、词组和从句的功能。并列连词连接的两个句法成分地位相同，而从属连词和从句链连词连接的两个成分地位不同。东纳口语连词的一大特征是绝大多数都和格助词同形，由格助词演化而来。下面分述口语中常见的一些连词及功能。

4.4.1 并列连词

  并列连词主要用来表示并置、转折、选择、顺承等关系。它连接的成分属于同一层次，并且句法功能相同，既可以是词，也可以是短语或句子。东纳话典型的并列连词主要有 la、ni 和 le，la 有时还会弱化读作 ra。la 用于连接词、词组和句子：连接词时，只能连接体词性的；连接词组时，既可以是体词性的，也可以是谓词性的；连接句子时，只表达转折关系。ni 只用于连接谓词性的词、词组和从句；连接词和词组时，目前只发现限于选择关系；连接从句时，既可以是选择关系，也可以是并置关系。le 只用于连接词组，且是谓词性词组，并且要求两个词组同时附加 le，形成框式结构才行，类似汉语的"即……又……"结构。在韵律上，并列连词与前面的成分连接更加紧密，在其后可以有停顿。如下所示：

(4.211) nor – la – loɣo　　te　　jile　　lam – ma　　mə – ⁿdʐ – ɣə.
牛 – 连词 – 羊羔　其：通格　全部　路 – 与格　否定 – 去：未完 – 新异
牛和羊羔全部没有销路。(L – 1：24)

(4.212) ʱdʐɐma　　ʰtsəm – la　　raŋ　　ʱdʐʷal　　tʂe.
斤　　　三 – 连词　　两　　八　　是：叙实
是三斤八两。(M – 3：15)

(4.213) tə – ta　　sam　　la　　tʂʰe – la　　ʂək　　la
其 – 话题　心　　也　　大 – 连词　力气　也
tʂʰe – ɣə,　　mʲə　　samtʂʰan – zək　　re.
大 – 新异　　人　　大胆 – 无定　　是：叙实
他呢胆量也大，力气也大，是个大胆的人。(S – 3：137)

(4.214) zi　　tɕʰəma – ni　　ᵐn̥ə　　zʷal – ňaŋ – la
他：属格　房子 – 位格　人　　坐 – 助动词 – 连词
ta　　ŋæː　　ʱgɔ　　mə – ʂʷe – gə.
然后　我：与格　门　　否定 – 开 – 新异
他虽然在房子里待着，但就是不给我开门。

在例（4.211）和例（4.212）中，la 连接词语 nor "牛"和 loɣo "羊羔"。例（4.213）中的 la 连接短语 sam la tʂʰe "心大"和 ʂək la tʂʰe "力气大"。例（4.214）中的 la 则连接两个限定性的、具有转折关系的从句。

(4.215) kan　　tɕʰo　　pɔmɔ　　jən – ni　　mən.
那　　你：属格　女儿　　是：向心 – 连词　非：向心
那是不是你女儿？

(4.216) tɐtʰaŋ – gə　　loŋɔŋ – gəˆ　　n̥okzɔn　　jən – ni – ta,　　ʂəzi
现在 – 属格　年轻 – 施格　小伙子　　是 – 连词 – 话题　小孩
jən – ni　　jo ～ jo – gə,　　jile　　tə
是 – 连词　有～重叠 – 施格　全部　其：通格

ʱdzɐˢkal   ʂʷal - kə jo.
汉语   说 - 进行：向心
现在的年轻人……小伙子也好，小孩也好，全部都在说汉语。(S-1: 63)

(4.217) tɕʰɔ   tʂʰe   ʱgɔ - dzən - ni   tʂʰoŋŋa   ʱgɔ - dzən.
你：通格 大   要 - 将行：向心 - 连词   小的   要 - 将行：向心
你要大的还是要小的？

(4.218) ŋɐ   tɕlɔ   ʱdəntʂʰəszɯ   jən - ni,
我：通格 今年   七十四   是：向心 - 连词
zi   tɕlɔ   tʂəktʂʰesɔsəm   re.
她   今年   六十三   是：叙实
我今年七十四了，她今年六十三了。(L-1: 1)

ni 在例（4.215）中用于连接两个动词，这两个动词都是限定性的，都有向心与否的范畴区别；在例（4.216）中用于连接两个短语，这两个并置的短语动词都是非限定性的，只能用 jən，不能用 re，没有向心与否的意义区别；在例（4.217）和例（4.218）中连接两个从句，所连接的两个从句中的动词都是限定性的，语义上，例（4.217）是选择关系，而（4.218）是并置关系。

(4.219) ta   ʱɲiɣa   ʰkom - le   ʰtok - le   ʂi - nə
然后   俩人   渴 - 连词   饿 - 连词   做：完成 - 连词
lɐː   ⁿdʐɔ   la   mə - tʰəp - kə.
山：与格   去：未完   也   否定 - 能够 - 新异
然后他们俩又渴又饿，也无法到山上去了。(M-4: 3)

(4.220) tɕʰəmtsʰaŋ   lɐlɐ - yi   ʂələ   ɲəndʐe - a
家庭   有的 - 施格   孩子   每天 - 与格
sɐ - le   tʰoŋ - le,   ɲa - a   ⁿdək - ni,
吃：未完 - 连词   喝 - 连词   床铺 - 与格   住 - 连词
leˢkɐ   mə - li - ɣə.
活儿   否定 - 做 - 新异
有的家里的孩子，每天又吃又喝，又睡觉，啥活儿也不干。

上述两例中的连词 le 都是连接两个动词，且所连接的动词都是非限定性的，没有时态变化，通用未完成形式。例（4.220）中，"又吃又喝""睡觉"和"不干活儿"并列，既用 le 连接，又用 ni 连接。不过，发音人也说，sɐ–le tʰoŋ–le 可以替换为 sɐ–ni tʰoŋ–ni，也是成立的。

另外，口语中还有一些由其他词演变而来的具有连接功能作用的词，比如 ta 和 te。te 和 ta 都是顺接连词，表示顺着上文语义，申说应有的结果或做出判断，与汉语的"那"类似。te 来自书面语的 de，为兼指代词，本义为"其"，ta 来自书面上的 da，本义为"此"，de 和 da 在东纳口语中都进一步语法化为连词。除此以外，东纳口语中还经常借用汉语副词"就"来表达连接的意义。如下所示：

(4.221)　ⁿdɐʳgoŋ　　　ŋɐ　　　　zi　　　　tɕʰəmaː　　　　soŋ–ni,
　　　　　昨天　　　　我：通格　他：属格　家里：与格　　去：完成–连词
　　　　　zi　　　　ʱganmu　　ran　　mə–n̥aŋ,　　　　ʱko–n̥i
　　　　　他：属格　老婆　　　施格　开心　否定–有：新异　煮–名物化
　　　　　tʂɐ　　　mə–zʷaŋ–gi,　li–n̥i　　　sɐⁿtʰoŋ　　la
　　　　　茶　　　否定–好–新异　做–名物化　吃喝　　　也
　　　　　mə–ʂəm–gi,　　　　ŋɐ　　　　tɕo
　　　　　否定–香–新异　　　我：通格　就(汉)
　　　　　ʂʷe–a　　ʱtsep–yoŋ.
　　　　　外–与格　到–助动词：向心
　　　　　昨天我去他家，他老婆子不高兴，煮的茶也不好，做的吃喝也不香，我就走了。

(4.222)　ɣoŋn̥a　　　tʰi–ʐɐk　　　ta,　　ʱtɐ–gə jo　　tə
　　　　　牛粪　　　拾–助动词　那么　看：未完–进行　其：通格
　　　　　re,　　　ta　　　ʱmɐk　　joŋ–gə a–n̥aŋ
　　　　　是：叙实　叹词　部队　　来–进行：疑问：新异
　　　　　ʱti–ni.
　　　　　看：完成–连词
　　　　　拾完牛粪后，在看那个，即部队是不是正过来。(S–3：151)

例 (4.222) 之中的第一个 ta 尤其能够说明它的连词性质。本来 tʰi–ʐɐk 之后，按一般规则，最恰当的是添加从句链连词 nə，但此处却省略了这个连词，而直接附加了 ta，可见 ta 在此处已经具有非常明确的连接功能。在韵律上，ta 也与前面的从句连接更加紧密。实际上，如果说成 tʰi–ʐɐk–nə ta 也是成立的。

还需要特别指出的是，连接限定性动词谓语句的连词 ni 是可以省略的，如上述例 (4.215)、例 (4.217) 和例 (4.218) 中的 ni 都可以省

略,从而用空格来表达并列关系。连接两个体词性成分的 la 有时也是可以省略的,如下两个例子所示:

(4.223) ta　　　ʱdewa　　　ⁿgɔwa　　　jile　　　tɕi　　　ʂi-nə
　　　　然后　　群众　　　老藏　　　全部　　计谋　　做:完成-连词
　　　　然后群众和老藏全部都想办法 (S-3:32)

(4.224) si-ma-taŋ-n̥i　　　　　　　ɬɐk-ɣɔ-n̥i-ta,
　　　　吃:完成-否定-助动词-名物化　剩-助动词-名物化-话题
　　　　ʱdʑi　ɬɐk-ɣɔ-n̥i　　　jile　　te-a　　　zʷən-tɕa-se.
　　　　货物　剩-助动词-名物化　全部　其-与格　给:未完-语气-引述
　　　　没吃完的,剩下的呢,剩下的物品,全部都给他啊! (S-3:111)

4.4.2 从属连词

从属连词是指标示补足语、关系从句和状语从句的连词。东纳话中常见的补足语连词有 teni 和 ni。没有关系从句连词。状语从句连词主要有表达条件和假设关系的 na、表达致使和目的的 Na、表达转折让步的 la、表达时间的 ti。详见本书 5.5.4 的论述,此不赘述。

4.4.3 从句链连词

从句链结构是东纳话特别发达、强势的结构之一。常用的从句链连接词是 ni（有时弱化读作 nə）和 Ca。Ca 还会根据宿主韵尾而发生和谐变化,共有 a、wa、la、ya、ma、na、ŋa、ra 等语音变体。ni 只用于连接句子,除了连接从句链结构,还可以连接并列从句,上文已有论述。Ca 则只用于从句链,不用于其他结构。ni 和 Ca 具有明确的分工,ni 用于标记非末尾从句为"叙实"性的句子,而 Ca 则用于标记非末尾从句为"非叙实"性的句子,两者呈现完美的分工合作关系。如下所示:

(4.225) mar　　　　　joŋ-nə,　　　ho-ni,　　　tsʰɔŋ-nə
　　　　往下　　　　来-连词　　　其-离格　　青海-离格
　　　　sor　　　　joŋ-ni,　　　tɐtʰaŋ-gə　　tʂoŋɣor,
　　　　这边　　　来-连词　　　现在-属格　　珠龙观村
　　　　tʂoŋɣor-nə　ʱkor-nə　　　ho-ni,　　　santʂʰakʰou-a
　　　　珠龙观村-离格　转-连词　　那-位格　　三岔口-与格

ʰtsep – ni,　　　　te:　　　　　　ʰtsep.
到 – 连词　　　　其:与格　　　　到

(土匪)下来了,从那里,从青海到这边来了,到了现在的珠龙观,从珠龙观转过去,到了三岔口,到了(三岔口)那里。(S-3:23)

(4.226) ti　　　　　tʂək – kə　　　tʂək – ɣa　　　　ʂʷal – tsʰək,
　　　　那:施格　　一 – 施格　　一 – 与格　　　　说 – 拟测
　　　　tɕʰi　　　　rema　　　　soŋ　　　　　　kʰama
　　　　你:施格　　快点　　　　去:命令　　　　牲口
　　　　leʁkʰi　　　saŋŋa　　　mar　　　　　　tɕʰə – ra
　　　　上面:属格　锅　　　　下面　　　　　　拿 – 连词
　　　　ʂok – ɣa,　　leʁkʰe:　　tsʷək – ɣa ʂok　　naŋ – ŋa.
　　　　来 – 连词　　上面:与格　墩 – 命令　　　里面 – 与格
　　　　tʂʰə　　　　tʰi – a　　　ʰnan – na tʰoŋ.
　　　　水　　　　　搜集 – 连词　加进 – 命令

其中一个对另外一个说:"你快去把牲口身上的锅取下来,墩到洞口上!再搜集点水放进锅里去!"(M-4:9)

(4.227) ŋi　　　　　　　　　ʰkatʂʰɐ　　　　zi – a　　　　ʂʷa – la
　　　　我:施格　　　　　　话语　　　　　他 – 与格　　说 – 连词
　　　　ʂʷal – ma – laŋ – ŋa　　　　　　　zi　　　　　ʂor – tʰɐ.
　　　　说 – 否定 – 助动词 – 连词　　　　他:通格　　跑 – 亲知

我话还没来得及跟他说上他就走了。

(4.228) ti　　　　　sʷer – kə　　　tʰap　　　me – la
　　　　其:施格　　猴子 – 施格　　方法　　无 – 连词
　　　　tɕo　　　　kʰɐ – nə　　　ʂʷal – nə – ta
　　　　就㈠　　　嘴 – 离格　　说 – 连词 – 语气

那猴子就没办法了,就只好嘴上说(M-1:15)

例(4.225)共出现 3 处 ni/nə 做从句链连词的地方,它所关联的前面的从句,都是叙实性的,在某一个时空内都已经发生,成为事实。例(4.226)也出现了 3 个从句链连词,分别为 ra、ɣa 和 a,"tɕʰə – ra ʂok – ɣa"是命令句,"tʂʰə tʰi – aʰnan – na tʰoŋ"也是命令句,都是非叙实的。另外,句末的 ʰnan – na tʰoŋ 短语中,na 原本也是非叙实从句链连词,tʰoŋ 本是动词"做"的命令式形式,此处虚化,和连词 na 一起被重新分析为命令式语气助词。当然,严格说来并未完全虚化,还保留一定的动词功能，比如保存命令式形态变化。在例（4.227）中，从句链连词为 la 和 ŋa，虽然整个从句链叙述的事情出现在过去，但"我没跟他说上话"却是未成为事实的事件，此处也被编码为非叙实句。例（4.228）中 la 为非叙实性从句连词，而 nə 为叙实性从句连词。"猴子没有办法"，这是在既往时间内，猴子身上所没有发生的事，被编码为非叙实句；而它说了的话，则是具体发生的事件，所以编码为叙实句，与其后从句相连，采用了叙实性从句链连词 nə。

4.5　其他封闭词类

4.5.1　格助词

格标记的主要功能乃标示名词性成分的句法和语义地位，识别名词性论元与动词之间的关系。东纳话格标记实际上主要采用的是附置词的形式，本质是一种虚词，不过在一些人称代词或指人名词上，有时会以屈折的形态展现。东纳话共有 7 个格助词，即通格、施格、属格、离格、位格、与格和连同格。其中，通格是零形式，其他都是有标记的，且都有数量不等的格助词，格助词附着在体词性成分之后表达各种语法关系。详细分析请参见 4.1.6 的分析，此不赘述。

4.5.2　叹词

东纳口语中常见的叹词及语义如下所述：

ole	表赞同，肯定。是的，是这样的
eja	表吃惊。哎呀
ja	表赞同。好，行，可以
m	表赞同。嗯，可以，好
ta	提请注意
ama	表惊奇
aro	呼唤。喂
pʰe	表鄙夷语气。呸
ma	提请注意。通常用于给别人东西时

atsʰatsʰa①	碰到比较热的东西时的叹词
ahəhə	碰到比较热的东西时的叹词
akʰəkʰə	碰到东西致使身体某部位很疼
ahawo	很累、很辛苦的叹词
ahoho/ɔhɔh	遇到惊奇、惊喜的事情之后的叹词

(4.229) o, ta tə-ɣə ɦdoˑdzi-ɣə sam-nə,
叹词 然后 其-施格 多杰-属格 心里-位格
o, tə-ta ʂə-soŋ-zək-ɣa.
叹词 其-话题 死-助动词-拟测-语气
哦！然后多杰想道："哦，他死了啊！"（S-3：55）

(4.230) ta tʂakpa ʰtsep-joŋ-zək, tʂakpa ʰtsep-joŋ-zək.
叹词 土匪 到-助动词-拟测 土匪 到-助动词-拟测
土匪来了，土匪来了！（S-3：54）

4.5.3 拟声词

常见的如一些动物叫的拟声词和模拟自然声音的拟声词。

ɑːm ɑːm	模拟狗的叫声
maːmaːma	模拟老绵羊的叫声，采用低升调
mʲaːmʲaːmʲaː	模拟小绵羊的叫声，采用高平调
mʲaːŋmʲaːŋ	模拟猫的叫声
aːoŋaːoŋ	模拟狼的叫声
r̈u r̈u	模拟牦牛的叫声
moːŋmoːŋ	模拟黄牛的叫声
ʂok/ʂək	嚓嚓

4.5.4 语气助词

东纳话的语气词不发达，数量少，且口语中的使用频率也不高。东纳话的语气助词有句末语气词和句中语气词两类，但以句末语气词为主，句中语气词数量少且不稳定。

---

① 比如可以说 atsʰatsʰa, tɕaŋnan-gə "啊擦擦，好冷啊！"

4.5.4.1　句末语气词

东纳话常用的一些句末语气助词，其形式和语义功能主要如下。

（1）ja 或 a：类似汉语"啊"，既可表达感叹，还可表达祈请、邀约和命令语气。

(4.231) ŋi　　　　tɕʰɔ　　　　ȵɐː　　　　kʰʷə-ra　　　　ⁿdʐɔ-ja.
我：施格　你：通格　背上：与格　背-连接　　去：未完-语气
（你要到了海的下面，无法下去的话，）我把你背到背上走啊！(M-1：14)

(4.232) amʲə　　koɳʈʂʰan,　　tɕʰɔ　　　ɦgaʳgaʰtɕiʰtɕi　　ʂi-a.
阿米　　贡禅　　你：通格　高高兴兴　　做：命令-语气
阿米贡禅，你要高高兴兴的啊！(M-6：4)

(4.233) rema　　soŋ-ja.
快　　去：命令-语气
快去啊！

(4.234) e　　　　　jile　　　　tʰoŋ-ja.
咱们：施格　一起　　　喝-语气
咱们一起吃啊！

(4.235) ŋoma　　jɐk-ki-ja.
真得　　漂亮-新异-语气
真漂亮啊！

（2）tala（或缩减为 la）：表达命令和祈请语气。

(4.236) sʷer-kə　　ʂʷal-tsʰək, ta　　tɕʰi　　tsʰəzək　　ʂʷal-dʐi
猴子-施格　说-拟测　然后　你：施格　什么　说-名物化
jo.　　　tɕʰi　　　ȵɐː　　　　ʂʷal-tala.
有：向心　你：施格　我：与格　说-语气
猴子说："你有什么话要说的，你给我说说吧！"(M-1：17)

(4.237) ta　　　tɕʰi　　　amɐ-ɣə　　　ʂɐ　　　ɦdʐɐma
那么　　你：施格　阿妈-属格　　肉　　　斤
ʰtsəm-la　　ȓaŋ　　ɦdʐʷal　　ʂan-ṅaŋ,
三-连词　　两　　　八　　　　欠-结果：新异
tɕʰi　　　ʰti-la.
你：施格　看：命令-语气

那你还欠你阿妈三斤八两肉，你看吧！（M-3：18）

(4.238) ta　　　ʰgeloŋ-gə,　　o,　　　tʂakpa-ɣə　　ʰtsep-ɣoŋ-zək,
　　　　那么　　老藏-施格　　叹词　　土匪-施格　　到-助动词-拟测
　　　　ta　　　jar　　　　　laŋ-nə　　　　　ʰtɛ-la,
　　　　那么　　向上　　　　起：完成-连词　　看：未完-语气
　　　　rema　ʰti-la-se.
　　　　快　　看：命令-助词-引述
　　　　然后老藏想："哦，土匪来了，那起来看一下吧！"（跟其他人说:）
　　　　"快看！"

（3）ma 和 mɔ：表达确定、确知的语气，相当于汉语的"嘛"。

(4.239) ta　　　sʷer-kə　　　　ŋan-nə　　　　sʷal-nə,　　　eja,
　　　　然后　　猴子-施格　　听-连词　　　说-连词　　　哎呀
　　　　ke　　　ʰtɕon　　　　mə-ɳaŋ,　　　tɕʰi　　　　　ʰŋɐsi
　　　　那：与格　问题　　　否定-有　　　你：施格　　　先前
　　　　mə-ʂʷal-kə-ma,　　kan　　　　ŋə-tsʰo
　　　　否定-说-新异-语气　那　　　　我-复数：属格
　　　　sʷer-kə　　　　ʰɳəŋ　　　jile　　　　nɐk-kə　　　ⁿgo-na
　　　　猴子-属格　　　心　　　　全部　　　树-属格　　　头-位格
　　　　jo-nə re-ma,　　　　　tɕʰəma-nə　　　　me-te re.
　　　　有-完整：叙实-语气　　家-位格　　　　无-完整：叙实
　　　　然后猴子听后说："哎呀，那没问题，你不早说嘛，我们猴子的心全部
　　　　都在树上嘛，不在家里。"（M-1：19）

(4.240) tə　　　　arək　　　　　te　　　　ʰkən-nə-ta
　　　　其：通格　阿柔　　　　其：与格　前面-离格-语气
　　　　talpa　　ʰtɕe-zək-mɔ
　　　　信仰　　生-拟测-语气
　　　　那个阿柔人前面呢生起信仰了嘛（S-2：27）

（4）ni/nə：最常见的是用于句末表达疑问语气。有时也用于陈述句末，增强叙述语气。

(4.241) ŋə-tɕʰɔ　　　　　　zi-ni,　　　ŋə-tɕʰɔ　　　　　　lɔ
　　　　我-复数：通格　　说-语气　　我-复数：通格　　年
　　　　ʰdʷəntʂʰəsorgʷə　　re.
　　　　七十九　　　　　　是：叙实

（你）说我们是吗？我们是七九年（结婚的）。(L-1：14)

(4.242) tɕʰɔ ʰtse - ɣoŋ - ni.
你：通格 来 - 助动词 - 语气
你来了啊？

(4.243) tɕʰɔː ʰkɐᵖli ʂi - nə.
你：与格 麻烦 做：完成 - 语气
给你添麻烦了！（或：你辛苦了！）

(5) kʰɐ：表达祈请或命令语气。

(4.244) tsʰerəŋ - kʰɐ, lɔᵖdzɐ lon - kʰɐ, kʷiʳdzɐ kʷan - kʰɐ.
长寿 - 语气 百岁 到 - 语气 百装 穿 - 语气
祝长寿！满百岁！着百装！(M-6：1)

(4.245) tɕʰi soŋ - ŋa kɔz ʰdʐi - a
你：施格 去：命令 - 连词 衣服 晒 - 连词
ʂok - ɣa ʰkam - kʰɐ.
做：命 - 连词 弄干 - 语气
你去把衣服晒干！

(6) liə、ŋ.ə（有时也发成ŋ.e）和ŋan：来自汉语的"咧""嗳"和"唔"。

这两个语气词我们认为是借用自当地的汉语方言，当代汉语方言经常会使用这两个语气词，类似现代普通话的"咧"和"呢"。

(4.246) ti ʰkam - lan - nə, fəŋkan - liə
其：属格 弄干 - 助动词 - 连词 风干汉 - 语气汉"咧"
ti, saŋ - ŋa naŋ - ŋa
其 锅 - 与格 里面 - 与格
ⁿdəro ʰɕɔ - gə jo - ŋ.e.
这样 炒：未完 - 进行：向心 - 语气汉"嗳"
然后弄干，风干咧，再放到锅里这样炒嗳。(L-2：2)

(7) pa：表疑问和确认的语气。

(4.247) kan soktsʰaŋ - gə nama re - pa.
那 索家 - 属格 媳妇 是：叙实 - 语气
那是索家的媳妇吧？

(8) V_命令式 – la tʰoŋ 和 V_命令式 – la ʂok 表达命令语气。

la 是具有连接意义的虚词，来自书面藏文与格标记 la。tʰoŋ 和 ʂok 分别为书面藏文 gtoŋ"做"的命令式形式 tʰoŋs 和 Ndʐog"放置"的命令式形式 ʐog 在东纳口语中的读音形式。V_命令式 – la tʰoŋ 和 V_命令式 – la ʂok 两者作为一个结构表达命令语气。当然，– la tʰoŋ 和 – la ʂok 并未完全虚化掉，有时还保留较多的本义。不过，其虚化的特征是明显的。同时 la 会有词形变化，与宿主韵尾相和谐。其主要变化见表 4 – 17。

表 4 – 17　命令式中 la 的语音变化

韵尾	变体	例子	释义
– p	wa	pʰap – wa tʰoŋ	教训一顿
– t/ – l	la	ʂʷa – la tʰoŋ	说一下
– k/ɣ	ɣa/a	rɐk – ɣa tʰoŋ	摸一下
– m	ma	tsem – ma tʰoŋ	补一下
– n	na	ʂʷən – na tʰoŋ	给一下
– ŋ	ŋa/a	tʂʰoŋ – ŋa tʰoŋ	跳一下
– r	ra	ʰpar – ra tʰoŋ	吹一下
V	la	ri – la tʰoŋ	叠一下

(4.248) ti　　　　　tʂək – kə　　　　tʂək – ɣa　　　　ʂʷa – tsʰək,
　　　　其：施格　　－－施格　　　　－－与格　　　　说－拟测
　　　　tɕʰi　　　　rema　　　　　　soŋ　　　　　　kʰama
　　　　你：施格　　快点　　　　　　去：命令　　　　牲口
　　　　lɐkʰi　　　　saŋŋa　　　　　mar　　　　　　tɕʰə – ra
　　　　上面：属格　锅　　　　　　下面　　　　　　拿－连词
　　　　ʂok – ɣa,　　lɐkʰɐː　　　　　tsʷək – ɣa ʂok.
　　　　来－连词　　上面：与格　　　墩－命令
　　　　naŋ – ŋa　　tʂʰə　　　　　　tʰi – a　　　　　ʰnan – na tʰoŋ.
　　　　里面－与格　水　　　　　　搜集－连词　　　加进－命令
　　　　其中一个对另外一个说："你快去把牲口身上的锅取下来，墩到洞口上！再搜集点水放进锅里去！"(M – 4：9)

(4.249) tʰəp – wa tʰoŋ.
制伏 – 命令
制伏（他）！

(4.250) ʰtsaŋma ʂi – a tʰoŋ.
干净 做：命令 – 命令
弄干净！

上述例（4.248）中，tɕʰə – ra ʂok "拿来"的 ʂok 还保留明显的趋向意义，而在接下来的 tsʷək – ya ʂok "墩上"的 ʂok 的趋向意义已经大大减弱，主要表达命令意义，此时 – ya ʂok 完全可以用 – ya tʰoŋ 来替换。

（9）go（或 ɣo）：委婉地请求或祈愿别人做某事。

(4.251) tɕʰi hɔtayi tʰoŋ – go.
你：施格 慢慢地 喝 – 语气
你慢慢地喝哈！

（10）saŋ（含语音变体 tsʰaŋ）：借自当地汉语。既可以用于疑问句，也可以用于感叹句。

(4.252) kan jəɣɔr ɦdanpa a – jən – tsʰaŋ.
他 裕固族 真的 疑问 – 是 – 语气
他真的的裕固族吗？

(4.253) ȵəma ɦȵi – a pə – taŋ – saŋ
日子 两个 – 与格 去：完成 – 助动词 – 语气
住着过了两天啊（S-3：44）

（11）tɕɐ：类似汉语的"吧"，用于非叙实句，表达祈愿的语气意义，希望自己或别人做某事。一般在宿主韵尾为鼻音后读作 dʑɐ，其他时候便读作 tɕɐ。

(4.254) si – ma – taŋ – ȵi, ɬɐk – yo – ȵi – ta,
吃：完成 – 否定 – 助动词 – 名物化 剩 – 助动词 – 名物化 – 话题
ɦdʑi ɬɐk – yo – ȵi,
货物 剩 – 助动词 – 名物化
jile te – a zʷən – dʑɐ – se.
全部 其 – 与格 给：未完 – 语气 – 引述
没吃完的，剩下的呢，剩下的物品，全部都给他啊！（S-3：111）

(4.255) ŋi　　　　　tɕʰɔː　　　　　　ⁿgɔwa　　　　　　tʰan‑dʐɐ.
　　　　我：施格　　你：与格　　　　头　　　　　　　　磕‑语气
　　　　我给你磕头了！（M‑3：22）

4.5.4.2　句中语气词

陈述句中的语气词，目前只发现 ta 和 a 两个。ta 来自书面语 da "此"的语法化，da 除了语法化为语气词外，还语法化为连词，相当于英语的 then 或汉语的 "那么"。另外，ta 还语法化为焦点标记和话题标记。如下所示：

(4.256) ta　　　　　te‑nə　　　　　　sor　　　　　joŋ‑nə
　　　　那么　　　　其‑离格　　　　　这边　　　　来‑连词
　　　　ta,　　　　 te‑nə　　　　　　ʰŋən‑nə　　　tɕiefaŋ‑gə
　　　　然后　　　　其‑位格　　　　　之前‑位格　　解放‑属格
　　　　ʰkən‑nə　　guomintaŋlɔ‑ɣə‑ta　sʅ ʂɐʅ　　　tɕyn‑gətsʰanjijan,①
　　　　之前‑位格　民国‑属格‑语气　　四十二ₓ　　 军‑属格参议员
　　　　ta　　　　　məntsaŋweijanhui‑gə　　　　　wuijan, ta
　　　　叹词　　　　蒙藏委员会‑属格　　　　　　　委员　　叹词
　　　　təro‑gə　　　ɸon　　　　　re.
　　　　那样‑属格　　官　　　　　是：叙实
　　　　从（青海）那里到这边（东纳地区）来以后，在那以前，在解放之前，是民国年代的呢第四十二军的参议员，蒙藏委员会的委员，是那么一个官。(S‑3：3)

(4.257) lʐli‑a　　　　　　　　　　ʂʷal‑ki ñaŋ,
　　　　有的人：施格‑话题　　　　说‑进行：新异
　　　　ta　　　　　　　　　　　ʂʷal‑nə　　　　　jo‑nə re.
　　　　叹词　　　　　　　　　　说‑名物化　　　　有‑完整：叙实
　　　　有的人吧还在说（藏语），还有说（藏语）的人。(S‑1：51)

例（4.256）中 guomintaŋlɔ‑ɣə "民国的" 既不是话题，也不是焦点，所以其后附着的 ta，主要表达一种语气意义，起到组织信息结构的功能。ta 在该句中功能繁多，既可以做连词，也可以做语气词，还可以做叹

---

① 按王岩松编著的《祁丰藏族乡族史家谱述略》（未刊手稿）第 215 页记载，马老藏担任的是国民党第十二军参议员和西北民族事务委员会委员。

词。例（4.257）中的lɐli后头的a乃语气词，此时充当话题标记。

疑问句中表达疑问语气的助词只发现一个a，附着在动词前表达是非疑问。如下所示：

(4.258) ŋi　　　　　　　　ⁿgɔwaː　　　　　　　a‑lok‑ɣə.
　　　　我：属格　　　　　头：与格　　　　　疑问‑回转‑新异
　　　　会不会反到我头上来？(S‑3：12)

4.5.5　话题助词

话题助词置于话题成分之后，起到标记话题的功能。东纳话最常用的话题助词是ta，口语中的使用频率非常高。ta源自书面上的da，本义为"此"，如东纳话可说tɐlɔ "今年"、tɕʰɐtɕ "现在"（组成词当变读为tɐ）。东纳话中它语法化的结果之一为话题助词。如下所示：

(4.259) tɔtsʰək‑ta　　　nal　　　la　　　maŋ‑gə
　　　　今年‑话题　　　病　　　也　　　多‑新异
　　　　lək　　　　　　la　　　nal　　　maŋ‑gə
　　　　绵羊　　　　　也　　　病　　　多‑新异
　　　　今年呢病也多，绵羊病也多（L‑1：24）

(4.260) kʰɐjə‑nə‑ta　　　tə　　　re,　　　hor　　　tʂe.
　　　　一半‑位格‑话题　其：通格　是：叙实　蒙古族　是：叙实
　　　　一半呢是那，是蒙古族。(S‑1：41)

(4.261) tɐtʰaŋ‑ta　　　ŋə‑tsʰɔ‑ta　　　　　poˢkal
　　　　如今‑话题　　我‑复数：通格‑话题　藏语
　　　　ʂʷal‑ɲi　　　la　　　ȵoŋ‑soŋ‑zək.
　　　　说‑名物化　　也　　少‑助动词‑拟测
　　　　ta　　　pojək　　　la　　　ʂi‑ȵime‑gə,
　　　　叹词　　藏文　　　也　　懂‑名物化无‑新异
　　　　现在呢我们吧说藏语的人也少，懂藏文的人也没有。(S‑1：48)

(4.262) wukui‑ɣə　　　ȵan‑nə　　　tə‑ta　　　ɦdanpa　　　re.
　　　　乌龟‑施格　　听‑连词　　其‑话题　　正确　　　　是：叙实
　　　　乌龟听后（认为）那是对的。(M‑1：20)

话题助词ta在例（4.259）中置于时间名词之后，在例（4.260）中置于带位格标记的方位名词之后，在例（4.261）中分别置于时间副词

"如今"和人称代词"我们"之后形成句首双话题结构,在例(4.262)中置于指示代词之后。可见 ta 做话题标记的使用领域和范围是极广的。

4.5.6 焦点助词

东纳话常用的焦点助词和话题助词同形,都是 ta。ta 只能标记成分焦点。如下所示:

(4.263)　ŋi　　　　　leˢkɐ - ta　　　　tɕʰɔːˆ　　　　tɕʰɔ - ta
　　　　　我:施格　　活儿 - 焦点　　你:与格　　　你:通格 - 话题
　　　　　ɦdək　　　　maŋna　　　　　tʰoŋ - nə,
　　　　　苦　　　　　很多　　　　　　喝 - 连词
　　　　　tɐroŋ　　　　ʰkɐʲli　　　　　ⁿdʐok - tʰan.
　　　　　而且　　　　麻烦　　　　　放置 - 助动词
我还曾让你干很多活儿……你呢吃了很多苦头,(我)还给你添很多麻烦。(M-2: 9)

例(4.263)的语境是小偷对商人撒谎,说自己上辈子作恶多端,被上帝惩罚变成一头驴,在商人家里待着,现在惩罚完毕,又变回人了。这时商人听了后,就说了上述那句话。"ŋi leˢkɐ - ta tɕʰɔː"这句虽然没有说完,有停顿,但想表达的意思是清楚的,即"我给你很多活儿干",强调的是"活儿"。同时也可以看到,其后的另一个 ta 附着在人称代词"你"后,作为话题标记。

4.6 构词法

东纳话的构词法相对较为简单,包括单纯词与合成词两类。单纯词是由单个语素构成的词,其中含单音节、双音节和多音节词,绝大多数语素都是单音节的。单纯词绝大多数是单音节,多音节词很少。合成词由不同语素合成而来,东纳话主要有复合词和派生词两种。

双音节以上的单纯词不多,有个别叠音词。表 4 - 18 是搜集到的一些常用多音节单纯词。

表 4-18 东纳话多音节单纯词

东纳话	释义	东纳话	释义
ŋɔyɔ	小孩	eˢke	羊羔满1周岁
kʰɐʴa	乌鸦	kɔmali	沙葱
kɐli	帽子	ɔmani	可怜
jile	全部	aha	非常
kʰotʰɐk	肯定	ŋɔma	真正地
lɐlɐ	有的人	tɐktɐk	全部
tɕʰoŋtɕʰoŋ	大雁	ninikama	老鹰

4.6.1 复合构词

由词根和词根组合成的词称为复合词，东纳话中此类词数量庞大，是主要的构词方式。下面分类来看复合构词所造的一些词。

（1）合成名词。合成名词的构造，有名+名、名+形、形+名、名+数、名+动、动+名等。

名+名：ⁿbutsʰaŋ 虫+窝>虫窝   jəmtsʰɔ   玉+湖>玉湖

名+形：sɐmar   土+红>红土   tʂʰəˈtɕɐk   水+凉>凉水

形+名：maŋtʂɐ   多+茶>斋僧茶   ʰn̥aŋri   旧+味道>陈腐味

名+动：lakjoŋ   手+来>手气   ŋəⁿdzɐn   日+抓>日食

动+名：ɦdʐopri   烧焦+味道>焦味

名+数：mɔʴgʷe   女+九>妇女

（2）合成动词。东纳话动词以单音节为主，多音节词很少，但也有一些，主要有动+动、名+动两种方式合成的多音节动词。

动+动：ⁿdʐapɳan 藏+听>偷听   lapdʐɐk   吹嘘+打>吹牛

名+动：tɕʰəsɐn   气+生>生气汉   ʂʷɐktsʰʷa   手+磕头>朝拜

（3）合成形容词。形容词基本都是单音节的，合成类的形容词在搜集的语料中数量非常少。

形+形：ɦjaŋʴgan 福+老>老实   ɦdeˢtɕɐl   平安+幸福>幸福

名+形：kʰɐtsʰɐ   嘴+热>辣

(4) 合成副词。东纳话合成的副词也不多，相对来讲，派生的副词还多一些。

形 + 代：tsamⁿgɐ　　　　　一点 + 一些 > 大概
名 + 动：tɐroŋ　　　　　　现在 + 可行 > 仍然
形 + 无定：ʰtsaŋmazək　　干净 + 无定 > 全部地

(5) 合成代词。合成代词数量不多，主要集中在指示代词上，其他部分罕见。

代 + 无定：təzək　　其 + 无定 > 那么
代 + 动：ⁿdək ʂel　这 + 做 > 这样　　tək ʂel　那 + 做 > 那样
代 + 代：okan　　其 + 那 > 那　　　　otə　　其 + 其 > 其
名 + 名词：tɐˢkap　现在 + 时代 > 当前

(6) 合成连词。合成连词有一些，但数量目前也未搜集到很多。

代 + 代：oŋde　　其 + 其 > 从此

4.6.2　派生构词

由词根和词缀合成的词称为派生词。东纳话中这类词的数量也是非常庞大，是主要的构词方式之一。词缀以后缀为主，占绝大多数，仅有几个前缀形式。词类中，派生名词的数量最多，相关的词缀也最多、最发达。另外，还有派生副词、派生代词和派生连词等，但有些不行，语序固定。

(1) 派生名词。派生名词的词缀主要有 pa、pɔ、pʰɔ、wa、ma、mo、sa、ŋɔ、ŋa、kɐ、ɲə、a 等，除了 a 是前缀外，其他基本都是后缀。表性别的词缀，有些词缀前附或后附两可。在这些词缀中，有些所附词根本身即是名词，但通常需要加上这些词缀才可以单说。有些所附词根是动词或形容词，附加这些词缀后，词性发生转变，成为名词，比如 mepɔ "穷人"，me 乃 "无" 义。

-pa：　　　talpa 信仰　　　　　ɦmɐkpa 雾
　　　　　ʰtsokpa 脏东西　　　ʂokpa 翅膀
-pʰɔ：　　ⁿdzɑpʰɔ 雄犏牛　　ɦlaŋpʰɔ 公黄牛
　　　　　pʰɐkpʰɔ 公猪　　　wukuipʰɔ 公乌龟

- pɔː	sokpɔ 回族	ɦgɐpɔ 老头
	tʂokpɔ 朋友	mepɔ 穷人
- wa ː	ŋaŋwa 鸭子	parwa 媒人
	owa 喉咙	liwa 炊事员
- wɔː	tewɔ 鸡	ɦdʑiwɔ 首领
	ɦdʐæwɔ 皇帝	ʂəmwɔ 香的
- ma ː	ɦŋama 尾巴	rama 山羊
	rima 羊粪蛋	ɦŋokma 马鬃
- mɔː	tɕʰəmɔ 母狗	ɦgemɔ 老婆
	ɬmɔ 仙女	ʰtsemɔ 笑话
- sa ː	rəpsa 骨头	ʰtɕepsa 丈夫
	paksa 皮肤	tɕʰəpsa 胆
- ɲə ː	seɲə 吃的（人）	tʰoɲə 喝的（人）
	liɲə 干的（人）	ⁿdoɲə 念的（人）
- ŋɔː	poŋɔ 驴	tʰoŋɔ 绵羯羊
	ɦlaŋɔ 黄牛	zʷaŋɔ 好的
- ŋa ː	loŋa 山谷	ɣoŋa 牛粪
	tʂʰoŋa 小	ȵoŋa 小
- kɐː	nokɐ 弟弟	tsʰəkkɐ 样子
	lɐˢkɐ 工作	ɦgoŋkɐ 晚上
- ri/ - tʂi ː	nɐkri 黑的	ɣori 圆的
	setʂi 黄的	katʂi 白的
pʰɔ - ː	pʰɔˢtɕi 男人	pʰɔˢti 小公马驹
	pʰɔtʂi 公骡子	pʰɔwukui 公乌龟
mɔ - ː	mɔˢtɕi 女人	mɔˢti 小母马驹
	mɔtʂi 母骡子	mɔwukui 母乌龟
a - ː	apɐ 阿爸	aji 奶奶
	atɕɐ 哥哥	azaŋ 舅舅

a 前缀只附加在亲属称谓词前头，可能是古代领属范畴的遗存。另外，还有几个叠音词缀，既有藏语本土的，也有借自汉语的，和藏语混合在一起，表达词汇意义。

- lələ： ʰtsɐlələ 蔬菜
- koko： rɐkoko 像门楼一样对着长的角（钩/门）
- məŋmən： rɐməŋmən 像门楼一样对着长的角（钩/门）

词缀 lələ 应该是藏语固有的，发音合作者也认为它来自藏语，不认为是借自汉语。rɐkoko 和 rɐməŋmən 是个藏汉语素结合而成的词。其中 rɐ 是"角"的意思，而 koko 为汉语"钩钩"，məŋmən 为汉语"门门"，rɐkoko 和 rɐməŋmən 形容牛角的长相。发音合作者非常确定词缀 koko 和 məŋmən 来自汉语。

（2）派生副词。副词可由名词、动词、形容词、代词后附加格助词派生而来。

名 + 与格： ʱgoŋla 每晚　　raŋna 随便
动 + 施格： wɐgə 根本
动 + 与格： kʰɐrokya 安静地　　kʰantɕəkya 悄悄地
动 + 与格： jənmənna① 一定
形 + 施格： zʷaŋgə 好好地
形 + 与格： tʂəkya 好好地
代 + 与格： tele 从来

（3）派生代词。派生代词主要集中在指示代词中，其他类的代词派生的很少。

代 + 与格： tərɐ 那么
代 + 名物化（?）： təro 那样 kanto 那样

（4）派生连词。连词派生所见例证不多。

代 + 离格： teni 从此

4.6.3 重叠构词

东纳话中，不管是单纯词中的叠音词，还是合成词中的重叠词，目前搜集的例词数量都非常少。如 lɐlɐ "有的人"、tɕʰoŋtɕʰoŋ "大雁"、tɐktɐk

---

① na 实际是书面语中的与格 la 变化而来。

"全部"等，这些叠音词都是单纯词，语素单说都和重叠后有差别。

除此之外，东纳话中还有一些重叠词，但目前所见，主要还是童语现象，且搜集到的数量也极其有限，比如 tsɔtsɔ "小男孩性器官"、kɐkɐ "婴儿所拉的屎"、tsʰʷetsʰʷe "双胞胎"等。尚未见到类似汉语的"星星""妈妈"等一类典型的重叠词。

第 5 章　名词和名词性形态

东纳话名词形态主要体现在如下一些方面：①性方面，没有语法意义上的性范畴，只存在有生物性别区别。②数范畴，存在单数（无标记）、双数（-ȵi 标记）和复数（-tsʰɔ 标记）的区别，但这种区别并非强制性的。③格方面，有通格（无标记）、施格 gi（含 ki/gi/ɣə/ɣi 等变体）、与格 La（含 wa、la、na 和 ra 等变体）、离格 ni（含 ni 和 nə 两个变体）、属格 gi（含 ki/gi/ɣə/ɣi 等变体）、位格 ni（含 ni 和 nə 两个变体）和连同格 hᵑde，共 7 个。还有常见的比较标记 ni 和话题标记 ta、焦点标记 ta。下面我们分别论述。

5.1　性别标记

不存在语法性质的性标记，只在表达有生命的物体的性别区别时才会有性别标记，阴性用 mɔ① 和 ma，阳性用 pʰɔ（或者 pɔ②）和 pa。性标记有时在词根前，有时在词根后，并不是固定的。但以在词根后为常见。如下所示（左排为阴性，右排为阳性）：

A：　ʱgan－mɔ　　　老婆子　　ʱgɐ－pɔ　　　老头子
　　　na－ma　　　　媳妇　　　mak－pa　　　女婿
　　　nə－mɔ　　　　妹妹
　　　pɔ－mɔ　　　　女儿
B：　mɔ－ʰtɕi　　　　女人　　　pʰɔ－ʰtɕi　　　男人
C：　ⁿdzɔ－mɔ　　　母犏牛　　ⁿdzɔ－pʰɔ　　　公犏牛
　　　pɐ－mɔ　　　　母黄牛　　ʱlaŋ－pʰɔ　　　公黄牛

---

① 也可以发成 mu，但两者无对立。因附着在词根后，口语通常高化为 mu。
② 有时也发成 pɔ，或者弱化为 pə，但无对立。因附着在词根后，口语通常高化为 pʰu 或者 pu。

D：	ʱgon-ma	母马	ʰtɐ-pʰɔ	公马
	pʰɐk-mɔ	母猪	pʰɐk-pʰɔ	公猪
	poŋ-ma	母毛驴	poŋ-pu	公毛驴
	mɔ-tʂi	母骡子	pʰɔ-tʂi	公骡子
	mɔ-ʳti	母马驹	pʰɔ-ʰti	公马驹
	mɔ-kalipa	母尕力巴牛	pʰɔ-kalipa	公尕力巴牛

上述 A、B 两类为指人名词，C、D 两类为指动物名词，而不管是指人名词还是指动物名词，性别标记都有前置也有后置的，指人名词中 A 类为后置而 B 类为前置，指动物名词中 C 类为后置而 D 类为前置，但后置的名词数量要大于前置的数量。

5.2 小称标记

存在小称现象，但不够发达。主要手段有 4 种：①词汇性组合手段，采用在词根后附加后缀 tʂʰək（有时变读作 rək，来自书面上的 pʰrug）和 ɣə（有变体 ɣa 和 ɣo 等）的形式表达小称意义。tʂʰək 的本义即"小娃娃"。ɣə 乃由词根韵尾的 -g 同化了书面上的小称标记词缀 bu 的声母（bu 本义也是"儿子"）弱化而来。该手段既可以用于有生物，也可以用于非生物。②内部屈折的形态手段。这类目前仅在表动物名词上有所发现。③异根。目前也只见于动物名词上面。④重叠。只发现了一个词。

5.2.1 词根+词缀

这类形式目前总共发现两类：一类是附加 tʂʰək 的情况，一类是附加 ɣə（有变体 ɣa 和 ɣo）的情况。其中前者是较新的小称表达手段，能产性相对较高，而后者是化石化了的小称表达手段，不具有能产性。如下所示：

（1）词根+tʂʰək 的手段。

A： ʱdzɐ-tʂʰək/ⁿdzo-rək　汉族娃娃

	pe‑tʂʰək	辈分小的人①
B：	ⁿdzɔ‑tʂʰək	犏牛娃子
	ʱlaŋ‑tʂʰək	黄牛娃子
	pʰɐk‑tʂʰək	小猪
	ʱlaŋ‑tʂʰək	小黄牛
C：	Cnɐk‑tʂʰək	小树苗
	roŋ‑tʂʰək	小珠子
	toŋ‑tʂʰək	头上的小饰物

上述 A 类为指人名词，B 类为动物名词，C 类为无生名词。

（2）词根 + ɣə（ɣɐ 或 ɣo）的手段。

lək₁	绵羊	lo‑ɣo	刚下的羊羔
lək₂	绵羊	lə‑ɣɐ	一岁不足两岁的羊
ʰtɐ	马	ʰta‑ɣɐ	马驹
ʱna	青羊	ʱni‑ɣə	青羊娃子

5.2.2 内部屈折

ʰtɐ	马	ʰti（或 ʰtɐ‑ɣɐ）	马驹
ʱna	青羊	ʱni‑ɣə	青羊娃子

上述前面是词根原形，而后面是小称形式。"马"的非小称形式与小称形式之一是元音 ɐ 和 i 的交替。"青羊"则实际上是既采用了元音屈折（a 和 i 交替），又采用了附加小称词缀 ɣə 的形式，是双重小称形式。另外，还有两个关于"鸟"的词，这两个词没有词根原形，而只有小鸟和大鸟的区别，如下所示：

ʂʷi	小鸟	ʂʷa	鸟 大型鸟类

前者通常指麻雀等体型较小的鸟，而后者指鹰等一类的大型鸟类型。

5.2.3 异根

这一组词，严格来讲并不能算典型的小称异根形式，视作不同的语义

---

① 辈分小，或者指称个子小的人。肚子里怀着的孩子也可以此来指称。

词汇或许更合适，而且目前我们搜集到的也仅限于畜牧词汇。鉴于东纳为牧区，对牧养动物分类较细，所以这类词当作不同的词汇更合适，不过我们权且放于此。

ʱjɐk₍公₎/ⁿdʐə₍母₎	牦牛	jarə	1 周岁的牦牛
rama₁	山羊₍统称₎	rəˢtsə	当年山羊羔子
rama₂	山羊₍统称₎	eʰke	1 周岁的羊，但跨两年①

5.2.4 重叠

通过重叠表达小称意义，目前搜集到的例词仅有一例，所以暂不确定这种语法手段在东纳话中的能产性问题。不过，这类词即使有，相信也不会很多。

| tʂɐ | 老鼠 | tʂɐ–tʂɐ | 很小的老鼠 |

附带讨论一下爱称的问题。爱称在当地不普遍，人名后面通常没有类似南边安多地区那样的在其后附加 lo 表示爱称的形式。个别词上可以采用重叠形式，如"扎西才让"这个人名，发音合作者说仅会有极个别的人会用 tʂɐtʂɐ 表示爱称，但很不普遍。另外，家里排行最小的人，有时也会叫作 tʂɐtʂɐ，称呼男女皆可。tʂɐtʂɐ 本是 tʂɐ"老鼠"的重叠形式，tʂɐtʂɐ 是"小老鼠"之意。这点看来是具有普遍意义的，因为像"扎西"这个名字，青海安多藏语通常昵称为"扎扎"。

另外，因为当地有普遍取汉语名字的情形，所以对汉语名字，有时也会采用重叠形式表达亲昵意义，这点和汉语是一致的。如王岩松先生的外孙，藏语名叫"仁增多杰"，汉语名"顾奇"，昵称"奇奇"。

5.3 亲属称谓词缀

东纳话中有亲属称谓词缀，但只有一个 a–，再无其他前缀。如下述例子所示：

---

① 山羊一般 3 月份产羔，一过 12 月就叫 eˢke。但 12 月份之前的还是叫 rəʰtsʅ。满一周年时长两个大牙，当地汉语叫作"二齿子"或"页石子"。

a–pɐ	爸爸	a–mɐ	妈妈
a–tɕɐ	哥哥	a–tʂəya	姐姐
a–pɐ tʂʰe	伯父	a–mɐ tʂʰe	伯母
a–pɐ tʂʰoŋ	叔父	a–mɐ tʂʰoŋ	婶母
a–ne	姑妈/舅妈/姨妈	a–ʐaŋ	舅舅

5.4　有定性标记

东纳话口语中的名词尚未有完全语法化的强制性的有定、无定标记，但当名词在话语中表达有定或无定的意义时，常会采用有定或无定的标记予以指示。

5.4.1　无定标记

无定标记用于标记话语中无法识别的名词或名词短语。东纳话无定标记为 zək（当宿主韵尾为 –l 和 –n 时，还常常变读为 tsək），由书面语中数词 gtɕig "一" 语法化而来，口语中使用非常高频。如下所示：

(5.1)　kʰɐˈrtsaŋ　　　　ŋ–tsʰɔ　　　　　ⁿdoŋnek　　　　sɐtʂʰɐ
　　　 以前　　　　　　我–复数：通格　　东纳　　　　　　地方
　　　 ⁿdə–na　　　　　ɦgeloŋ–zək　　　jo–tsək
　　　 这–位格　　　　 比丘–无定　　　 有–拟测
　　　 以前我们东纳地方这里有位比丘（M–3：1）

(5.2)　ɦnaɳənparte　　wukui–la–sʷer–zək–ɲiya
　　　 很久之前　　　 乌龟–连词–猴子–无定–双数：通格
　　　 tʂokpɔ　　　　 tʂɐkya　　　　re.　　　　　 tək–ɲi–ɲiya
　　　 朋友　　　　　 好　　　　　　是：叙实　　其–双数–双数：通格
　　　 tsɐk–kə　　　　toŋ–zək　　　naŋ–nə　　　　ɦgəndza ʰtʂək–ya
　　　 岩石–属格　　　洞窟–无定　　里面–位格　　冬天一–与格
　　　 zʷal–taŋ–ni.
　　　 住–助动词–连词
　　　 以前，乌龟和猴子两个是好朋友。他们俩在一个岩石洞里住着过了一个冬天。（M–1：1–2）

(5.3)　ʱdzawa　　tʂɐk　　ȵi‑zək‑kə　　ta
　　　月份　　　一　　　二‑无定‑属格　然后
　　　leˢkɐ　　　tsʰar‑soŋ‑ŋa,
　　　工作　　　完毕‑助动词‑连词
　　　ta　　jaŋ　　te　　　　　　ⁿdzɔᵍgɔ‑ɣə,
　　　然后　又　　其:与格　　　去:未完需要‑新异
　　　过了一两个月活儿干完了又要去另外一个地方。(L‑1:11)

例（5.1）在故事开头，无定标记引入话语中某个不定指的一个人。例（5.2）"乌龟和猴子"后面的无定标记用于引入多个所指，而 toŋ "洞窟"后面的无定标记则引入一个所指，而"一个冬天"则是具体指数，用了无定标记的词源形式数词 ʰtʂək "一"。例（5.3）中无定标记用于不定指名词短语"一两个月"后。

(5.4) a.　ŋɐ　　　naŋkɐ　　 ɕүnan‑zək　　ⁿdzɔ‑ja　　　sam‑gə.
　　　　我:通格　明天　　肃南‑无定　　去:未完‑语气　想‑新异
　　　　我明天想去趟肃南。

　　　b.　oŋgo　　　tɕaykuan‑na　　zək　　　ⁿdzɔ‑ja.
　　　　我们:通格　嘉峪关‑与格　　一次　　去:未完‑语气
　　　　我们去次嘉峪关吧！

(5.5)　ta　　　ŋɐ‑tsʰɔ　　　kan‑nɐ　　　mʲə　　　 tʂʰɐtsʰək
　　　然后　我‑复数:通格　那‑位格　　人　　　也　　　一些
　　　soŋ‑zək　　　　soŋ,　　　　ŋɐ　　　　 ma‑soŋ.
　　　去:完成‑无定　去:完成:向心　我:通格　否定‑去:完成:向心
　　　我们那里的人也有些去的，我没去。(S‑3:87)

(5.6)　ŋo‑ɣə　　　ʱnɐloŋ　　　 ⁿdə‑ta　　　ɐtsa‑zək　　　re.
　　　银子‑属格　耳坠　　　　这‑话题　漂亮‑无定　　是:叙实
　　　这个银耳坠呢是很漂亮的。

上述 3 个例子中，无定标记 zək 已经开始偏离了它的典型用法。例（5.4）肃南县城对听说双方都是可以被识别的旧信息，显然这时说话者不是想去"某一个肃南"，而是想去"那么一趟肃南"，句子具有非常大的主观性，"肃南"实际是主观上的不定指。例（5.5）无定标记附着在动词 soŋ "去"之后，zək 有名物化的功能，把述谓指称化，此处用于标记"去"这样一个不定事件，实际也是主观上的不定指，不是指称客观世界中的某个事物。例（5.6）无定标记用于状态词 ɐtsɐ 之后，同样起到把它名物化的功能，也是主观不定指标记。

5.4.2 有定标记

东纳话用兼指代词 tə 来兼表有定，用以表示此时名词所指示的人或事物在同类中是特定的，以此有别于同类中其他的人或事物。如下所示：

(5.7) jar　　　　tə　　　　　tsʰɔkʰɐ-zək-ni　　　tʂʰəktɐ
　　　上面　　　其：通格　　海面-无定-位格　　马
　　　ʰŋɔri-zək　　jo-kə-ser-kə,　　　　　ta
　　　清色-无定　有-新异-传闻-新异　　叹词
　　　tʂʰəktɐ　　　ʰŋɔri-wɔ　　　tə　　　　　zoŋ～zoŋ-ni,
　　　马　　　　海青-名物化　其：通格　　捉：完成～重叠-连词
　　　传闻在上面海里有个海青马，（措周部落的头人）把那个海青马捉了几次捉到了。(S-1: 32)

(5.8) ti　　　　sʷer-kə　　　　tʰap　　　　me-la,
　　　其：施格　猴子-施格　　方法　　　　无-连词
　　　tɕo　　　　kʰɐ-nə　　　　sʷal-nə-ta
　　　就_汉　　　嘴-离格　　　说-连词-语气
　　　那猴子就没办法了，就只好嘴上说（M-1: 15）

在例（5.7）中，当首次引入"海青马"这个事物时，用了无定标记 zək，而接下来再一次谈及说话双方都明确的这个事物时，即用 tə 附着在"海青马"后，此时 tə 的主要功能是指示上面那个"海青马"。在例（5.8）中，上文语境说话双方已经知道了"猴子"这个事物，此时再引入这个听说双方都知道的事物时，即用了定指代词 ti 指称，而 ti 是施格形式，即还有形态变化。此时 ti 去掉并不影响意义的表达，猴子还是听说双方都可以识别的，还是有定指的，而加上后，ti 的指别意义出现羡余，所以开始具有更多定指的功能。

5.5 数标记

数标记具有单数、双数和复数标记，其中单数是零标记，双数标记是 -ŋi（来自数词"二"，数词"二"单念为 ʰŋi，做双数标记时为 ŋi），而复数标记是 tsʰɔ。其中，复数标记 tsʰɔ 在有生名词上会有形态屈折变化，而在无生名词上则没有形态屈折变化。另外，数标记并非强制性的，而是可选择性的。

关于人称代词和指示代词在数上的变化，详见 3.1.6.1 和 3.1.6.3 的论述，此不赘述。这里我们主要看非指人名词数的变化情况。

5.5.1 双数标记

源自数词"二"的 ɲi 必须和 ya 组合在一起构成 ɲiya 才能做双数标记。既可用于有生名词，也可用于无生名词，同时不管有生还是无生，双数标记都采用内部屈折的形态变化表达格的意义。ɲiya 做双数标记并非已经完全虚化而成为黏附成分，而实际上它还可以独立做论元。

(5.9)　ta　　　　　tɕʰi　　　　　mɐ　　　　sok – ni,
　　　 现在　　　 你：施格　　 妈妈　　　养育 – 连词
　　　 mɐ　　　　ɲer　　　　　ʂi – ni,　　　tɕʰək – ɲi – ɲiya
　　　 阿妈　　　伺候　　　　做：完成 – 连词　你 – 双数 – 双数：属格
　　　 tom – tsʰɔ　　ʰtsaŋma　　ʰtsi – taŋ – zək.
　　　 账 – 复数　 全部　　　计算 – 助动词 – 拟测
　　　 现在你养育你妈妈，伺候你妈妈，你俩之间的所有账都算完了。(M – 3:17)

(5.10)　tɐˢtɐ　　　　ʰkənma – ɲiya　　　　ʰti – ni
　　　 那时　　　　小偷 – 双数：施格　　看：完成 – 连词
　　　 那时，两个小偷看到了这情景（M – 2:2）

(5.11)　ʱnaɳənparte　　　　　　wukui – la　　sʷer – zək – ɲiya
　　　 很久之前　　　　　　　乌龟 – 连词　猴子 – 无定 – 双数：通格
　　　 tʂokpɔ　　　　　　　　tʂɐkya　　　re.
　　　 朋友　　　　　　　　　好　　　　　是：叙实
　　　 tək – ɲi – ɲiya　　　　 tʂɐk – kə　　toŋ – zək
　　　 其 – 双数 – 双数：通格　岩石 – 属格　洞窟 – 无定
　　　 naŋ – nə　　　　　　　ʱgəndza
　　　 里面 – 位格　　　　　 冬天
　　　 ʰtʂək – ya　　　　　　 zʷal – taŋ – ni,
　　　 一 – 与格　　　　　　 住 – 助动词 – 连词
　　　 以前，乌龟和猴子两个是好朋友。他们俩在一个岩石洞里住着过了一个冬天。(M – 1:1 – 2)

(5.12) mar　　　　　tʂʰɔra - ɲiya　　　ɦdzʑətʂi　　　　ɦgɔ,
酥油　　　　　　曲拉 - 双数：属格　　营养　　　　　　需要
牧民需要酥油和曲拉两者的营养。(M - 5：H - 1)

(5.13) lɔ - ɲiya　　　　təkʂe　　　pəl　　　tə　　　ta
年 - 双数：通格　　　如此　　　过去：完成　其：通格　然后
然后过了两年 (S - 3：11)

双数标记 ɲiya 在例（5.9）中附着在人称代词之后，在例（5.10）中附着在属人名词"小偷"之后，在例（5.11）中附着在动物名词"乌龟"和"猴子"之后，在例（5.12）和例（5.13）中附着在无生名词之后。

(5.14) ta　　　　ɲiya　　　　tʂɛkʝa　　　tʂoŋ - ni
然后　　　两者：通格　　好　　　　　变 - 连词
（以前，乌龟和猴子他俩过了一些年，）然后他俩变成了好朋友①

在（5.14）中 ɲiya 做独立论元成分，在句中做主语。

5.5.2　复数标记

复数标记 tsʰɔ 可以附加在有生名词和无生名词之后。但对于有生名词，tsʰɔ 具有强制性；对于无生名词，tsʰɔ 则是可选择的。此时名词的复数意义，要靠语境识别。在属人名词之后，tsʰɔ 有内部屈折的形态变化，而在非属人名词后，则无内部屈折形态变化。如下所示：

(5.15) ŋə - tsʰo　　　　　tsʰi - ɣə　　　ɲokzon - tsʰi
我 - 复数：属格　　　跟前 - 属格　　青年 - 复数：施格
ʂʷa - taŋ - nə,　　　　ta　　　　　　kʰə - tsʰi
说 - 助动词 - 连词　　　然后　　　　他 - 复数：施格

lak　　　　　ʰtʂɛk - ɣə　　　tsʰaŋ　　　kʰʷər - nə,
手　　　　　一 - 施格　　　　枪　　　　携带 - 连词
我们这边的小伙子说，他们一手拿着枪 (S - 3：113)

(5.16) tʂʰi　　　ⁿdon - ɲi　　　ɲoŋ　　　la　　　ɲoŋ - kə,
经文　　　念诵 - 名物化　　少　　　　也　　　少 - 新异

---

① 这一小段语料是马伯成先生关于《乌龟和猴子》故事的另外一个讲述版本。

poltʂʰi   ⁿdon – dʑi   ȵoŋ – gə,   tə – ɣə
藏族经文   念 – 名物化   少 – 新异   其 – 属格
ɦgonpa – tʂʰɔ – ɣə   tʂɐwɐ   mən – pe,
寺庙 – 复数 – 属格   僧人   非 – 名物化：连词
ti   hartʂʰə – ɣə,   kʰɐrtsaŋ   la
其：属格   那边 – 属格   以前   也
tʂʰi   tə   la   ⁿdon   me   tə – gə.
经文   其：通格 也   念   没   其 – 新异

念经的人也很少，读藏族佛经不多。除了寺庙的僧人，剩下其他的人，没有像以前那样念经的。(S – 1：49)

(5.17) tʂawa – tsʰɔ   ɦŋɐʳdʐʷal – gə   lɔ   ɦdzɐ – nə – ta,
       僧人 – 复数：通格   五八 – 属格   年   以后 – 位格 – 语气
       jile   pʰap – ni   pʰap – taŋ – zək,
       全部   惩罚 – 连词   惩罚 – 助动词 – 拟测
       zoŋ – ni   zoŋ – taŋ – zək,   ta
       抓：完成 – 连词 抓：完成 – 助动词 – 拟测   然后
       tə   re.
       其：通格   是：叙实

僧人们五八年后呢，全部要么被惩罚了，要么被抓起来，是这样的。(S – 1：53)

(5.18) ti   ⁿdzɔ – la   ɦdʑi – tsʰɔ.   jile
       其：属格   犏牛 – 连词   货物 – 复数   全部
       ti   ŋi   ⁿgi – ja
       其：属格   我：施格   驮：未完 – 语气

他的犏牛和货物，我全部驮上啊（去送给他）。(S – 3：109)

(5.19) ta   ʰtawa – tsʰɔ   kʰor – nə,
       然后   礼物 – 复数   带 – 连词
       然后（土匪）拿着礼物 (S – 3：26)

上述例（5.15）中，"我""他"和"青年"后复数标记 tsʰɔ 都有形态变化，而例（5.16）中"寺庙"后的复数标记 tsʰɔ 没有形态变化。例（5.18）和例（5.19）中 tsʰɔ 用于无生名词之后。

另外，口语中还有一个表达集合化的词缀 ȵisə。如下所示：

(5.20) ta　　　　　　　kʷan – ȵə – tsʰə,①　　　　　　tʰoŋ – ȵə^
　　　　现在　　　　　穿 – 名物化 – 集合　　　　　喝 – 名物化
　　　　sɐ　　　　　　tʰoŋ – ə – ȵisə^　　　　　　namsa
　　　　吃 – 未完　　　喝 – 名物化 – 集合　　　　　日子
　　　　taŋ – ȵə – ȵisə,　　　ta　　　sokʰtsʰɔ – ɣə　　mən – pe,
　　　　做 – 名物化 – 集合化　现在　　牧民 – 属格　　　非 – 名物化：连词
　　　　ti　　　　　　　　　　ta　　　har – nə,　　　ezək
　　　　其：属格　　　　　　　现在　那儿 – 位格　　　大部分
　　　　ɦdzɐwaː　　　　　　　lok – soŋ – zək.
　　　　汉族：与格　　　　　　变成 – 助动词 – 拟测
　　　　现在穿的啥的，喝的……吃……吃的喝的啥的……过日子用的啥的，除
　　　　了牧民的（那些吃穿用度还保存藏族特色外），除此之外，大部分都汉化
　　　　了。(S – L：62)

5.6　格标记

东纳话为 SOV 型语序，整体上呈现出施 – 通格类型。在不及物动词的主体 S、及物动词的主体 A 和及物动词的受事 P 之间，S 和 P 一般在形式上无标记，采用通格形式，而 A 则附加施格标记，采用施格形式。不过，目前也呈现出"流动 S"的趋向。② 只是目前所能看到的例证不多，"流动 S"显得比较弱，而不像拉萨及四川一些地方一样，施格已经不太典型，逐渐转变为较典型的"流动 S"系统。东纳话格标记有通格、施格、属格、离格、位格、与格和连同格。其中通格是零形式，其他都是有标记的。我们接下来仔细分析这些格的添加法。

5.6.1　通格

东纳话的通格是零形式，不管出现在任何词上面，都不附加任何格标记。如下所示：

---

① 此处的 tsʰə 为 ȵisə 的省缩形式，因为受前面名物化标记 – ȵə 协同发音影响，而变成了 tsʰə。
② 此是按照 Dixon（1994：73 – 80）的术语。

(5.21) ta   ŋɐ   kʰɐji-zək-ɣa   ⁿdʑɔ,
      那么   我：通格   一边-无定-与格   去：未完
      jo-zək-ɣa   ⁿdʑɔ-a.
      僻地-无定-与格   去：未完-语气
      那么我到其他地方去，去一个偏僻的地方吧。（S-3：12）

(5.22) tsʰoŋᵐȵə   tɕʰəmaː   ʰtsep-nə
      商人：通格   家里：与格   到-连词
      z̪ʷəkɣa   ʰtʂək   ʰti-ni,
      以后   一   看：完成-连词
      商人回到家里以后一看（M-2：4）

(5.23) ⁿdə-tsʰɔ   ⁿdoŋnɐkkʰɐʰtsəm   re.
      这-复数：通格   东纳三山口部落   是：叙实
      这就是东纳三山口部落。（S-1：25）

5.6.2 施格

东纳话施格标记在代词（含人称代词、指示代词和疑问代词）上部分采用内部屈折的形态变化，除此之外，一般附加施格标记 gi、ki 或 ɣi[①]。施格标记 Ci 中，主元音虽有 i 和 ə，但以 i 为常态，ə 是弱化形式，为 i 的变体。当然，非代词形式施格采用内部屈折的也有个别例词，但已知数量不多。如下所示：

(5.24) lɐli-a   ʂʷal-ki ȵaŋ,   ta
      有的人：施格-语气   说-进行：新异   然后
      ʂʷal-ŋə   jo-nə re.
      说-名物化   有-完整：叙实
      有的人吧还在说（藏语），还有说（藏语）的人。（S-1：51）

(5.25) ta   mʲə   lɔlon-gə-ta   ɦdʐʷatɕʰə
      现在   人   老人-施格-话题   八十

---

① 含变体形式 gə、kə 和 ɣə 等。这种独立形式实际上是一种助词，比如人称代词后如果还有其他修饰成分时，施格助词要放在修饰成分之后。通常其前置音节韵尾为鼻音时发 ⁿgi 或 ⁿgə（本书此种情况一般还是标记为 gi 或 gə）；而韵尾为非鼻音的辅音时，读作 ki 或 kə；元音结尾时读作 ɣə/ɣi，亦可读作 gə/gi。

```
             tʰampa         koŋ – gə           mʲə – ɣə            lɐli
             整数           以上 – 属格         人 – 施格           有的：施格
             tə             ɦdʐe – tsʰoŋ – zək – ser – kə.
             其：通格        忘记 – 助动词 – 拟测 – 传闻 – 新异
             据说现在八十岁以上的老人都忘记了。(S–1：21)
```

(5.26)　　tə – gə   ɦgeloŋ – gə   lak – ɣə
　　　　 其 – 施格   老藏 – 施格   手 – 施格
　　　　 tsʰaŋ   mar   tʰan – gə ɳ̊aŋ.
　　　　 枪   往下   打 – 进行：新异
　　　　 那个老藏正用手里把枪往下拉着呢。(S–3：57)

(5.27)　　ʰkʷi – tɕʰoŋ – ɳi   tʂama   kʰɔrgɔ
　　　　 偷：完成 – 助动词 – 名物化   饭   他：通格
　　　　 tʂəkpu   si – taŋ – zək.
　　　　 一个：施格   吃：完成 – 助动词 – 拟测
　　　　 偷来的饭让他一个人吃了。

(5.28)　　tʂəma   kan   kʰɔrgɔ   tʂəkpo – ɣə   ʰkʷi – le re.
　　　　 饭   那   他：通格   一个 – 施格   偷：完成 – 完整：叙实
　　　　 那个饭是他一个人偷的。

另外，还有一点值得注意的是，有时施格助词既可以采用内部屈折形式，也可以采用独立形式。采用独立形式，语用上具有强调的作用。上述例（5.27）kʰɔrgɔ tʂəkpu 和例（5.28）kʰɔrgɔ tʂəkpo – ɣə 就是典型，前者采用内部屈折（tʂəkpo通格—tʂəkpu施格）而后者采用了独立施格标记 ɣə。后者特别强调"他一个人"，可以视为焦点标记。更多例子如：

(5.29)　a.　toŋtsʰe   kʰɔrgu   ʰkʷi – le re.
　　　　　 钱财   他：施格   偷：完成 – 完整：叙实
　　　　　 钱是他偷的。

　　　　b.　toŋtsʰe   kʰɔrgɔ – ɣi   ʰkʷi – le re.
　　　　　 钱财   他 – 施格   偷：完成 – 完整：叙实
　　　　　 钱是他偷的。

例（5.29）b 采用在人称代词后直接附加独立施格形式 ɣi，其语用功能是强调"钱"是"他"偷的，而不是其他人偷的，因此，此处 ɣi 起到标记对比焦点的作用。

从严格意义上讲，没有完全的主宾格和作通格语言，只是程度上会呈现不同。拉萨话施格的流动性较强，而安多藏语的施格就相对较为严格，东纳话大概处于中间位置。东纳话目前发现的施格流动例证不是很多，主要和体、生命度、动词语义及定指性等有关。如下所示：

(5.30) te – nə　　　laŋ – zɐk – nə　　　　　　jiho,
　　　 其 – 位格　　 取：完成 – 助动词 – 连词　 以后汉

　　　 ʱdzɐma　　 tʂakpa – ɣə – ta,
　　　 后来　　　 土匪 – 施格 – 话题

　　　 jaŋ　　　 ta　　　tɕʰək ʰo – soŋ – zək.
　　　 又　　　 就　　　生气 – 助动词 – 拟测
　　　 在那抢取了（土匪的东西）以后，后来土匪就生气了。(S – 3：98)

(5.31) tʂakpa – ɣə　　　jaŋ　　　ʰtsep – ɣoŋ – zək.
　　　 土匪 – 施格　　 又　　　 来 – 助动词 – 拟测
　　　 土匪又来了。(S – 3：44)

(5.32) te – nə　　　tʂakpa – ɣə　　　ɣɔrinəɣɔra　　　rə
　　　 其 – 位格　　 土匪 – 施格　　 左绕右旋　　　 山

　　　 tʂʰɐtsʰək　　　ⁿgɔ – a　　　jile　　　zʷal – taŋ – zək.
　　　 一些　　　　　 头 – 与格　　 全部　　 待 – 助动词 – 拟测
　　　 在那儿土匪左绕右旋把几个山头都包围了。(S – 3：115)

(5.33) ta　　　ŋə – ɲiɣi – ta　　　　tək ʂe　　　kʰon – taŋ
　　　 那么　　 我 – 双数：施格 – 话题　 那样　　 生怨 – 助动词
　　　 那么我俩呢就那样生怨气了。(S – 3：128)

例（5.30）中的 tɕʰək ʰo "生气"、例（5.31）中的 ʰtsep "到达"、例（5.32）中的 zʷal "待"、例（5.33）中的 kʰon "生怨"都是不及物动词，但所关联的主语则都附加了施格标记。

(5.34) tɕʰɔ　　　tərəŋ　　　ŋi　　　ŋɔ　　　ma – ʰti – na
　　　 你：通格　 今天　　　 我：属格　 脸　　　 否定 – 看：完成 – 连词

　　　 ŋɐ　　　la　　　ŋɔ　　　ʂʷər　　　ʱdzər – dzən.
　　　 我：通格　 也　　　 脸　　　 返回　　　 翻 – 将行：向心
　　　 你今天如果不给我面子的话，我也翻脸了。

(5.35) nama　　　kan (– gi)　　　ŋe – tʂək – ɲi
　　　 妇女　　　 那（– 施格）　　　 生育 – 助动词 – 名物化

ȵoɣɔ   mə – zʷaŋ – gə.
孩子   否定 – 好 – 新异
那个妇女生的孩子不好。

例（5.34）句中的 ʰdʐɛr"翻开"，为典型的及物动词，但所关联的主语 ŋɐ 则使用了通格，而非施格。这与生命度有关，因为"我"和"脸"之间的关系，生命度非常清晰，不会在语义上混淆两者的施受关系。例（5.35）句中的 ȵel"生育"是及物动词，但所关联的主语 nama 可以用施格形式 gi，也可以省略，但附加上之后，有加强定指的作用，对 nɐma 进行强调，此时 nɐma 是语用上的焦点成分。

5.6.3 属格

属格可以表修饰、限定和领属关系。表限定和领属的词在中心名词之前。形容词名物化后再附加属格标记，可以前置于中心名词前，这时表修饰关系。

属格的形态添加法遵从和上述施格同样的模式，即区分人称代词、指示代词和非人称名词，人称代词和指示代词通常采用内部屈折的变化，除此之外则附加 gi、ki 或 ɣi（含变体形式 gə、kə 和 ɣə。添接法同上述施格，此不赘述）。它可以附着在词和短语之后，与 NP 的顺序是"gen – NP"。

不过，需要说明的是，口语中有时指示代词并不十分严格遵守内部屈折的变化模式，还可以采用附加属格标记的形式。另外，非人称名词的属格也有个别采用内部屈折的手段。如下所示：

(5.36)　ⁿdoŋnɐkk   ʰɐʰaʰtsəm – gi   te – nə   tə   ʰponpɔ
　　　　东纳三山口   部落 – 属格   其 – 位格   其：通格   头人
　　　　ʰtsəm   jo – nə re.   ʰponpɔ   ʰtsəm
　　　　三   有 – 完整：叙实   头人   三
　　　　sʅ̂   ʂɥenɐ   si – naˆ   te – kə
　　　　是汉   佘家   说 – 连词   其 – 属格
　　　　reˆ   kanpaloŋʰtsəm   ʂɥenɐ   ʰponpɔ – ɣə
　　　　是：叙实   甘坝三部   佘家   头人 – 属格
　　　　sətʂʰɐ   re.
　　　　地方   是：叙实

东纳三山口部落的头人有三位。三个头人是……说到佘家部落，……它的（头人）是那个……甘坝三部是佘家头人的地盘。(S – 1：26)

(5.37) tə‑ta,　　　　　o,　　　　　ᵐɲətʰok　　　ᵑ̊dzʷɐ
　　　 其:通格‑话题　　感叹　　　人世　　　　百
　　　 tsʰək‑kə　　　koŋ‑ni　　　jo　　　　　tə　　　　re
　　　 点儿‑属格　　上面‑位格　有　　　　其:通格　是:叙实
　　　 那呢,哦,在这之前有百多辈人了(S‑1:39)

(5.38) ⁿdə‑ɣɐ̂　　pʰərtsʰɐ　　　pʰonpɔ　　　si‑na,
　　　 这‑属格　蒲儿擦　　　　头人　　　　说‑连词
　　　 ⁿdoŋnek　tsʰɔtʂək‑kə　　pʰərtsʰi　　　ʰponpɔ　　re.
　　　 东纳　　措周‑属格　　　蒲家:属格　　头人　　　是:叙实
　　　 这个……说到蒲家头人,是东纳措周六部落蒲家的头人。(S‑1:27)

(5.39) tɕʰi　　　rema　　　soŋ　　　　kʰama
　　　 你:施格　快点　　　去:命令　　牲口
　　　 lɐkʰi　　saŋŋa　　　mar　　　　tɕʰə‑ra
　　　 上面:属格　锅　　　下面　　　拿‑连词
　　　 ʂok‑ya　　lɐkʰɐː　　　tsʷək‑ya ʂok.
　　　 来‑连词　上面:与格　墩‑命令
　　　 你快去把牲口身上的锅取下来,墩到洞口上!(M‑4:9)

(5.40) lɔ　　　　ŋə́ʂə　　　ʰdzɐ‑ɣ　　　zʷək‑kə　　　ȵen‑tsʰək,
　　　 年　　　二十　　　后面‑属格　后来‑属格　天‑无定
　　　 ʂələ‑ɐt　　ti　　　mɐː　　　　ʂʷa‑tsʰək
　　　 儿子‑话题　其:属格　妈:与格　说‑拟测
　　　 二十年后的某一天,儿子对他的妈妈说(M‑3:5)

(5.41) jɐri　　　　rəⁿgɔ,　　　mɐri　　　　rəⁿgɔ.
　　　 上面:属格　山顶　　　　下面:属格　山顶
　　　 上一个山顶,下一个山顶。

　　上述例(5.36)和例(5.37)中的属格都采用独立形式。例(5.38)同样是专有名词,pʰərtsʰɐ"蒲家"的属格采用了内部屈折的手段,而tsʰɔtʂək"措周"却用了附加属格标记 kə 的手段。例(5.39)中的方位名词 lɐkʰɐ"上面"的属格同样采用了内部屈折的手段。① 例(5.41)的

---

① 另外,还比如 kʰama‑la kʰi[牲口‑身上:属格]"牲口身上的(东西)"。同时,还可以采用附加属格后缀而不是采用内部屈折的手段,如 ʰtɐkʰɐ‑yi[马上‑属格]"马身上的(东西)"。

方位名词"上面"和"下面"同样采用内部屈折。例（5.38）中"指示代词+属格标记"形成 ʰdə-ɣə 结构，而例（5.40）的指示代词 tə 却采用了内部屈折手段构成领属关系。

在民歌中同样发现了非人称代词采用内部屈折来表达领属的现象。如下所示：

(5.42) koŋ　　　ʰlama　　　ȵ.əmi　　　tʂoŋ-ŋa　　　zʷal,
　　　 上部　　　喇嘛　　　 太阳：属格　 地方-与格　 坐
　　　 高尚的喇嘛在阳光下。（M-5：D-3）

(5.43) ɕʁkdewi　　　ʰtɕap-ni　　　tɕʰar-ni　　　joŋ,
　　　 部落：属格　 护佑-连词　　 游逛-连词　　 来
　　　 为护佑部落利益周转而来。（ɕʁkdewi 是 ɕʁkdewa 的属格形式）

这种现象可能反映了属格标记由内部屈折向独立形式发展的中间过渡现象。因为上述非人称代词和指示代词采用内部屈折的手段及指示代词采用附加独立后缀的手段，都还可以还原为规则的手段来表达，而上述那些不规则的现象，很可能是语法演变滞后性的表现。再比如下面短语"山羊的皮"所示，都是被母语者认可的：

　　　 ra-ɣə　　　 paksa　　［山羊-属格 皮毛］
　　　 rame　　　 paksa　　［山羊-属格 皮毛］
　　　 rʁma-ɣə　　 paksa　　［山羊-属格 皮毛］

另外，一些地名中也保留了属格内部屈折的形式，比如 rdza.maNi.mdo > ʰdzæmiⁿdə "瓷窑口村"，这当是地名存古的原因。

可让渡与否是影响属格隐现的条件之一，目前在长篇语料中发现了类似现象，但还有待深入调查更多可让渡与否的条件限制。如下所示：

(5.44) ȵ.iya　　　lak　　　naŋ-ŋa　　　tsaŋna-zək　　　ma-joŋ-zək.
　　　 两人　　　手　　　 中-与格　　 任何-无定　　 否定-来-拟测
　　　 两个人手里还一无所获。（M-4：2）

"人"与"手"是属于不可让渡的关系，"手"属于"人"的一部分，所以此处省略了领属格标记。不过，添加领属格标记同样成立。

5.6.4 离格

离格表示从某方位离开。东纳话离格标记为 ni，有时也弱化为 nə，源自书面离格标记 nas。如下所示：

(5.45) ʂələ - gə　　　　mɐː　　　　　　ɦgɔ - ni　　ʂʷe - a　　　ɦdʐaŋ - taŋ - zək.
儿子 - 施格　　妈妈：与格　　门 - 离格　　外面 - 与格　　撵 - 助动词 - 拟测
儿子就把妈妈从家里赶出去了。(M - 3：7)

(5.46) ŋə - tsʰɔ　　　　joŋ - leˆ　　te - ni　　sor
我 - 复数：通格　　来 - 连词　　其 - 离格　　这儿
joŋ - le jən - ser - kə,　　　　　kʰampa - nə　　tsʰor
来 - 完整：向心 - 引述 - 新异　　康巴 - 离格　　这里
joŋ - le jən - ser - kə,
来 - 完整：向心 - 引述 - 新异
我们来……据说我们是从那儿到这儿来的，是从康巴到这儿来的。(S - 1：31)

(5.47) ti　　　　　　sʷer - kə　　　　　tʰap　　　me - la,
其：施格　　猴子 - 施格　　方法　　无 - 连词
tɕo　　　　kʰɐ - nə　　　　　ʂʷal - nə - ta
就汉　　嘴 - 离格　　说 - 连词 - 话题
那猴子没办法了，就只好嘴上说（M - 1：15）

5.6.5 位格

位格和离格标记一样，也是采用 ni 形式，有时也弱化为 nə。位格的书面形式是 na，因此，我们认为东纳话的位格不是继承书面上的位格形式 na，而是书面语离格 nas 的功能扩展。另外，书面上的位格形式 na 在东纳话中的规则音变也应是 na，而不是 ni。离格和位格具有紧密的语义联系是有普遍语言共性的。如下所示：

(5.48) ɦnɐnən　　　　　　ɦŋon - nə　　　　sɐtʂʰə - zək - ɕn
古时候　　前面 - 位格　　地方 - 无定 - 位格
tsʰaŋpʰan - ȵiɣa　　　rə - a　　　　　soŋ - nə,
猎人 - 双数：通格　　山 - 与格　　去：完成 - 连词

	rətek	pʰan – na	soŋ – nə
	野兽	打猎 – 连词	去：完成 – 连词

从前，有个地方有两个猎人去上山去打猎（M – 4：1）

(5.49) ŋə – tɕʰɔ   ⁿde – ni   ⁿdẓɐjəŋɦgonpa – zək – nə,
       我 – 复数：通格 这 – 位格   文殊寺 – 无定 – 位格

te   tɕʰifəŋ汉   ɦdzi – nə,
其：与格   祁丰   说 – 连词

pol   ⁿdẓɐjəŋɦgonpa   ⁿde – ni
藏族   文殊寺   这 – 位格

jo.   oⁿdəmɔ – zək   re.
有：向心   这样 – 无定   是：叙实

我们这里是文殊寺，又叫祁丰，文殊寺地区这里有藏族。是这样的。(L – 3：11)

5.6.6 与格

与格标记在疑问代词和指示代词的某些词上会采用内部屈折的手段，详见前述代词章节部分。而除此之外，采用附加词缀的形式，其添接法与宿主韵尾相和谐。如果是开音节，在高元音 – i#、– u#和 – ʯ#之后，附加 – a 来表示；在非高元音 – a#、– ɐ#、– e#、– o#和 – ɔ#后时，则通常采用延长元音时长的办法。另外，– e#、– o#和 – ɔ#也可以采用附加与格标记 a 的形式。央元音的 – ə#呈现两种变化：一是部分词会变为 e，一是保持 ə 不变而后附加与格标记 – a。在闭音节中，采用与宿主韵尾相和谐的辅音做声母，韵母采用 a 元音。具体添接法见表 5 – 1。

表 5 – 1　与格助词的语音变化①

韵尾	与格	例句	释义
i	– a	zi – a	给他

---

① 其中，韵尾为 – t/ – l、– m 和 – r 的时候，由于 OCP（强制性曲拱原则）的作用，在口语中通常根韵尾会发生变化，即 – t/ – l 和 – r 丢失，而 – m 变成 – n，如 lɐ – lɐ "往大台子上"，lan – mɐ "往路上"和 no – rɐ "给牛"。该表为方便理解添接法的实际操作，依然采用原形形式。

（续上表）

韵尾	与格	例句	释义
u	-a	ru-a	打蛇
ʮ	-a	sʮ-a	往胡子（上抹油）
ɐ	-ː	ŋɐː	给我
a	-ː	kʰa	往雪上（倒草）
e	-ː/-a	aneː	给婶子
o	-ː/-a	ʰtʂoː	往身上
ɔ	-ː/-a	ŋɔː	往脸上
ə	-e/-a	ⁿdzʐe/ᵈzʐə-a	给牦牛（喂草）
-p	-wa	serlep-wa	往黄草坡上
-l	-la	ɦlal-la①	往大台子上
-k/ɣ	-ɣa/-a	pʰɐk-ɣa	给猪
-m	-ma	lam-ma	往路上
-n	-na	ʰtan-na	往垫子上
-ŋ	-ŋa/-a	azʐaŋ-ŋa	给舅舅
-r	-ra	nor-ra	给牛喂草

与格在东纳话中表达非常丰富的语义，如动作的与事和受事，动作移动的方向和目标，变化的结果，以及所有者和时间等。如下所示：

（5.50） ti　　　　　tɕo　　　　　wukui-ɣə　　　　ta
　　　　其：施格　　就汉　　　　乌龟-施格　　　然后
　　　　sʷer　　　　kʰʷər-nə　　tsʰɔ-ɣə
　　　　猴子　　　　背着-连词　　海-属格
　　　　ɣor　　　　 ʂap-wa　　　tɕap-soŋ-zək.
　　　　下面　　　　底部-与格　　送-助动词-拟测
　　　　它就……乌龟然后就驮着猴子把它送到海底去了。(M-1: 16)

---

① 实际口语中，由于OCP的作用，ɦlal 的韵尾 -l 都会省略掉。下面的 nor 的韵尾 -r 同理。此处为方便解释，两处韵尾 -l 和 -r 都予以保留。

(5.51) lɔ   ȵi ʂə   ɦdzɐ-ɣə   ʐʷək-kə
年　　　二十　　　后面-属格　　后来-属格

ȵəntsʰək-ɣa,　ʂələ-ta　ti　mɐː
一天-与格　　　子-话题　　其：施格　妈：与格

ʂʷa-tsʰək,　tɕʰi　ŋɐː　lɔ
说-拟测　　　你：施格　我：与格　年

ȵə ʂə-a　ȵer　ʂi-ni,
二十-与格　伺候　做：完成-连词

ta　ŋɐ　la　tʂʰe-ʐɐk-nə,
现在　我：通格　也　大-助动词-连词

nama　la　laŋ-taŋ.
媳妇　　也　娶：完成-助动词

ŋi　la　tɕʰɔː　lɔ
我：施格　也　你：与格　年

ȵə ʂə-a　sok-nə.　tɐʂtɐ　ŋɐ-tsʰɔ
二十-与格　养育-连词　现在　我-复数：通格

ɔ-ȵi　ta　par　ʰtsep-na,
咱-双数：通格　现在　中间　到-连词

tʂək-kə　tʂək-ɣa　si　la^
一-施格　　一-与格　　谁：施格　也

si　sɔ　la　ȵoŋ
谁：施格　谁：与格　也　少

mə-ȵaŋ.　ŋi　la　ta
否定-有：新异　我：施格　也　现在

tɕʰɔː　sok　mə-ʳgɔ-gə,　ȵer
你：与格　养育　否定-需要-新异　伺候

ʂe　mə-ʳgɔ-gə,　tɕʰi
做：未完　否定-需要-新异　你：施格

ʂʷeː　pə-la　soŋ.　raŋ-gə
外面：与格　去-连词　去：命令　自己-施格

namsa　taŋ.
日子　　过

二十年后的某一天，儿子对妈妈说："你养育了我二十年，现在我长大了，也娶了媳妇。我也养育了你二十年了。现在咱俩谁都不欠谁的了。现在我不需要养你了，也不需要伺候你了，你出去吧！自己过日子去

吧!"(M-3:5)

(5.52) zi　　　　　　ŋan-na　　　　lok-soŋ-zək.
他:通格　　　　 坏-与格　　　 变回-助动词-拟测
他变坏了。

(5.53) ⁿdə-ni　　kan-na　　ʰtsep-na　　lam　　rəŋ-dʑi　　me.
这-离格　 那-与格　 到-连词　 路　 长-名物化　无:向心
从这里到那里不远。

在一些民歌和祭祀颂词中，la 作为独立形式时而发生语音和谐变化，时而还保留其基本形式。如下所示:

(5.54) ŋɐ　　　　　ser　　mʲək　　ʰn̥aŋ-la　　ʰtɕiwo
鱼儿　　 黄色　 眼睛　 心里-与格　 珍爱的
jən,　　　tʂʰə　 lɛkmɔ　　naŋ-ŋa　　mʲək-ni　　joŋ.
是:向心　 水　 波浪　 里面-与格　 眼睛-离格　 来:向心
金鱼多可怜，金鱼在波浪里游玩。(M-5:C-3)

上述这个句子中与格标记一个被念成了 la，一个被念成了 ŋa。la 本来处于 ʰn̥aŋ 的后面，若按东纳话的规则，则 la 当作 ŋa 才对，但此处依然完整地保留了 la，并未发生和谐变化。当地民歌通常是一代代沿袭传承下来的，所以在传承过程中，可能保留了较早时代的语法特征。

有些不符合与格添加法的现象，可能和某些特殊音变有关系。比如下面例（5.55）tʂʰɔji "一面"后的与格标记为 na 而非 a，可能是因为 ji 来自某个韵尾本为 -n 的词的特殊变化，比如 gjon "右"，但暂不可考。

(5.55) hoŋkuntsʰerəŋ-gə　　　te-gə　　　tʂʰʷənkʰ-ɐɣ
黄观才让-属格　　　 其-施格　　　 胸膛-属格
tʂʰɔji-na　　　　　har　　　　pʰaŋ-taŋ-zək.
一面-与格　　　 那边　　　 放:完成-助动词-拟测
打到黄观才让的胸膛那一边去了。

5.6.7 连同格

连同格标记是 hɐⁿde。该格标记实际由 hɐ + ⁿdə + la 合音而成，ⁿdə "这"加与格标记 la 合音为 ⁿde，ⁿde 又和 hɐ 合音读作 hɐⁿde，实际读音中会发生音节的重新划分，后一音节的鼻冠音 n 在韵律上往往读为前一音节的韵尾。hɐⁿde 还可以做副词，义为"一起"。如下所示：

(5.56) zi　　　　　tərəŋ　　　　　pʰɐmɐ–hɐⁿde　　　　ȵamgə
他：通格　　　今天　　　　父母–连同格　　　　一起
tʂaŋjə–a　　　ʂor–soŋ–zək.
张掖–与格　　去–助动词–拟测
他今天和父母去张掖了。

(5.57) tɕʰɔ　　　　tɕʰəma–nə　　　ʰtsi,
你：通格　　　家–位格　　　　玩耍
ʂʷe–kə　　　　ȵɤɣɔ–hɐⁿde　　　ma–ʰtsi.
外面–属格　　　小孩–连同格　　　否定–玩耍
你在家里玩，不要和外面的娃娃玩！

(5.58) ɔ–ȵi　　　　hɐⁿde　　　　kʰʷa–ra　　　ⁿdʐɔ–ja.
咱–双数：通格　一起　　　　城–与格　　　去：未完–语气
咱俩一块去城里吧！

5.7　差比标记

东纳话的差比标记最常使用的是 ni。该标记和离格、位格都同形，我们认为其他是由离格演变而来。① 同时，施格标记 kə（含语音变体 gə 和 ɣə）也可以做差比标记。另外，还有一个 ʰtina "看起来"，同样可以做差比标记。详细情况参考 5.4.6 "差比结构"一节，此不赘述。

5.8　话题标记

口语中最常见的话题标记是 ta，使用频率非常高。ta 源自书面上的 da，本义为"此"，如东纳话可说 tɕəlɔ "今年"、tɕʰtɕ "现在"。东纳话中 da 向不同的方向发生语法化，其中之一即语法化为话题标记。② 如下所示：

---

① 藏语书面语离格为 nas/las，位格为 na、la、du 等。
② da 在东纳话中语法化为多种功能，除了语法化为话题标记和焦点标记外，还语法化为连词，起到类似于英语的 "then" 或汉语的 "然后/那么"的功能。另外，它还语法化为语气词和叹词。

(5.59) ta　　　　　　　ŋɐ-ta　　　　　　　naltʂʰe-zək　　　　soŋ
　　　 现在　　　　　　我：通格-话题　　　大病-无定　　　　　发生
　　　 ʱgɔ-gə.　　　　　ⁿdəro　　　　　　　ma-ʂi-yə-ta,
　　　 需要-新异　　　　这样　　　　　　　否定-做：完成-连词-话题
　　　 pʰɔˢtɕi　　　　　tə　　　　　　　　 raŋ-gə　　　　　　 tɕʰəma-nə
　　　 男人　　　　　　其：通格　　　　　　自己-属格　　　　　家-位格
　　　 ⁿdzəkya ʂel　　　ⁿdək-dʑi ma-re.
　　　 好好地　　　　　住-将行：否定：叙实
　　　 现在我呢需要得场大病才行。要不这样的话，那男人就不好好地在自己家里待着。(M-1: 4)

(5.60) aro,　　　　　　 ŋi　　　　　　　　 tɕʰəma　　　　　　 tə-ta,
　　　 喂　　　　　　　我：属格　　　　　　家　　　　　　　　其-话题
　　　 tɕʰɔ　　　　　　 ŋi　　　　　　　　 tɕʰəma:　　　　　　soŋ-na
　　　 你：通格　　　　我：属格　　　　　　家：与格　　　　　去：完成-连词
　　　 a-tʂʰok-kʰə-ser-kə.
　　　 疑问-可以-新异-引述-新异
　　　 喂，我家呢，你去我家一趟行吗？(M-1: 10)

例(5.59)中，第一个话题标记 ta 附着在人称代词"我"之后，第二个 ta 则附着在假设从句之后，起到把从句话题化的作用。例(5.60)话题标记 ta 则置于短语"我那家"之后。话题后的成分是述题，起到话题说明的作用。

书面藏语的话题标记是 ni，这个标记在东纳话中，同样也可以做话题标记。不过，在我们搜集的语料中，这个标记的数量要大大少于上述 ta 标记。如下所示：

(5.61) ʰkən-nə　　　　　ʱmɐkɸon　　　　　　re,　　　　　　　 ʱdzɐ-nə
　　　 前面-位格　　　　军官　　　　　　　是：叙实　　　　　后面-位格
　　　 sɐʴɸon　　　　　 re.　　　　　　　　tək　　　　　　　 ʂe-nə
　　　 地方官　　　　　是：叙实　　　　　其　　　　　　　　做：未完-连词
　　　 ɸon-nə　　　　　 ɸon　　　　　　　　tə　　　　　　　　ʂi.
　　　 官-话题　　　　　官　　　　　　　　其：通格　　　　　做：完成
　　　 之前是军官，后来是地方官。如此这样（做官），官呢就那么做官。(S-3: 4)

另外，除了上述专门的话题标记成分外，东纳话还有一些副词和方位词成分，也起到标记话题的作用，类型学一般统称这类成分为话题敏感算子。东纳话常见的这类成分是副词 la"也"和 jaŋ"又"，以及方位词 lakʰɐ"上面"。话题标记和话题的区别在于：前者的主要功能即是标记话题，去掉与否不影响句子真值，而后者有自身意义，标记话题是从属功能，去掉后影响句子真值。如下所示：

(5.62) tɕʰɔ　　　la　　　rok　　　la　　　mən – nə,
　　　 你：通格　也　　　邻居　　　也　　　非：向心 – 连词
　　　 rokxʷa　　la　　　mən.
　　　 朋友　　　也　　　非：向心
　　　 你也不再是邻居，也不再是朋友。(S – 3：127)

(5.63) ŋɐ – ta　　　　li　　　　ŋan – nə,　　　ᵐȵəŋan
　　　 我：通格 – 话题　命　　　坏 – 连词　　　坏人
　　　 jaŋ　　　　　 poŋwɔ – zək　tʂoŋ – son – nə,
　　　 又　　　　　　驴子 – 无定　变成 – 助动词 – 连词
　　　 ᵐȵə　　　　　naŋ – ŋa　　ɦdʑək – kə naŋ.
　　　 人　　　　　　里面 – 与格　跑 – 助动词：进行
　　　 我呢命真不好，坏人又变成一头驴子，在人间正跑着呢。(M – 2：13)

(5.64) anjokui – rekʰɐ　　te　　　ʂə – soŋ – zək,　　ɦdorʑi
　　　 安有贵 – 话题　　　其：通格　死 – 助动词 – 拟测　多杰
　　　 la　　　　　　　　ʂə – soŋ – zək
　　　 也　　　　　　　　死 – 助动词 – 拟测
　　　 安有贵呢死了，多杰也死了。(S – 3：60)

例 (5.62) 中，人称代词"你"之后的 la 是话题标记，"邻居"和"朋友"之后的 la 充当焦点标记，即 la 在该句中同时充当话题敏感算子和焦点敏感算子。例 (5.63) 中，人称代词"我"之后的 ta 充当话题标记，"坏人"之后的 jaŋ 本是转折义的副词"又"，此处充当话题敏感算子。例 (5.64) 中的 rekʰɐ 此时已没有表达方位的意义，而起到标记话题的功能，变为话题助词，而其后的 la 逆向标记话题。

5.9　焦点标记

焦点标记是标记焦点的手段之一，东纳话中常用的焦点标记是 ta。上述 5.8 "话题标记"中已经说明，ta 具有做话题标记的功能，除此之外，它还可以做焦点标记，是个多功能的虚词成分。实际东纳口语中，ta 也是最常见的焦点标记。如下所示：

(5.65) ŋi ʰtsə – na, lɔ səmdʐʷɐ
　　　 我：施格　　　计算：未完 – 连词　年　三百
　　　 ⁿdəro – zək – ta jo – kə.
　　　 这样 – 无定 – 焦点　有 – 新异
　　　 我估计的话，年代是有三百多年这么个样子了吧。(S – 1：39)

主句 lɔ səmdʐʷɐ ⁿdəro – zək – ta jo – kə 中，lɔ səmdʐʷɐ ⁿdəro – zək "那么个三百年"是全句焦点所在，ta 则是标记这个焦点的成分。

另外，上一节"话题标记"中也提到，副词 la "也"除了做话题敏感算子，还可以做焦点敏感算子，也是一个常见的表达焦点的标记。如下所示：

(5.66) ta kʰɔrg ɔ – ta kʰanpo – gə ɦɳerwa
　　　 然后　他：通格 – 话题　　 堪布 – 属格　　管家
　　　 la re, te la re,
　　　 也　是：叙实　　　　其：通格　　也　是：叙实
　　　 ɦgegan la re.
　　　 老师　　也　　是：叙实
　　　 他既是堪布的管家，也是那个，也是堪布的老师。(S – 3：8)

(5.67) kʰɔrgɔ ʰpon la me – ⁿdʐɔ – ɣɐ
　　　 他：通格　　　官　　也　　无 – 去：未完 – 新异
　　　 tsʰəzək la me – kə
　　　 什么　　　　也　　无 – 新异
　　　 他的官也就没了，什么都没了（S – 3：9)

上述两例中，la 前的成分，都是表达的新信息，且是全句凸显的对象，因而是焦点成分。

第 6 章　动词和动词性形态

本章主要研究动词的体范畴、情态范畴、示证范畴、向心范畴、新异范畴以及从句名物化和关系化等问题。另外，东纳话部分动词还有传统文法所谓"三时一式"的形态变化。不过，"三时"合并为"完成—未完成"的形态对立，而"命令式"则还独立保持。这部分内容独立成一章（第 10 章）专门研究。另外，东纳话动词没有人称范畴和互动范畴。

6.1　体范畴

体范畴表示动作进行的状态。东纳话的体范畴主要靠屈折动词后加助词来表达，主要有完整体、完成体、结果体、经历体、进行体、持续体、将行体和即行体等几类。东纳话的部分动词尚有内部屈折的形态变化，分为完成体和未完成体两种。完成体动词用于完整体、完成体、经历体、结果体等体范畴中，而未完成体则用于进行体、将行体、即行体和持续体等体范畴中。

6.1.1　完整体

完整体的表达方式是在完成体动词后附加由系动词语法化而来的助动词，即"$V_{完成}$ – le jən"和"$V_{完成}$ – le re"等构式。可概括为如下构式：

$$V_{完成} - le - (Q/Neg) - Cop - (IF)$$

Cop 包含 jən 和 re 两个成分，它们本是系动词，此处和连词 le 一起被重新分析为体标记，完整体对译为汉语，大致相当于"是 VO 的"事态句。"$V_{完成}$ – le jən"和"$V_{完成}$ – le re"的不同在于向心范畴的差异，前者表达向心意义，而后者表达叙实意义。东纳口语中完整体标记的肯定、否定和疑问式常见的主要形式见表 6 – 1。

表 6-1　东纳话完整体标记分布

肯定	否定	疑问 A	
V – le jən	V – le mən	V – le a – jən	
V – le re	V – le ma – re	V – le a – re	
疑问 B		疑问 C	
V – le jən – ni	V – le mən – ni	V – le jən – na	V – le mən – na
V – le re – ni	V – le ma – re – ni	V – le re – la	V – le ma – ra

还有一点值得注意，即"V_{完成} – le jən"和"V_{完成} – le re"中的连词 le 都可以换成 nə，即存在"V_{完成} – nə jən"和"V_{完成} – nə re"的表达式。但"V_{完成} – le jən"和"V_{完成} – nə jən"、"V_{完成} – le re"和"V_{完成} – nə re"在功能上没有区别。我们认为，这些不同的标记是语言接触造成的。连词为 nə 的形式乃外来层，南边的安多地区藏语 – nə jən 和 – nə re 即具有该层次，是标准用法，那里没有 le 做连词的情形。另外，不仅动词可以进入 V_{完成} – le jən 格式，形容词同样可以。如下所示：

(6.1)　kʰampa　　　　te – nə　　　　joŋ – nə　　　joŋ – le re.
　　　 康巴　　　　　其 – 离格　　　 来 – 连词　　 来 – 完整：叙实
　　　 ta　　　　　　tʂʰək ʂe　　　　joŋ – le jən　　joŋ
　　　 语气　　　　　 如何　　　　　来 – 完整：向心　来
　　　 tə – ta　　　　 lɔ　　　　　　 tʂʰɐre – zək　 jən
　　　 其：通格 – 话题　年　　　　　　多少 – 无定　 是：向心
（我们是）从康巴那里来的。如何从那里来的，来了呢有多少年（S – 1:38）

(6.2)　tə – ta　　　　　　ⁿdoŋnekkʰɐʰtsəm　　 jən – nə re.　　　ole.
　　　 其 – 话题　　　　　 东纳三山口　　　　　是 – 完整：叙实　叹词
　　　 ⁿdoŋnekkʰɐʰtsəm – ta　　ⁿdək ʂe　　　ʂʷal　　ɦgo – nə re.
　　　 东纳三山口 – 话题　　　　这样　　　　说　　 需要 – 完整：叙实
这呢就是东纳三山口部落了。嗯，东纳三山口部落呢就是这样说的。（S – 1:5）

(6.3)　tɐtʰaŋ　　　　ⁿdoŋnek – kə　　　pol　　　　se – na – ta,
　　　 现在　　　　　东纳 – 属格　　　 藏族　　　 说 – 连词 – 话题

ɦdʑəː	lok - no - ta	maŋ - soŋ - nə re,	tɐtʰaŋ - ta
汉族：与格	变 - 名物化 - 话题	多 - 助动词 - 完整：叙实	如今 - 语气

ŋə - tsʰɔ - ta　　　　poˢkal　　　　　ʂʷal - ɲ̊i　　　la
我 - 复数：通格 - 话题　藏语　　　　　说 - 名物化　　也

n̪oŋ - soŋ - zək.　　　ta　　　　　　pojək　　　　la
少 - 助动词 - 拟测　　语气　　　　　藏文　　　　也

ʂi - ɲ̊i　　　me - gə,　　　tɐtʰaŋ　　　ŋə - tsʰɔˆ
懂 - 名物化　　无 - 新异　　如今　　　　我 - 复数：通格

kʰɐʳtsaŋ　　　ŋə - tsʰɔ　　　tə　　　　　la
以前　　　　　我 - 复数：通格　其：通格　　也

poˢkal　　　ʂʷal - ɲ̊i　　　maŋ - nə re①,　　te
藏语　　　　说 - 名物化　　多 - 完整：叙实　其：通格

jo - nə re.
有 - 完整：叙实

现在说到东纳藏族呢，汉化的呢很多，现在呢我们吧说藏语的人也少，懂藏文的人也没有。现在我们……以前我们说藏语的人也很多，有很多说藏语的人。(S-1:48)

(6.4)　ʂələ　　　　n̪əpsa　　　　lɔ　　　　ɦgəptʂʰəʰtsɐn̪i
　　　　儿子　　　　第二　　　　年　　　　九十二

ɦmɐk - ɣa　　　soŋ - le jən,　　　ʂələ
部队 - 与格　　去：完成 - 完整：向心　儿子

n̪əpsa　　　　ɦmɐk - ɣa　　　soŋ.
第二　　　　部队 - 与格　　去：完成

老二九二年去了部队，老二去了部队。(L-1:4)

上述例（6.1）到例（6.2）都是来自同一个人说的同一段语料，却同时使用了"V - nə re"和"V - le re"两种形式，而且功能上也没有区别。由此可见这种语言接触的情形。

完整体还可以功能扩展表达将行的意义，这点和汉语的"了"有点类似。详见 6.1.7 的论述。

6.1.2　完成体

完成体的标准模式为完成体动词后附加助动词组合 - taŋ - tʰɐ、- taŋ -

---

① maŋ - le re 也可以。这说明"V - nə re"和"V - le re"在东纳话中是功能相同的。

zək 和 -ẓɐk -tʰɐ、-ẓɐk -zək，以及 -soŋ -zək，或者直接附加 -tʰɐ 或 -zək。-taŋ、-ẓɐk 和 -soŋ 等为附着于动词后表达时体意义的助动词，而 -tʰɐ 和 -zək 为附着在句尾表达信息源或信息获取方式的助动词形式，-tʰɐ 表达亲知示证，而 -zək 表达拟测示证。当 -tʰɐ 和 -zək 直接附着在完成式动词词根后时，兼表时体意义和示证意义。详见 6.4 "示证范畴" 的论述。另外，-soŋ、-zək 和 -ẓɐk 还会据所附之词的韵尾而有不同的语音变体，详见 4.2.9 "助动词" 一节，此不赘述。如下所示：

(6.5) ta　　　　　ʂʷeː　　　　　pəl -taŋ -zək,　　　　　raŋŋa
　　　然后　　　外面：与格　　　去：完成 -助动词 -拟测　　　随性
　　　ʂʷeː　　　　pə -tʂək -zək.　　　ɦjəkpa　　laŋ -taŋ
　　　外面：与格　　去：完成 -助动词 -拟测　　棍子　　取：完成 -助动词
　　　ʂʷeː　　　　pəl　　　　　　tʂʰok -zək.
　　　外面：与格　　去：完成　　　可以 -拟测
　　　然后到（寺庙）外面去了，随便就到外面去了。棍子取下来了，就可以到外面去了。(S-2：26)

(6.6) ta　　　　　ɦdzawa　　　　maŋ -ʳdʑi　　　me -la
　　　然后　　　月份　　　　　多 -名物化　　　没有 -连词
　　　ʰtɕepsa　　　nal　　　　　ʂoŋ -nə　　　　ʂə -soŋ -zək.
　　　丈夫　　　　病　　　　　发生 -连词　　　死 -助动词 -拟测
　　　然后，没过多少日子，丈夫就得病死了。(M-3：2)

(6.7) ɬɐɣaŋ　　　　naŋ -ŋa　　　soŋ -zək,　　　ɬɐɣaŋ
　　　神庙　　　　里面 -与格　　去：完成 -拟测　神庙
　　　naŋ -nə　　　ɬɐˢku　　　　jo -kə.
　　　里面 -位格　　神像　　　　有 -新异
　　　进了庙里，庙里有个神像。(S-2：5)

(6.8) zi　　　　　tʂəma　　　　　tʰoŋ -taŋ -tʰɐ.
　　　他：施格　　饭　　　　　　喝 -助动词 -亲见
　　　他吃完饭了。

另外，如果句末直接以动词结尾，此时表达的是向心范畴，同样是完成体形式。如下所示：

(6.9) te　　　　　pɔmɔ -ɲiɣa　　　　ʂʷeː　　　　　pəl -taŋ.
　　　其：通格　　女儿 -双数：通格　外：与格　　　去：完成 -助动词：亲知

两个女儿出嫁了。(L-1: 7)

(6.10) pɔmɔ-ȵiɣa   ʂʷeː   pəl-tʰɐ,
女儿-双数：通格   外：与格   去：完成-亲知
两个女儿出嫁了。(L-1: 7)

上述例（6.9）和例（6.10）来自同一个长篇语料，例（6.9）乃索翠花叙述自己女儿的事情，因为她对自己女儿的事情绝对知情，已经在修辞上把姑娘纳入自己一方，所以句末直接采用了助动词 taŋ 结尾，表达向心范畴。而例（6.10）是刘自生听到妻子讲述这个事情时，在一旁随口插入的一句话，结尾用了助动词兼亲知示证标记 tʰɐ，意味着他亲知了"女儿出嫁"这件事，而没有在修辞上把女儿纳入"等同自我"的角度。表达向心范畴时，往往以助动词结尾，但在功能上依然是完成体范畴。如下所示：

(6.11) ŋi   zi-a   ʂʷal～ʂʷal-taŋ-zek.
我：施格   他-与格   说～重叠-助动词-助动词
我把他狠狠地说了一顿。

6.1.3 结果体

东纳话的结果体通过在完成动词后附加由存在动词语法化而来的助动词-jo 和-ṅaŋ 来表达，即如"V_{完成}-jo"和"V_{完成}-ṅaŋ"等一类构式。jo 和 ṅaŋ 本义为表存在或领有意义的动词，此处虚化为表结果意义。jo 源自书面上的 jod，ṅaŋ 源自书面上的 snaŋ，单念时为 ʰṅaŋ，做体标记时发成 ṅaŋ。可概括为如下构式：

① $V_{完成}$-(Q/Neg)-Exis-(IF)。
② $V_{完成}$-jo-te-(Q/Neg)-Cop-(IF)。

口语中结果体的肯定、否定和疑问式常见标记见表6-2。

表6-2 东纳话的结果体标记

肯定	否定	疑问 A
V-jo	V-me	V-a-jo
V-ṅaŋ	V-mə-ṅaŋ	V-a-ṅaŋ

(续上表)

肯定	否定	疑问 A
V – jo te re	V – jo te ma – re	V – jo te a – re
V – jo te jən	V – jo te mən	V – jo te a – jən

疑问 B		疑问 C	
V – jo – ni	V – me – ni	V – jo – la	V – me – la
V – ṅaŋ – ni	V – mə – ṅaŋ – ni	V – ṅaŋ – ŋa	V – mə – ṅaŋ – ŋa
V – jo te re ni	V – jo te ma – re – ni	V – jo te re – la	V – jo te ma – ra
V – jo te jən – ni	V – jo te mən – ni	V – jo te jən – na	V – jo te mən – na

另外，口语中还有与 V – ṅaŋ 功能完全一致的 V – kə o kə。V – kə jo kə 乃方言接触的外来层次，不是本地层。V – jo te re 和 V – jo te jən 中的 te 也可以换成 nə, nə 也是来自外地层。如下所示：

(6.12) a_1. amɐ,　　　　tɕʰi　　　tṣɐ　　　ʰko – a – jo.
　　　　 妈妈：通格　你：施格　茶　　煮 – 疑问 – 结果：向心
　　　　 妈妈，你有打的茶吗？

　　b. ʰko – jo.
　　　　煮 – 助动词
　　　　有打的茶。

　　a_2. ɔ,　　　　　ɦdanpa　　　ʰko – ṅaŋ.
　　　　 叹词　　　真的　　　　煮 – 结果：新异
　　　　 噢，有打的茶。

如果一个人回家时饿了、渴了，可以采用例（6.12）a_1 "妈妈，你有打的茶吗？"来发问。此时如果妈妈用 b 回答，大致对译于汉语的"有打"，蕴含着茶是妈妈自己亲手打的，含有她非常确定、确知的语气和语义。当说话者亲自去厨房看了，发现确实有打的茶后，即可采用 a_2 来回答，此时蕴含着发话者对有打下的茶这件事是刚刚发现的意义。

再看长篇语料中的几个例子。其中，例（6.14）为结果体的疑问式，附加疑问助词 a 于主要动词和助动词之间。如下所示：

(6.13) sɥri – a　　　　　te:　　　ʰtsep – nə,　　　　　te
　　　 疏勒山 – 与格　其：与格　到 – 连词　　　　其：通格

	tṣakpa	tə – ɣi	zʷal – ṅaŋ.
	土匪	其 – 属格	待 – 结果：新异

到了疏勒山，（发现）土匪在疏勒山那里。（S-3：142）

(6.14) ta　　　　　　joŋ – a – jo – gə.
　　　现在　　　　　来 – 疑问 – 结果 – 新异
　　　（看看老藏他们）是否来了。（S-3：18）

6.1.4 经历体

经历体表达过去某个时间经历过某事，东纳话的经历体不像其他一些藏语方言那样，用来自书面语的助动词 mjoŋ "经过" 附着在动词后表达，而是用如下这个构式来表达：

①V_{完成} – le – （Q/Neg） – Exis – （IF）。
②V_{完成} – le – jo – te – （Q/Neg） – Cop – （IF）。

"V_{完成} – le jo" 和 "V_{完成} – le ṅaŋ" 分别表达向心范畴和新异范畴。需补充的是，– le jo 还可以合音读作 – lo[①]。经历体的肯定、疑问和否定标记见表 6 – 3。

表 6 – 3　东纳话经历体标记分布

肯定	否定	疑问 A	
V – le jo	V – le me	V – le a – jo	
V – le ṅaŋ	V – le mə – ṅaŋ	V – le a – ṅaŋ	
V – le jo te re	V – le jo te ma – re	V – le jo te a – re	
V – le jo te jən	V – le jo te mən	V – le jo te a – jən	

疑问 B		疑问 C	
V – le jo – ni	V – le me – ni	V – le jo – la	V – le me – la
V – le ṅaŋ – ni	V – le mə – ṅaŋ – ni	V – le ṅaŋ – ŋa	V – le mə – ṅaŋ – ŋa

---

[①] "V_{完成} – le jo" 和 "V_{完成} – le ṅaŋ" 中的 le 不可以换成 nə，且南边的安多藏语也没有此类表达法。因此，我们认为 "V_{完成} – le jo" 和 "V_{完成} – le ṅaŋ" 结构和语言接触没有关系，是东纳话本土的层次和语言中固有的表达法则。

（续上表）

疑问 B		疑问 C	
V – le jo te re – ni	V – le jo te ma – re – ni	V – le jo te re – la	V – le jo te ma – ra
V – le jo te jən – ni	V – le jo te mən – ni	V – le jo te jən – na	V – le jo te mən – na

(6.15) a.　tɕʰi　　　　　mar　　　si – le a – jo.
　　　　你：施格　　　酥油　　　吃：完成 – 经历：疑问：向心
　　　　你吃过吃酥油吗？
　　b₁.　si – le jo/lo
　　　　吃：完成 – 经历：向心
　　　　吃过。
　　b₂.　si – le me.
　　　　吃：完成 – 经历：否定：向心
　　　　没吃过。

(6.16) a.　zi　　　　　mar　　　si – le a – ṅaŋ.
　　　　他：施格　　　酥油　　　吃：完成 – 经历：疑问：新异
　　　　他吃过酥油吗？
　　b.　si – le mə – ṅaŋ.
　　　　吃：完成 – 经历：否定：新异
　　　　没吃过。

(6.17) ŋɐ　　　tʂʰoŋ – ti　　　petɕən – na　　　soŋ – le jo,
　　　　我：通格　小 – 连词　　北京 – 与格　　去：完成 – 经历：向心
　　　　zi　　　la　　　　　　soŋ – le ṅaŋ.
　　　　他：通格　也　　　　　去：完成 – 经历：新异
　　　　我小时候去过北京，他也去过。

例（6.15）乃"修辞性疑问句"，说话者预期听话人对他自己的情况是熟悉的，所以即使主语采用了第一人称，句末仍用表达向心范畴的动词 jo。而例（6.16）则是询问第三者的经历，所以句末采用了表达新异范畴动词 ṅaŋ。例（6.17）可以用于向别人介绍自己和别人小时候曾经去过北京这件事，显然是个曾经经历事件。如果想表达"某一次"具体的事件，则要采用结果体或完成体。如下所示：

(6.18) ŋa   nɐɪ̯ŋaɯ – ŋa   petɕəŋ – ŋa   soŋ – jo.
我：通格   去年 – 与格   北京 – 与格   去：完成 – 结果：向心
我去年去北京了。（类似某些汉语句子"我去年去了北京"）

(6.19) ŋa   nɐɪ̯ŋaɯ – ŋa   petɕəŋ – ŋa   soŋ.
我：通格   去年 – 与格   北京 – 与格   去：完成：向心
我去年去北京了。

例（6.18）用于回答别人的问话"去年你去北京没有"，强调某一次事件。而例（6.19）则是完成体，强调事件在某个时间点之前已经完成。

6.1.5 进行体

东纳话进行体构式可以概括为如下格式：

① V_{未完} – kə – （Q/Neg） – Exis – （IF）。
② V_{未完} – kə – jo – te – （Q/Neg） – Cop – （IF）。

其中 Q 表示疑问助词，Neg 表示否定，Exis 表示存在动词，IF 表示句尾语气助词，Cop 表示系动词，括号内的成分都是可以省略的。助动词 – jo 和 – ṅaŋ 之前的 kə 还有 gə、ɣə、ki、gi 和 ɣi 等语音变体。另外，还有一个 V – kə jo – kə 构式，应当是来自南边安多藏语的外来层，是语言接触的产物，V – kə ṅaŋ 才是本地层。V – kə jo – kə 和 V – kə ṅaŋ 功能无异。另外，– kə – jo 偶尔还可以合音为 – ɣo，但通常不发生合音。上述①和②的构式细化，见表 6 – 4。

表 6 – 4 东纳话的进行体标记

肯定	否定	疑问 A	
V – kə jo	V – kə me	V – kə a – jo	
V – kə ṅaŋ	V – kə mə – ṅaŋ	V – kə a – ṅaŋ	
V – kə jo te re	V – kə jo te ma – re	V – kə jo te a – re	
V – kə jo te jən	V – kə jo te mən	V – kə jo te a – jən	
疑问 B		疑问 C	
V – kə jo – ni	V – kə me – ni	V – kə jo – la	V – kə me – la
V – kə ṅaŋ – ni	V – kə mə – ṅaŋ – ni	V – kə ṅaŋ – ŋa	V – kə mə – ṅaŋ – ŋa

(续上表)

疑问 B		疑问 C	
V – kə jo te re – ni	V – kə jo te ma – re – ni	V – kə jo te re – la	V – kə jo te ma – ra
V – kə jo te jən – ni	V – kə jo te mən – ni	V – kə jo te jən – na	V – kə jo te mən – na

(6.20) tɐtʰaŋ – gə lɔŋoŋ – gə ˆ ɳokʐon jən – ni – ta,
　　　 现在 – 属格　年轻 – 施格　小伙子　　是 – 连词 – 话题
　　　 ʂɐʑi　　　jən – ni　　jo ~ jo – kə,　jile
　　　 小孩　　　是 – 连词　 有~重叠 – 施格　全部
　　　 tə　　　　 ʰdzɐʂkal　ʂʷal – kə jo.
　　　 其：通格　　汉语　　 说 – 进行：向心
　　　 现在的年轻人……小伙子也好，小孩也好，全部都在说汉语。(S – 1：63)

(6.21) tɕʰəma:　　ⁿdzɔ – ɣə ṅaŋ.
　　　 家：与格　 去：未完 – 进行：新异
　　　 正往家赶。(M – 2：1)

(6.22) tʰaŋ – gə　 lɐkʰə　　tɐʐoŋ　　tʂakpa
　　　 平滩 – 属格　上面　　 仍然　　 土匪
　　　 tʂʰɐtsʰək　　ʰdzək – gi ṅaŋ.
　　　 几个　　　　 跑 – 进行：新异
　　　 在平滩上仍然有几个土匪正在逃跑。(S – 3：67)

进行体在某些语境下，还可以用于表达惯常的意义，发生引申变化。如下所示：

(6.23) a. tɕʰi　　tɔ　　tʰan – gə a – jo.
　　　　　 你：施格　烟　 吸 – 进行：疑问：向心
　　　　　 你吸烟吗？
　　　b. tʰan – gə　jo.
　　　　　 吸 – 进行：向心
　　　　　 我吸烟。

当问询一个人有没有抽烟的习惯时，可以采用例（6.23a）的形式发问，主要动词 tʰan "吸" 后附加了进行体标记的疑问形式 – gə a – jo，回答同样采用在主要动词后附加进行体标记的形式。如果直接看一个句子 "ŋi tɔ tʰan – gə jo"［我：施格　烟　抽 – 进行：向心］，则是有歧义的，它既可以表达"我正在抽烟"这个独立事件，也可以表达"我抽烟"这个习惯。

6.1.6 持续体

持续体表达动作或状态的持续，东纳话持续体没有单独的形式标记，而是借用结果体和进行体标记来表达，即采用 $V_{未完}$ – jo、$V_{未完}$ – ṅaŋ 或 V – kə jo、V – kə ṅaŋ 结构表达。当助动词为 jo 时，若前面宿主动词韵尾为 – l，jo 还会发生协同音变，变为 lo。另外，"动词$_{未完}$ + gə"也具有表达持续体的意义。如下所示：

(6.24) n̠ənmiŋ   ʱgɔ – a   ʂʷeː   ʂor – soŋ – nə   ʱdzək – gə ṅaŋ.
每天   门 – 与格   外：与格   跑 – 助动词 – 连词 跑 – 进行：新异
每天都往门外跑着。（M – 1：3）

(6.25) zi   ʰkaŋna   tɕo – ɣə ṅaŋ.
他：通格 腿脚   瘸 – 进行：新异
他腿瘸着。

(6.26) ti   raŋ – gə   ʱjəkpa – zək   ʰte – ṅaŋ
其：施格   自己 – 施格 棍子 – 无定   挂 – 结果：新异
他自个儿（手里）挂着根棍子（S – 2：6）

(6.27) a. ⁿbu   ⁿdə   si – a – ṅaŋ.
虫子   这：通格   活 – 疑问 – 结果：新异
这个虫子还活着吗？

b. si – ṅaŋ.
活 – 结果：新异
活着。

例（6.24）和例（6.25）乃进行体扩展为持续体意义，例（6.26）和例（6.27）乃结果体扩展为持续体意义。比较例（6.24）和上述章节的例（6.22）可知，同样是 ʱdzək – gə ṅaŋ 组合，例（6.24）表达的是一种持续的状态，而例（6.22）表达的则是某一次具体的动作。例（6.27）表达"虫子还活着"这样一种持续的状态。

(6.28) ŋe   ʰkʰoŋna   naŋ – nə   zʷa – lo,
我：通格   房间   里面 – 位格   待 – 结果：向心

zi	la	kʰoŋŋa	naŋ-nə	zʷal-n̥aŋ.
他：通格	也	房间	里面-位格	待-结果：新异

我在房子里待着，他也在房子里待着。

(6.29) şələ   tsʰe-ɣə   sok   tsʰɔ-ɣə,
      儿子   大-施格   牲畜   放牧：未完-新异
      kaŋ-ŋa   la   ma-soŋ,
      什么-与格   也   否定-去：完成
      lək   tsʰɔ-ɣə do.
      羊   放牧：未完-持续：向心

大儿子在放羊，哪儿也没去，在放着羊。（L-1：3）

例（6.28）句中的 lo 实即 jo 的声母受宿主 zʷal 的韵尾 -l 同化而来。例（6.29）的 -ɣə to 当来自 -ɣə te jo 的合音，中间附加了原本为指代词的 te。口语中尚未发现有 V-ɣə te jo 组合形式。例（6.29）还有一个现象值得注意，即 tsʰɔ-ɣə "放着羊"，tsʰɔ "放羊" 本身是个活动动词，但此处则不是指称某个动作，而是放羊这一状态。

6.1.7 将行体

东纳话将行体构式可以概括为如下格式：

① $V_{未完}$ - kə - (Q/Neg) - Exis - (IF)。
② $V_{未完}$ - kə - jo - te - (Q/Neg) - Cop - (IF)。

将行体采用 "$V_{未完}$ - ʱdʑi jən"（-ʱdʑi jən 常常合音读作 -ʱdʑən，也可以读作 -ʱdʑə）和 "$V_{未完}$ - ʱdʑi re" 构成，jən 和 re 本为系动词，此处和名物化标记 -ʱdʑi 一起，重新分析为体标记，表达将行体范畴。-ʱdʑi 在实际口语中常常还会有 -dʑi、-dʑə、-ʱdʑi、-ʱdʑə、-tɕi 和 -tɕə 等语音变体。详见 4.2.8 "助动词"的分析。将行体的肯定、否定和疑问标记见表 6-5。

表 6-5　东纳话的将行体标记

肯定	否定	疑问 A
V - dʑə jən	V - dʑə mən	V - dʑə a - jən
V - dʑə re	V - dʑə ma - re	V - dʑə a - re

（续上表）

疑问 B		疑问 C	
V – dzən ni①	V – dzə mən – ni	V – dzən – na	V – dzə mən – na
V – dzə re – ni	V – dzə ma re – ni	V – dzə re – la	V – dzə ma – ra

jən 和 re 参与构造的将行体标记的不同在于，前者表达向心意义，而后者表达叙实意义。这与它们做系动词时的语义和语法的功能区别完全一致。如下所示：

(6.30) tɕʰi – ta   sʷer – kə   ʰŋ̊ɐŋ   laŋ
你：施格 – 话题 猴子 – 属格   心   取：完成

tɕʰə – ra   ma – joŋ – na,   ta   ŋɐ
拿 – 连词   否定 – 来 – 连词 那么 我：通格

tɕo   ʂə – ʳdzə   re.
就汉   死 – 将行：叙实

那你呢要是不能把猴子的心取了拿回来的话，我就会死的。(M – 1：9)

(6.31) ŋɐ   ⁿdzɔ   tʰəp – dzə ma – re.
我：通格   去：未完   能够 – 将行：否定：叙实

我去不了。(M – 1：11)

(6.32) ŋɐː   tɕʰə – tsʰo   ʰŋ̊ɐŋ – zək   ʂʷən – dzə jən.
我：与格   你 – 复数：属格   心 – 无定   给 – 将行：向心

把你们（猴子）的心给我。(M – 1：18)

表达完整体的标记 – nə re 和用作情态的助动词 ɦgɔ 有时也可以表达将行体的意义。– nə re 的功能类似汉语"了"，即可以扩展到将行体的功能，而做道义情态的助动词 ɦgɔ "需要"表达时体意义，乃是它的次要功能，是情态义的拓展功能。如下所示：

(6.33) tɕʰaŋkuojoŋ – gə   no – ta   ŋi   tɕʰɐk
强国勇 – 属格   弟弟 – 话题   我：施格   血

tʰoŋ – nə re   ʂʷal – ni,   ʂə
喝 – 完整：叙实   说 – 连词   肉

---

① V – dzən – ni 为 V – dzə jən – ni 的合音形式。

sɐ   ʰgɔ - gə - sə.
吃：未完   需要 - 新异 - 引述
强国勇的兄弟呢，我要喝他的血，吃他的肉。(S-3：126)

(6.34) te - nə   te   joŋ - nə   te,
       其 - 位格   其：通格   全部 - 连词   其：通格
       ʰdzɐma - ta   tʂɿweitui   jile - ta
       后来 - 语气   自卫队   全部 - 语气
       kan - nə   tʂʰɐk - nə ma - re.
       那 - 位格   立稳 - 完整：否定：叙实
       他们从那里回来，后来自卫队全部都不能在那里待了。(S-3：122)

像例（6.34）句末动词短语 tʂʰɐk - nə ma - re，我们核对语料时，发音合作者给我们重新解释，又说成了 tʂʰɐk - dʐə ma - re。可见，tʂʰɐk - nə ma - re 和 tʂʰɐk - dʐə ma - re 在此处表达的时体相同，而 - dʐə re 却是最典型的将行体标记。

6.1.8 即行体

东纳话即行体表达事件在短时间内即将发生，即未行即行，采用 "V_{未完} - sɐr ṅaŋ/jo" 或 "V_{未完} - kʰɐr ṅaŋ/jo" 结构表达。- sɐr 或 - kʰɐr 中的 - r 实际是 ṅaŋ 的前置辅音在双音节词中被重新分析为前面音节的韵尾的结果，即 V_{未完} - sa. snaŋ > V_{未完} - sɐr ṅaŋ。而 sɐ 和 kʰɐ，则本是名物化词缀，但此处和其后的 ṅaŋ 发生重新分析，而变成即行体标记。其构式可简单概括为：

$$V_{未完} - sɐ/kʰɐ - (Q) - Exis - (IF)$$

另外，要特别注意的是，即行体没有否定式，动词用未完成体形式。如下所示：

(6.35) nam   la   laŋ - kʰɐr ṅaŋ,   tʂakpa
       天   也   亮 - 即行：新异   土匪
       la   ʂor - soŋ - zək,   ⁿdʐi - soŋ - zək.
       也   走 - 助动词 - 拟测   逃 - 助动词 - 拟测
       天马上就要亮了，土匪也走了，跑掉了。(S-3：78)

(6.36) ʂɐ　　　　　tsʰi – sɐr ŋ̍aŋ.
肉　　　　　熟 – 即行：新异
肉马上就熟了。

(6.37) a. ȵama　　　ᵑgɐ　　　　ɕɥnan – na　　　ⁿdzɔ – dzɐ re.
日子　　　一些　　　　肃南 – 与格　　　去：未完 – 将行：叙实
过些日子要去肃南。（将行体）

b. ȵama　　　ᵑgɐ　　　　ɕɥnan – na　　　ⁿdzɔ – sɐr ŋ̍aŋ.
日子　　　一些　　　　肃南 – 与格　　　去：未完 – 即行：新异
过些日子即将去肃南。（即行体）

比较例（6.37）的 a 和 b 的不同就可以发现，a 表示将来某个时段要做某事，但并不清楚这个事件到底在什么时候发生。而 b 则指明这个事件即将在很短的时间内发生。

另外，如果正在进行的某件事即将完成，则采用如下构式表达：

$$V_{完成} – Aux – sɐ/kʰɐ – (Q) – Exis – (IF)$$

Aux 表示完成义的助动词，最常见的是 tsʰar "完了"，即把谓语的主要动词变成复合动词，同时主要动词变成完成体形式。如下所示：

(6.38) zi　　　　　tʂəma　　　　si – tsʰar – sɐ a – ŋ̍aŋ.
他：施格　　　饭　　　　吃：完成 – 助动词 – 即行：疑问：新异
他马上就吃完饭了吗？

6.2　否定范畴

东纳话表达否定范畴，采用否定词缀和否定动词两类。不过，两个否定动词其实也是由否定词缀参与复合而来。否定词缀有 ma 和 mə 两个，都是前置的，而否定动词都是后置的。否定动词有 mən 和 me 两个，实际经历了 ma – jin > mən、mə – jod > me 的合音过程。ma 和 mə 有分工：ma 用于完成体和禁止语气时，mə 用于非完成体的情形下。

因为藏语本身是 SOV 的语序，所以否定动词 mən、me 和 ma – re 处于句尾时，具有表达示证和向心范畴的区别。（见表 6 – 6）

表 6-6　东纳话的否定标记

动词性否定标记		词缀性否定标记		
自知	叙实/新异	完成	禁止	未完成
N/V - mən	N/V - ma - re	ma - V$_{完成}$	ma - V$_{未完}$	mə - V$_{未完}$
N/V - me	N/V - me - kə			

(6.39) matʂʰənjaŋ　　　　tək　　　ʂi - nə　　　　pʰaŋ - nə
　　　　马成阳　　　　　那样　　　做：完成 - 连词　放：完成 - 连词
　　　　ta,　　　　hɐ - ma - tʰaŋ - ŋa,　　　ta　　　sʷe - nə
　　　　然后　　　抵挡：否定 - 连词　　　然后　　外面 - 离格
　　　　ⁿdʐi - soŋ - zək,　　　　　zoŋ - ma - laŋ - zək.
　　　　逃跑：完成 - 助动词 - 拟测　抓：完成 - 否定 - 助动词 - 拟测
　　　　马成阳那样放枪后，没抵挡住，然后就从外头逃跑了，没被抓住。（S - 3：154）

(6.40) ŋi　　　　　　nal　　　　ⁿdə　　　　tʂek - le
　　　　我：属格　　病　　　　这　　　　好 - 连词
　　　　ʂi - na,　　　ⁿdə - zək　　me - na,
　　　　做：完成 - 连词　这 - 无定　无 - 连词
　　　　sʷer - kə　　　　ȵ̥əŋ - zək　　me - ki - ta
　　　　猴子 - 属格　　　心 - 无定　　没有 - 连词 - 话题
　　　　tʂek - dʑi ma - re - ser - kə.
　　　　好 - 将行：否定：助动词 - 引述 - 新异
　　　　我这病要有猴子的心就可以好，我的病要想治好的话，要是没这，没有猴子的心，恐怕好不了。（M - 1：6）

(6.41) kʰɐrtsaŋ　　　　la　　　tʂʰi　　　tə　　　ra
　　　　以前　　　　　也　　　经文　　其：通格　也
　　　　ⁿdon - me - tə - gə.
　　　　念 - 结果：否定：强调 - 新异
　　　　没有像以前那样念经的。（S - 1：49）

(6.42) ŋɐ　　　　　　　tsʰɔ - ɣə　　　ɣor　　　ẓʷor
　　　　我：通格　　　海 - 属格　　下面　　下去
　　　　mə - tʰəp - kə　　ŋɐ　　　　ⁿdʐɔ
　　　　否定 - 可以 - 新异　我：通格　去：未完

（6.43）　kʷɐre – ta　　　　　　ma – sɐ,　　　şɐ　　sɔ.
　　　　 饼子 – 话题　　　　　 否定 – 吃：未完　肉　吃：命令
　　　　 tʰəp – dʑə ma – re.
　　　　 能够 – 将行：否定：叙实
　　　　 我下不去海底，我去不了。（M – 1：11）

（6.43）　kʷɐre – ta　　　　　　ma – sɐ,　　　şɐ　　sɔ.
　　　　 饼子 – 话题　　　　　 否定 – 吃：未完　肉　吃：命令
　　　　 别吃饼子了！快吃肉！

例（6.39）中的 hɐ – ma – tʰaŋ "没抵挡" 否定标记 ma 置于动词 hɐtʰaŋ "抵挡" 中间，而不是 hɐtʰaŋ 之前，这也是我们把 ma 视为否定词缀的原因。而句末的 zoŋ – ma – laŋ – zək "未抓住" 否定标记 ma 放在主要动词和助动词中间。

6.3　情态范畴

情态范畴是个语义概念。在东纳话中，情态范畴和示证范畴是两个相对独立而有所交叉的范畴。东纳话表达情态范畴的手段相对较为复杂，既有情态动词，也有情态副词，还有一些词缀形式。东纳话的情态范畴可以分为认识情态、道义情态和动力情态 3 种。

6.3.1　认识情态

表达认识情态，目前我们的语料中发现了 5 类语法手段：一是用名物化标记 kʰe 与系动词复合后被重新分析为语法标记的组合形式，如 V – kʰe（– zək）– re 或 V – kʰe（– zək）– jən；二是用连词 na 和 tʰaŋ 组成 – na tʰaŋ 组合置于动词后形成 V – na tʰaŋ 构式表达认识情态，有 V – na tʰaŋ 和 V – na tʰaŋ gə 两种形式，前者表达向心范畴，后者表达新异范畴；三是用情态副词，如 kʰɔtʰək "肯定" 等表达认识情态；四是用将行体来兼表认识情态，其构式为 V_{未完} – dʑi re 或 V_{未完} – dʑi jən。五是在主要动词后附加趋向助动词 ⁿdʑɔ 来表达。如下所示：

（6.44）　jəl　　　　ʱmoŋ – ŋa　　　　ni – a　　　　 ⁿdʑɔ – kʰe jən.
　　　　 家乡　　　 祈祷 – 连词　　　婆家 – 与格　 去：未完 – 情态：向心
　　　　 应该是想到婆家去了。（M – 5：F – 2）

（6.45）　ta　　　　 ʱgeloŋ – gə　　　　 ʱti – nə,　　　ⁿɕɔ – nə – ta
　　　　 然后　　　老藏 – 施格　　　 看：完成 – 连词　门 – 位格 – 话题

     mʲə   me - kʰɐ re,
     人   没 - 情态：叙实
    然后老藏一看，在门那里呢可能再没土匪了。(S-3: 66)

(6.46) zi   tərəŋ   ⁿde   joŋ - na - tʰaŋ - gə.
    他：通格 今天   这：与格 来 - 情态 - 新异
    他今天可能要来这里。(通过某种途径刚刚得知他要来这里)

(6.47) tɕʰɔ   kʰɔtʰɐk   tə   ʱɲaŋ.
    你：通格 肯定   其：通格 有：新异
    那些情况你肯定都熟悉。(S-3: 134)

(6.48) ⁿdə   tsʰəzek   jən - dʑi re.
    这   什么   是 - 将行：叙实
    这是什么？

(6.49) tʂʰəro şi - na   tɕʰo nal tşɐk - ⁿdʐɔ - kə - sə.
    怎么 做：完成 - 连词 你：属格 病 好 - 助动词 - 新异 - 引述
    怎么做你的病才能好呢？(M-1: 5)

  将行体语义扩展表达认识情态是类型学的共性，像例(6.48)所示，当时的语境是马伯成先生寻找到一瓶药，他不清楚这到底是什么药，所以问他的夫人。其中，-dʑi re 是典型的将行体标记，此处则没有将行的意味，而只是表达认识情态。例(6.49)ⁿdʐɔ 来自书面上的 ʀgro"去_{未完}"，通常置于动词后表达将来可能要发生某事，属认识情态。

6.3.2 道义情态

  道义情态主要有需要、许可和义务等小类，通常用情态动词表达，也可以用情态副词。语序上，情态动词放在主要动词之后，而情态副词放在主要动词之前。常用的情态动词主要有 ʱgɔ、tʂok、ɲan 等。如下所示：

(6.50) lɔ tşozʴu - ta tɕʰəmaː joŋ ʱgɔ - kə - ser - kə.
    年 十四 - 语气 家：与格 来 需要 - 新异 - 引述 - 新异
    (老二去了部队)第十四年呢说要(复员)回家。(L-1: 4)

(6.51) ʱtsampa si - na   niʼŋon ⁿdep ʱgɔ - kə
    糌粑 吃：完成 - 连词 青稞   种植 需要 - 新异
    要吃糌粑的话，需要先种青稞 (L-2: 1)

(6.52) ɣɔˢtɐ   ɦdʐɐk - taŋ - nə   teˆ   tʂʰɐk - ẓɐk - na
      奶角子   做 – 助动词 – 连词   其：通格   形成 – 助动词 – 连词
      te,   ṣɔ   ɦdoŋ   tʂʰok - kə.
      其：通格   酸奶   打   可以 – 新异
      放上奶角子后，……如果（酸奶）形成的话，就可以打酸奶了。(L-2：12)

(6.53) tontɐk   ⁿdə   ẓanmʲə   ʂʷal   ɳan - dʑi ma - re.
      事情   这   他人   说   允许 – 将行：否定：叙实
      这件事不能给其他人说。

(6.54) ŋɐ   tərəŋ   jənnɐmannɐ   soktʂʰ - ə - a   ⁿdʐɔ, - ʳdʐən.
      我：通格   今天   一定   酒泉 – 与格   走：未完 – 将行：向心
      我今天一定要去酒泉。

6.3.3 动力情态

动力情态表达一个人的能力，这种能力既可以是天生的能力，也可以是后天学习的能力。常用的助动词有 tʰəp、tʂʰok 和 ʂi。tʰəp 既可以表达天生的能力，也可以表达后天习得的能力，tʂʰok 和 ʂi 只能用于后天习得的能力。如下所述：

(6.55) ŋɐ   tsʰɔ - ɣə   ɣor   ẓʷor   mə - tʰəp - kə.
      我：通格   海 – 属格   下面   下去   否定 – 可以 – 新异
      ŋɐ   ⁿdʐɔ   tʰəp - dʐə ma - re.
      我：通格   去：未完   能够 – 将行：否定：叙实
      我下不去海底，我去不了。(M-1：11)

(6.56) ɦjəkpa   laŋ - taŋ   ʂʷeː   pəl   tʂʰok - ẓək.
      棍子   取：完成 – 助动词 外面：与格   去：完成   可以 – 拟测
      棍子取下来了，就可以到外面去了。(S-2：26)

(6.57) tɕʰi   ta   pɔjək   ⁿdʐə   a - ʂi - ɣə.
      你：施格   现在   藏文   写：未完   疑问 – 会 – 新异
      你现在会不会写藏文？

6.4 示证范畴

藏语具有非常发达的示证范畴，据已有论著来看，很可能是世界上示证范畴最发达的语言之一。不过，7世纪的古藏文中却看不到明显的示证现象。示证普遍被学者认为是后起的语法现象，是藏语从古至今最大的语法创新之一。现代藏语方言普遍存在示证范畴，只是系统有些差异，但基本构造原则具有很大的一致性。

东纳话同样具有发达的示证范畴，主要有亲知示证、拟测示证、传闻示证和引述示证4类。亲知示证表示说话者叙述的动作行为是亲自感知的，包括听觉、视觉、味觉、触觉等。拟测示证表达动作行为是说话者推断的、非亲知的，或听别人说的。传闻示证表示信息是从一个不明渠道获得的，或者说话者不想提供信息来源。引述示证则有明确的信息源头，知道证据的来源。亲知示证和拟测示证都没有独立的形式，而是兼用完成体标记来表达，亲知示证标记为 $t^h\textrm{e}$，来自书面语趋向动词 t^hal "去" 的语法化，拟测示证标记为 zək，可能来自书面语 bʐag "放置/做" 义动词的语法化，但不确定。引述和传闻示证标记都为 se，来自书面上言说动词 ser "说" 的语法化。

亲知和拟测示证的添加法则，受一系列非常复杂的因素制约，主要与人称、动词自主/非自主、语用、句式等因素有关，但最主要的还是受动词自主与否和语用因素这两者的制约，因此，可以说是个"语义语用"范畴。

亲知和拟测示证标记只用于陈述句和疑问句中，不用于感叹和祈使/禁止句中；只用于末尾限定性从句中，不用于非末尾从句中。引述和传闻示证则陈述、疑问、祈使/禁止、感叹句式中都可以用。

鉴于章节限制，本节主要简单举证示证范畴的用例，而暂时忽略各种极其复杂的制约因素。

6.4.1 亲知示证

亲知示证标记是 $t^h\textrm{e}$，五官感受的信息都可以纳入亲知示证的范畴中。亲知示证范畴既可以用于他称也可以用于自称。用于他称和自称对动词自主与否皆不限制，但对动词小类的语义会有要求。尤其用于自称时，会表

现出独特的意义。如下所示:

(6.58) pɔmɔ - n̠iɤa　　　　ʂʷeː　　　　pəl - tʰɐ.
女儿 - 双数:通格　　　外:与格　　　去:完成 - 亲知
两个女儿出嫁了。(L - 1:7)

(6.59) ⁿdzɔ - ta　　　　tɕam　　　　naŋ - ŋa　　　　hɐrɐ
犏牛 - 话题　　　河　　　里 - 与格　　　那儿
ɦdʑaŋ - taŋ - nə,　　ʰtʂar - ni　　ʂor - tʰɐ.
撵 - 助动词 - 连词　　排队 - 连词　　走 - 亲知
把犏牛呢从河里赶到那边去,(犏牛)排着队走了。(S - 3:114)

(6.60) zi　　　　pʰe　　　　ʰtse - a　　　　ʂor - tʰɐ.
他:施格　　扑克　　玩耍 - 连词　　去 - 亲知
他打扑克牌去了。

例(6.58)说话者介绍自己的女儿出嫁的事情,作为父亲,一般来说对自己女儿出嫁的前前后后都是亲身经历的,对这个信息是亲知的。例(6.59)是说话者讲述的一个故事,这个故事是作者听来的,并未亲身经历,不过,讲述这句话时句末附加了亲知的示证标记 tʰɐ,原因在于长篇语料显示,这段话本是其他人讲述给他听的,此时用 tʰɐ,有个预设,即这些内容是他人目睹的。例(6.60)的语境是,有次笔者去找马伯成先生调查,笔者进门发现恰逢他不在家,笔者用藏语问他的夫人:"马叔叔去哪里了?"他的夫人用这句话告诉笔者,说"马先生外出打牌去了"。该句话意在传达她目睹了这个事件的过程。上述两者都是用于他称自主动词的例子,表达说话者亲见动作的过程。

(6.61) tɕʰɔ　　　　kʰɐrtsaŋ　　　ma - joŋ - ŋa　　　tʂʰətsək　　　tʂoŋ - tʰɐ.
你:通格　　昨天　　否定 - 来 - 连词　　什么　　发生 - 亲知
你昨天没来,发生什么事了吗?

(6.62) tɕi　　　　tʂɐ　　　　a - tʰoŋ.
你:施格　　茶　　疑问 - 喝:向心
你喝茶了吗?

上述例(6.61)和例(6.62)乃示证出现在疑问句中的例子。例(6.61)非末尾从句谓语动词 joŋ 后不加任何示证标记,而末尾从句则附加亲知示证标记 tʰɐ,询问对方昨天发生的事情,说话者以一种"修辞性问句"（或称"移情"）的手法表达，即预设受话者对发生在自己身上的事是亲知亲历的，非末尾从句和末尾从句的主语并不一致，非末尾从句的主语是人称代词 tɕʰɔ，而末尾从句的主语是疑问代词 tʂʰətsək。当询问对方的事情，是受话者可以自主自控的事件时，通常不能附加亲知示证标记，而直接采用光杆动词结尾，如例（6.62）所示，"喝"是及物性的自主动词，受话者可以自主自控"喝茶"这个事件，所以疑问句直接以光杆动词 tʰoŋ 结尾，此种情况被称作向心范畴。句末光杆动词通常都表达向心范畴。关于向心范畴的更多问题，参考下面 6.5 的论述。

(6.63) ŋi　　　　tʂəma　　　tʰoŋ – tsʰar – tʰɐ,　　　tɕʰi
　　　 我：施格　　饭　　　 喝 – 助动词 – 亲知　　 你：施格
　　　 to　　　　ŋɛː　　　　ɦlək – ya ʂok.
　　　 快点　　　我：与格　　倒 – 命令
　　　 我饭吃没了，你快给我盛上！

(6.64) ŋi　　　　　　karo　　　　ɦtʂɐk – taŋ – tʰɐ.
　　　 我：施格　　　碗　　　　 打碎 – 助动词 – 亲知
　　　 我把碗给打碎了！

(6.65) ŋi　　　　　　ⁿdaŋ　　　　ŋəlam – ni　　　tɕʰɔ　　　tʰək – tʰɐ.
　　　 我：施格　　　昨晚　　　　梦 – 位格　　　你：通格　　碰到 – 亲知
　　　 我昨晚在梦中梦见你了。（字面意思是"我昨晚在梦中碰到你了"）

例（6.63）自己亲见自己的饭吃完了，这句话有个预设，即说话者意欲强调自己在不知不觉间把饭吃完了，对事件的自主自控性大大弱化，助动词 tsʰar 乃"完了"的意思，语义指向"饭"，更加强了说话者的这种非自主性。如果强调自己对事件的自主自控性，当用 ŋi tʂəma tʰoŋ – tʰaŋ，tʰaŋ 乃"做"义，通常附着在典型的自主动词后，表达自主事件。例（6.64）主语为第一人称，谓语动词为自主自控动词，但结句却附加了亲知示证标记 tʰɐ，则产生了特殊的意义，即说话者目睹自己把碗打碎了，表现出吃惊的神色，但这并不是他故意而为，只是不小心的一个动作。如果换成他称（如第二、第三人称），则不会传达出这种惊奇的神色，而仅仅传达说话者亲见某人的动作过程的意义。例（6.65）梦境中的情况则又是另一番情景，自己梦中所做之事，即使是自主动词，也需要用亲知示证。此处非自主动词 tʰək "碰见"后也附加了亲知示证标记 tʰɐ。但如果说这次碰见发生在白天某时某地，则不能用亲知示证标记，也即

"梦中之我"与"梦外之我"虽然在句法上地位相同,但在语用上则常出现对立。

6.4.2 拟测示证

东纳话的拟测示证标记是 zək（当宿主韵尾为 –l 或 –n 时,还常常变读为 tsək）,表明信息的来源是根据痕迹、某种逻辑推理,或听别人听说的结果。拟测示证标记在故事性的语体中出现频率非常高,而在讲述自身经历的纪传语体中却频率相对较低。想来很好理解,若经历不是自己亲历的,当然采用拟测标记最合适;如果是自己亲历的,亲知示证标记就更加自然。如下所示：

(6.66)　sʷer　　　　kʰʷər – nə　　　tsʰɔ – ɣa　　　　ɣor
　　　　猴子　　　　背着 – 连词　　　海 – 属格　　　　下面
　　　　ṣap – wa　　tɕap – soŋ – zək.
　　　　底部 – 与格　送 – 助动词 – 拟测
　　　　(乌龟)驮着猴子把它送到海底去了。(M – 1：16)

(6.67)　ᶠdzawa　　　ⁿgɐ　　　　pəl – ni,　　　　tsʰoŋᵐnə
　　　　月份　　　　几个　　　　去：完成 – 连词　商人
　　　　kʰʷartʂʰe – zək　naŋ – ŋa　　soŋ – nə,
　　　　大城市 – 无定　　里 – 与格　去：完成 – 连词
　　　　jaŋ　　　　raŋ – gə　　poŋwɔ　　　rək – zɐk – zək.
　　　　又　　　　自己 – 属格　驴子　　　　看到 – 助动词 – 拟测
　　　　几个月过后,商人去到一座大城市里,又看到了自己的驴子。(M – 2：12)

(6.68)　ŋɐ　　　　ⁿdaŋ　　　ŋəʰtʂok　　　　zʷaŋ – gə,
　　　　我：通格　昨晚　　　睡觉　　　　　好 – 新异
　　　　lam　　　　tʂək – ya　　sa – tsək.
　　　　路　　　　一 – 与格　　醒 – 拟测
　　　　我昨晚睡得很好,只醒了一次。

(6.69)　namsa – ta　　zʷaŋ – zɐk – zək.
　　　　日子 – 话题　　好 – 助动词 – 拟测
　　　　日子呢变好了。(S – 1：46)

上述例(6.66)中的 tɕap"送"为及物自主动词,例(6.67)中 rək"看见"为及物非自主动词,例(6.68)中的 sa 为不及物不自主动词,例（6.69）的 zʷaŋ "好" 为形容词，句子末尾的 zək 都为拟测示证标记。

(6.70) zi　　　　　　tʂəma　　　　　　a – tʰoŋ – zək.
　　　 他：施格　　　饭　　　　　　　疑问 – 喝 – 拟测
　　　 他吃饭了吗？

(6.71) a. ʰtsɐrŋ̊on　　　　　a – ʰtɕe – zək.
　　　　 青草　　　　　　　疑问 – 长 – 拟测
　　　　 青草长出来了吗？

　　　 b. ʰtɕe – zʐɐk – zək.
　　　　 长 – 助动词 – 拟测
　　　　 长出来了。

例（6.70）的疑问句中，第三人称"他"做主语，句末附加拟测示证标记 zək，发话者有个预设，即受话者没有亲历"他"从吃到吃完的这一整个过程，而只知道结果。其实发话者也可以采用亲知示证来发问，此时则预设受话者完整地经历了"他"从吃到吃完的全过程，因而对语境有特殊的要求。例（6.71）也是口语中的高频句子，因东纳传统上处于牧区，以放牧为生，所以春天习惯问"青草长出来没有"这样的问题。一般都是根据结果来回答，用拟测示证标记 zək 预设受话者只看到草是否长出这一结果，因为没有人会天天坐在草边看着它一点一点长大的全过程。

6.4.3 传闻示证

传闻示证并不表明信息具体的来源，且从上下文中也看不到具体的信息来源。东纳话中常用的传闻示证标记是 se。该标记来自书面上的言说动词 ser，另有语音变体 si、sə 及 ser。ser 通常出现在其后附加新异标记 kə 或 ki 的情况下，即 ser – kə 或 ser – ki。当前面一个词的韵尾为 – n、– l 或 – r 时，ser 还会变读作 tsʰer，但并不是强制性的。不过，se 并不是只限于做传闻示证标记，还可以做引述示证标记（详见下一节）。其做传闻示证的情形如下所示：

(6.72) te　　　　　　oŋte　　　　　　ɦdzʐ – ni　　　　ta
　　　 其：通格　　　那　　　　　　 以后 – 离格　　　然后
　　　 ŋə – tsʰi　　　 tʰapkʰə　　　　ɦgo – na　　　　 tɕo
　　　 人 – 复数：施格　灶火　　　　　需要 – 连词　　　就汉

```
          oⁿdək              şe.              tʰapkʰɐ           kolək – ta
          这样               做:未完          灶                用法 – 话题
          oⁿdəro – zək       re – si.
          这样 – 无定         是:叙实 – 引述
```
从那以后，人们需要灶火的话，就这样做。传闻灶火的用法呢就是这样的。（M – 4：12）

(6.73)
```
       te – nə             kʰɐʳtsaŋ          te                ɦŋon – ni,
       其 – 位格           以前              其:与格            前面 – 位格
       ŋa – tsʰɔ           joŋ – leˆ         te – ni           sor
       我 – 复数:通格      来 – 连词          其 – 离格          这儿
       joŋ – le jən – ser – kə,              kʰampa – nə       tsʰor
       来 – 完整:向心 – 引述 – 新异          康巴 – 离格        这里
       joŋ – le jən – ser – kə.
       来 – 完整:向心 – 引述 – 新异
```
这之前，传闻我们是从那儿到这儿来的，是从康巴到这儿来的。（S – 1：31）

(6.74)
```
       ta            mʲə           lɔlon – gə        ta            ɦdẓʷaltşʰə
       现在          人            老人 – 施格        叹词          八十
       tʰampa        koŋ – gə      mʲə – ɣə          lɛli
       整数          以上 – 属格    人 – 施格         有的:施格
       tə            ɦdẓe – tsʰoŋ – zək – ser – kə.
       其:通格       忘记 – 助动词 – 拟测 – 传闻 – 新异
```
传闻现在八十岁以上的老人都忘记了。（S – 1：21）

(6.75)
```
       kan           tsʰerəŋ – gə      nama          re①           tsʰer – kʰi.
       那            才让 – 属格        媳妇          是:叙实        传闻 – 新异
```
传闻那个是才让的媳妇。

(6.76)
```
       ɦnam          ⁿbap – tɕə re – ser – ki,          a – re.
       天            下 – 未完 – 将行:叙实 – 传闻 – 新异  疑问 – 是:叙实
```
传闻要下雨，是吗？

如上所述，传闻标记都要加在一个完整的限定性的句子后。另外，有些传闻示证标记后面要加新异标记 ki（或变体 kə），如例（6.73）至

---

① ri 的书面形式乃 red，口语读音可以读作 ril，但在语流中韵尾 – l 也常常省略掉。口语中 red 后面的 ser 既可以读作 tsʰer 也可以读作 ser。

例（6.76），而有些则不加，如例（6.72）。

6.4.4 引述示证

引述示证标记有明确的信息源头，或者根据上下文可以找到明确的信息源。东纳话引述示证标记有两个：se（包括语音变体 si、sə 和 ser 等）和 zi。前者即上述传闻示证的另外一种功能，而后者只用于引述示证。zi 当是源自书面上的 bzlas "说" 这个言说动词，而在口语中经历了不规则的音变。如下所示：

（6.77） tɐroŋ   raŋ – sɐ – ɣə   te – ni   ŋɔ   mə – tʰəp – kə,
依然   远 – 名物化 – 施格   其 – 离格   买   未完 – 否定 – 能 – 新异
te – nə   ʰgɔ – ŋə   mə – nàŋ.   ta
其 – 位格   需要 – 名物化   否定 – 有：新异   然后
tɕo^   te – nə   mə – ʳgɔ – ɣə – zi
就汉   其 – 位格   否定 – 需要 – 新异 – 引述
而且路远的人也不敢买，没有要的人，（收羊的人）说不要（L-1：25）

（6.78） o,   sɐʂʰɐ   kaŋ   re – zi – ni.
叹词   地方   哪些   是：叙实 – 引述 – 语气
sɐʂʰɐ   te – ni   yo – ni.
地方   其 – 位格   有：向心 – 语气
哦，（你）说什么地方是吧？这（些）地方有。（L-3：8）

（6.79） wukuipʰ – ɣə   tʂi – zək,   tɕʰɔ   tək ʂe
公乌龟 – 施格   问：完成 – 无定   你：通格   那样
nal   ʂoŋ – ni,   tʂʰəzək^   tʂʰəro
病   发生 – 连词   什么   怎么
ʂi – na   tɕʰo   nal
做：完成 – 连词   你：属格   病
tʂɐk – ⁿdzɔ – kə – sɐ.
好 – 助动词 – 新异 – 引述
公乌龟就问："你那样生病了，什么……怎么做你的病才能好呢？"（M-1：5）

（6.80） ɲɔɣɔ   mar   ʰɲe – tʂɐk – nə   ⁿdza – nə
娃娃   下   生 – 助动词 – 连词   称量 – 连词

ʱdʐɐma   tə   re – si.
斤两   多少   是：叙实 – 引述

孩子生下后，称完是几斤？(M – 3：14)

通过上述例句可以看到，做引述示证标记的 se 或 zi 的信息源头都是可以从上下文或交际语境中得知的。这点是和做传闻示证标记最大的不同之处。

(6.81) ŋɔ – nə   tək ʂe   ʂʷal – ni   ʱga – ɣə,
       脸 – 位格   那样   说 – 连词   高兴 – 新异
       sam – nə – ta   tɕi   ʂe – gə jo – nə re.
       心里 – 位格 – 语气 计划   做 – 进行 – 连词
       te – ta   sam   tʂəkŋan   jənmən
       其 – 话题   心思   好坏   是否
       tə   ma – ʂi – nə re – se.
       其：通格   否定 – 知道 – 完整 – 引述

脸上这么说了，说高兴，心里却开始盘算起来：他们呢那心思到底是好是坏也不知道。(S – 3：27)

(6.82) lɔlon – gə   ʂʷa – tsʰək,   ŋi   ŋɔɕɔ
       老人 – 施格   说 – 拟测   我：施格   娃娃
       ʱŋe – tʂək – nə   ⁿdʐa – nə   ʱdʐɐma   ʰtsəm – la
       生 – 助动词 – 连词   称量 – 连词   斤两   三 – 连词
       raŋ   ʱdʐʷa   tʂe.   ⁿdə   ⁿdanpa   re – tsʰe.
       两   八   是：叙实   这   真的   是：叙实 – 引述

老人说："我生完孩子称量，是三斤八两。这没错。"(M – 3：15)

例 (6.81) 句中，老藏在心里盘算土匪到底是好意还是恶意，并未从口头表达出来，但句末却依然采用了 se，所以 se 在语义上已经弱化，不再纯粹是个言说动词，而开始具备引述式标记的功能。例 (6.82) 中，lɔlon – gə ʂʷa – tsʰək 是一句话，因为句末附加了拟测示证标记，但语义上，后面才是所说的内容。不过，后面这一大段话在句法上并未出现言说主语，但句末附加了引述示证标记 tsʰe（实即 se 受 rel 的 – l 韵尾影响而发生的变音）。由此可知，此处 se 并不是真正的言说动词。

6.5 向心范畴

向心范畴在之前的藏语描写中,往往把它作为示证范畴的一个下位语义分类,但此处我们把它单独列出,作为一个独立范畴。因为它并不表明信息的来源,而主要表达的是作者对信息的态度,即向心范畴表达说话者个人对所述事件拥有确知或深知的知识,用于完全的意志。向心范畴的认知原理,即人类以自己为中心的语用原则。"向心"意味着或直接或间接,或通过预期语用原则(anticipation rule)等而与第一人称相关。"我"经历、参与或涉身某事之中,往往具有对所述事件、行为、关系或属性具有确知性、熟识性,也通常具有自主自控性,是一个以"现在""这里"和"自我"为参数的指示中心(deictic centre),而不管"我"在给定句子中担当何种句法地位(如做主语、直接宾语、间接宾语甚或旁格成分)。该范畴通常用于第一人称自主自控动词中,但也用于他称句中,实际和句法上的人称没有必然联系,而是一个基于语义和语用的认识范畴。与向心相对的离心,下位可以细分为叙实、新异、亲知和拟测等语义类。(见表6-7)

表6-7 向心和离心语义类

向心	jən/mən	jo/me	V - ø	V - ø
离心	叙实	新异	亲知	拟测
	re	jo kə/ɣi/n̥aŋ	tʰɐ	zək

mən 和 me 分别是 jən 和 jo 的否定形式。下面我们仅分析零标记表达向心的意义是如何操作的。

(6.83) teː   tsʰaŋ - gə   ɦgeloŋ - ŋa   tsʰaŋ
其:与格   枪 - 施格   老藏 - 与格   枪
ʰtʂək   pʰaŋ - taŋ.
一   放:完成 - 助动词:向心
(更生娃)用枪对着老藏打了一枪。(S-3: 69)

(6.84) zi	toŋtsʰe	ŋɛː	ʂʷən‑dʐɐk.
他：施格　钱财　我：与格　给‑助动词：向心
他把钱给我了。

(6.85) zi	toŋtsʰe	ŋək‑ȵiyaː	ʂʷən‑dʐɐk.
他：施格　钱财　我‑双数：与格　给‑助动词：向心
他把钱还给我俩了。

(6.86) jile	ȵokʐon	soŋ‑zək,	ŋɐ	ma‑soŋ.
全部　年轻人　去：完成‑拟测　我：通格　否定‑去：完成：向心
（自卫队的）年轻人全部都去了，我没去。(S‑3：93)

(6.87) te	ŋɐ	ⁿdʐɔ‑ja.
其：通格　我：通格　去：未完：向心‑语气
那我去吧！(M‑1：15)

例（6.83）中，施事和受事都与第一人称没有关系，说话人讲述的这个故事乃是基于他听来的事实，但句末却未用示证标记，此时预设说话人对所述事实非常有把握和信心，所述之事在他看来是确认无疑的事实。例（6.84）施事是第三人称，"我"是与事，但句末直接以"主要动词+助动词"收尾，即用零形式来表达向心意义。例（6.85）与事则为包括"我"在内的双数，句末同样采用零标记表达向心意义。例（6.86）前后两个并列从句形成对比，前一从句主语为"年轻人"，为他称，句末采用拟测示证，预设说话者没有亲见他们的行为动作；后一从句主语则为"我"，直接以主要动词煞尾，采用零标记表达向心意义。例（6.87）表达第一人称将行体意义，通常在句末附加体标记‑ᵍdʐə‑jən，但此处则把它省略了，直接以未完成动词附加语气词结尾，但同样表达向心意义。

下面我们采录的这个语料，对何为向心和离心更加具有说服力。

(6.88) te	pɔmɔ‑ȵiyа	ʂʷeː	pəl‑taŋ,
其：通格　女儿‑双数：通格　外：与格　去：完成‑助动词：向心
两个女儿出嫁了。(L‑1：7)

(6.89) pɔmɔ‑ȵiyа	ʂʷeː	pəl‑tʰɐ.
女儿‑双数：通格　外：与格　去：完成‑亲知
两个女儿出嫁了。(L‑1：7)

例（6.88）全句主要动词后直接附加助动词 taŋ 结尾，此时表达向心意义，因为说话者谈论的是自己女儿婚姻的情况，她通过"移情"而将之视同于自己的事件。但此时另外一位调查者刘自生先生在旁边插了一句，即例（6.89），用亲知示证标记 tʰɐ 来结尾，他的这句话就没有采用移情，而离开了指示中心来叙述，以一个完全客观者的视角来对待女儿出嫁这件事。

接下来再看系动词的例子。

(6.90)　tɕʰɔ　　　　la　　　rok　　　la　　　mən – nə,
　　　　你：通格　　也　　邻居　　　也　　非：向心 – 连词
　　　　rokxʷa　　　la　　　mən.
　　　　朋友　　　　也　　非：向心
　　　　你也不再是邻居，也不再是朋友。(S – 3：127)

(6.91)　ʂələ　　　　ȵəpsa　　　lɔ　　　ɦgəptʂʰətsəȵi
　　　　儿子　　　　第二　　　年　　　九十二
　　　　ɦmɐk – ɣa　　soŋ – le jən
　　　　部队 – 与格　去：完成 – 完整：向心
　　　　老二九二年去了部队（L – 1：4）

(6.92)　ŋɐː　　　　　tɕʰə – tsʰo　　　ɦȵɐn – zək　　sʷne – dzə jən.
　　　　我：与格　　你 – 复数：属格　心 – 无定　　给 – 将行：向心
　　　　把你们的心给我。(M – 1：18)

例（6.90）主语为第二人称，却用了向心标记 mən，预设说话者对此事具有自主自控的能力，表达一种强烈的言者主观性。例（6.91）叙述自己儿子的事情，句末也用了向心标记，自己对自己儿子的事情通常都是熟悉确证的，所以把儿子纳入以"我"为中心的指示中来，这种"移情"非常自然。例（6.92）中"我"乃与事，"我"虽然不能完全操控对方的行动，但可以知道这个动作是向"我"而来，所以用向心标记。

(6.93)　ŋɐ　　　　　tərəŋ　　　ʂanpa　　lok – nə　　ɦtɕək – tɕo re.
　　　　我：通格　　今天　　　恶心　　翻转 – 连词　呕吐 – 将行：叙实
　　　　我今天恶心得要吐。

(6.94)　tɕʰi – ta　　　　　sʷer – kə　　　ɦȵəŋ　　　laŋ　　tɕʰə – ra
　　　　你：施格 – 话题　猴子 – 属格　　心　　　　取：完成　拿 – 连词
　　　　ma – joŋ – na,　　ta　　　　　　ŋɐ　　　　tɕo　　ʂə – ʳdzə re.
　　　　否定 – 来 – 连词　那么　　　　我：通格　就汉　死 – 将行：叙实

那你呢要是不能把猴子的心取了拿回来的话，我就会死的。(M-1: 9)

(6.95) ŋɐ   ⁿdʐɔ   tʰəp - dʐə ma - re.
我：通格   去：未完   能够 - 将行：否定：叙实
我去不了。(M-1: 11)

上述几个例子，句末都用了叙实标记，但所联系的主语都是第一人称，动词有自主动词，也有非自主动词。例（6.94）的 ʰtɕək"呕吐"和例（6.93）的 ʂə"死"都是非自主非及物动词，这违背了向心范畴的原型基础，即说话者对动作行为有自主自控的能力，亦即向心非常强调人的主观能动性。例（6.95）的 ⁿdʐɔ"去"乃自主不及物动词，附加动力情态动词 tʰəp"能"后，句尾采用了叙实标记 re，因为有多少能力，通常不是自己可以掌控的，即使自主兼及物动词如"吃""喝"等，后面加上 tʰəp，也都不可以再用向心标记。

再看两个与 ɣi 有关的例子。如下所示：

(6.96) tɕʰi   poˢkal   tɔtsʰək   ʂʷal   a - ʂi - ɣi.
你：施格   藏语   今年   说   疑问 - 会 - 新异
你今年会说藏语了吗？

(6.97) tɕʰi   poˢkal   ʂʷal   a - ʂi.
你：施格   藏语   说   疑问 - 会：向心
你会说藏语吗？

例（6.96）句末采用新异标记 ɣi，预设会说藏语是不同于之前的一个新情况，因此是个具体事件。而例（6.97）则问及一个人的语言能力，是个对受话者来讲完全熟悉确定的事实，所以用向心标记。

口语中还有一个 V - gə do 的形式，其功能与 V - gə jo 没有区别，可以互换，表达向心意义。我们推测它来自书面 V - gi bsdad - jod 的合音，bsdad 表示"坐/待"之义。如下所示：

(6.98) lək   tsʰɔ - ɣə do.
羊   放牧：未完 - 进行：向心
（大儿子）在放着羊。(L-1: 3)

(6.99) ŋə - tsʰi   tərəŋ   nama   lan - gə do.
我 - 复数：施格   今天   媳妇   娶：未完 - 持续：向心
我们今天在娶媳妇。

疑问句通常会有"移情"的问题，即发话者以预期受话者完全可以理解的方式问询，这其实是另外一种形式的"自我中心"。再比如下面的这两个例子。

(6.100) tɕʰɔ kʰɐˈtsaŋ ɕɿnan – na a – soŋ.
你：通格 昨天 肃南 – 与格 疑问 – 去：完成：向心
你昨天去肃南（县上）了吗？

(6.101) tɕʰo miŋ tʂʰəzək jən.
你：属格 名字 什么 是：向心
你的名字是什么？

两个句子都是询问对方情况的疑问句，此时因预期语用原则的作用，全句等同于自称的叙述，例（6.100）句末 soŋ "去"是自主动词，句尾采用零标记，以表达向心意义。例（6.101）受话者对自己的名字当然是确认熟悉的，所以采用了向心标记 jən。

6.6 新异范畴

"新异范畴"（mirativity）是著名藏学家 DeLancey（1997）提出来的，如今已成为类型学研究的热点话题。笔者认为他提出这一范畴，应该是受了藏语的很多启发。藏语研究者之前多把新异范畴放到示证范畴之中论述。的确，藏语中新异范畴和示证范畴关系紧密，比如新异意义往往是说话者亲知的，但新异意义的核心并不是亲知，而是新知，即知识对说话者来说，或说话者预期对听话者来讲，是新的知识，因此，有时还会带来惊异的语气意义。

东纳话新异范畴采用存在动词（短语）来表达，即表 6 – 8 中 B 组虚线内的 ṅaŋ 和 mə – ṅaŋ，以及 jo – kə 和 me – kə。东纳话存在动词（短语）受方言接触影响，有一组外来层，即表 6 – 8B 组中的加底色部分，无底色部分是本地层。当地的母语者认为，B 组中的 ṅaŋ 和 mə – ṅaŋ 更符合东纳话口语习惯的表达法，而 jo – kə 和 me – kə 或许是从青海的安多藏语借用过来的。但外来层和本地层功能没有区别，只是形式不同而已。但这种接触已经较为深入，因为 jo – kə 和 me – kə 中的 kə（含语音变体 ɣi/ɣə、gə/gi、ki/kə 等）已经可以独立出来，单独附着在动词词根后表达新异意义。

表6-8 东纳话的存在动词及语义

向心		离心			
内化、熟知		新知、亲知		叙实	
A		B		C	
肯定	否定	肯定	否定	肯定	否定
jo	me	ʰṅaŋ	mə-ṅaŋ	jo-te-re	jo-te-ma-re
		jo-kɐ	me-kɐ	jo-nə-re	jo-nə-ma-re
jo-te-jən	jo-te-mən				

新异范畴的添加受语用-语义支配，受发话者个人意志支配，即说话者是否强调他向受话者传递的信息对受话者是新情况或新知的。kɐ 的例证如下所示：

(6.102) ʂʷeji-a   ⁿdʐɔ-na,   lɐˢkɐ   li-n̻ə
        外面-与格   去：未完-连词   工作   做-名物化
        tərɐ-zək   me-kɐ.   ʂʷe-a   soŋ-na,
        那样-无定   没有-新异   外-与格   去：完成-连词
        lɐˢkɐ   tə   ʰtsɐ-ɣə,   raŋ-gə
        工作   其：通格   容易-新异   自己-施格
        raŋ～raŋ-gə   tɕʰəma-nə   lɐˢkɐ   li-na,
        自己～重叠-施格 家-位格   工作   做-连词
        tɐroŋ^   ta   lɔŋɔŋ-gə   lɐˢkɐ   la
        依然   现在   年轻人-新异   工作   也
        ⁿdʐəkɣaʂel   mə-li-ɣə.
        好好地   否定-做-新异
        到外面去的话，到外面干活儿的人也没有。到外面去的话，外面的活儿
        也容易，自己做各自家的活儿，还……现在年轻人呢也不好好地工作。
        (L-1: 17)

(6.103) tɔtsʰək-ta   nal   la   maŋ-gə,
        今年-话题   病   也   多-新异

lək la nal maŋ-gə,
绵羊 也 病 多-新异
nor-la-loɣo te jile lam-ma
牛-连词-羊羔 其:通格 全部 路-与格
mə-ⁿdʐɔ-ɣə.
否定-去:未完-新异
今年呢病也多,绵羊病也多,牛和羊羔全部没有销路。(L-1:24)

(6.104) tɐtʰaŋ-gə loŋo̠ŋ-gə n̠okz̩on jən-ni-ta,
现在-属格 年轻-属格 小伙子 是-连词-话题
ʂɐz̩i jən-ni jo~jo-kə, jile
小孩 是-连词 有~重叠-施格全部
tə ɦdʐɐʂkal ʂʷal-kə jo.
其:通格 汉语 说-进行:向心
现在年轻人中的小伙子也好,小孩也好,全部都在说汉语。(S-1:63)

(6.105) pʰɐmɐ la tɐra mə-ⁿbol-ki,
爸妈 也 那么 否定-叫:未完-新异
ta jile ɦdʐɐʂkal-kə ⁿbol-ki n̠aŋ.
然后 全部 汉语-施格 叫:未完-进行:新异
爸妈也不那样(用藏语)叫了,……全部用汉语叫着。(S-1:64)

通过上述来自长篇语料的材料,可以非常明确地看出 kə 和 n̠aŋ 作为新异标记的分布,基本都是出现在说话者强调所述事态是一段时间内出现的新的情况。它可以出现在及物动词、不及物动词、形容词等词根后面。通过比较例(6.104)和例(6.105),我们可以看到一个有趣的问题,即叙述的是同一个相关事态,语料上是前后相接的上下句关系,同样是他称句,例(6.104)句末用了向心标记 kə jo,而例(6.105)句末采用了新异标记 ki 和 n̠aŋ。这里面体现的新异范畴的操作就是:当他认为事态是他熟悉且确定无疑的时候,他可以采用向心标记,而当他认为事态是相比既有情况所出现的新变化时,且他想对此新情况进行强调,他就可以采用新异标记。

再来看更多的例子。如下所示:

(6.106) zi ʂɐ mə-sɐ-ɣə.
他:施格 肉 否定-吃:未完-新异
他不吃肉。

(6.107) matsʰi　　　nama　　　　lɐˢkɐ　　　aha　　　ʂel - kə.
　　　　马家：属格　　媳妇　　　　工作　　　　非常　　做：未完 - 新异
　　　　马家媳妇非常能干活。

上述两例动词都是自主及物动词，例（6.106）是说某个人的饮食习惯，是个惯常行为，说话者此时预设这个信息对他自己而言是新的情况。例（6.107）是说某个人的能力，也是个惯常行为，这句话同样预设这一事态对说话者而言是新的情况。再来看两个更有趣的例子：

(6.108) ŋi　　　　lak - nə　　　ta　　　　ɦŋukar
　　　　我：属格　　手 - 位格　　现在　　　银子
　　　　ȑaŋ　　　ɦŋetʂʰʏʰtsɐʰtsəm　　　jo
　　　　两　　　　五十三　　　　　　　　有：向心
　　　　我手头有五十三两银子（M - 2：10）

(6.109) tɐˢtɐ　　　ŋɐ　　　　la　　　tʰap　　　me - tə - ɣə,
　　　　现在　　　我：通格　　也　　　方法　　　没有 - 强调 - 新异
　　　　ɦɢontʂʰoksəmpu.
　　　　三宝
　　　　现在我也没有办法了，三宝啊！（M - 2：14）

商人欲拿出钱给假冒的盗贼，所以此时他说自己手头有五十三两银子，句末用向心标记 jo，预设他非常清楚地知道自己口袋里有钱及其数量多寡。而当他再次看到自己的驴子时，以为它又重新被天庭处罚降落人间受罪，所以此时他说自己也没有办法了，采用了新异标记 ɣə，预设他没有办法是个新情况。

另外，kə 还可以用于虚拟的认识情态句中。如下所示：

(6.110) lɔ　　　ʰtsəm　　　pəl - taŋ - na　　　　　ŋɐ
　　　　年　　　三　　　　去：完成 - 助词 - 连词　　我：通格
　　　　tɕʰɔ　　　ʰkən - na　　　pəl - taŋ - gə.
　　　　你　　　　前面 - 与格　　去：完成 - 助词 - 新异
　　　　再过三年我就超过你了。

(6.111) tɕʰi   ʰkal   tʂʰoŋ - se - ʂi - a   ʂʷal①,
       你:施格   声音   小 - 比较级 - 助动词:命令 - 连词   说
       ʰkal   tʂʰe - na   ʂɐʑi   ʰtsaŋ - taŋ - gə.
       声音   大 - 连词   孩子   吵醒 - 助动词 - 新异
       你小点声说,声音大的话会把孩子吵醒的。

  上述两个例子所述事态都是尚未出现的情况,但虚拟了将来可能会出现的情况。这种情况相对于既有的事实,实际上也是一种新情况,所以附加了新异标记。这点和上述亲知、拟测示证范畴不同,它们绝不可以出现在这类句子里。

---

① "说"的命令式,东纳口语中为 ʂol,但此处应用命令式却未用命令式,而是采用了不区分完成和未完成的 ʂʷal。这是因为东纳话中动词命令式在逐渐消失,表达命令式经常可以不用本有命令式的动词形式。

第 7 章 简单句及其构成

本章讨论东纳口语中简单句的结构和语义，主要包括疑问句、判断句、领有句、差比句、致使句，以及话题结构和焦点结构等。

7.1 疑问句

东纳话的疑问句可以分为两种：是非问句和特指问句。是非问句和特指问句，两者的语序都与陈述句没有差异。下面分别讨论。

7.1.1 是非问句

是非问句是一种具有普遍类型意义的问句类型，以预期受话者回复"是"或"非"为特点的一类问句，以此满足发话者的信息获取需求。东纳话的是非问句可以根据形式和功能继续分为几个次类型，比如疑问词 - V 式、V - 疑问词式、正反问式、选择问式等。

（1）疑问词 - V 式问句。

该式问句中，疑问词为 a，V 后不能再加藏语自源的其他疑问语气词 ni 或 na，但却可以附加借自汉语的疑问语气助词 saŋ（含语音变体 tsʰaŋ）。a 附着的位置是疑问的焦点所在。全句语调采用升调。如下所示：

(7.1) tɕʰɔ   soktsʰaŋ - gə   aji   a - jən.
      你：通格   索家 - 属格   奶奶   疑问 - 系动词
      你是索家奶奶吗？

(7.2) tɕʰo   ape   tɔ   tʰan - gə a - naŋ.
      你：属格   爸爸：施格   烟   抽 - 进行：疑问：新异
      你爸爸抽烟吗？（惯常义）

(7.3) tɕʰɔ   ʂar   a - ⁿgʷi.
      你：通格   山   疑问 - 爬：完成
      你上山了没有？（ʂar 本义为"东"，东纳话以"东"指"山"）

(7.4) ȵɔɣə-ɣə   joɣo   tʂi-a-taŋ-zək.
      娃娃-施格   字   写：完成-疑问-助动词-拟测
      娃娃写完作业了没有？

(7.5) tɕʰi   pojək   ⁿdʐə   a-tʰəp-ki.
      你：施格   藏文   写：未完 疑问-能-新异
      你能不能写藏文？

(7.6) kan   jəɣor   ɦdanpa   a-jən-tsʰaŋ.
      他：通格   裕固族   真的   疑问-是-语气
      他是真的裕固族吗？

上述 6 例都是附加疑问助词 a 的问句，其中例（7.1）和例（7.2）分别附着在系动词和存在动词前，例（7.3）附着在完成体动词前，例（7.4）附着在主要动词后、助动词前，而且同样在示证标记前，例（7.5）附着在主要动词后、情态助动词前。例（7.6）中的 jən 前附加了疑问助词 a，其后附加了语气助词 tsʰaŋ，此时发音人认为是很合适的。由此看来，接触造成了非常独特的变化，即藏语本源的句末疑问助词 ni 或 na 不可以与 a 共现（安多语可以形成 a – V – na 疑问构式），但汉源语气词则可。另外，附加汉源语气词之后，系动词的向心意义给打破了，此时全句主语为第三人称，却采用了 jən，向心意义出现中和，而这是藏源语气词所不具备的功能。

句末语气词 teni 是个藏语词，teni 有可能是由书面上的指示代词 te 和离格 nas 复合而成，此处语法化为语气助词。这个语气助词也和汉语的语气助词 tsʰaŋ 类似，可以起到中和示证或向心范畴的功能。如下所示：

(7.7) zi   ʰtsampa   sɐ-ʳdʐə a-jən-teni.
      他：施格   糌粑   吃：未完-将行：疑问-语气
      他要吃糌粑吗？

发音人说句末附加 teni 是非常常见的疑问用法，有强调的意味，此时句中的 jən 是绝对不可以换成 re 的，但若去掉 teni 的话则成立。通常来讲，语气是比示证或向心更加外围的成分，而且语气词添加与否不影响示证或向心等范畴的添加。但此处却展现了独特的一面，至于为何会如此，还有待深入研究。

(2) V-疑问词式问句。

此式问句最常见的是于句末附加疑问语气助词 ni 或 na，还有 pa 来表达。句末语气词为 ni 或 na 时，全句采用升调，而句末语气词为 pa 时，全句采用降调。ni 和 na 应该来自书面上的格助词，ni 当来自离格 nas，先语法化为连词，再进一步语法化为语气词。na 当来自位格。如下所示：

(7.8) tɕʰɔ　　　soktsʰaŋ-gə　　　aji　　　jən-ni.
你：通格　索家-属格　　　奶奶　　　是：向心-语气
你是索家奶奶吧？（倾向于肯定）

(7.9) tɕʰɔ　　　soktsʰaŋ-gə　　　aji　　　jən-na.
你：通格　索家-属格　　　奶奶　　　是：向心-语气
你是索家奶奶吧？（中性疑问）

(7.10) tɕʰɔ　　　soktsʰaŋ-gə　　　aji　　　jən-pa.
你：通格　索家-属格　　　奶奶　　　是：向心-语气
你是索家奶奶吧？（倾向于肯定）

上述 3 例都是于句末附加疑问语气助词的是非问句，其中附加 ni 乃信大于疑的疑问，而附加 na 则是信疑各半的疑问，附加 pa 虽然也是倾向肯定，但肯定性要弱于 ni 表达的肯定性，且 pa 做句尾语气词时，全句语调采用降调表达。

(3) 正反问式。

正反问句常用的格式是"V-连词 ni + mə - V（-语气词 ni）"，两个动词之间附加一个连词 ni 和一个否定词 mə。全句末尾的 ni 有时可以加上，但通常不加；不加时，肯定部分采用升调，而否定部分采用降调。如果附加，则肯定和否定都需要采用升调。如下所示：

(7.11) te-ni　　　　ᵐn̥ə　　　　ʰn̥aŋ-ni　　　mə-n̥aŋ.
其-位格　　　人　　　　　有-连词　　　否定-有
mə-n̥aŋ-na　　　ŋa　　　　　mə-ⁿdʐɔ.
否定-有-连词　　我：通格　　否定-去：未完
那里有没有人？没人的话我不去。

(7.12) tərəŋ　　　　　　tɕʰɔ　　　çɥnan-na
今天　　　　　　　　你：通格　肃南-与格
ⁿdʐɔ-(ʳdʐi)-ni　　　mə-ⁿdʐɔ.
去：未完-(将行)-连词　否定-去：未完

今天你去不去肃南？

(7.13) zi　　　　ta　　　　tʂəma　　si – tsʰar – zək – ni
他：施格　　现在　　　饭　　　吃：完成 – 助动词 – 拟测 – 连词
ma – tsʰar – zək.
否定 – 助动词 – 拟测
他现在吃完没吃完饭？

(7.14) kan　　　　tɕʰo　　　pɔmɔ　　jən – ni　　　　mən（– ni）.
那　　　　你：属格　女儿　　是：向心 – 连词　非（– 语气）
那是不是你的女儿？

（4）选择问句。

选择问句与正反问句在构式上基本一致，即提供几个选项供选择，不同的是语义上不一定是正反的选择，而是几个选项择其一。常用格式是"V – 语气词 ni + V（– 语气词 ni）"，两个动词之间附加一个语气词 ni。全句尾的语气词 ni，其添加与否，及对语调升调的影响，同上述正反问句一致。如下所示：

(7.15) kan　　　　ɕɥnan – na　　　ⁿdzɔ – dzi re – ni
他：通格　　肃南 – 与格　　去：未完 – 将行：叙实 – 语气
soktʂʰɔ – a　　ⁿdzɔ – dzi re.
酒泉 – 与格　　去：未完 – 将行：叙实
他将去肃南还是去酒泉？

(7.16) tərəŋ　　　tɕʰek – ki – ni　　ⁿdɐʴgoŋ　　　tɕʰek – ki.
今天　　　冷 – 新异 – 语气　　昨天　　　　冷 – 新异
今天冷还是昨天冷？

7.1.2 特指问句

特指问句主要由表达时间、地点、数量、人物、多少、方式等的疑问代词或疑问副词参与构成的疑问句。疑问词问句句末还可以附加疑问语气词 ni。如下所示：

(7.17) tɕʰo　　　ʂələ　　　tə　　　ɦɲe – tʂek – ni,
你：属格　儿子　　其：通格　生 – 助动词 – 连词
ɦdʐɐma　　tə　　　re.
斤两　　　多少　　是：叙实

(县官就问老人:)"生完你儿子,他是多少斤?"(M-3:12)

(7.18) aro.   tɕʰɔ   tʂʰə   tʂoŋ - soŋ - zək.
       哎   你:通格   什么   发生 - 助动词 - 拟测
       喂!你怎么了?(S-3:62)

(7.19) namŋɔ   tʂʰəro - zək   re.
       天气   如何 - 无定   是:叙实
       天气怎么样?

(7.20) lam   tʂʰəre - zək   ʰn̥aŋ.
       路   多少 - 无定   有:新异
       有多少里路?

(7.21) ʂotɕi   so   tsʰe - ni   jo.
       手机   谁:属格   跟前 - 位格   有:向心
       手机在谁那里?

(7.22) tɕʰɔ   kaŋ - ni   joŋ - le jən.   nam   joŋ - le jən.
       你:通格   哪里 - 离格   来 - 完整:向心   何时   来 - 完整:向心
       你从哪里来的?什么时候来的?

(7.23) tɕʰɔ   ⁿdaʳgoŋ   ʂʏnan - ni   tʂʰək ʂe   joŋ - le jən.
       你:通格   昨天   肃南 - 离格   如何   来 - 完整:向心
       你昨天怎么从肃南来的?(如询问坐客车还是坐私家车)

7.2 判断句

东纳话构造判断句要采用系动词,通常形成 NP - NP - COP 结构。东纳话的系动词有两个词根形式(肯定性的),即 jən 和 re(re 含语音变体 tʂe 和 ⁿdʐe)。还有一个由两者复合而来的形式:jən - te - re。口语中其实还有一个借自南部安多藏语方言的 jən - nə - re 形式,但与 jən - te - re 无功能区别。东纳话系动词及结构基本的肯定、否定和疑问形式见表 7 - 1。

表 7-1 系动词肯定、否定、疑问表达式

肯定	否定	疑问 A	
jən	mən	a – jən	
re	ma – re	a – re	
jən – te re	jən – te ma – re	jən – te a – re	
疑问 B		疑问 C	
jən – ni	mən – ni	jən – na	mən – na
re – ni	ma – re – ni	re – la	ma – ra
jən – te re – ni	jən – te ma – re – ni	jən – te re – la	jən – te ma – ra
	jən – te mən – ni		jən – te mən – na

　　mən 为书面语 ma – jin 的合音形式，口语中目前只存在合音形式的 mən，已无 ma – jən 形式，而 re 的否定形式只有 ma – re。疑问 A 式乃在系动词前附加疑问助词 a 来表达，疑问 B 和疑问 C 式采用句末附加疑问语气助词 ni 和 Ca①的方式来表达。而带底色部分我们认为是语言接触带来的外来层，jən – nə re 与 jən – te re 唯一的区别在于关联词不同，前者为 te②，而后者为 nə。

　　另外，上述形式都具有向心范畴的功能，即凡是句尾为 jən 及否定形式 mən 的，都是"向心意义"；而凡是句尾为 re 的，都是"叙实意义"（疑问 C 中句尾 ra 实际为 re – la 的合音）。详细意义及具体用例请参见 6.5 "向心范畴"。值得注意的是，东纳话的系动词不是人称一致关系标记，但和自称、他称有紧密关系，表向心意义的系动词都用于自称，而表叙实意义的系动词只用于他称。他称和自称是基于语用构建起来的概念，与第一人称、第二人称、第三人称没有必然的关系。

　　另外，上述系动词还可以置于动词之后，做助动词，构成事态句，是系动词功能虚化的结果。不管是做系动词还是助动词，在副词从句、从句链结构的非末尾从句、关系从句和非限定性补语从句中，其表达的"向

---

① Ca 有 na 和 la 两个语音变体，与宿主韵尾和谐：re 后为 la（因为 re < 书面 red，口语慢读会发成 rel），而 jən 和 mən 后为 na。

② te 应该源自书面上的兼指代词 de。

心范畴"发生中和而消失，此时只采用 jən 的形式。下面举例说明。

7.2.1 系动词

系动词连接主语和表语，这种结构中的表语是说明主语性质、状态、类属和特征等情况的，所以语义上由系动词构成的判断句主要有归类、同一、说明、解释、存在等。如上所述，东纳话的 jən 和 re 是构成判断句的系动词，它们没有人称区别，不是人称一致标记，而体现出向心和叙实的区别。如下所示：

(7.24) ŋa-ɲiya:　　　　ɲɔʏɔ　　　　ʱŋɐ-jo.　　　　ɲɔʏɔ
　　　 我-双数：与格　孩子　　　　五-有：向心　　孩子
　　　 ʱŋɐ　　　　　 jən.　　　　ʂələ　　　　　 ʰtsəm-la,
　　　 五　　　　　 是：向心　　儿子　　　　　 三个-连词
　　　 pɔmɔ　　　　 ʱɲi　　　　 jən,　　　　　 ɲɔʏɔ
　　　 女儿　　　　 两　　　　 是：向心　　　 孩子
　　　 ʱŋɐ　　　　　 re.
　　　 五　　　　　 是：叙实
　　　 (刘自生说:)"我俩有五个孩子。"(索翠花说:)"五个孩子，三个儿子两个女儿，是五个孩子。"(L-1: 2)

(7.25) tɕʰəma:　　　　 joŋ-ŋa,　　　 ta　　　　　 soktʂʰə-ne
　　　 家里：与格　　 来-连词　　　然后　　　　酒泉-位格
　　　 zʷal-taŋ,　　　 te-ni　　　　 nama　　　　 tsʷa-zɐk.
　　　 住-助动词　　　其-离格　　　媳妇　　　　找-助动词
　　　 nama　　　　　 ʱdʑwaʑmɔ　　 re,　　　　　 ta
　　　 媳妇　　　　　 汉族　　　　 是：叙实　　　然后
　　　 tɕʰəma-nə　　　 ᵐɐʱ　　　　　ʰtsəm　　　　 jo,
　　　 家-位格　　　　人　　　　　 三　　　　　 有：向心
　　　 ʂələ-zək　　　　 jən.
　　　 儿子-无定　　　 是：向心
　　　 回到家里，然后就去了酒泉住下，然后找了媳妇。媳妇是汉族女子，现在家里有三口人，(有一个孩子,)是个儿子。(L-1: 4)

(7.26) ta　　　　　　　pol　　　　　 kʰɐtsək　　　 ɛlɐpɛlɐzək
　　　 然后　　　　　 藏（语）　　 有些　　　　 马马虎虎地

ɲan	ʂi – na,	ta	ⁿdəmɔ – zək,
听	知道-连词	然后	这样-无定
ŋɐ – ta		po	tʂe.
我:通格-话题		藏族	是:叙实

然后他们有些人能马马虎虎地说点藏语,就这样,(然后就说:)"我呢是藏族。"(L-3:18)

(7.27)
ⁿdə	aⁿɕo	sɐtʂʰɐ	re,
这	安多	地区	是:叙实
ⁿdoŋnɐkkʰɐʰtsəm	aⁿɕo	sɐtʂʰɐ	re.
东纳三山口①	安多	地区	是:叙实
aⁿɕo	sɐtʂʰɐ	jən,	ⁿdɔlɐrɐŋmɔ – gi
安多	地区	是:向心	祁连山-属格
mɐso	re.		
下面	是:叙实		

这是安多地区,东纳三山口是安多地区。(此时笔者用汉语反问了一句:这不是安多地区吧?索德廉先生马上如下回答)是安多地区,是祁连山的下部地区。(S-1:1-2)。

通过上述例子可以看到,当讨论自身情况,或与自己有密切关系的人或事时,如自己的年龄、自己孩子的数量,以及自己的外孙等,通常都可以使用系动词 jən。但是在讨论的不是说话者自身熟悉、确知的情况,或者他称的一些事情时,即使句法上以第一人称作为主语,同样要使用叙实意义的系动词 re,如例(7.26)。re 和 jən 的使用,明显受语用上"移情"的影响,而非人称一致标记。例(7.27)更有代表性,当说话者向笔者介绍东纳的具体方位时,说"这是安多地区",用了 re;而当笔者用汉语反问"这不是安多地区吧"时,发音人马上说"这是安多地区",同一命题,此时却使用了 jən。由此可见,说话者此时通过系动词的转换,实际强调了自己对所述命题的态度,用 jən 尤其强调了一种主观认同和主观价值。

当处在副词从句、从句链的非末尾从句、关系从句和非限定性补语句中时,jən 和 re 的对立中和,此时只能用 jən,绝不可换成 re。如下所示:

---

① 三山口指关山口、甘坝口和红山口。

(7.28) tə - ɣə - ta   nam   jən - na   ʱdʐɐ - ɣə   naŋ - gəˆ
其 - 施格 - 话题　何时　是 - 连词　汉族 - 属格　里面 - 属格
（虽然不懂藏语，）他们任何时候在汉人里（都可以说汉语）。(L-3: 17)

(7.29) poˢkal - gə   miŋ   tʂʰə - zək   jən - na,
藏语 - 属格　名字　什么 - 无定　是 - 连词
ʱdʐɐkal - gə   pʰəjotsʰe   ser - kə.
汉语 - 属格　蒲有才　叫 - 新异
（两兄弟的）藏语名叫什么来着，汉语名叫蒲有才。(S-3: 82)

不过，当主句谓语动词是言说动词，以及处在 ser 报道式/引述示证标记之前时，jən 和 re 的区别依然存在。如下所示，jən 换成 re 同样成立，只是向心和叙实示证不同。

(7.30) te   han - gə   pol - ta,   pol
其：通格　其他 - 属格　藏族 - 话题　藏族
jən - tser - kə - la   poˢkal   mə - ɕi - ɣə.
是：向心 - 引述 - 新异 - 连词　藏语　否定 - 知道 - 新异
其他藏族呢，虽然（他们）说是藏族，但不懂藏话。(L-3: 23)

另外，还有个现象值得重视，就是民歌和祭祀用语中虽然同样会出现 jən 和 re 这两个系动词，却无法比较明确地区分向心和叙实的区别。民歌和祭祀祷词这样的语体，通常都是非叙实性的，和实际话语语境不同，因此，jən 和 re 的分布并不完全遵守日常实际话语中的语用规则。从历史上来看，red 和 jin 表达向心范畴的区别就是后起的，即使现代书面语，典范的形式依然没有这种区别。民歌这种题材，有一定的文学性和书面性，因此，系动词没有语用对立，也是可以理解的。如下所示：

(7.31) ʂʷa   kʰijək   ʱnaŋ - la   ʱtɕiwɔ   jən,
鸟　布谷鸟　心 - 与格　珍爱　是
nɛk   laŋmi   naŋ - ŋa   mʲək - ni   joŋ.
森林　灌木林　里面 - 与格　游荡 - 连词　来
布谷鸟儿多可怜，在密林深处独自游荡。(M-5: C-1)

(7.32) pol   re ~ re   lak - ɣa   tʂʰəŋ   re   zoŋ,
藏族　每一~重叠　手 - 与格　念珠　每一　持：完成
pol   tʂʰital   tʂʰan - ni   tə   ton   ⁿdʐe.
藏族　信法　大 - 连词　其：通格　原因　是：叙实

藏族人人手里都拿着一串念珠，这是藏族人虔诚信佛的缘故。（M－5：B－2）

东纳话判断句中系动词很少省略，但有些情况下，也出现了省略的情况，比如下面这个例子：

(7.33) tʂʰənˀkorʱgonpa－ɣə   ŋu cɔ   naŋ－nə,   sɛ   loŋŋa－zək,
西藏寺－属格   山脑   里面－位格   地方   谷地－无定
在西藏寺山脑里头，（是）一块谷地。（S－3：15）

此句中，名词 loŋŋa"谷地"附带无定标记 zək 直接做谓语，构成名词谓语句，省略系动词。不过，目前我们搜集的材料中此类系动词省略的例证还不多见，有待深入研究其限制因素。

7.2.2 语尾助动词

jən 和 re 在藏语方言中通常都会进一步虚化做助动词，构成事态句，也是判断句的一种，而且其向心范畴功能及中和条件都与做系动词时一致，东纳话也不例外。在东纳话中，jən 和 re 做助动词，用于完整体和将行体中，但此时需要一个名物化的标记让它们与主要动词相连。在完整体中是 le，而在将行体中是 dʑə，名物化的 dʑə 单念时实际发音乃ʱdʑə，不过前面宿主为闭音节时，往往读作 dʑə，而当宿主为开音节时，往往会重新把音节划分为 IVr－dʑə 的形式。－le－jən 和－le－re、－dʑə－jən 和－dʑə－re 等，名物化和系动词其实发生了重新分析，变为表达事态句的体标记。概括起来，可归纳为如下构式：

①完整体：V－le－（Q/Neg）－Cop－（IF）。
②将行体：V－dʑə－（Q/Neg）－Cop－（IF）。

上述完整体、将行体常见的肯定、否定及疑问形式见表 7－2。

表 7－2　系动词语法化做助动词的分布

	肯定	否定	疑问 A
完整	V－le jən	V－le mən	V－le a－jən
	V－le re	V－le ma－re	V－le a－re

（续上表）

	肯定	否定	疑问 A	
将行	V – dʑə jən	V – dʑə mən	V – dʑə a – jən	
	V – dʑə re	V – dʑə ma – re	V – dʑə a – re	

	疑问 B		疑问 C	
完整	V – le jən – ni	V – le mən – ni	V – le jən – na	V – le mən – na
	V – le re – ni	V – le ma – re – ni	V – le re – la	V – le ma – ra
将行	V – dʑən – ni①	V – dʑə mən – ni	V – dʑən – na	V – dʑə mən – na
	V – dʑə re – ni	V – dʑə ma – re – ni	V – dʑə re – la	V – dʑə ma – ra

关于表 7 – 2，有几点需要说明。完整体中的 V 采用完成体动词，而将行体中的 V 采用未完成体形式。将行体中的 dʑə 还有 dʑi、tɕə 和 tɕi 等语音变体，V – dʑə jən 还常合音读作 V – dʑən。上述完整体中的 le 可以换成 nə。据我们的分析，这是语言接触的结果，即 $V_{完成}$ – le jən 和 $V_{完成}$ – le re 才是更根本的、原始的层次，而 $V_{完成}$ – nə re 和 $V_{完成}$ – nə jən 是从青海的安多藏语借用的。不过，现在口语中，$V_{完成}$ – le jən 和 $V_{完成}$ – nə jən、$V_{完成}$ – le re 和 $V_{完成}$ – nə re 已经混用，之间并无功能差异。另外，上述疑问 C 中的 ma – ra 实际是 ma – re – la 的合音。

不管在完整体还是在将行体中，jən 和 re 的交替都受到非常复杂的因素的影响：有语义的，如动词自主非自主；也有语用的，如"移情"。总之非常复杂，本书暂不详细论述。我们仅举数例，如下所示：

(7.34)　ʂələ　　　　n̥əpsa　　　　lɔ　　　　ʰgəptʂʰəʰtsɐŋi
　　　　儿子　　　　第二　　　　年　　　　九十二
　　　　ʱmɐk　　　　soŋ – le jən,
　　　　部队　　　　去：完成 – 完整：向心
　　　　儿子九二年去了部队。(L – 1：3)（字面意思：儿子九二年是去了部队的）

(7.35)　tɕʰilian　　　tɕʰilin – gə　　　tə – tsʰɔ　　　　jile
　　　　祁连汉　　　祁林汉 – 属格　　其 – 复数：通格　全部

---

① V – dʑən – ni 为 V – dʑə jən – ni 的合音形式。

    pol   tʂoŋ – soŋ – nə re.
    藏族   变成－助动词－完整：叙实
    祁连祁林的那些人全部变成了藏族。(L-3：20)（字面意思：祁连祁林的那些人是全部变成了藏族的。）

(7.36) kan   lɔlon – zək – kə ʰti – ni   ⁿdẓa – le jən.
    那   老人－无定－施格 看：完成－连词 称量－完整：向心
   kʰɔrgu la   kɔ – ɣo – nə re.
   她：施格 也   知道－助动词－完整：叙实
   那个老人看完称量的。她也是知道的。(M-3：13)

  例（7.34）主语为他称的"儿子"，但句末用了表向心的 - lejən，明显是"移情"的结果。例（7.35）主语为他称的专有名词形式，句末用了叙实的 - nə re，符合客观叙述的实际。而例（7.36）中 - le jən 关联的主语是"老人"，是"移情"的效用，因为根据上文语料，此时老人称量的是自己生下的儿子。- nə re 关联的是他称代词"她"，为典型的叙实。

(7.37) ŋɐ   la ŋɔ ʂʷər ʱdẓɐ – ʳdẓən.
   我：通格 也 脸 返回 翻－将行：向心
   （你今天如果不给我面子的话，）我也翻脸了。(S-3：127)（字面意思：我将会翻脸）

(7.38) ŋɐ   tɕo ʂə – ʳdẓə re.
   我：通格 就汉 死－将行：叙实
   我就会死。(M-1：9)（字面意思：我是就会死的）

(7.39) ŋɐː tɕʰə – tsʰo ʰŋ̊əŋ – zək ʂʷən – dẓə jən.
   我：与格 你－复数：属格 心－无定 给－将行：向心
   把你们的心给我。(M-1：18)（字面意思：你们的心是要给我的）

(7.40) tɕʰɔ   kaŋ – ŋa   ⁿdẓə – ʳdẓən.
   你：通格 何处－与格 去：未完－将行：向心
   你去哪儿？（字面意思：你是去哪儿的）

  例（7.37）主语为第一人称，动词为自主动词"翻"，此时是句尾使用向心标记最典型的语境。例（7.38）的主语为第一人称，但动词为非自主动词"死"，全句也是表达说话者的一个不自主动作，所以此时一般都适宜采用叙实的标记 - dẓə re。例（7.39）中，"我"是与格，但句末却采用了向心标记 - dẓə jən。例（7.40）为疑问句，主语为第二人称，句末却用了向心标记，是语用修辞作用的结果。可见 re 与 jən 不是人称一致关系标记，而受语义－语用因素的制约。

7.3 领有句

表达领有意义，人类语言通常会用定语领属和谓词领属两类。定语领属详见 5.6.3 "属格" 部分的讨论，本节所讨论的乃谓词领属。东纳话中，表存在义、领有义和处所义的动词同形，没有形式区别。为方便起见，通称存在动词。① 东纳话表存在的句子，用存在动词来表达。东纳话的存在动词具有示证、时体、向心等范畴，但不似部分康方言那样，没有分类意义（比如不区别有生和无生的存在或领有）。其存在句的构式一般如下所示：

①NP－（Q/Neg）－Exis－（IF）。
②NP－jo－te－（Q/Neg）－Cop－（IF）。

若细化常见的肯定、否定和疑问形式，则见表 7-3。

表 7-3 存在/领有动词肯定、否定、疑问表达式

肯定	否定	疑问 A	
jo	me	a－jo	
ʰṅaŋ	mə－ṅaŋ	a－ṅaŋ	
jo－te re	jo－te ma－re	jo－te a－re	
jo－te jən	jo－te mən	jo－te a－jən	
jo－kə	me－kə	a－jo－kə	
jo－nə re	jo－nə ma－re	jo－nə a－re	
jo－nə jən	jo－nə mən	jo－nə a－jən	
疑问 B		疑问 C	
jo－ni	me－ni	jo－la	me－la
ʰṅaŋ－ni	mə－ṅaŋ－ni	ʰṅaŋ－ŋa	mə－ṅaŋ－ŋa

---

① 虽然 3 个语义编码同形，但相应地对存在者、处所方位和领有者的编码会有不同，存在者被编码为通格，而领有者和处所方位则被编码为与格。

(续上表)

疑问 B		疑问 C	
jo – te re – ni	jo – te ma – re – ni	jo – te re – la	jo – te ma – ra
jo – te jən – ni	jo – te mən – ni	jo – te jən – na	jo – te mən – na
jo – ki	me – ki	jo – kʰɐ	me – kʰɐ
jo – nə re – ni	jo – nə ma – re – ni	jo – nə re – la	jo – nə ma – ra
jo – nə jən – ni	jo – nə mən – ni	jo – nə jən – na	jo – nə mən – na

就肯定形式来说，有 jo 和 ʰnaŋ 这样两个单纯形式，以及 jo – te re 和 jo – te jən 这两个复合形式。底色部分乃南部安多地区借入的外来层，其中 ʰnaŋ 和 jo – kə 功能相当，jo – te re 和 jo – nə re 功能相当，jo – te jən 和 jo – nə jən 功能相当。上述 3 种形式彼此都没有功能区别，但本地层和外地层混用的情况相当严重，甚至在同一个人的同一个故事语料中，一时用 jo – kə，一时用 ʰnaŋ 的情形都是非常普遍的。

上述表达疑问的形式，疑问助词 a 置于 V 前，而 ni 和 Ca 则置于 V 后，Ca 有 la 和 ŋa 两个语音变体。另外，疑问 B 式中的 jo – ki 和 me – ki 乃 jo kə – ni 和 me – kə – ni 的合音形式；疑问 C 式中的 kʰɐ 为 kʰə – a 的合音，kʰə 实际为新异标记 kə 的送气形式，ra 为 re – la 的合音。

上述 jo、ʰnaŋ 和 jo – te re（及其相应的借用层次）都还可以置于动词后，做助动词，表体意义。同时，不管它们做存在动词还是助动词，都有示证、向心和新异的意义差别。简言之，jo 和 me 表达向心义，ʰnaŋ 表达新异义，jo – te re 表达叙实义。

上述几个动词或动词组形式除了可以表达处所、存在和领有意义，还可以附着在动词后，虚化做助动词表达时体意义，同时兼表示证、向心和新异意义。

7.3.1 存在动词

如上所述，存在动词及具有存在动词意义的词组之间的区别，乃示证、向心和新异范畴的区别，和人称一致没有关系。以肯定式来说，jo 表向心，ʰnaŋ 表新异，jo – te re 表叙实，jo – te jən 表向心。相对应的外来层功能相同。如下所示：

(7.41) ŋək - ɲiya　　　　ɲɔɕy　　　　ᵃŋ　　　　　　jo.
　　　 我 – 双数：与格　孩子　　　 五　　　　　　 有：向心
　　　（刘自生说：）"我们俩有五个孩子。"（L-1：2）

(7.42) tɕʰəma - nə　　　ᵐeɲ　　　　ʰtsəm　　　jo
　　　 家 – 位格　　　　人　　　　　三　　　　 有：向心
　　　（二儿子）家里有三口人（L-1：4）

(7.43) tɕʰi　　　　　　tsʰəzek　　　ʂʷal - dʐə　　jo.
　　　 你：施格　　　　什么　　　　说 – 名物化　 有：向心
　　　（猴子说：）"你有什么话要说的？"（M-1：17）

(7.44) ŋə - tɕʰɔ^　　　 hor　　　　 ɦdzi - na,　　te - ni
　　　 我 – 复数：通格　蒙古族　　　说 – 连词　　 其 – 位格
　　　 pejən - gə　　　te - ni　　　hor　　　　　jo.
　　　 白银汉 – 属格　 其 – 位格　　蒙古族　　　 有：向心
　　　 hor - ta　　　　ⁿdə - nə　　 ɕaŋ　　　　 tʂək - zək　　jo - nə re.
　　　 蒙古族 – 话题　 这 – 位格　　乡汉　　　　一 – 无定　　 有 – 完整：叙实
　　　 我们（藏族）……说到蒙古族的话，白银（乡）那里有蒙古族。蒙古族在这里（肃南县）有一个乡。（L-1：2）

(7.45) tə - ta,　　　　o,　　　　　ᵐɲətʰok　　　 aᵈʐʷə
　　　 其：通格 – 话题　感叹　　　 人世　　　　 百
　　　 tsʰək - kə　　　koŋ - ni　　jo - te re
　　　 点儿 – 属格　　 上面 – 位格　有 – 完整：叙实
　　　 那呢，哦，在这之前有百多辈人了（S-1：39）

例（7.41）中的领属者是第一人称"我俩"，所以选择向心标记 jo 在此语境下很合适。例（7.42）中，因为儿子和自己是不可割裂的紧密关系，所以很容易移情，是故用向心标记 jo。它实际上还可以换成其他 3 个肯定形式，因为叙述的是儿子家里人口的多少，儿子虽是亲生，但毕竟与自己不同，相对远离了说话者中心，所以这个信息还可以被编码为新信息向受话者传达，或者就是以一个客观事实的情况叙述出来。例（7.43）是疑问句，采用了预期回复的语用原则来发问，所以还是适合用 jo。例（7.44）领属者为方位名词"白银（乡）"，但附加了向心标记 jo，此时蕴含说话者对这个事实持强烈的确认和肯定的语气。而当其后用 jo - nə re 时，则表明所述是个客观事实，对此泛泛而述。例（7.45）采用了与

jo‑nə re 功能完全一致的 jo‑te re。

(7.46) ŋɐ   tərəŋ   lakjoŋ   mə‑ňaŋ,
      我：与格   今天   手气   否定‑有：新异
      tɕʰɔ   tərəŋ   lakjoŋ   tʂʰəro   re.
      你：通格   今天   手气   如何   是：叙实
      我今天手气不好，你今天手气怎么样？（打牌的时候常说这句话）

(7.47) te‑nə   ʰgɔ‑ňə   mə‑ňaŋ.
      其‑位格   需要‑名物化   否定‑有：新异
      没有要的人。（即收羊的人愿意买牧民的羊）(L‑1: 25)

(7.48) a. ʰdʑɛmintsʅ   a‑ňaŋ.
         汉名字   疑问‑有：新异
         有没有汉语名字？

      b. mə‑ňaŋ.
         否定‑有：新异
         没有。

ʰňaŋ 用于表达新知信息，这个信息对自己或别人是新出现的。例（7.46）是打牌时常说的一句话，"手气不好"是今天的事情，不是一直以来的惯常情况。例（7.47）"没有收买羊皮的人"也是新信息，但这个新信息对听说双方而言都是新的。例（7.48）的语境是，有一次问马伯成先生某个藏语词汇用汉语该如何说，他转而询问妻子，这是他们俩的对话，用 ňaŋ 意味着这个问题对于听说双方而言都是新信息，是思考了一下之后的问答。而上述回答其实也可以直接用 me，此时违反会话合作原则，因为发话者预期听话者对口语中有无这个词并不清楚，是个新信息，所以才用 a‑ňaŋ 发问，而受话者直接用向心的 mə 回答，则意味着她非常清楚和明确这个词在口语中没有，无须思索。

(7.49) ŋi   nal   ⁿdə   tʂɐk‑le
      我：属格   病   这   好‑连词
      ʂi‑na,   ⁿdə‑zək   me‑na,
      做：完成‑连词   这‑无定   无‑连词
      sʷer‑kə   ʰňəŋ‑zək   me‑ki,   ta
      猴子‑属格   心‑无定   没有‑连词   那么

tsek – dzə ma – re　　　　　　ser – kə.
好 – 将行：否定：叙实　　　　　引述 – 新异
我这病要有猴子的心就可以好，(我的病要想治好的话，) 要是没这，没有猴子的心，恐怕好不了。(M – 1：6)

(7.50) ta　　　　　tɐroŋ　　　　　rok　　　　　ɦn̻ə
　　　 然后　　　 仍然　　　　　 邻居　　　　 二
　　　 ʰn̻aŋ,　　　rok　　　　　　ɦn̻i　　　　　jo – n̻iˆ
　　　 有：新异　 邻居　　　　　 二　　　　　 有 – 名物化
　　　 ta　　　　 miŋ　　　　　　jo – n̻o　　　ŋi
　　　 叹词　　　 名字　　　　　 有 – 名物化　我：施格
　　　 tsʰor　　　ko – n̻o　　　　tə　　　　　 re,
　　　 这边　　　 知晓 – 名物化　其　　　　　 是：叙实
　　　 pʰərtʰiŋoma　ser – n̻ə　　　tɐro　　　　 ᵐə – zək　　 jo.
　　　 蒲家弘马　　 叫 – 名物化　 那样　　　　人 – 无定　　有：向心
还有两家邻居，这两家人……我知晓的两家子的名字是那，有个叫蒲家弘马的那样的人。(S – 3：79)

上述两例中，存在动词在副词从句和关系从句中出现中和现象，只用 jo_{肯定} 和 me_{否定}，不能出现其他形式。但存在动词在非副词从句或非关系从句中，如在从句的主句中时，就不出现中和现象。

7.3.2　语尾助动词

jo、ʰn̻aŋ 这两个单纯形式，以及 jo – te re 和 jo – te jən 这两个组合形式，还可以语法化做句尾助动词，构成时体意义。东纳话中存在动词做语尾助动词的情况，其分布可用如下格式概括：

进行体：　V_{未完} – kə – (Q/Neg) – Exis – (IF)
　　　　　V_{未完} – kə – jo – te – (Q/Neg) – Cop – (IF)
经历体：　V_{完成} – le – (Q/Neg) – Exis – (IF)
　　　　　V_{完成} – le – jo – te – (Q/Neg) – Cop – (IF)
结果体：　V_{完成} – (Q/Neg) – Exis – (IF)
　　　　　V_{完成} – jo – te – (Q/Neg) – Cop – (IF)
即行体：　V_{未完} – sɐ/kʰɐ – (Q) – Exis – (IF)
　　　　　V_{完成} – Aux – sɐ/kʰɐ – (Q) – Exis – (IF)

ʰnaŋ 做语尾助动词时，往往读作单辅音声母的 naŋ。进行体标记如 V_未完 – kə jo 中的 kə，经历体标记如 V_完成 – le jo 中的 le，以及即行体标记如 V_未完 – sɐ/kʰɐ jo 中的 sɐ 或 kʰɐ，和存在动词一起发生重新分析，被分析成一个单位，表达时体意义。结果体标记中，宿主动词 V 韵尾读作 – l 时，jo（<jod）变为 lo。进行体标记中，ki 还有 kə、gi、gə、ɣi 和 ɣə 等语音变体；kə – jo 可以合音读作 ko。经历体标记中，le – jo 可以合音读作 lo。如下所示：

(7.51) ti　　　　　raŋ – gə　　　ʱjəkpa – zək　　ʰte – ṅaŋ,
　　　 其：施格　　自己 – 施格　 棍子 – 无定　　 拄 – 结果：新异
　　　 ɬɐɣaŋ　　　naŋ – ŋa　　　 ʰtse – nə
　　　 神庙　　　 里面 – 与格　　到 – 连词
　　　 他自个儿（手里）拄着根棍子，到了庙里（字面意思：他手里有拄根棍子）(S – 2：6)

(7.52) ŋɐ　　　　　tɕʰəma　　　　 ⁿdə – ni　　　zʷa – lo,
　　　 我：通格　　家里　　　　　 这 – 位格　　 待 – 结果：向心
　　　 zi　　　　　la　　　tɕʰəma　　ⁿdə – ni　　　zʷal – ṅaŋ.
　　　 他：通格　　也　　　家里　　 这 – 位格　　 待 – 结果：新异
　　　 我在这房子里待着，他也在这个房子里待着。（字面意思：我有在房子里待着，他也有在房子里待着）

上述两个例子都是存在动词 jo 和 ṅaŋ 置于动词之后表达结果和状态持续的例子。例（7.52）中的动词 zʷa 单念时通常发成 zʷal，所以 lo 是 zʷal + jo 合音省缩的结果。

(7.53) ʂələ　　　　tsʰe – ɣə　　　sok　　　 tsʰɔ – ɣə,　　　kaŋ – ŋa
　　　 儿子　　　 大 – 施格　　 牲畜　　 放牧 – 新异　　什么 – 与格
　　　 la　　　　 ma – soŋ,　　lək　　　 tsʰɔ – ɣə do.
　　　 也　　　　否定 – 去：完成　羊　　 放牧：未完 – 持续：向心
　　　 大儿子放着羊，哪儿也没去，在放着羊。(L – 1：2)（字面意思：有在放羊）

(7.54) tɕʰɔ　　　　kaŋ – ni　　　jo,　　　　　tɕɐə
　　　 你：通格　 哪里 – 位格　 有：向心　　现在
　　　 tʂʰətsək　　ʂe – gi jo
　　　 什么　　　 做：未完 – 进行：向心

你在哪儿呢，在干什么呢？（字面意思：你有在做什么）

(7.55) tə-ɣə   jəro-ɣə   tsʰɔtʂək   tə-ɣə
其-施格   依如-属格   措周   其-施格
jile   poˢkal   ʂʷal-kə jo kə.
全部   藏语   说-进行-新异

那个依如的措周部落他们还全部都说藏语。（S-1：55）（字面意思：有在说藏语）

(7.56) okantʂo   ser-ki ṅaŋ.
那样   说-进行：新异

那样说着。（用于惯常，比如某个词有这种说法。字面意思：有在那样说）

(7.57) te   tu   ʂʷal-kə me-kə.
其：通格 时候 说-进行：否定-新异

那时没有说藏语。（S-1：54）（字面意思：那时没有在说藏语）

例（7.53）中的 do 我们推测来自书面上的 bsdad-jod 的合音。从上述几个例句可以看出，凡是有 jo 参与的句子，都是表达向心意义，以示自己对所述事件确知明了，非常肯定。而凡是 ṅaŋ 和 jo-kə（及其否定式 me-kə）参与的句子，都是表达新异意义的，即向受话者表明信息是新知或亲知的。疑问句如例（7.54）则受预期回复语用原则影响，虽然主语是他称，但同样在句末采用了向心范畴。

7.4 差比句

东纳话差比句的标准语序模式为：

NP$_1$（比较对象）+ NP$_2$（比较基准）- 比较标记 + 比较参项

其中，比较参项的典型成分是形容词，常常充当谓语中心，对主体进行陈述。另外，存在/领有动词及由能愿动词修饰的动词结构也可以做比较参项。上述语序是差比句的标准语序，但其实口语中"NP$_{2（比较基准）}$ - 比较标记"常常也可以提前，置于比较对象之前，这往往受语用促动，起到强调话题的作用。

东纳话比较标记有句法型和词汇型两种。前者是完全虚化的虚词，后者还带有一定程度的词汇意义，并未完全虚化。

7.4.1 句法型差比句

东纳话句法型的比较标记有 ni 和 kə 两个。其中以 ni 最为常见，ni 来自书面藏语离格标记 nas 的语法化。而 kə 则来自施格标记 gis 的语法化。如下所示：

(7.58) ŋɐ　　　　tɕʰɔ – ni　　　　tʂʰe – ɣə.
　　　我：通格　你：通格 – 比较　大 – 新异
　　　我比你（年龄）大。

(7.59) zi　　　　sam – ȵə – gə　　　tɕʰi　　　　ʂʷa – to
　　　他：通格　想 – 名物化 – 属格　你：施格　说 – 名物化
　　　kan – ni　　tɐroŋ　　　　zʷaŋ – gə.
　　　那 – 比较　还　　　　　好 – 新异
　　　他想的比你说的还要好。

(7.60) zi　　　　kʰoŋȵa　　　so　　　　kʰoŋȵa – ni
　　　他：属格　房子　　　　谁 – 属格　房子 – 比较
　　　la　　　　ⁿgep – lo　　　zʷaŋ – gə.
　　　也　　　　盖 – 名物化　　好 – 新异
　　　他的房子比谁家的盖得都好。

(7.61) ŋi　　　　namsa　　　lɔtsʰək　　lɔtsʰək – ni　　zʷaŋ – gə.
　　　我：属格　日子　　　一年　　　一年 – 比较　　好 – 新异
　　　我的日子一年比一年好。

(7.62) mar　　　kan – ta　　　raŋ – gə　　lakpa – ɣə　　ʂʷək – ʐek – ȵo
　　　酥油　　其 – 话题　　自己 – 施格　手 – 施格　冲搅 – 助动词 – 名物化
　　　mar – kə　　okanto　　zʷaŋ – zək　　mə – ȵaŋ.
　　　酥油 – 比较　那么　　　好 – 无定　　否定 – 有：新异
　　　那种酥油，没有自己用手工冲搅下的酥油香。（L-2：21）

上述几个比较句例（7.58）到例（7.61）都是采用的比较标记 ni，而例（7.62）采用的比较标记是 kə。当比较的基准是从句时，如例（7.61），必须把它名物化，然后再做比较，否则不可以。当表达比较对象超过所有比较基准的意义时，同样可以采用 ni 这一比较标记，如例（7.62）的 kə 也可以换成 ni 所示。

7.4.2 词汇型差比句

词汇型差比句主要是指比较标记还没完全虚化，或者说是半虚化状态的比较句。东纳话最常用的是 ʰtina 这个标记。ʰtina 由书面上的 bltas + na "看_完成_ + 假设连词"演变而来，类似汉语的"看起来"。与句法型差比句不同，词汇型差比句的比较基准要采用与格标记。如下所示：

(7.63) ta　　　　　　sɐʳdʑə　　　　　　tʰoŋʳdʑə,　　　　　ⁿdəksɐ – tsʰɔ
　　　 现在　　　　　吃的　　　　　　　喝的　　　　　　　住处 – 复数
　　　 jile　　　　　 ta,　　　　　　　　kʰɐʳtsaŋ – ŋa　　 ʰtina
　　　 全部　　　　　然后　　　　　　　以前 – 与格　　　　看起来
　　　 tɐtʰaŋ – ta　　ɦga～ɦga – zək　　re.　　　　　　　 ta
　　　 现在 – 语气　　好～重叠 – 无定　是：叙实　　　　　叹词
　　　 ⁿdəmɔ　　　　 re.
　　　 这样　　　　　是：叙实
　　　 现在吃的喝的住的这些全部比之前要好很多。就是这样的。(S – 1：47)

(7.64) a. zi　　　　ʰtɕe – lo　　　ɦdʑək　　ŋɐː – ʰtina　　　tʰɔ – ɣɐ.
　　　　　　他：通格　生长 – 名物化　身体　　我：与格 – 比较　高 – 新异
　　　　　　他的个子看起来比我高。
　　　　b. zi　　　　ʰtɕe – lo　　　ɦdʑək　　ŋɐ – ni　　　　tʰɔ – ɣɐ.
　　　　　　他：通格　生长 – 名物化　身体　　我 – 比较　　　高 – 新异
　　　　　　他的个子比我高。

比较例（7.64）中的 a 和 b 两句，很容易看出来，比较基准 ŋɐ "我"在词汇型的比较句中要采用与格形式，而在句法型的比较句中要采用通格形式。

7.4.3 标记存古

书面藏语最典型的比较标记是 las。这个标记目前在东纳口传的文学作品当中还可以看到，此标记在东纳话中音变为 li。比如在当地口口相传的说唱文学，即叙述东纳部落历史的史诗《东纳达姆》中，还可以看到这个用法。笔者分析《东纳达姆》发现，它实际不全是白话，也不全是文言，而是介于两者之间的一种文体。如下所示：

(7.65) ʰŋəktsʅ　　ʂʷərə-li　　ɦmar-kə,　　ʰtɕʑʅtsʅ
　　　　眼角　　　珊瑚-比较　　红-新异　　　发根
　　　　toŋ-li　　　ʰkar-kə.
　　　　海螺　　　白-新异
　　　　眼角比珊瑚还红，发根比海螺还白。①

7.5　致使句

致使是论元结构关系调整的策略之一。藏缅语是致使范畴发达的语言，致使范畴很可能是原始藏缅语的共同范畴之一。而相对的，主动—被动范畴却很缺乏。东纳话没有被动范畴，表达被动意义只能采用语序的策略，而致使范畴却非常发达。东纳话表达致使的手段有词汇手段、形态手段和迂说手段3种。

类型学上，致使又可以分为"直接致使"和"间接致使"两类。总体上，紧密的致使形式（如词汇型致使）倾向于表达直接致使，此时被致使者往往具有较小的自控度，因此这类致使也是比较典型的致使。而松散的致使（如迂说式），倾向于表达间接致使，此时被致使者具有较大的自控度，这严格来说通常不是典型的致使事件，而是允许事件。形态致使各方面大致居中。

7.5.1　词汇手段

词汇手段是语言表达致使语义普遍会采用的手段，它本身不显示形态变化，但在语义上却具有致使的意义。这点和异根类似。如下面这5组词汇所示：

动词_{非致使}	释义	书面语	动词_{致使}	释义	书面语
tʰoŋ	喝	Ntʰuŋ	ɦləl	倒~水	blud
ʂʅ	死	çi	ʂʷal	杀死	bsad
ʰti	看见	bstas	ʰton	指示	ston
ʂar	生起	çar	tɕʷɐk	抬起	bkjags

---

① 此条语料来自尕藏尼玛（2014：171）博士论文中的语料。我们同样有这段录音，并按照录音转写为国际音标。

	动词_{非致使}	释义	书面语	动词_{致使}	释义	书面语
	ⁿdʑe	混合	?	ri	使混合	bsres

(7.66) naŋ – ŋa   ʂɔ   ri   mə – ñaŋ.
里面－与格   酸奶   掺和：完成   否定－有：新异
里面没掺酸奶。(L－2：19)

(7.67) tʂakpa – ɣə   mʲə   ɦŋ̍i   sʷal – taŋ – zək
土匪－属格   人   二   杀－助动词－拟测
土匪中的两个人被打死了（S－3：77）

上述两例中，都是表达直接致使，而且受致使者，不管是"酸奶"还是"土匪"，在这一事件中，都没有自主性，都是动作被动接受者，形式上都采用了通格的形式。

7.5.2 形态手段

形态致使，也是东纳话表达致使的常用手段之一。形态致使主要是通过动词声的声母韵母的内部屈折和异根来表达自动和使动的不同，表现在及物性上，即增价功能。所以按非致使动词是及物还是不及物，可以分为两类：致使动词是及物，而非致使动词是非及物；致使动词是及物，而非致使动词是及物。这两类中，又以前者数量最多，因为一价和二价动词在人类语言中最常见，把一价变为二价，也是最常见的增价方式。如下所示：

1. 致使动词是及物，而非致使动词是非及物

（1）声母送气与否，送气表达非致使非及物，不送气表达致使及物。

| tɕo | 解开 | tɕʰo | 散开 |
| tsʷi | 煮 | tsʰʷi | 熟 |

（2）"h－＋清辅音"构成的声母表示致使，相应部位的送气清塞音/擦音表示非致使。

ʰkəm	使蜷缩	kʰəm	蜷缩
ʰko	煮	kʰo	开了
ʰtʂʷal	砍	tʂʰal	断
ʰtor	抛洒	tʰor	散开

ʰpər	使飞	pʰər	飞了
ʰtsi	养活	si	活了

(3) 鼻冠浊音声母表达致使，而送气清声母表达非致使。

ⁿgep	遮盖	kʰep	盖上

(4) "h－＋清辅音"的声母表达致使，而鼻冠浊声母表达非致使。

ʰkor	转动	ⁿgor	转过去

(5) 主要以声母清浊表达自动和使动，本来书面语为采用形态手段的致使动词，却因为语音变化而导致发音上出现少许变化。通常清音表使动，浊音表自动，但也有例外。

动词致使	释义	书面语	动词非致使	释义	书面语
ʰtsap	教	slobs	lop	学会	lobs
ʰtsaŋ	立起/吵醒	bslaŋs	laŋ	起来	laŋs
tsəm	闭眼	btsums	zəm	闭合	zum
r̥əŋ	伸长	bsriŋs	rəŋ	长	riŋ
zʷaŋ	弄湿	sbaŋs	paŋ	湿	baŋs
ʐʷi	使融化	bʐus	ʂə	融化	ʐu

下面是口语中几个有关形态致使的例句。如下所示：

(7.68) tʂʰɒrɐ   ʰtsanpe   naŋ－ŋa   ʰto－taŋ－na,
奶渣   糌粑：属格   里－与格   调制－助动词－连词
tʂɐ   ʰkaro   ⁿgɐ   tʰoŋ－na   paŋ－ⁿdʐɔ－gə.
茶   碗   一些   喝－连词   湿润－助动词－新异
把奶渣放到糌粑里面调上，喝上几碗茶（它）就软了。

(7.69) tɕʰi   tʂɐ   tʰoŋ－ti,   tʂʰɒrɐ
你：施格   茶   喝－连词   奶渣
ʰkaro   naŋ－ŋa   zʷaŋ－ŋa ʂɔk.
碗   里－与格   泡－命令
你喝茶的时候，把曲拉泡到碗里！

(7.70) ŋi   ⁿdʐʲgoŋ   tontɐk－zak   ʰkatʂʰɐ   ʂʷa－to
我：施格   昨天   事情－无定   话   说－名物化
mə－ⁿdʐʲək－kə,   zi   tɕʰəsen   laŋ－soŋ－zak.

否定－合宜－新异　　　他：通格　　生气　　　起来－助动词－拟测
我昨天因为一件事说话说得不对，他生气了。

(7.71)　ŋi　　　　　　　　　ⁿdɐʳgoŋ　　tontɐk－zək ʰkatʂɐ
　　　　我：施格　　　　　　昨天　　　事情－无定话

　　　　ʂʷa－to　　　　mə－ⁿdzək－kə,　　zi－a　　tɕʰəsɐn
　　　　说－名物化　　否定－合宜－新异　　他：与格　生气

　　　　ʰtsaŋ－taŋ－zək.
　　　　使起来－助动词－拟测
　　　　我昨天因为一件事说话说得不对，把他惹生气了。

例（7.68）中的 paŋ "湿润"和例（7.69）中的 zʷaŋ "泡上"是一对自动和使动对立的动词，前者只带一个主事论元，而后者则带施事和受事两个论元。语义上，表达的也是直接致使。例（7.70）的 laŋ "起来"和例（7.71）中的 ʰtsaŋ "使起来"也是一对自动和使动动词，同样前者只带一个主事论元，而后者则带了与事和施事两个论元。因为例（7.69）中"曲拉"采用通格形式，因而全句主要体现的是直接致使义；而例（7.71）中"他"被编码为受事，因而全句主要体现的是间接致使义，此时与事论元有很大的自控性。

2. 致使动词是及物，而非致使动词是及物

致使动词和非致使动词都是及物动词，但区别在于它们的价不同：非致使动词是二价，而致使动词是三价，往往带上与事论元。这类词在东纳话中目前调查到的相对较少。可见这类词不是东纳话中的主流现象。如下面的例词和例句所示：

　　　　ʰn̥ən　　　　使喂　　　　　　　nə　　　吸奶
　　　　ʰkʷan　　　使穿　　　　　　　kʷan　　穿

(7.72)　ŋɔɣɔ－cʌɕʰi　　ɣɔma　　　nə－ɣə n̥aŋ.
　　　　娃娃－施格　　　奶　　　　吸吮－进行：新异
　　　　娃娃在吃奶。

(7.73)　zi　　　　ŋɔɣɔ－a　　　ɣɔma　　　ʰn̥ən－gə n̥aŋ.
　　　　他：施格　娃娃－与格　　奶　　　　喂－进行：新异
　　　　他在给娃娃喂奶。

另外，有些动词，其致使形式和非致使形式同音。其实这种情况即使在书面语中也是存在的,有些动词词形既可以做致使动词,也可以表达非致使动词,比如 ① Ndzig$_{现在}$: a. vt 拆除、毁灭; b. vi 坏灭、破烂。② snad$_{现在}$: a. vt 致伤、致残; b. vi 伤、残。动词带有鼻冠和 s - 的形式在书面语上往往是致使动词,是故我们怀疑上述 Ndzig 和 snad 本源乃致使动词,但在后来的发展过程中,逐渐获得了非致使的意义。这种情况在东纳话中同样存在,比如 ʰkam "干",既可以做致使动词,表达"使干"义,带两个论元,也可以做非致使动词,表达"干"义,只带一个主事论元。ʰkam 的书面形式为 skam,s - 前缀是典型的致使形态前缀,所以 skam 本是致使动词。但书面语上并未有一个词,表达非致使义的"干",而实际生活中,表达"某某物干了"的意义又是常用的,所以在此语用因素的促动下,原本表达致使义的动词便减价为一价动词。如下面这两个例子所示:

(7.74) kɔzi   ʱdʐi-nə   ʰkam-zʐek-zək,   ri-a tʰoŋ.
衣服   晾晒-连词   干-助动词-拟测   收拾-命令
衣服晒干了,快点收起来!

(7.75) tɕʰi   tɕɥ-zʐek-ɲi   kɔzi   rema
你:施格   洗-助动词-名物化   衣服   快点
soŋ-ŋa   ʱdʐi-a   ʰkam-kʰɐ.
去:命令-连词   晾晒-连词   弄干-命令
快把你洗的衣服拿去晒干!

7.5.3 迂说手段

迂说手段也是东纳话中常见的一类表达致使意义的手段。东纳话迂说致使常用手段是采用附加"致使"义动词 ⁿdʐək$_{现在}$ 和 tʂək$_{完成/命令}$,从而构成复合谓语的形式。实际上,迂说手段表达的已经不是狭义上的致使义,而带上了较多"允许""允让"的含义。如下所示:

(7.76) ta   ʱŋɐʳdzʷal-kə   lɔ   sor   joŋ-ni-ta,
然后   五八-属格   年   这儿   来-连词-话题
tə   la   ʂʷal-kʰɐ   la   mə-ⁿdʐək-kə-ser-kə,
其:通格   也   说-名物化   也   否定-允许-新异-引述-新异
ta   mə-ʂʷal-kə.
现在   否定-说-新异
然后五八年以来,也不让(我们)说(藏语),所以现在不能说(藏

语)。(S-1: 56)

(7.77) ta   ȵəntʂi   tɕo   ta   joŋ-nə,
      然后   白天   就汉   然后 来-连词

      ta   tɕo   tʂe   tʰoŋ-kʰɐ
      然后 就汉   茶   喝-名物化

      tʂək-kə,   tʂʰaŋ   tʰoŋ-kʰɐ   tʂək-kə-zi.
      致使：完成-新异 酒   喝-名物化   致使：完成-新异-引述

（土匪）白天就来了，然后又让（他们）喝茶又让（他们）吃肉。(S-3: 28)

上述例（7.76）和例（7.77）采用了"主语+从句-名物化+致使动词"的构式，表达致使意义。名物化标记 kʰɐ 前的动词只能采用未完成体形式。此时被致使的从句谓语动词与 tʂək 的关系相对松散，比如中间可以插入其他成分，如例（7.76）插入副词 la。

上述名物化标记 kʰɐ 还可以替换为 ɣɐ。ɣɐ 是否是 kʰɐ 的弱化形式，目前暂不可考，但很可能是。因为它不会根据前面宿主的韵尾发生变化，这就排除了它是与格标记 la 语法化的连词的可能性。不过，ɣɐ 此时的确更像是个连词，而且口语中还是可以省略的。如下所示：

(7.78) tɕʰi   tɐroŋ   ŋɐ   ɦdzən-ⁿdək-nə
      你：施格 依然   我：通格 抓-助动词-连词

      ẓʷok-ɣa,   ʰkən-na   jo-a   ⁿdʐɔ-ɣɐ
      放置：完成-连词 前面-位格 家-与格 去：未完-名物化

      mə-ⁿdʐək-kə   tʂʰə   re   ser-kə.
      否定-致使-新异 什么   是：叙实 说-新异

"（哦，这土地神真是的，我把金子全部都给你倒下了，）你干吗还捉着我在前面不让（我）回家。"他这么说。(S-2: 22)

另外，上述名物化标记的位置，还可换成源自施格标记的 ɣə，此时 ɣə 的功能已经变为连词，使被致使从句的谓语动词和致使义动词间的结合就更加紧密，语义上也更加紧密相连，中间不能加入其他词汇成分。如下所示：

(7.79) tɕʰəma   kan   tso⁸tsi   tʂʰe-ɣə,
      家庭   那   热情   大-新异

ŋɑ ɣə-ⁿdʐə mə-ⁿdʐək.
我：通格　　　走：未完-连词　　否定-致使：未完
那家人很热情，不让我走。

(7.80) ŋi n̠ɕɣɔ s̠ʷər tɕʰəmaː
我：施格　　娃娃：通格　　返回　　家里：与格
ⁿdʐɔ-ɣə tʂək-taŋ.
走：未完-连词　　致使：完成-助动词
我让娃娃回家了。

(7.81) ŋi n̠ɕɣɔ-a ʰŋ̍tʂɛ tʰoŋ-gə tʂək-taŋ.
我：施格　娃娃-与格　早茶　喝-连词　致使：完成-助动词
我让娃娃把早茶喝了。

需要注意的是，不管是 V-ɣə tʂək$_{完成}$ 还是 V-ɣə ⁿdʐək$_{未完}$，V 都必须采用未完成体形式。另外，上述3个例句中，ɣə 或 gə 前的 ⁿdʐɔ "走"、tʰoŋ "喝" 都是自主动词，但前者为不及物动词，后者为及物动词。其后附加上致使动词 tʂək$_{完成}$ 和 ⁿdʐək$_{未完}$，若受使者所在从句的谓语动词为不及物动词，如例（7.79）和例（7.80）中的 ⁿdʐɔ "走"，则受使者只能采用通格形式；若受使者所在从句的谓语动词为及物动词，如例（7.81）中的 tʰoŋ "喝"，则受使者要采用与格形式。这与受使者的可控性和自主性有关，标记通格的受使者，其可控性和自主性要小于标记为与格的受使者。

7.6　否定句

7.6.1　否定标记

否定是语言中的一个重要语义范畴。东纳话的否定句由否定动词和否定词缀构成，其具体形式和功能见表7-4。

表 7-4　东纳话的否定标记及语义差别

动词性否定标记		词缀性否定标记		
自知	叙实	完成	劝阻	未完
N/V – mən	N/V – ma – re	ma – V$_{完成}$	ma – V$_{未完}$	mə – V$_{未完}$
N/V – me	N/V – me – kə			

在否定动词中，只有一个系动词 jən 有专门否定形式 mən。mən 实际上是来自书面上的否定词缀 ma 与系动词 jin 的合音，即书面 ma jin > 口语 mən。目前口语中已经基本完全合并，语料中没有发现 ma – jən 的用例。而另外一个系动词 re 的否定形式依然是前面附加否定词缀 ma，从而构成 ma – re 否定式。存在动词 jo 的否定形式为 me，亦来自书面上的否定词缀 mi 加存在动词 jod 的合音形式，即书面 mi jod > 口语 me。但口语中目前只见到 me，未发现 ma – jo，可见已经完全合并。[①]

否定词缀 ma 可以用于对过去叙实性的已然事件的否定，或是对虚拟条件句的否定，既可以用于过去的已然事件，也可以用于将来的未然事件，上述这几种情况和汉语的"没"功能一致。另外，还可以用于否定命令句中，此时和汉语的"别"功能一致。而否定词缀 mə 则用于对未然事件的否定，和汉语的"不"功能一致。

7.6.2　否定辖域

东纳话的基本语序是 SOV，动词居尾，否定词缀 ma 和 mə 附着在 V 上，从而表达否定意义。否定词缀的否定辖域，即否定词缀后的 V。否定词缀 ma 与系动词 jən 合音而成的 mən，以及否定词缀 mə 与存在动词 jol 合音而成的 me，实际都变成了具有否定意义的动词形式，所以没有否定辖域的问题。否定词缀 ma 和 mə 的辖域问题，我们通过下面的例子来观察。

---

① 口语中 re 源自书面上的系动词 red，me 源自书面上存在动词的否定形式 mi jod，口语中单念时，re 和 me 都还可以读作 rel 和 mel，但在实际话语中，基本都读作 re 和 me。所以我们此处记作 re 和 me 的形式。

(7.82) ŋɐ   tsʰ-cɣ   ɣor   z̪ʷər   mə-tʰəp-kə,
我：通格 海-属格 下面 下去 否定-可以-新异
ŋɐ   ⁿdʑə   tʰəp-dʑə ma-re.
我：通格 去：未完 能够-将行：否定：叙实
我下不去海底，我去不了。（M-1：11）

(7.83) eja.   ke   ʰtɕon   mə-ɲaŋ,
哎呀 那：与格 问题 否定-有：新异
哎呀！没问题。（M-1：19）

(7.84) tɕʰɔ   ŋi   tɕʰɐma: ma-soŋ-na-ta,
你：通格 我：属格 家：与格 否定-去：未完-连词-话题
tɕʰɔ   ɔk-n̻i-ta   mʲətʂɐkɣa   ma-re.
你：通格 咱-双数：通格-话题 好朋友 否定-是：叙实
你如果不去我家的话，咱俩就不是好朋友。（M-1：13）

(7.85) ta   sʷən-n̻iɣa-ta   ma-ʰtsep-ɣoŋ-zək.
叹词 兄弟-双数：通格-话题 否定-到-助动词-拟测
（然后天快亮了……）那兄弟俩还没有到。（S-3：82）

例（7.82）中，mə 附着在主要动词和情态动词之间，否定情态动词，而不否定前面的主要动词。句尾的 ma 作为词缀插入到时体标记中，但也是放在助动词 re 的前面，否定的是助动词 re，因为作为将行体标记的 -dʑə ma-re 实际是由名物化标记 dʑə 和系动词 ma-re 重新分析而来。全句字面意思，大致还可以翻译为"我不是能去的"。例（7.83）中，mə 的否定辖域是后面的存在动词。例（7.84）中，第一个 ma 对从句的主要动词进行否定，而第二个 ma 对系动词进行否定，它们的否定辖域都是后面的动词。例（7.85）中，ma 的否定辖域则是后面的主要动词和助动词。

(7.86) tɕʰɔ   la   rok   la   mən-nə,
你：通格 也 邻居 也 非：向心-连词
rokxʷa   la   mən.
朋友 也 非：向心
你也不再是邻居，也不再是朋友。（S-3：127）

(7.87) pojək   la-ta   me-kə
藏文 也-语气 没有-新异

藏文也没了（S-1：52）

上述例（7.86）和例（7.87）中，从句的主要谓语动词分别为 mən 和 me，都是具有否定意义的动词，也都是由否定词缀加系动词和存在动词合音而来的，所以没有否定辖域的问题。

7.6.3　一般否定

一般否定即全句由否定词缀 ma 和 mə，或 ma 和 mə 合音而成的否定动词 me 和 mən 所参与构造的否定。ma 和 mə 在否定时所对应的时体差异和语义差异见前文表 6-6。相关例句如下所示：

(7.88) ⁿdəro　　　ma-ṣi-ɣa-ta,　　　　　　　pʰɔˢtɕi　　tə
　　　 这样　　　否定-做：完成-连词-话题　　 男人　　　其：通格
　　　 raŋ-gə　　tɕʰəma-nə　　ⁿdẓəkɣa ṣel　　ⁿdək-dẓi ma-re.
　　　 自己-属格　家-位格　　　好好地　　　　住-将行：否定：叙实
　　　 要不这样的话，那男人就不好好地在自己家里待着。（M-1：4）

(7.89) matʂʰənjaŋ　　tək　　ṣi-nə　　　　　pʰaŋ-nə
　　　 马成阳　　　　那样　 做：完成-连词　放：完成-连词
　　　 ta,　　hɐ-ma-tʰaŋ-ŋa　　ta　　　ṣʷe-nə
　　　 然后　抵挡-否定-连词　　然后　 外面-离格
　　　 ⁿdẓi-soŋ-zək,　　　　　　　　zoŋ-ma-laŋ-zək.
　　　 逃跑：完成-助动词-拟测　　　抓：完成-否定-助动词-拟测
　　　 马成阳那样放枪后，没抵挡住，然后就从外头逃跑了，没被抓住。（S-3：154）

(7.90) lɐˢkɐ　　　ŋanpa　　la　　ma-li-a,
　　　 事儿　　　坏的　　 也　　否定-做-语气词
　　　 jaŋ　　　 poŋwɔ　　ma-tʂoŋ.
　　　 又　　　　驴子　　　否定-变成
　　　 不要再做坏事，也不要再变成一头驴。（M-2：10）

(7.91) si　　　　sɔ　　　　la　　ṣan-mə-ñaŋ.
　　　 谁：施格　谁：与格　也　　欠-否定-助动词：新异
　　　 谁也不欠谁的了。（M-3：18）

(7.92) raŋ-gə　　　pʰɔˢtɕi　　tɕʰəma-nə　　mə-ⁿdək-gi
　　　 自己-属格　 男人　　　家-连词　　　否定-住-新异

自己的男人不在家待着（M-1：3）

例（7.88）中的两个 ma，分别用于虚拟条件句和认识情态句中。例（7.89）中，第一个 ma 插入到动词 hɐtʰaŋ 中间构成否定，第二个 ma 插入主要动词和助动词之间否定助动词。例（7.90）中 ma 用于禁止句，此时如果动词有形态变化，要求必须用未完成体形式。例（7.91）中，mə 插入主动词和助动词中间。例（7.92）中 mə 置于主要动词之前，但两例都是非叙实性的句子。

7.6.4 双重否定

双重否定结构采用否定标记否定两个动词。东纳话常用的双重否定构式，是同时否定两个复杂句的谓语动词，目前见于副词从句、从句链结构、关系从句和补足语从句等。如下所示：

(7.93)　ŋɐ　　　　　naŋkɐ　　　　ɕɥnan – na　　　ma – soŋ – na
　　　 我：通格　 明天　　　　肃南 – 与格　　 否定 – 去：完成 – 连词
　　　 mə – tʂʰok – ki.
　　　 否定 – 可以 – 新异
　　　 我明天不去肃南不行。（副词从句）

(7.94)　tʂɐ　　　　ⁿdə　　　　　tɕʰi　　　　tʰoŋ
　　　 茶　　　　这：通格　　 你：施格　 喝
　　　 mə – taŋ – na　　　　　　mə – tʂʰok – ki.
　　　 否定 – 完结 – 连词　　　 否定 – 可以 – 新异
　　　 这茶你喝不了不行。（副词从句）

(7.95)　ŋɐ　　　　　ɕɥnan – na　　　ⁿdzɔ – ja　　　mə – sam – ni
　　　 我：通格　 肃南 – 与格　　去：未完 – 语气　否定 – 想 – 连词
　　　 ma – re,　　　　　 ⁿdzɔ – kʰom　　mə – naŋ.
　　　 否定 – 是：叙实　去：未完 – 名物化　否定 – 有：新异
　　　 我不是不想去肃南，是没空去。（从句链结构①）

(7.96)　ɦnɐzoŋlɔ　　　poˢkal　　　ʂʷal　　　mə – ɕi – ŋi
　　　 以前　　　　 藏语　　　 说　　　 否定 – 知道 – 名物化

---

① 该句从句链连词 ni 前是主句 + 补足语从句，发音人认为用 ni 是非常恰当的，但也可以换成 na，从而由从句链关系变为副词从句关系。

```
          mə – ŋaŋ,           tɐtʰaŋ       maŋ – soŋ – zək.
          否定 – 有：新异    现在         多 – 助动词 – 拟测
          以前没有不会说藏语的人，现在很多。（关系从句）
```

(7.97) kan   jəɣor   mən – kʰɐ   ma – re.
      他：通格   裕固族   非 – 名物化   否定 – 是：叙实
      他不可能不是裕固族人。（补足语从句）

7.7 话题结构

话题结构是信息结构的研究内容，属语用层面。东纳话也是个话题发达的语言，其话题结构通常主要采用如下3种主要方式：话题助词、话题敏感算子和语序等方式来构成。

7.7.1 话题助词

东纳话常用的话题助词，我们在4.5.5"话题助词"一节已有说明，即ta，它在口语中具有非常高的使用频率，是最主要的话题助词。如下所示：

(7.98) tɐtʰaŋ   ⁿdoŋnɐk – kə   pol   se – na – ta,
      现在   东纳 – 属格   藏族   说 – 连词 – 话题
      ɦdʐæː   lok – no – ta   maŋ – soŋ – nə re,
      汉族：与格   变 – 名物化 – 话题   多 – 助动词 – 完整：叙实
      tɐtʰaŋ – ta   ŋə – tsʰɔ – ta   poˢkal   ʂʷal – ŋi   la
      如今 – 语气   我 – 复数：通格 – 话题   藏语   说 – 名物化   也
      n̡oŋ – soŋ – zək   ta   pojək   la
      少 – 助动词 – 拟测   叹词   藏文   也
      ʂi – ŋi   me – gə.
      懂 – 名物化   无 – 新异
      现在说到东纳藏族呢，汉化的呢很多，现在呢我们吧说藏语的人也少，懂藏文的人也没有。（S – 1：48）

(7.99) ɦgeloŋ   tə – ta   mʲə – ta   ⁿdoŋnɐk
      老藏   其 – 话题   人 – 话题   东纳

sɛtʂʰɐ – ɣə　　　mjəʰtse① – zək　　　re.
地方　　　　　人尖 – 无定　　　　是：叙实
老藏呢其人呢是我们东纳地方的人尖子。(M – 3：1)

(7.100)　ɦgeloŋ – gə – ta,　　　　o,　　　　tɕʰɔ – tɕʰɛwɔ
　　　　老藏 – 施格 – 话题　　　 哦　　　 你 – 复数：通格
　　　　ʰtsep – ɣoŋ – zək – ta　　　　　 ɦga – ɣə.
　　　　来 – 助动词 – 无定 – 话题　　　 高兴 – 新异
　　　　老藏呢说："哦，你们来呢（我）很高兴。"

　　例（7.98）中，ta 做话题标记，首次出现在副词性的条件从句后头，然后紧接着出现在主句的主语之后，而且这个主语还是由名物化的从句充当的。"如今"后面的 ta 不是话题标记，它只是个语气词成分，起到话语连贯的作用。"我们"后面的 ta 充当话题标记，"我们"既是主语，也是话题。例（7.99）中，ta 分别标记主话题和次话题。例（7.100）中，主句主语"老藏 – 施格"后的 ta 同时标记它也是话题成分，从句中，ta 标记的话题是个限定性句子，此时它只做话题，不是主语成分。

　　除了 ta 做话题标记，东纳话中还有一个话题标记 nə，它来自书面上的话题标记 ni，ni 是书面上最典型的话题标记，使用频率非常高。但在现代口语中，只在部分方言中有所保留。不过从目前搜集的语料来看，东纳话中 nə 做话题标记的例子很有限，可能近于消亡。如下所示：

(7.101)　kʰogɔ:　　　　lakjok – nə　　　tɛroŋ　　　tə
　　　　他：与格　　　 手下 – 话题　　　仍然　　　 其：通格
　　　　ɦɲ̥i　　　　　　jo,　　　　　　　tɛroŋ　　　te^
　　　　二　　　　　　 有：向心　　　　仍然　　　 其：通格
　　　　kʰanpɔ　　　　 tʂʰoŋ ～ tʂʰoŋ　　ɦɲ̥i　　　 jo.
　　　　堪布　　　　　 小～重叠　　　　二　　　　 有：向心
　　　　他仍然呢，手下呢还有两位，仍然有他的……两位小小的堪布。(S – 3：6)

7.7.2　话题敏感算子

　　话题敏感算子是指本身不是专门的话题标记，却具有标记话题作用的

---

① mjəʰtse 书面语写作 mji. rtse，字面译作"人尖"，即大众中的优秀者。口语中，mjəʰtse 可以构成一个词，但此处发音时，mjə 和 ʰtse 之间有明显的停顿，显示两者可能还没有完全词汇化。

语法成分。东纳话的话题敏感算子最常见的是 la "也" 和 jaŋ "又"，两者本来为副词的成分。如下所示：

(7.102) tə – ta   sam   la   tʂʰe – la,   ʂək   la
其 – 话题   心   也   大 – 连词   力气   也
tʂʰe – ɣə,   mʲə   samtʂʰan – zək   re.
大 – 新异   人   大胆 – 无定   是：叙实
他呢胆量也大，力气也大，是个大胆的人。(S – 3：137)

(7.103) ta   lɔ   ʱŋᵖtʂʰətseŋe   te
然后   年   五十八   其：通格
sor   joŋ – nə,   ta   ʰkatʂʰɐ
这儿   来 – 连词   然后   口语
la   ʂʷal   mə – ɕi – ɣə,   pojək
也   说   否定 – 知道 – 新异   藏文
la   ta   me – kə,
也   然后   没有 – 新异
然后从五八年以来，然后就口语也不会说了，藏文也没了。(S – 1：52)

(7.104) wukui – ɣə   jaŋ   ʂʷer   kʰʷər – nə
乌龟 – 施格   又   猴子   驮 – 连词
tsʰɔ – ɣə   ʱla – la   joŋ – nə
海 – 属格   上面 – 与格   来 – 连词
乌龟又驮着猴子到海面上来（M – 1：22）

例（7.102）中，ta 是话题标记，"其" 是主话题，"心" 和 "力气" 后的 la 乃焦点敏感算子，"心" 和 "力气" 是次话题。例（7.103）中，la 前的 "口语" 和 "藏文" 都是话题成分。例（7.104）中，jaŋ 是话题敏感算子，前面的 "乌龟 – 施格" 是话题成分，同时也是主语。

7.7.3 语序

东纳话中，语序调整也是话题化的重要手段之一，通常是把话题成分调整到句首位置。如下所示：

(7.105) tʂakpa – ta   mar   joŋ – na,   oŋgo
土匪 – 话题   下面   来 – 连词   我们：通格

                ti   ṣi –ʳdʐi ma – re.
                其:施格   知道－将行:否定:叙实
                土匪呢若来了,我们他们发现不了。(S－3:36)

例(7.105)中,从句里"土匪"的话题地位由话题助词 ta 标记,而其后的主句里,对象宾语"我们"则前置,从而使之成为话题成分。

另外,东纳话中当话题和主语有别时,通常都是话题在前而主语在后,这其实也是语序的一种反映。如下所示:

(7.106) ŋi   li – ɳi   leˢke   samma   mə –ⁿdok – gə.
         我:施格   做－名物化   工作   内心   否定－欲想－新异
         我做的活儿内心不高兴。(意即"那个活儿不适合自己")

例(7.106)中,"我做的活儿"是话题成分,其后的"内心不高兴"是谓语,省略了做主语的感事成分"我"。如果补出来,则"我"置于话题之后才是最恰当的。

7.8　焦点结构

焦点是语用概念,是说话人信息处理的一种方式,是最想让听话人注意的部分。类型学中标记焦点,可以采用形态、虚词、语序、韵律等手段(Rebuschi & Tuller,1999)。

焦点的分类有很多种,不同学派和不同学者往往会有很大的差异。但不管怎样,焦点与预设、新信息、语义凸显性和排他性等有紧密的关系。本节分析东纳话的焦点结构,先区分"句焦点"和"成分焦点",然后在"成分焦点"下再具体区分不同的标记模式。

7.8.1　句焦点

句焦点把全句作为它的焦点域,整个句子都是焦点所在,报道新的事件或引入新的所指对象,没有预设信息。如下所示:

(7.107) a. tʂʰəzək   tʂoŋ – soŋ – zək.
           什么   发生－助动词－拟测
           发生什么了?
        b. kʰa   ⁿbap – kə ñaŋ.
           雪   降落:未完－进行:新异

正在下雪。

例（7.107）对话的语境是，有一次马伯成先生拉开窗帘往外看了一段时间，他的妻子叶玉花女士恰好看到这个场景，问"发生什么了"，然后马先生回答"下雪了"。在这个对话中，a 中的疑问代词即信息焦点所在，而 b 则整句话都是焦点，是对问话的回答，没有预设信息。

7.8.2 成分焦点

成分焦点是以句中的某项成分作为信息焦点的情况，主要分为自然焦点和对比焦点。这两类焦点的实现手段，在东纳话中，主要有重音、焦点助词、焦点敏感算子和句法格式等。

7.8.2.1 重音

重音手段是人类语言最常用的表达焦点的语音形式，东纳话同样存在此类标记模式。

(7.108) ŋi　　　　　ⁿɑʳgoŋ　　　　tɕatsʰaŋ – gə　　　ʂələ – a
　　　　我：施格　　昨天　　　　　贾家 – 属格　　　　儿子 – 与格
　　　　toŋtsʰe　　　ɦŋɑpdʐʷa　　　ẓʷən – taŋ.
　　　　钱　　　　　五百　　　　　给：未完 – 助动词
　　　　我昨天给了贾家儿子五百块钱。

例（7.108）从左到右，除了末尾的助动词和格标记外，都可以附加语调重音来凸显信息焦点。每个被重音标记的焦点，都有强调和突出的作用，根据具体的语境而选择。

东纳话可以用重音标记焦点，但有些强调凸显的焦点并不一定需要重音，而是根据上下文语境来判定。如下所示：

(7.109) a. tɕʰi　　　tərɐŋ　　　tʂʰəzək　　　ɲi – taŋ.
　　　　　你：施格　今天　　　什么　　　　买：完成 – 助动词
　　　　　你今天买了什么？
　　　　b. ŋi　　　tərɐŋ　　　norʂ　　　ɦdʐɐŋ　　tɕɤ　　　ɲi.
　　　　　我：施格　今天　　　牛肉　　　斤　　　　十　　　买：完成
　　　　　我今天买了十斤牛肉。

a 中的焦点是疑问代词 tʂʰəzək "什么"，而 b 中的焦点自然是对 tʂ

ʰəzək"什么"的回答,也即 nor ʂeʱdzɐma tɕɥ"十斤牛肉"是焦点。不过,此时"十斤牛肉"通常并不需要重音,但它是焦点无疑。

7.8.2.2 焦点助词

4.5.6"焦点助词"和 5.9"焦点标记"对焦点助词已有论述。东纳话用焦点助词标记信息焦点,也是口语中常用的方式之一。常用的焦点助词和话题助词同形,都是 ta。ta 只能标记成分焦点。如下所示:

(7.110) ŋi   leˢkɐ-ta   tɕʰɔːˆ   tɕʰɔ-ta
       我:施格   活儿-焦点   你:与格   你:通格-话题
       ʱdək   maŋna   tʰoŋ-nə,
       苦   很多   喝-连词
       tɐroŋ   ʰkɐᵖli   ⁿdʐok-tʰan.
       而且   麻烦   放置-助动词

我还曾让你干很多活儿……你呢吃了很多苦头,(我)还给你添很多麻烦。(M-2:9)

例(7.110)的语境是,小偷对商人撒谎,说自己上辈子作恶多端,被上帝惩罚变成一头驴,在商人家里待着,现在惩罚完毕,又变回人了。这时商人听了后,就说了上述那段话。"ŋi leˢkɐ-ta tɕʰɔː"这句虽然没有说完,有停顿,但想表达的意思是清楚的,即"我给你很多活儿干",说话者意欲强调的是"活儿"。

7.8.2.3 焦点敏感算子

一些原本不是专门标记焦点的成分,在语义上却起到约束某个焦点成分的功能的词,通常叫"焦点敏感算子"。东纳话中的焦点敏感算子主要是一些副词,如最常见的 la(弱化读作 ra)和 jaŋ,以及 tsʰɔ"都"。如下所示:

(7.111) ta   ŋɐ-tsʰɔ   kan-nə   mʲə   la
       然后   我-复数:通格   那-位格   人   也
       tʂʰɐtsʰək   soŋ-zək   soŋ,   ŋɐ
       一些   去:完成-无定   去:完成:向心   我:通格
       ma-soŋ.
       否定-去:完成:向心

我们那里的人也有些去的，我没去。(S-3: 87)

(7.112) te　　　　　　leˢkɐ　　　　　ŋanpa　　　　　la
　　　　其：通格　　　事儿　　　　　坏的　　　　　也
　　　　ma-li-a,　　　jaŋ　　　　　poŋwɔ　　　　ma-tʂoŋ.
　　　　否定-做-语气　又　　　　　驴子　　　　　否定-变成
　　　　不要再做坏事，也不要再变成一头驴。(M-2: 10)

(7.113) ta　　　　lɔŋ.oŋ-gə　　　leˢkɐ　　la　　　ⁿdʐəya ʂel　　mə-li-ɣə.
　　　　现在　　年轻人-新异　　工作　　也　　　好好地　　　　否定-做-新异
　　　　现在年轻人工作呢也不好好地干。(L-1: 17)

(7.114) zi　　　　leˢkɐ　　　li-na,　　　　kaŋ
　　　　他：施格　活儿　　　做-连词　　　何
　　　　lak-ɣa　　ʰtsep-na　　tsʰɔ　　li　　ʂi-ɣə.
　　　　手-与格　到-连词　　都　　　做　　知晓-新异
　　　　他干活儿的话哪个手都干得特别好。(即"他特别会干活儿")

上述例（7.111）中，la 标记前面的 mʲə "人"是焦点，与下面的 ŋɐ "我"形成对比。例（7.112）中，la 和 jaŋ 分别标记焦点，la 逆向标记其前的 leˢkɐ ŋanpa "坏事"，而 jaŋ 顺向标记其后的 poŋwɔ "驴子"。例（7.113）la 逆向标记前面的 leˢkɐ "活儿"为焦点。例（7.114）的 tsʰɔ "都"逆向标记前面的 lak "手"为句子焦点。

7.8.2.4　句法格式

在正常语调的句子（或称"中性句"）中，句尾位置是信息焦点所在，东纳话也是如此。这实际是基于句法格式来表达焦点的模式。如下所示：

(7.115) te-nə　　　　tʰaŋ-gə　　　lɐkʰə　　　tɐroŋ
　　　　其-位格　　平滩-属格　　上面　　　仍然
　　　　tʂakpa　　　tsʰɐtsʰək　　ᵑdʐək-gi ɲaŋ.
　　　　土匪　　　　几个　　　　跑-进行：新异
　　　　在那里，在平滩上仍然还有几个土匪正在逃跑。(S-3: 67)

(7.116) a. zi　　　　　naŋkɐ　　　rə-a　　sok　　tsʰɔ-dʐere.
　　　　　他：施格　　明天　　　山-与格　牲畜　放牧：未完-将行：叙实
　　　　　他明天去山上放牧。

b. kan　　　　　　ma‑re,　　　　　kan‑gə　　　ʂələ　　　re.
他　　　否定‑是：叙实　　他‑属格　　儿子　　是：叙实
不是他，是他儿子。

例（7.115）句末的 ⁿdʐək"逃跑"是自然焦点所在。例（7.116）a 从一般语境上来看，sok tsʰɔ"放牧"是焦点所在，是谓词焦点，而例（7.116）b 并未针对 a 的焦点进行回复，而是通过采用对比手段，分别以 zi"他"和 ʂələ"儿子"这两个论元作为焦点。

准分裂结构也是表达焦点的一个句法格式。典型的准分裂句结构中，从句出现在句首做话题，系词出现在句尾，出现在话题之后、系动词/存在动词之前的名词是焦点成分。东纳话中准分裂结构的一般模式是"从句_话题 + 名词_焦点 + 系动词"。另外，从句也可以出现在焦点位置。如下所示：

(7.117)　(ŋeː)　　　　　　　jo‑a　　　　　ⁿdʐɔ‑ɣa
　　　　（我：与格）　　　家‑与格　　　去：未完‑连词
　　　　mə‑ⁿdʐək‑kə　　　tsʰə　　　　　re
　　　　否定‑致使‑新异　　什么　　　　是：叙实
　　　　（你干吗还捉着我在前面）不让（我）回家。(S‑2: 22)

(7.118) okan　　　　tɕo ʂɻ　　　raŋ‑gə　　　lakpa‑ɣə
　　　　那　　　　就是_汉　　自己‑属格　　手‑施格
　　　　ʂʷək‑n̥o　　re.　　　　tʂɔ　　　　zʷaŋ‑gə.
　　　　冲搅‑名物化　是：叙实　味道　　　好‑新异
　　　　哦，那就是自己用手工做下的酥油，味道好。(L‑2: 18)

例（7.117）疑问代词 tsʰə 出现在焦点位置，前面从句做话题。例（7.118）是指示代词 okan 做话题，从句"自己用手工做"做焦点的准分裂结构，此时从句需要名物化，然后才能做焦点。

第8章 复杂句及其构成

本章讨论复杂结构,即由不同从句构成的复合结构。根据从句间的结合方式,普通语言学通常把从句间的组合分为一些类型,具体见图8-1。

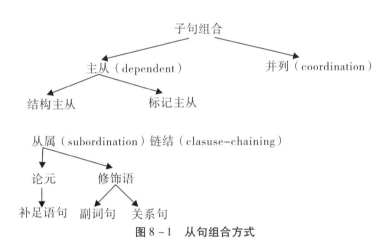

图8-1 从句组合方式

若按刘丹青(2015)的观点,从句整合类型应该分为三种,即并列、主从和连动。连动结构被排斥在传统的从句整合类型之外是不妥的。如把连动关系也加进来,根据从句之间的关系亲疏,可以得出从句整合的连续统(Payne2011:307)。(见图8-2)

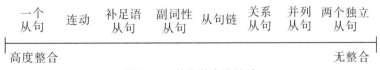

图8-2 从句整合连续统

在图 8-2 的连续统中，越靠左整合度越高，而越靠右整合度越低。对照上述连续统，不论古代藏语还是现代藏语方言，都是属于主从和并列二分系统的语言，连动结构极其不发达，只有零星近似连动结构的例子。而除了连动结构，上述从句整合连续统中的其他类型在东纳话中都是存在的。

8.1 并列结构

东纳话中，并列句中从句都是限定性的，从句句末可以附加时体和示证语素。表达两个从句并列，有多种方法，比如常见的附加并列连词、附加具有连接功能的副词，或者任何连词不加，而用逗号隔开两个从句。常见的连词主要有 la（有时也弱化为 ra）、ni、le 等。la 和 ni 都是由格助词虚化而来的，le 的词源尚不可考。la 连接两个从句表达转折关系，ni 连接两个从句表达选择或并置关系，le 作为并列连词连接两个从句时，必须形成 V-le V-le 框式结构，表达类似汉语"既……又……"的意义。如下所示：

(8.1) te　　　　han-gə　　　pol-ta,　　　　pol
　　　其：通格　其他-属格　藏族-话题　　藏族
　　　jən-tser-kə-la　　　　　　poˢkal　　mə-ʂi-ɣə.
　　　是：向心-引述-新异-连词　藏语　　否定-知道-新异
　　　其他藏族呢，虽然（他们）说是藏族，但不懂藏话。(L-3：23)

(8.2) tə-ɣə　　　ʱgeloŋ-gə　　tsʰaŋ　　　　tʂʷɐk-taŋ-zək-la,
　　　其-属格　老藏-属格　　枪　　　　　断-助动词-拟测-连词
　　　rema　　har　　　soŋ-nə,　　　kʰanpɔ-gə
　　　快速　　那儿　　去：完成-连词　堪布-属格
　　　lak-gə　　tsʰaŋ　　　rema　　tsʰor　　laŋ-tɕʰoŋ-nə.
　　　手-属格　枪　　　　快速　　这边　　取：完成-助动词-连词
　　　虽然老藏他的枪坏了，但他迅速跑到那边，把堪布手里的枪快速地拿过来。(S-4：72)

(8.3) aŋ　　　　　tɕlɔ　　　ʱʐasȵ̥dəntʂʰəʰtsəȵ　　jən-ni,
　　　我：通格　今年　　　七十四　　　　　　　是：向心-连词

zi　　　　　　　　tɐlɑʐ　　　　　　tʂəktʂʰɐsɔʰtsəm ①　　　　re.
他/她　　　　　今年　　　　　　六十三　　　　　　　　　　是：叙实

我今年七十四了，她今年六十三了。(L-1：1)

(8.4)　tɐtʰaŋ-gə　　　lɔŋoŋcl　　　　ɲokʐon　　　　　jən-ni-ta,
　　　 现在-属格　　　年轻-施格　　　小伙子　　　　　是-连词-话题
　　　 ʂɐʐi　　　　　jən-ni　　　　jo～jo-kə,　　　 jile
　　　 小孩　　　　　是-连词　　　有～重叠-施格　　全部
　　　 tə　　　　　　ʰdʐɐʂkal　　　ʂʷal-kə jo.
　　　 其：通格　　　汉语　　　　　说-进行：向心

现在的年轻人……小伙子也好，小孩也好，全部都在说汉语。(S-1：63)

(8.5)　ŋə-tsʰɔ　　　　　təti　　　　　lɔ　　　　　　tʂʷorʐʷal
　　　 我-复数：通格　 那时　　　　 年　　　　　 十八
　　　 re-ni　　　　　　tʂʮrgʷo　　　təro-zək　　　jən.
　　　 是：叙实-连词　　十九　　　　 那么-无定　　是：向心

我们那时大概是十八岁还是十九岁。(S-3：86)

另外，一些副词性成分也可以组成框架结构，从而构成从句并列，上述我们已经说到，le 作为连词，必须组成 V-le V-le 框式结构才能表达并列关系。再比如 sor……sor……"一边……一边……"和 jaŋ……jaŋ……"又……又……"等。如下所示：

(8.6)　lakpa　　　　tɕʮ-nə　　　　ʰsaŋma　　　ʂi-taŋ-ŋa
　　　 手　　　　　洗-连词　　　 干净　　　　做：完成-助动词-连词
　　　 tiˆ　　　　　oⁿdə　　　　ʂel,　　　　　sor　　　　 tʂʷaŋ-nə　　 sor
　　　 其：属格　　这样　　　　做：未完　　 一边　　　　揉捏-连词　 一边
　　　 lan-nə　　　 ti　　　　　 laŋ～laŋ-nə　　　　　　ta　　　　 oⁿdəro
　　　 取：完成　　其：属格　　取：完成～重叠-连词　然后　　　这样
　　　 lokʰtokwa-zək　　　　　ʰlan-lan-gə.
　　　 圆块-无定　　　　　　 取：完成-助动词-新异

把手洗干净，然后这样一边揉捏一边抓取，反复取几遍之后，就这样会取上一个酥油圆块。(L-3：16)

(8.7)　jaŋ　　　　 jitɕʰiəŋ　　　　tɕantʂʰa　　　　ʂi　　　　　　 tə-ɣəˆ
　　　 又　　　　 疫情汉　　　　 检查汉　　　　 做：完成　　 其-施格

---

① tʂəktʂʰəsɔʰtsəm 里面的 sɔ 来自一百内的十以上数字的连接词 ʰtsɔ，是塞擦音擦化的结果。

jaŋ   taˆ   tʂəkə   toɲtsʰe – gə   ɦgɔ – ɣə.
又   然后   这个汉   钱财 – 施格   需要 – 新异
又是做疫情检查，又是……这个都需要用到钱。(L-1：26)

(8.8) tɕʰəmtsʰaŋ   lɐlɐ – ɣi   ʂələ   ɲəndʐi – a
      家庭   有的 – 施格   孩子   每天 – 与格
      sɐ – le   tʰoŋ – le,   n̪a: a   ⁿdək – ni,
      吃：未完 – 连词 喝 – 连词   床铺：与格   住 – 连词
      lɐˢkɐ   mə – li – ɣə.
      活儿   否定 – 做 – 新异
      有的家里的孩子，每天又吃又喝，又睡觉，啥活儿也不干。

动词 V ma – V 构成具有"肯定—否定"选择关系的并列式，也是并列结构的构式之一。

(8.9) tɕʰi   tʂəma   tʰoŋ   ma – tʰoŋ
      他：施格   饭   喝   否定 – 喝
      ŋɛː   tʂiwa   jo – nə ma – re.
      我：与格   关系   有 – 完整：否定：叙实
      你吃不吃饭和我没关系。

在东纳口语中，还有一个表达顺承关系的连词 ta，此词源自书面上具有指示意义的 da"此"，并进一步语法化为连词，在口语中极其高频。当然，ta 不仅仅具有并列连词的功能，还有话题和焦点标记，以及叹词和语气词等功能，是个多功能的语法形式。

(8.10) ɦgeloŋ   ʂwɛː   pə – tɕʰoŋ – zək   ta,
       老藏   外面：与格   去 – 助动词 – 拟测   然后
       kʰɔʳgu   tsʰaŋ – zək   kʰwər – n̄aŋ
       他：施格   枪 – 无定   携带 – 结果：新异
       老藏到了外头以后，(更生娃他) 拿着枪 (他用枪照着老藏打了一枪。)
       (S-3：69)

(8.11) tʰan – dẓɐk – nə   ta   ɦdʐɐlɐ   pʰər – tʂɐk – zək,
       想 – 助动词 – 连词   然后   正月   过去 – 助动词 – 拟测
       (土匪) 想完，然后正月过去了。(S-3：20)

例（8.10）中的 ta 是个非常明显的并列连词，类似汉语的"然后""那么"等，起到顺承连接的作用。但例（8.11）中的 ta 处在叙实性的从句链连词 nə 的后头，nə 本身即从句链连词，连接非末尾从句，它其后附着的 ta，笔者认为它本质上乃副词，但此处起关联作用。在韵律上，ta 倾向于依附到前面的从句上，且其后可以停顿，这也正好和并列连词前附的规律一致。不过，ta 同样还可以依附于它后面的从句，在它前面有停顿。从句链结构本来非末尾从句，在语义上即呈现顺承关系，语序不可以调整，这和 ta 的顺承连接功能有语义上的相容性。

另外，在东纳话中，大量的并列从句，不需要连词，而是用逗号隔开，从而靠语境构成并列关系。如下所示：

(8.12) raŋ - gə pʰɔˢtɕi tɕʰəma - nə mə - ⁿdək - ki,
　　　 自己 - 属格 男人   家 - 连词   否定 - 住 - 新异
　　　 ŋənmiŋ ʱgə - ɣa ʂʷe - a ʂor - soŋ - nə
　　　 每天   门 - 与格 外 - 与格 跑 - 助动词 - 连词
　　　 ʱdʐək - gə ńaŋ
　　　 跑 - 进行：新异
　　　 自己的男人不在家待着，每天都跑门外去玩。(M-1：3)

(8.13) tɕʰi ŋɐː tʰap ʂi - la,
　　　 你：施格 我：与格 方法 做：命令 - 语气
　　　 sʷer - kə ʱńeŋ - zək tsʷa - a tɕʰoŋ - na,
　　　 猴子 - 属格 心 - 无定 找 - 连词 来 - 连词
　　　 tʰoŋ - taŋ - na tɕo ŋi nal - ta
　　　 吃 - 助动词 - 连词 就ᴴ 我：属格 病 - 话题
　　　 tʂək - ⁿdʐɔ - gə tə - ser.
　　　 好 - 助动词 - 新异 其 - 引述
　　　 (母乌龟对公乌龟) 说："你给我想个办法吧！把猴子的心找来的话，(我) 吃掉的话，我的病就会好的。"(M-1：7)

(8.14) naŋkɐ zi soktʂʰə - a ⁿdʐɔ - dʑi re (-ni)
　　　 明天   他：通格 酒泉 - 与格 去：未完 - 将行：叙实 (- 连词)
　　　 tʂaŋjə - a ⁿdʐɔ - dʑi re.
　　　 张掖 - 与格 去：未完 - 将行：叙实
　　　 明天他去酒泉还是去张掖？

上述例 (8.12) 中，逗号隔开的两个从句为顺承关系的并列从句，口语中逗号体现为明显的停顿。例 (8.13) 中的两个条件状语从句"把猴子的心找来的话"和"（我）吃掉的话"，口语也采用停顿的办法，表并置关系。例（8.14）是一种选择关系的并列句，可以用并列连词 ni 连接，也可以去掉，直接以停顿表达并列。

8.2 从句链结构

藏语是从句链（clause-chaining）结构极其发达的语言，从最早的敦煌文献至今天的广大藏语方言，都展现了这一特征。从目前已有的调查材料看，藏语的从句链结构在藏缅语中也是比较独特的一类结构。它像个链条一样，通过连词相接，一环扣一环，紧密相连，从而形成一个语义和语法的链条。处于最末尾的从句叫"末尾从句"（final clause），末尾从句之前的叫"非末尾从句"（non-final clause）。从句链的末尾从句是核心所在，它包含了时、体、语气、示证等全部动词标记。藏语是动词居尾型（OV），因而最后一个动词包含全部上述标记。而被链接从句中的动词屈折成分一般限于传递参与者信息，而非时间信息。句法上，谓词在非末尾从句里是非限定性的，通过从句连接词而与后面的从句相连接。

从句链结构在口语中是非常高频的句法现象，常用的从句链连接词是 ni[①]（有时弱化读作 nə）和 Ca。Ca 还会根据宿主韵尾而发生辅音和谐变化，其语音变体见表 8-1。

表 8-1 从句链连词 Ca 的语音变化

韵尾	-p	-t/-l	-k/-ɣ	-m	-n	-ŋ	-r	V
连词音变	wa	la	ɣa/a	ma	na	ŋa	ra	a

连词 ni 用于标记从句链为叙实性的句子，而连词 Ca 用于标记从句链为非叙实性的句子，呈现了完美的分工合作关系。从句链结构中，指称上，前后两个从句的主语可以相同，也可以不同，即指称可以转换。语义上，分句间有前后相承的关系，或动作连续，或事件连续。语序上，分句语序固定，不能前后颠倒。时体上，叙实性非末尾从句的动词只能采用完成体形式，非叙实性非末尾从句动词只能采用未完成体形式，且两者都是

---

① ni 应当由书面藏文中的离格标记 nas 语法化而来，事实上离格 nas 在书面藏语中也是最常见的从句链连词之一。

非限定的，不受示证和人称的限制，但末尾从句的动词是限定的，受时体、情态、示证、向心、新异等语法范畴限定。

(8.15) wukui－ɣə   jaŋ   sʷer   kʰʷər－nə,
　　　 乌龟－施格   又   猴子   驮－连词
　　　 tsʰɔ－ɣə   ɦla－la   joŋ－nə,   te
　　　 海－属格   上面－与格   来－连词   其：通格
　　　 wukui－ɣə   ɦgək－zʷa－nə,   tə   sʷer－kə
　　　 乌龟－施格 等－助动词－连词   其：通格 猴子－施格
　　　 ɦgʷi－nə,   nɐk－gə   ʰtse: soŋ－nə,
　　　 爬：完成－连词 树－属格 尖顶：与格 去：完成－连词
　　　 ʰtɕakpa   mar   ʰtaŋ－tɕʰoŋ－nə,
　　　 屎   下面   放：完成－助动词－连词
　　　 kʰɐ   ʰtaŋ－nə,   tɕiekuo,   mar
　　　 嘴巴   张开：完成－连词 结果汉   下面
　　　 ɦjək－tɕʰoŋ－n̻i   tə   ʰn̻əŋ   ma－re,
　　　 扔－助动词－名物化 其：通格   心   否定－是：叙实
　　　 ʰtɕakpa   re,   kʰɐ   naŋ－ŋa   tsʰa－tsʰoŋ－zək.
　　　 粪便   是：叙实   嘴   里－与格   掉－助动词－拟测

乌龟又驮着猴子到海面上来，乌龟便等着，那个猴子就爬到树顶上去，往下拉了一坨屎。（乌龟）张开嘴，结果，往下扔的那不是（猴子的）心，而是一坨屎，掉到（乌龟）嘴里去了。（M－1:22）

(8.16) tɐˢtɐ   ʰkənma－ɣə   sʷa－te re,   ŋi
　　　 这时   小偷－施格   说－完整：叙实   我：施格
　　　 ɦnamn̻on－nə ŋanpa   li－zʵək－nə,
　　　 前世－位格   坏事   做－助动词－连词
　　　 ŋanpa   li－zʵək－nə－ta,   tə－ɣə
　　　 坏事   做－助动词－连词－语气 其－施格
　　　 ɦdʐwu－ɣə   ŋɐ: pʰap－nə,   poŋwɔ－zək
　　　 上帝－施格   我：与格   惩罚－连词   驴子－无定
　　　 lok－nə   ta,   mʲə－a   naŋ－ŋa
　　　 变－连词   然后   人－与格   里面－与格
　　　 soŋ－nə   mʲə－a   ʰtɐ－kʰə   ⁿdzʵək－kə naŋ.
　　　 去：完成－连词 人－与格   看：未完－名物化 致使－进行：新异

这时，小偷说："我前世做了恶事。做了恶事之后，因此被上帝惩罚，从

而变成一头驴,来到人间,变成驴让人看。"(M-2:6)

上述两个例句中,有些结构是非常典型的从句链结构。如例(8.15)中,汉语借词tɕiekuo"结果"之前的结构,构成一个从句链。用连词nə连接的有7个非末尾从句,从而使句子看起来非常长,但因为有从句链连词的缘故,又显得井然有序。上述非末尾从句,动词只能用完成体形式(如果动词有完成体形式的话),不同从句之间语序固定,不能随便更换,否则影响语义表达。指称上,这7个从句的主语在"猴子"和"乌龟"之间依据语境需要自由转换。非末尾从句动词后可以附加一些表达趋向、状态、时体意义的助动词形式,如例(8.15)中的 z^wa 表状态、tɕʰoŋ 表趋向,再如例(8.16)中的 zɛk 表达时体。但这些主要动词不能附加示证、向心、新异等范畴,因为这些主要动词是非限定的。

(8.17) tɕʰi　　　　ŋɐː　　　soŋ-na　　　ʂələ
　　　你:施格　　我:与格　去:命令-连词　儿子
　　　pi-a　　　ʂok-ja.
　　　叫:命令-连词　来-语气
　　　你去给我把儿子叫过来!(M-3:17)

(8.18) tɕʰi　　　　tɕʉ-zɛk-ɲi　　　kɔzi　rema
　　　你:施格　　洗-助动词-名物化　衣服　快点
　　　soŋ-na　　　ɦdzi-a ʂok-ɣa　　　ɦkam-kʰɐ.
　　　去:命令-连词　晾-命令-连词　　干-命令
　　　你快把洗好的衣服拿去晒干!

(8.19) ta　　　　ɔk-ɲi　　　　ɦgɔ-a　　mʲe
　　　那么　　咱-双数:通格　门-与格　火
　　　ⁿdzok-ɣa　　　taŋ-ŋa　　　ⁿdək-ja.
　　　放置-连词　　放:未完-连词　待-语气
　　　那么咱俩在门口把火点着等着啊!(M-4:6)

(8.20) ta　　　　ɲi　　　rema　　tsʰaŋ　　tə
　　　那么　　我:施格　快　　枪　　其:通格
　　　lan-na,　　har　　ⁿdzɔ-ja　　ser-kə.
　　　拿:未完-连词　那边　去:未完-向心-语气　说-新异
　　　(哦,然后多杰想道:"噢,他死了啊,) 那我抓紧拿枪到那边去啊!"(S-3:55)

上述 4 个例子，对译的汉语都是连动句，而对译的藏语却都采用了从句链结构。例（8.17）和例（8.18）都是命令句，是典型的非叙实性句子，而且其中的从句连词 ŋa、a 和 ɣa 所连接的两个从句谓语动词都采用命令式。ʱdʑi "晒" 虽没有独立的命令式形式，但附加了表达命令语气并兼有形态变化的命令标记 - a ʂok 来表达命令。ʱdʑi - a ʂok - ɣa 本义乃 "晒 - 连词来：命令 - 连词"，但此时 a ʂok 发生了跨层的重新分析，已经开始向命令语气词变化。不过，ʂok 尚未完全虚化掉，还有一定的趋向意义。另外，从删除的角度讲，ʂok - ɣa 也可以删除，并且不影响句义表达。例（8.19）是邀约句，例（8.20）是祈愿句。在这两个例句中，从句链非末尾从句的谓语动词只能采用未完成体形式，而且是非限定的，而末尾从句谓语动词则是限定的，直接以光杆形式结尾。但如果附加向心的将行体标记 - dʑən 同样是成立的。

从句链结构中，如果非末尾从句超过两个及以上，那么，它们既可以都是叙实从句，如例（8.15）和例（8.16），也可以都是非叙实从句，如（8.18）。同时，还可以既有叙实从句，又有非叙实从句，从而表达更加复杂的语义。如下所示：

(8.21) ta,   ʱdzawa   maŋ – ʳdʑi   me – la,
       然后   月份   多 - 名物化   没有 - 连词
       ʰtɕepsa   nal   ʂoŋ – nə   ʂə – soŋ – zək.
       丈夫   病   发生 - 连词   死 - 助动词 - 拟测
       然后，没过多少日子，丈夫就得病死了。(M-3:2)

例（8.21）乃非叙实从句和叙实从句相连的一个复杂句，la 前面的从句叙述非现实，而后面紧接着指称发生转换，主语变为 ʰtɕepsa "丈夫"，其后 nə 连接叙实从句，而末尾从句也是叙实性的。

因为从句链结构中，前后两个从句主语不一定是同指关系，可以转换，所以从句主语上的施格标记往往取决于从句所在的谓词性质，但当前后两个从句主语具有同指关系时，也可以由后面的从句谓语动词决定前面全句的主语到底采用施格还是通格。如下所示：

(8.22) tɕʰi   tian ʂə   ma – ʰtʁ – a,   zol.
       你：施格   电视   否定 - 看：未完 - 连词   坐：命令
       你别看电视，坐着！

(8.23) tɕʰɔ   laŋ – ŋa   soŋ – ŋa   ʰtɕək   ʰti – la.
你：通格 起：未完 – 连词 去：命令 – 连词 一 看：命令
你去看一下！

上述例（8.22）和例（8.23）两个非叙实性复杂句中，每个句中的两个动词，都是一个及物和一个非及物。按照从句链结构的一般规则，主语 tɕʰɔ "你" 的格形态应当由它所在的从句谓语动词决定。在上述两个例子中，tɕʰɔ "你" 的格形态变化恰恰如此。但同时，因为前后两个从句的指称一致，所以主语的格形态还可以由后面的动词来确定。比如例（8.22）中施格形式 tɕʰi 也可采用通格形式 tɕʰɔ，而例（8.23）中的通格 tɕʰɔ 也可以变为施格的 tɕʰi，如上述例（8.17）也是如此。

8.3 副词从句

副词性从句又称状语从句。东纳话副词性从句，按其意义和作用可分为时间、条件、假设、原因、让步等类型。鉴于调查的材料有限，可能还会有其他的副词从句类型，比如常见的目的从句等，这有待于进一步调查。主句和从句的语序类型是"从句 – 连词，主句"，连词附着在从句之后。

8.3.1 时间状语从句

东纳话的时间状语从句连接词目前我们发现的是 ti 和 jɐse。其中的 jɐse，发音合作者认为是来自汉语语气词 ja "呀" + 藏语的 se "说" 复合而成。ti 则来自书面表达时间的名词 dus "时候"。从句谓语动词还会有时体的变化。如下所示：

(8.24) te   lɔlon – gə   ʂʷa – tsʰək,   ŋi
其：与格 老人 – 施格   说 – 拟测   我：施格
ʂələ   ɦɲe – ti,   ɦɲe – tsɐk – nə   ɦdʐma
儿子   生 – 连词   生 – 助动词 – 连词   斤
ʰtsəm – la   raŋ   ɦdʐʷal   tʂe.
三 – 连词   两   八   是：叙实
那个老人说："我生我儿子的时候，生完了称了一下，是三斤八两。"（M – 3: 13）

(8.25) ŋɐ   ⁿdʐɔ – ti   zi   ʰtse – ɣoŋ – zək.
      我：通格   走：未完 – 连词   他：通格   到达 – 助动词 – 拟测
      我要走的时候他来了。

(8.26) ŋi   tʂama   tʰoŋ – jase   zi   ⁿbol – kə ɳ̊aŋ.
      我：施格   饭   喝 – 连词   他：施格   叫 – 进行：新异
      我刚要吃饭他就来叫我。

8.3.2 条件/假设状语从句

东纳话表条件和假设时，最常用的连词是 na。na 也是来自格标记的一个从句连接词，来自书面位格标记 na。东纳话的位格标记为 ni，由书面上的离格 nas 功能扩展而来。所以东纳口语中条件或假设从句连词 na 和位格标记 ni 来源不同。另外，还发现施格标记 ɣi（及变体）功能扩展为假设或条件从句连词的用例。如下所示：

(8.27) mɔ – ɣə   ṣʷal – te re,   sʷer – kə   ʰɳ̊eŋ
       母 – 施格   说 – 完整：叙实   猴子 – 属格   心
       jo – na   ta   tʂɐk – kə – se.   ta
       有 – 连词   然后   好 – 新异 – 引述   现在
       ŋi   nal   ⁿdə   tʂɐk – le
       我：属格   病   这   好 – 连词
       ṣi – na,   ⁿdə – zək   me – na,   sʷer – kə
       做：完成 – 连词 这 – 无定   无 – 连词   猴子 – 属格
       ʰɳ̊eŋ – zək   me – ki   ta
       心 – 无定   没有 – 连词   那么
       tʂɐk – dʐi ma – re – ser – kə.
       好 – 将行：否定：叙实 – 引述 – 新异
       （母乌龟）那样说道："现在我这病要有猴子的心就可以好，我的病要想治好的话，要是没这，没有猴子的心，恐怕好不了。"（M – 1：6）

(8.28) ŋɐ – ta   natʂʰe – zək   ṣoŋ   ʱgɔ – gə.
       我：通格 – 话题 大病 – 无定   发生   需要 – 新异
       ⁿdəro   ma – ṣi – ɣə – ta,   pʰoʰtɕi
       这样   否定 – 做：完成 – 连词 – 话题   男人
       tə   raŋ – gə   tɕʰama – nə   ⁿdʐəkya ʂel
       其：通格   自己 – 属格   家 – 位格   好好地

ⁿdək – dʑi ma – re.
住 – 将行：否定：叙实
我呢需要得场大病才行。要不这样的话，那男人就不好好地在自己家里待着。

例（8.27）中所出现的 3 个连词 na 都是做假设条件从句的连词。例（8.27）和例（8.28）中的 ki 及 ɣə 都是施格的语音变体，表达的功能也都是假设连词，若换成 na 也是可以成立的。

8.3.3 让步状语从句

让步状语从句的连词常见的有 nala，前后两个分句表达相反或相对的意思，在语义上形成让步。要注意它与连词 tala 的不同，tala 连接具有转折意义的两个并列从句，而 nala 连接的两个从句是让步关系。如下所示：

(8.29) tɕʰɔ　　　　ɔȵi　　　　rok　　　　jən – tala,
　　　 你：通格　　咱俩　　　邻居　　　是 – 连词
　　　 ti – ɣə　　　tontɕk　　　ṣʷal – kʰɐ　　ʰtsɐ – ɣa,
　　　 其 – 属格　　事情　　　说 – 名物化　容易 – 连词
　　　 tɕʰaŋkuojoŋ – gə　　no – ta　　　ŋi　　　　tɕʰɐk
　　　 强国勇 – 属格　　　 弟弟 – 话题　我：施格　血
　　　 tʰoŋ – nə re
　　　 喝 – 完整：叙实
　　　 你和我咱俩虽然是邻居，但其他事情都好说。强国勇的兄弟呢，我要喝他的血（S – 3：126）

(8.30) joŋ – nala　　 tə – ta　　　lɔ　　　maŋ – soŋ – zək.
　　　 来 – 连词　　 其 – 话题　 年　　 多 – 助动词 – 拟测
　　　 （我们）虽然来了，但过了很多年了。（S – 1：39）

(8.31) ta　　　leˢkɐ　　li – ʳdʑi,　　　nam　　 jən – nala
　　　 然后　 工作　　 做 – 名物化　 何时　　是 – 连词
　　　 ta　　　te – ni　　　ŋama　　　ⁿgɐ　　 liˆ.
　　　 然后　 其 – 位格　 日子　　　 几个　　做
　　　 然后干的活儿，不管什么时候都是只干几天时间。（L – 1：11）

例（8.29）中，连词 tala 前面的 jən 可以换成 re，表达向心范畴差异；而例（8.31）中，nala 前的 jən 却不可换成 re，因而发生向心范畴的中和。

8.3.4 原因状语从句

东纳话中目前已知表达原因状语从句的连词为源自施格的 gə（包含变体）。

(8.32) zi　　　　　ʱŋɛmi　　　　　tʂʰətɕʰɐk　　　　tʰoŋ – taŋ – gə,
　　　　他：施格　　早晨　　　　　凉水　　　　　　喝 – 助动词 – 连词
　　　　tɐˢtʂ　　　kʰokpa　　　　zer　　　　　　　nan – gə.
　　　　现在　　　肚子　　　　　疼　　　　　　　厉害 – 新异
　　　　他因为早晨喝了凉水，所以现在肚子疼。

8.4　关系从句

8.4.1　名物化和关系化

关系从句又称形容词性从句，通常表达对中心词的限定和修饰关系。东纳话的关系从句不用关系代词，而一般采用把从句名物化后做修饰限制语的形式来表达。常用的名物化和关系化标记是 lo（含变体 lo、no、to 和 ⁿdo）、ʱdzə（含变体 ʱdzɔ）和 ȵi（含变体 ȵo）。这 3 个标记与属格标记皆不同，因此东纳话是属格标记与关系化标记不同的语言。它们要根据被关系化的名词在关系从句中的语义地位和关系从句的时体来选择。ʱdzə 既可以关系化受事，也可以关系化施事，而且用于非完成体。lo 往往关系化受事或对象，既可以用于完成体也可以用于非完成体。而 ȵi 既可以关系化施事、感事，也可以关系化受事、受益和方位等，可用于完成体和非完成体从句中，是功能最多样和使用频率最高的一个关系标记。如下所示：

(8.33) ʱdʑi　　　　　ⁿgi – ȵi – ɣe　　　　　　ⁿdzɔ – la
　　　　物品　　　　驮：未完 – 名物化 – 属格　　犏牛 – 连词
　　　　nor – la　　　sɛma – tsʰɔ　　　　　　jile
　　　　牛 – 连词　　粮食 – 复数　　　　　　全部
　　　　tə　　　　　ʂi – taŋ – zək,　　　　　laŋ – taŋ – zək.
　　　　其：通格　　做：完成 – 助动词 – 拟测　　取：完成 – 助动词 – 拟测

把驮有物品的犏牛、牛、粮食等全部那么做了，拿走了。① (S-3：97)

(8.34) mar　　　　ʱjək-tɕʰoŋ-n̠i　　　tə　　　　ʰn̠əŋ
　　　　下面　　　　扔-助动词-名物化　　其：通格　　心
　　　　ma-re,　　　　ʰtɕakpa　　　　　re.
　　　　否定-是：叙实　粪便　　　　　　是：叙实
　　　　往下扔的那不是（猴子的）心，而是一坨屎。(M-1：22)

(8.35) te　　　　tʰap　　　şi-ni,　　　　sam-nə
　　　　其：与格　办法　　做：完成-连词　心里-位格
　　　　ta　　　　ⁿdaŋ　　　şi-ni,　　　　te
　　　　然后　　　思考　　　做：完成-连词　其：与格
　　　　joɣo　　　ⁿdʐə　　　şi-n̠i　　　　ᵐn̠ə-zək
　　　　字　　　　写：未完　知道-名物化　人-无定
　　　　pi-laŋ-nə
　　　　叫：完成-助动词-连词
　　　　她就想了办法，在心里想着，就叫了个会写字的人来 (M-3：8)

(8.36) arək　　　　lanpa　　　ser-na-ta,　　　tə
　　　　阿柔　　　笨人　　　叫-连词-话题　　其：通格
　　　　sampa　　　te　　　　ra　　　　　　me-dʐi
　　　　思想　　　其：通格　也　　　　　　无-名物化
　　　　ᵐʲə-zək　　　re.　　　　tə　　　　sokdzə-zək
　　　　人-无定　　是：叙实　其：通格　牧民-无定
　　　　re,　　　　sampa　　　me-te re.
　　　　是：叙实　思想　　　没有-完整：叙实
　　　　说到阿柔笨人，就是没有头脑的这么一个人。这是个牧人，没有思想。
　　　　(S-2：3)

(8.37) laŋma　　　jo-n̠i　　　təro　　　　ŋo-zək
　　　　柳林　　　有-名物化　那么　　　坡-无定
　　　　jar　　　　ʱgʷi-nə,
　　　　往上　　　爬-连词
　　　　往上爬上有柳林的坡 (S-3：116)

---

① 此句应该有口误，"粮食"应该去掉，此处被关系化的应该是驮物品的牲畜，而不是粮食。不过，可能是自卫队把土匪的粮食也抢去了，所以此处是出于联想的原因，把它加了进去。

例（8.33）中的 ⁿdzɔ 和 nor 在关系化从句中为施事。例（8.34）中的 ʰŋən 为关系化从句中的受事。例（8.35）中的 ᵐŋə 在关系化从句中为感事，例（8.36）里的 mʲə 在关系化从句中为主事。（8.37）中的 ŋo 在关系化从句中为方位。

(8.38) ta   ŋi   ɬɐ   teː
　　　现在   我：施格   神仙   其：与格
　　　ʂam – dzə   me – gə.
　　　献 – 名化   无 – 新异
　　　现在我没有可以给神贡献的东西。(S-2：12)

(8.39) poˢkal   tə   la   ʂʷal – dzə   me – gə.
　　　藏话   其：通格 也   说 – 名物化   没 – 新异
　　　（五八年以来就）没再有那样说藏语的了。(S-1：50)

(8.40) tɕʰi   si – lo   maŋ – tʰɐ,
　　　你：施格   吃：完成 – 名物化 多 – 完成：亲知
　　　ta   ma – sɐ.
　　　叹词   否定 – 吃：未完
　　　你吃得太多了，别吃了！

(8.41) a. tɕʰi   tʂi – ʐek – ɲi
　　　　你：施格   写：完成 – 助动词 – 名物化
　　　　joɣo   kaŋ – ŋa   ʐʷok – taŋ.
　　　　字   哪儿 – 与格   放置 – 助动词：向心
　　　　你写完的作业放哪儿去了？

　　　b. tɕʰi   ⁿdzə – dʑi   joɣo
　　　　你：施格   写：未完 – 助动词 – 名物化   字
　　　　kaŋ – ŋa   ʐʷok – taŋ.
　　　　哪儿 – 与格   放置 – 助动词：向心
　　　　你要写的作业放哪儿去了？

例（8.38）中 dzə 作为的关系化从句的中心词在关系从句中充当受事。例（8.39）中 dzə 作为的关系化从句的中心词在关系从句中充当施事。例（8.40）中 lo 作为关系化从句的中心词在关系从句中充当受事。例（8.41）a 中，ɲi 关系化的从句为完成体，而例（8.41）b 中，dʑi 关系化的从句为将行体。

东纳话中，关系化标记实际上是名物化的一个下位功能，东纳话中名物化标记除了上述3个，还有其他一些，但只有这3个标记可以表达关系化。被 lo、ʱdzə 和 ȵi 名物化的成分，都可以做句子论元，即论元名物化（participant nominalization），可做宾语，如例（8.42）；或做主语，如例（8.43）。如下所示：

(8.42) kan　　　saʳdʐi　　　narser – ni　　　joŋ – le re.
　　　 他　　　 吃的　　　　讨饭 – 连词　　　来 – 完整：叙实
　　　 他是要着饭过来的。（saʳdʐi 即"饭"）

(8.43) sɐȵi　　　a – jol.
　　　 吃的　　　疑问 – 有：向心
　　　 吃的人还有吗？（sɐȵi 即"吃的人"）

除上述名物化后做论元的情况外，还有行为名物化（action nominalization），即把整个行为动作名物化，使之相当于一个名词性成分。如下所示：

(8.44) ta　　　　şor – soŋ – nə　　　tə – ɣə,　　　ʱgeloŋ – gə – ta
　　　 然后　　　离开 – 助动词 – 连词　其 – 施格　　 老藏 – 施格 – 话题
　　　 raŋ　　　 tək şel　　　　　　ⁿdaŋdʐɐk – nə,
　　　 自己　　　如此　　　　　　　想 – 连词
　　　 aro,　　　te　　　　　　　　tʂakpa – ɣə　　　raŋna
　　　 哎　　　　其：通格　　　　　土匪 – 施格　　　随便
　　　 joŋ – nə　　ʰtɐ – no,　　　　ŋə – tsʰɔː
　　　 来 – 连词　 看：未完 – 名物化　我 – 复数 – 与格
　　　 ʰtɐ – ȵi　　　　　tə,　　　　tə – ta　　　samʰpan　　tʂak
　　　 看：未完 – 名物化　其：通格　其 – 话题　好心　　　　好
　　　 me – kə – ja – se – kə.
　　　 没 – 新异 – 语气 – 引述 – 新异
　　　 然后土匪走了以后，老藏心想："哎，那土匪随意地来这里看，来看我们，这恐怕没安好心啊！"（S – 3：31）

例（8.44）中，名物化标记 no 和 ȵi 标记的两个行为动作在句法上是并列关系，分别把"土匪来看"和"土匪看我们"这两个陈述动作指称化，表达一个较为复杂的概念，起到类似英语中动名词的功能。

另外，有些关系从句甚至不用名物化标记，但这类情况不常见。如下所示：

(8.45) tɐˢtɐ　　　ʰkənma-ɲiɣi　　　ʰti-ni,　　　　　ta
　　　 那时　　　小偷-双数：施格　　看：完成-连词　　叹词
　　　 ⁿdəro　　　poŋwɔ　　　tʂi　　　ⁿdʐɐ~ⁿdʐɐ-zək
　　　 这样　　　 驴子　　　 骡子　　 相似~相似-无定
　　　 那时，两个小偷看到了这情景，心想这样一头像骡子的驴（M-2：2）

(8.46) kan-gə　　　　ⁿdɐʳgoŋ　　　sʷa-zɐk　　　　te
　　　 他-施格　　　昨天　　　　 洗涮-助动词　　其：通格
　　　 paksa　　　　tsoŋ-taŋ-zək.
　　　 羊皮　　　　 卖-助动词-拟测
　　　 他昨天洗涮那羊皮卖了。

在例（8.45）中，tʂi ⁿdʐɐ~ⁿdʐɐ 乃关系从句，中心词为 poŋwɔ，前置于关系从句。关系从句句末虽然没有用名物化的标记，但用了一个无定标记 zək，zək 虽然不是东纳话中的典型名物化标记，但此处实际上同样具有了名物化的功能。例（8.46）中回指代词 te 同时兼做关系化标记，是指示代词的一类用法，汉语同样具有如此特征，从该句汉语译文即可看出来。

从句名物化后做关系从句时，东纳话根据语境，关系从句的中心词可以出现，也可以不出现。出现中心词的关系从句，又分中心词外关系从句和中心词内关系从句两种。中心词外关系从句又可以分为中心词在关系从句后和中心词在关系从句前两种。下面分别论述。

8.4.2　中心词外关系从句

8.4.2.1　中心词在关系从句后

东纳话最常见的关系从句是在中心词前的情形，关系句的动词通常会有完成体和未完成体的形态变化。如下所示：

(8.47) tsʰernɐk　　tə　　　　ʰtɕe-ɲi　　　　　kʰakaŋ　　　jo-nə re
　　　 黑刺柏　　 其：通格　长：未完-名物化　雪山　　　　有-完整：叙实
　　　 有长满黑刺柏的雪山（S-3：101）

(8.48) ⁿgoŋ　　　　　 ⁿgɐ-zək-ɣa,　　　korək　　　soŋ-ɲi
　　　 晚上　　　　　一些-无定-与格　 突然　　　 去：完成-与格

　　　　　mʲə-zək-gə　　　ⁿbol-ɣə ɲaŋ
　　　　　人-无定-施格　　　叫-进行：新异
　　　　　过了一些晚上，突然去的一个人喊道（S-3：102）

(8.49) te　　　　　　pomiŋ-zək　　　tə　　　　la
　　　　其：通格　　　藏名-无定　　　其：通格　　也
　　　　ʂʷapar　　　　tʂʰe-ɲi-ɣi　　　mʲə-zək　　jən.
　　　　善言　　　　　大-名物化-属格　人-无定　　是：向心
　　　　他那藏语名字也是有非常美好寓意的那么一个。（S-3：123）

上述例子中心词都在关系从句之后。尤其值得注意的是例（8.49），当中心词在关系从句之后，名物化的关系从句后还可以继续添加领属格标记 ɣi，但此时的属格标记是可选的，而非强制性的，可加可不加，而且倾向于不加。上述前两例都没有加，而最后一例则附加了属格标记。

8.4.2.2　中心词在关系从句前

在结构和语义上，中心词在前而关系从句在后的句子，中心词和关系从句构成一种同位语的关系。中心词在关系从句后或关系从句中是最常见、最自然的语序，而中心词在关系从句前，往往是话题化的结果。如下所示：

(8.50) ɦdʑi-tsʰɔ　　　zi-a　　　　　ɬək-yo-ɲi　　　　　jile
　　　　货物-复数　　　他-与格　　　剩下-助动词-名物化　全部
　　　　ⁿdzɔ-ɣə　　　ləkʰɐ:　　　　kʷa-nə
　　　　犏牛-属格　　　上面：与格　　驼-连词
　　　　剩下的给他的东西放到犏牛的背上驮着（S-3：112）

(8.51) tʂɐwɐ　　　　te-ta　　　　tʂakpa:　　　tʂʰi
　　　　和尚　　　　其-话题　　　土匪：与格　　佛经
　　　　ⁿdon-ɲi　　　təro-zək-mɔ
　　　　念-名物化　　　那么-无定-语气
　　　　那个和尚呢是给土匪念经的嘛（S-3：156）

(8.52) pol-kə　　　naŋ-gə　　　　çəmɔ-ta,　　　jəɣor-kə
　　　　藏族-属格　　里面-属格　　女孩-话题　　　裕固族-属格
　　　　naŋ-ŋa　　　ⁿdzə-ɦdzo　　　ra　　　　　manna-zək　　jo-kə.
　　　　里面-与格　　去：未完-名物化　也　　　　多-无定　　　有-新异

藏族里面的女孩呢，嫁到裕固族里面去的也很多。（L-3：6）

上述 3 例中心词都是前置的，都有话题化的功能。尤其是例（8.51）和例（8.52），中心词 tʂɐwɐ 和 ɕəmɔ 提前后，都添加话题标记 ta，是指中心词话题化，更显示出中心词前置的语用功能。

8.4.3　中心词内关系从句

作为 SOV 型的语言，存在中心词内关系从句是一个普遍的语言共性，东纳话也不例外。在这种类型的结构中，中心词出现在关系句的主语与谓语动词之间。如下面例子所示：

(8.53)　rə^{n}gɔ　　　jile　　　　　tsʰaŋ　　z̩ʷok – no.
　　　　山头　　　　全部　　　　　枪　　　　放置：完成 – 名物化
　　　　山头上全部都是（土匪）压的枪。(S-3：106)

(8.54)　zi　　　ʰkatʂʰɐ　ʂʷa – to　　kan　　ɲan　mə – ɕi – ɣə.
　　　　他：施格　话语　　说 – 名物化　那　　　听　　否定 – 知道 – 新异
　　　　他说的那话没法听。（即听不清楚）

8.4.4　无中心词关系从句

在口语中，关系化从句的中心词在上下文语境中有时是可以确定和还原的，这时就可以省略中心词，并不会造成理解上的困难或歧义。如下所示：

(8.55)　tɐtʰaŋ　　　　　ⁿdoŋŋek – kə　　　　pol　　　　se – na – ta,
　　　　现在　　　　　　东纳 – 属格　　　　　藏族　　　说 – 连词 – 话题
　　　　ɦdʐɛː　　　　　lok – no – ta　　　　maŋ – soŋ – nə re,
　　　　汉族：与格　　　变 – 名物化 – 话题　　多 – 助动词 – 完整：叙实
　　　　tɐtʰaŋ – ta　　　ŋə – tsʰɔ – ta　　　　poˢkal
　　　　如今 – 语气　　　我 – 复数：通格 – 话题　藏语
　　　　ʂʷal – ɲi　　　　la　　　ɲoŋ – soŋ – zək,　　　　ta
　　　　说 – 名物化　　　也　　　少 – 助动词 – 拟测　　　语气
　　　　pojək　　　　　　la　　　ɕi – ɲi　　　　　　　me – gə,
　　　　藏文　　　　　　也　　　懂 – 名物化　　　　　无 – 新异
　　　　tɐtʰaŋ　　　　　ŋə – tsʰɔ　　　　kʰɐrtsaŋ　　　ŋə – tsʰɔ
　　　　如今　　　　　　我 – 复数：通格　以前　　　　　我 – 复数：通格

```
              tə          la        poˢkal             sʷal-ɲi
              其：通格    也        藏语               说-名物化
              maŋ-nə-re,  te        jo-nə re.
              多-完整：叙实  其：通格  有-完整：叙实
```
现在说到东纳藏族呢，汉化的呢很多，现在呢我们吧说藏语的人也少，懂藏文的人也没有。现在我们……以前我们说藏语的人也很多，有很多说藏语的人。(S-1：48)

(8.56) si-ma-taŋ-ɲi①   ɬek-ɣo-ɲi-ta,
　　　 吃：完成-否定-助动词-名物化   剩-助动词-名物化-话题
　　　 ʱdʐi   ɬek-ɣo-ɲi   jile
　　　 货物   剩-助动词-名物化   全部
　　　 te-a   z̪ʷən-dʐɐ-se.
　　　 其-与格   给：未完-语气-引述
没吃完的，剩下的呢，剩下的物品，全部都给他啊！(S-3：111)

例 (8.55) 中，名物化标记 no 和 ɲi 所关系化的句子，都省略了中心词，根据语境，很容易还原为"人"。例 (8.56) 中，前两个名物化标记 ɲi 所在的关系从句，中心词都省略了，但据语境都可以补出，而最后一个关系从句的中心词出现在从句之前，没有省略。

8.5 补足语结构

类型学上通常把主语从句、宾语从句和表语从句等从句类型称作"补足语从句"。补足语从句附属于主句，对主句进行补充说明。东纳话的补足语结构属于句子补语，与汉语不同。东纳话补足语从主要可以分为两类：一是限定性补语句，二是非限定性补语句。如下所示：

8.5.1 限定性补语句

限定性补语句是个完整的句子，句尾动词可以附加体、示证、向心、新异等标记。比如下面这几个句子。

---

① ɣɔ 为书面语 jod "有"的口语形式，jod 在东纳口语中的规则音变为 jol，但此处因做助动词，发生不规则变化，读作 ɣɔ。

(8.57) aŋ　　　　　　　　naŋkɐ　　　　　　ɕʏnan – na　　　　zək
我：通格　　　　　明天　　　　　　肃南 – 与格　　　一次
ⁿdʐ – ja　　　　　　sam – gə.
去：未完：向心 – 语气　　想 – 新异
我明天想去一趟肃南。

(8.58) zi　　　　　　　　ⁿdɐʳgoŋ　　　　　ɕʏnan – na　　　　soŋ – zək
他：通格　　　　　昨天　　　　　　肃南 – 与格　　　去：完成 – 拟测
ŋi　　　　　　　　ma – kɔ.
我：施格　　　　　否定 – 听说
我不知道他昨天去肃南了。

(8.59) yoŋŋa　　　　　　tʰi – zək　　　　　ta,　　　　　　　ʰtɐ – gə jo
牛粪　　　　　　　拾 – 助动词　　　　然后　　　　　　　看：未完 – 进行
tə　　　　　　　　re,　　　　　　　　ta　　　　　　　　ʱmɐk
其：通格　　　　　是：叙实　　　　　然后　　　　　　　部队
joŋ – gə a – ǹaŋ　　　　　　　　　　　　　ʰti – ni.
来 – 进行：疑问：新异　　　　　　　　　看：完成 – 连词
拾完牛粪后，在看那个，即部队是不是正过来。(S – 3：151)

(8.60) tɕʰaŋkuojoŋ – gə　　no – ta　　　　　ŋi　　　　　　　tɕʰək
强国勇 – 属格　　　　弟弟 – 话题　　　我：施格　　　　血
tʰoŋ – nə re　　　　　ʂʷal – ni,　　　　　ʂɐ　　　　　　　sɐ
喝 – 完整：叙实　　　说 – 连词　　　　　肉　　　　　　　吃：未完
ʱgɔ – gə – sə.
需要 – 新异 – 引述
(土匪说：) "……强国勇的兄弟呢，我要喝他的血，要吃他的肉。"(S – 3：126)

上述补语句都是限定性的，例（8.57）主句为心理动词 sam "想"，所代补语句为向心范畴，补语句还附带语气词。例（8.58）主句动词为 kɔ "听说"，补语句是一个完整的句子，附带拟测示证标记。例（8.59）主句动词为 ʰti，补语句为一个体和示证完整的句子。例（8.60）有两个补语句，一个是言说动词 ʂʷal 关联的限定性补语句，补语句为叙实范畴；另一个是情态动词 ʱgɔ 所代的非限定性补语句。

8.5.2　非限定性补语句

东纳话中的非限定性补语句，大概有 3 种情况，即补语句名物化、带补语标记、零标记。下面我们分别来看。

8.5.2.1 补语句名物化

(8.61) tɕʰi　　　　se - kʰɐ　　　　　　tʰoŋ - kʰɐ - zək　　　ʂi.
你：施格　　　吃：未完 - 名物化　　喝 - 名物化 - 无定　　做：命令
你做个吃的喝的样子！

(8.62) nɐnˌənparte - gə　 ʱdzɐ - ni,　 ʱdzəkʰap - gə　　ŋɐ - tsʰɔ
以前 - 属格　　　 后面 - 位格　　国家 - 施格　　　 我 - 复数
ⁿdoŋnɐk - ʏa　　　 tʰɐˊngam　　 ʱtsal - kʰɐ　　 mə - ⁿdzək - gə,
东纳 - 与格　　　 狼　　　　　　杀 - 名物化　　否定 - 致使：未完 - 新异
ʱroŋ　　　　　　 ʱgɔ - ʏə - ser - kə.
保护　　　　　　 需要 - 新异 - 引述 - 新异
在那以后，国家不让我们东纳杀狼，说要保护。

(8.63) ŋɐ　　　　　　 naŋkɐ　　　 ʂʏnan - na　　 ⁿdzɔ - no
我：通格　　　 明天　　　　肃南 - 与格　　 去：未完 - 名物化
zi　　　　　　 tɕɐroŋ　　　 ma - kɔ - zək.
他：施格　　　 仍然　　　　否定 - 知晓 - 完成：拟测
他还不知道我明天去肃南。

(8.64) zi　　　　　　 ⁿdɐʳgoŋ　　 ɕʏnan - na　　 soŋ - ɲi
他：通格　　　 昨天　　　　肃南 - 与格　　 去：完成 - 名物化
ŋi　　　　　　 ma - kɔ.
我：施格　　　 否定 - 明白
我不知道他昨天去肃南了。

(8.65) ʱni　　　　 ʱgaʳdan　　　 tʰop - dʑo　　　 ʱkɐmɔ　　 jən.
婆家　　　喜足　　　　 获得 - 名物化　　困难　　　是：向心
在婆家获得喜足却不容易。（M - 5：E - 2）

上述例子中，例（8.61）到例（8.64）由名物化标记 kʰɐ、ɲi 和 no 等标记的句子做主句谓语动词的宾语。例（8.65）中的名物化标记 dʑo 标记的句子为主语从句，在句中做主语。

8.5.2.2 带补语标记

目前发现 3 个补语标记：teni、ni 和 na。teni 应该是兼指代词 te 和连词 ni 复合而来。目前所见语料中补语句在语义上都是具有选择性的，因为 ni 本来即是并列从句中表达选择关系的连词，所以真正说来，此处补语标记 ni 当是连词 ni 所在从句因为处于补语句中，所以才被分析为补语标记。na 当是位格标记虚化而来的补语标记。还需注意的是，补语标记 teni 和 na 所在的补语句，谓语必须是非限定的。如下所示：

（8.66） zi　　　　　tʂəma　　　a－tʰoŋ－le jən－teni
　　　　他：施格　　饭　　　　疑问－吃－完整－连词
　　　　ŋi　　　　　mə－kɔ－ɣə.
　　　　我：施格　　否定－知道－新异
　　　　他吃完饭没有我不知道。

（8.67） zi　　　　　jəɣor　　　　a－jən－teni
　　　　他：通格　　裕固族　　　疑问－是－连词
　　　　si　　　　　la　　　　　mə－kɔ－ɣə.
　　　　谁：施格　　也　　　　　否定－知道－新异
　　　　谁也不知道他到底是不是裕固族。

（8.68） ⁿdɐʳgoŋ　　　zi　　　　　mar　　　　si－ni
　　　　昨天　　　　他：施格　　酥油　　　吃：完成－连词
　　　　ma－si－ni　　　　　　　ŋi　　　　　mə－kɔ－ɣə.
　　　　否定－吃：完成－连词　　我：施格　　否定－知道－新异
　　　　我不知道他昨天吃没吃酥油。

（8.69） zi　　　　　sʷal－na　　　tɕʰi　　　　tʂom
　　　　他：施格　　说－连词　　你：施格　　抢夺
　　　　tɕʰi－soŋ－zək.
　　　　去：完成－助动词－拟测
　　　　他说你抢去了。（S－3：106）

8.5.2.3　零标记

此时从句谓语动词不需要附加任何标记，直接以光杆动词结尾即可。不受任何限定。常见的主句动词主要有 kɔ"知道"、ʂi"知道/会"、ɦgɔ "需要"等。

（8.70） ta　　　　tʂakpa　　　tʂʰə ʂe　　　pʰan　　　kɔ－ɣi.
　　　　然后　　　土匪　　　　怎么　　　　打　　　　知道－新异

怎么打土匪你也知道。(S-3: 134)

(8.71) te - ta   sam   tʂɐkŋan   jənmən   tə
      其-话题   心思   好坏   是否   其:通格
      ma - ʂi - nə re - se.
      否定-知道-完整-引述
      (老藏心里想,) 他们呢那心思到底是好是坏也不知道。(S-3: 27)

(8.72) ŋɐ - ta   natʂʰe - zək   ʂoŋ   ʱgɔ - gə
      我:通格-话题   大病-无定   发生   需要-新异
      我呢需要得场大病才行 (M-1: 4)

8.6 连动结构

藏语没有类似汉语那种典型的连动结构。一些论著中所谓藏语的连动结构实际上是"主动词+助动词"结构,本质上它们不是类型学所谓的典型连动结构,因为助动词的数量和语义类别是封闭的,仅有如时体助动词、情态助动词和趋向助动词等几类;而典型的连动结构,动词之间没有这些限制,是个开放的类。因此,我们此处把藏语的"主动词+助动词"结构叫作"谓词连续"结构。如下所示:

(8.73) ta   jile   ʰtsawa   tə   ʰtsaŋmazək   jar
      然后   全部   情况   其:通格 完全地   上面
      ʂʷal - taŋ - zək.
      说-助动词-拟测
      (他就没办法了,) 然后就把那全部实情完全向上交代了。(S-3: 148)

(8.74) zi   ʂʷal - na   tɕʰi   tʂom   tɕʰi - soŋ - zək.
      他:施格 说-连词   你:施格 抢夺   去:完成-助动词-拟测
      他说你抢去了。(S-3: 106)

(8.75) tsʰaŋ   la   rema   mar   loŋ
      枪   也   快速地   往下   取:完成
      tɕʰoŋ - nə - saŋ.
      下来-连词-语气
      把枪也快速取下来呢。(S-3: 56)

例(8.73)中,ʂʷal - taŋ - zək 是谓词连续结构,ʂʷal "说"为主要

动词，taŋ 为助动词表完成义，zək 也是助动词，表拟测的示证意义。taŋ 和 zək 的位置，可以替换它们的成分非常有限，这点和典型的汉语连动结构不同。例（8.74）中共有 4 个谓词 tʂom tɕʰi – soŋ – zək 相连，但 tɕʰi 的位置，据目前调查材料，仅见这类表趋向的动词才可以出现，暂未发现其他可以放在此位置的动词类别。例（8.75）中的 loŋ tɕʰoŋ 也是趋向动词结构。

东纳话中和典型的连动结构比较接近的，是趋向动词参与构造的结构。目前只发现趋向动词有类似功能，暂时没有发现其他动词可以如此操作。如下所示：

(8.76) pʰɔwukui – ɣə   ʂʷal – tsʰək,   te   ŋi
       公乌龟 – 施格   说 – 拟测   其：通格   我：施格
       ⁿdʐɔ   tʰap   ʂe – la,   ŋi
       去：未完   方法   做：未完 – 连词   我：属格
       tʂɛkyaˆ   mʲətʂɛkya – ɣə   lak – ya   ⁿdʐɔ – zək
       好的   好朋友 – 属格   手 – 与格   去 – 无定
       ʂʷal – la   ⁿdʐɔ   lan   ⁿdʐɔ – ja – se.
       说 – 连词   去：未完   取：未完   去：未完 – 语气 – 引述
       公乌龟说："那我去想个办法，我的好朋友……去我一个好朋友那里跟他说，去他那里取去。"（M – 1：8）

(8.77) mar   ⁿdʐɔ   zək   ʰtɐ – ja,
       下面   去：未完   一下   看：未完 – 语气
       ta   joŋ – a – jo – gə.
       现在   来 – 疑问 – 有 – 新异
       （土匪说:）"……下去看一下吧，（老藏他们）是否来了？"（S – 3：18）

例（8.76）中 ŋi ⁿdʐɔ tʰap ʂe – la "我去想个办法"，里面有谓词 ⁿdʐɔ "去" 和 ʂe "做"，而且两者之间没有连词连接。该例最后 3 个动词 ⁿdʐɔ lan ⁿdʐɔ 相连，相当于汉语的连动结构 "去取去"。如果 lan 后的 ⁿdʐɔ 还可以被视为趋向补语，从而构成动趋式的话，那前面的 ⁿdʐɔ 就只能被视为连动结构中的一个谓语动词。在例（8.77）中，ⁿdʐɔ 和 ʰtɐ 之间存在一个副词 zək "一下"，且中间没有其他连词，明显也是个连动结构。

8.7 准分裂结构

东纳话中还有一类准分裂结构，其典型结构是：

从句[话题] + 名词[焦点] + 系动词

典型的准分裂句结构中，从句出现在句首做话题，系动词出现在句尾，出现在话题之后、系动词/存在动词之前的名词是个焦点成分。另外，从句也可以出现在焦点位置。如下所示：

(8.78) (ŋɐ:)　　　　jo-a　　　　ⁿdzɔ-ɣa　　　　mə-ⁿdzək-kə
　　　（我：与格）　家-与格　　去：未完-连词　　否定-致使-新异
　　　tʂʰə　　　　re.
　　　什么　　　　是：叙实
　　　(你干吗还捉着我在前面) 不让（我）回家。(S-2: 22)

(8.79) yoŋŋa　　　　tʰi-ʐɐk　　　ta,　　　　ʰtɐ-gə jo
　　　牛粪　　　　拾-助动词　　那么　　　看：未完-进行
　　　tə　　　　　re,　　　　　ta　　　　 ɦmɐk
　　　其：通格　　是：叙实　　叹词　　　　部队
　　　joŋ-gə a-ṅaŋ　　　　　ʰti-ni
　　　来-进行：疑问：新异　看-连词
　　　拾完牛粪后，在看那个，即部队是不是正过来 (S-3: 151)

(8.80) ɣɐ　　　　tə　　　　　toŋ-gə　　　naŋ　　　　te
　　　狐狸　　　其：通格　　洞-属格　　里面　　　　其：通格
　　　tɐroŋ　　　ɦdzo-ɣɐ　　te　　　　re.
　　　依然　　　钻-新异　　其：通格　是：叙实
　　　那狐狸在那洞里还钻着呢。(M-4: 5)

上述例句全部是从句做话题、代名词做焦点的准分裂结构，而且从句全部都是限定结构。

(8.81) okan　　　　tɕo ʂʅ　　　raŋ-gə　　　lokpa-ɣɐ
　　　那　　　　　就是汉　　　自己-属格　手-施格
　　　ʂʷək-ŋo　　　re.　　　　tʂɔ　　　　zʷaŋ-gə.
　　　冲搅-名物化　是：叙实　味道　　　好-新异
　　　哦，那就是自己用手工做的酥油，味道好。(L-2: 18)

上述例 (8.81) 是从句"自己用手工做"做焦点，指示代词 okan 做话题的准分裂结构，此时从句需要名物化，然后才能做焦点。

第 9 章 句子功能类型

式是动词的一个语法范畴，表示话语所描写的说话人对所述事件或状态的主观态度。东纳话的式范畴可以归纳为陈述式、疑问式、命令式、禁止式、感叹式、邀约式和祈愿式等 7 大类。本章对它们的结构、功能和语义进行描述。

9.1 陈述式

东纳话陈述式的一大特点就是必须附加示证标记、新异标记或向心标记等，否则不成句。可以分为两大类：事态句和事件句。事态句是以系动词 jən 和 re、存在动词 jo 和 ʰnaŋ 及助词 ki 结尾的句子，而事件句是以助动词 tʰe 和 zək，以及零标记结尾的句子。本书 6.4、6.5 和 6.6 等章节对此已有专门论述，此不赘述。

9.2 疑问式

疑问式主要有是非疑问句、选择疑问句和疑问词疑问句等 3 种，具体手段有使用句末疑问语气助词、句中疑问助词、疑问代词/副词以及语调等手段来构成疑问句。详见本书 7.1，此不赘述。

9.3 命令式

东纳话的命令式主要有两种表达法：①直接用命令式动词来表达，因为东纳话动词还有部分存在内部屈折的体式变化，尤其命令式在有些动词上是存在专门形态变化的。东纳话中还存在体式变化的动词请参见第 6 章 "动词形态变化" 部分的论述。②用 "V_{命令式} + 连词 – V_{命令式}" 结构来表达。此结构中，最后一个命令式动词通常有 tʰoŋ（"做" 的命令式）、ʂok

（"来"，无形态变化，只有命令式形式）、soŋ（"去"的命令式和完成体）、zol（"坐下"的命令式）和loŋ（"起来"的命令式）这几个。tʰoŋ无趋向意义，而后4个都是趋向动词。"V命令式＋连词－V命令式"表达命令式的结构中，连词会受宿主韵尾的影响而发生和谐变化，详见本书第5章表5－1。

上述tʰoŋ、ʂok、soŋ、zol、loŋ中，tʰoŋ、ʂok、zol已经发生虚化，其本意在命令式结构中，有时可以明显地体现出来，有时已经弱化，变为主要表达命令意义的虚词成分。连词Ca实际为非叙实性从句链中的从句链连词，当其后的动词如tʰoŋ、ʂok、zol等发生语义虚化时，它的连词作用也进一步虚化，实际逐步和动词重新分析为命令式标记。

东纳话有些动词命令式有单独的命令形态变化，有些没有，此时或者与完成体同形，或者与未完成体同形，口语中即可以用这类词来表达命令意义。如 kʰɐ ɦdoŋ "张开嘴！" 和 remma sɔ "快吃！" 中的 ɦdoŋ 和 sɔ 就是动词命令式。更多例子如下所示：

(9.1) ŋi　　　　　lak－nə　　　　　ta　　　　　　ɦŋukar
　　　我：属格　　手－位格　　　　现在　　　　　银子
　　　raŋ　　　　ɦŋɐtʂʰʮastʰtsəm　　jo,　　　　　tɕʰi
　　　两　　　　五十三　　　　　　有：向心　　你：施格
　　　tɕʰe－ra　　soŋ－ŋa　　　　　ɦdzɐ－nə　　　ⁿdzɔkyaʂel
　　　拿－连词　　去：命令－连词　以后－位格　　好好地
　　　tsʰɔwa　　　ʂi.
　　　生活　　　　做：命令
　　　我手头有五十三两银子，你拿去以后好好地生活吧。(M-2：10)

(9.2) tɕʰi　　　　ʂʷeː　　　　　　pə－la　　　　soŋ.
　　　你：施格　　外面：与格　　　去－连词　　　去：命令
　　　raŋ－gə　　namsa　　　　　taŋ.
　　　自己－施格　日子　　　　　过
　　　你出去吧！自己过日子去吧！(M-3：5)

(9.3) ti　　　　　tʂək－kə　　　　tʂək－ya　　　ʂʷa－tsʰək,
　　　其：属格　　一－施格　　　一－与格　　　说－拟测
　　　tɕʰi　　　　rema　　　　　soŋ　　　　　kʰama
　　　你：施格　　快点　　　　　去：命令　　　牲口

lɐkʰi	saŋna	mar	tɕʰe – ra
上面：属格	锅	下面	拿 – 连词
ʂok – ʁa,	lɐkʰɐː	tsʷək – ʁa ʂok.	naŋ – ŋa
来 – 连词	上面：与格	墩 – 命令	里面 – 与格
tʂʰə	tʰi – a	ʰnan – na tʰoŋ,	
水	搜集 – 连词	加进 – 命令	

其中一个对另外一个说："你快去把牲口身上的锅取下来，墩到洞口上！再搜集点水放进锅里去！"（M-4：9）

例（9.1）中的 soŋ 和 ʂi 都是直接用动词的命令式形态表达命令。例（9.2）中的 pə-la soŋ"出去"，其中 soŋ 还有实在意义。例（9.3）中的 tɕʰe-ra ʂok"拿来"，此时 ʂok 的趋向义还十分明显，而紧跟着的 tsʷək-ʁa ʂok"墩上"中，ʂok 的趋向本义已经虚化，主观性增强，其后的 ʰnan-na tʰoŋ"（把水）加进去"与此一样，所以这两处我们直接就标记为虚词成分。

再比如 zol，也展现了类似的性质。如下所示：

(9.4) kʰɐrok – ʁa zol.
    安静 – 命令
    安静点儿！

(9.5) sɐː kəm – ma zol.
    地：与格 蹲 – 命令
    蹲在地上！

(9.6) ʰtɐ – la zol.
    依靠 – 命令
    靠到墙上去！

(9.7) a. ʰkaŋna ʰtɕətɕʰəm – ʂi – a zol.
       腿   盘腿 – 助动词：命令 – 连词 坐：命令
       盘腿坐！（只用于大人）
    b. ʰkaŋna ʰtɕətɕʰəm – ʂi.
       腿   盘腿 – 助动词：命令
       把腿盘起来！

另外，命令式动词后还可以附加语气助词，常见的是 tala 和 kʰɐ。有意思的是，东纳附近的酒泉汉语方言中也存在这么一个表达祈请和命令的语气助词"咔"①，暂不清楚两者是否有接触关系。附加语气词后，命令的语气强度要比不加语气词弱，而且 tala 比 kʰɐ 的语气更加弱，甚至相应地变为一种弱祈使的意味。如下所示：

(9.8)　tɕʰi　　　　　ʂʐ̩i – a　　　　ʂʷa – la
　　　你：施格　　　娃娃 – 与格　　说 – 连词
　　　ⁿdʐəkʝa ʂel　　tʂəma　　　　tʰoŋ – kʰɐ,
　　　好好地　　　　饭　　　　　　喝 – 命令
　　　你给娃娃说好好吃饭！

(9.9)　tɕʰi　　　　　zək　　　　　sɔ – tala.
　　　你：施格　　　一　　　　　吃：命令 – 语气
　　　你吃一下吧！

例（9.8）句末语气助词 kʰɐ 可以换成 tala，但是语气就显得弱了。例（9.9）句末的 tala 亦可换成 kʰɐ，相应的命令语气也会增强。

东纳口语中，有些动词有独立命令式形式，但目前有趋于消失的迹象，因为当用于命令式句子时，亦可用于非命令式，通常是用未完成体形式来替代。如下所示：

(9.10)　a.　ɦdok – ʝa tʰoŋ.
　　　　　　舔：命令 – 命令
　　　　　　舔一下！
　　　　b.　ɦdək – ʝa tʰoŋ.
　　　　　　舔：完成/未完 – 命令
　　　　　　舔一下！

9.4　禁止式

禁止式通常是采用"否定词缀 ma + 未完成体动词 V_{未完}"的形式来表达，注意此时动词必须是未完成体动词，不能是命令式形式。如下所示：

(9.11)　ta　　　ʰponpɔ　　　tɕʰi – ta　　　kantʂo　　　ma – ʂel.
　　　　现在　　县官　　　　你：施格 – 话题　那样　　　否定 – 做：未完

---

①　东纳附近的酒泉市汉语方言中，"咔"也是个语气助词，比如"把你的脚挪咔！"表示把你的脚挪一下；"书再念咔！"表示把书再念一念。详见《酒泉市志》（下卷）第2134页。

县官您别那样！(M-3:22)

(9.12) lɐˢkɐ   ŋanpa   la   ma-li-a,
   事儿　　坏的　　也　　否定-做-语气词
   jaŋ   poŋwɔ   ma-tʂoŋ.
   又　　驴子　　否定-变成
   不要再做坏事，也不要再变成一头驴。(M-2:10)

(9.13) tɕʰɔ   ma-ŋan.
   你：通格　　否定-坏
   你不要那么坏！

(9.14) ⁿdzok   ma-taŋ.
   惊扰　　否定-做：非命令①
   不要惊动了！

(9.15) tɕʰam   ma-ʂel.
   客气　　否定-做：未完
   不要客气！

9.5　感叹式

感叹式的表达，语料仅见句末附加感叹语气助词的形式，主要有 ja 和 ni 两个。如下所示：

(9.16) kʷɐrɐ   ⁿdə   ŋoma   ʂəm-gi-ja.
   饼子　　这　　真的　　香-新异-语气
   这饼子真是香啊！

(9.17) ɦgontʂʰoksəmpɔ   mən-ni.
   三宝　　　　　　　　非：向心-语气
   我对佛法僧发誓！（字面意思即"除了佛法僧之外再没有其他的"）

(9.18) amʲi   ɦgontʂʰok   mən-ni.
   爷爷　　珍宝喻佛法　　非：向心-语气
   我对天发誓！（字面意思即"除了爷爷、珍宝没有其他的了"）

---

① "做"的"完成体-未完成体"形式为 ʰtaŋ，而命令式形式为 tʰoŋ。

9.6 邀约式

邀约式是说话者希望、建议或邀请听话人和自己去做某事。邀约式中动词只能是自主动词，且要求是未完成体形式。东纳话通常是采用句末语气助词的形式来表达，常用的主要有 ja、japa 和 jala。japa 实际上是两个语气词 ja 和 pa 的叠加，jala 也是两个语气词 ja 和 la 的重叠。japa 和 jala 都可以省略掉 pa 和 la 而不影响句义，但动词后只用 pa 则不可以。南部安多口语常用的语气词 ri，东纳话则没有。如下所示：

(9.19)　ɔ-ɲ̠i-ɲ̠iɣi　　　　　　ta　　　sɐ-japa.
　　　　咱-双数-双数：施格　现在　吃：未完-语气
　　　　咱俩吃吧！（去掉 pa 亦可）

(9.20)　ɔ-ɲ̠iɣi　　　　tian ʂə-zək　　　ʰtɐ-jala.
　　　　咱-双数：施格　电视-无定　　　看：未完-语气
　　　　咱俩看个电视吧！（去掉 la 亦可）

(9.21)　ŋə-tsʰɔ　　　　ⁿdʐɔ-ja.
　　　　我-复数：通格　走：未完-语气
　　　　我们走吧！（把 ja 换成 japa、jala 亦可）

不过，还需说明的是，japa 和 jala 用作句尾语气词，全句还有弱疑问的意味，以一种弱疑问的口吻来征求别人的意见，传达自己的邀请，是一种礼貌的言语行为。

9.7 祈愿式

祈愿式表达言语行为者的一种祈求和希望。东纳话的祈愿式我们目前看到有两种表达模式：一是附加句尾语气词，二是采用愿望类心理动词来表达（采用心理动词时，其补语不能是名物化形式）。如下所示：

(9.22)　tsʰerəŋ-kʰɐ.　　lɔᵖdʐɐ　　lon-kʰɐ.　　kʷi
　　　　长寿-语气　　　百岁　　　到-语气　　　丝绸
　　　　ɦdʐʷɐ　　　　kʷan-kʰɐ.　　ʰtɐᵖdʐɐ　　ʂʷan-kʰɐ.
　　　　百　　　　　穿-语气　　　百马　　　骑-语气

```
             lək              ʰtoŋ            karo              sʷək-kʰɐ.
             羊               千              白色的             积聚-语气
```
祝长寿！满百岁！着百装！驭百马！牧千只白羊！(M-6:1)

(9.23) si-ma-taŋ-n̥i   ɬɐk-ɣo-n̥i-ta,
       吃:完成-否定-助动词-名物化   剩-助动词-名物化-话题
       ʱdʑi   ɬɐk-ɣo-n̥i
       货物   剩-助动词-名物化
       jile   te-a   zʷən-dʑɐ-se.
       全部   其-与格   给:未完-语气-引述
       没吃完的，剩下的呢，剩下的物品，全部都给他啊！(S-3:111)

(9.24) ŋi   tɕʰɔː   ⁿgowa   tʰan-dʑɐ.
       我:施格   你:与格   头   磕-语气
       我给你磕头了！(M-3:22)

(9.25) tɕʰi   tʂi-ẓɐk-n̥i   joɣo   kan
       你:施格   写:完成-助动词-名物化   字   那
       ŋi   ʰtʂək   ʰtɐ-jala.
       我:施格   一下   看:未完-语气
       你写的字我看一下吧！

(9.26) ɔ   naŋkɐ   ɕɥnan-na   ⁿdʑɔ-ja.
       咱们:通格   明天   肃南-与格   去:未完-助词
       咱们明天去肃南吧！

(9.27) ŋɐ   saŋn̥ɐŋ   petɕɐŋ-ŋa   ⁿdʑɔ-ja   sam-gə.
       我:通格   明年   北京-与格   去:未完成-语气   想-新异
       我想明年去趟北京。

例（9.22）乃过年时长辈给晚辈说的祝福词，祈愿的意味最强烈。不过，这有特殊的语境限制，句末语气词 kʰɐ 传达一种强烈的祈愿意味。例（9.23）和例（9.24）采用句末语气词 dʑa，表达祈求义。例（9.25）和（9.26）分别附加句末语气词 jala 和 ja，表达内心的祈愿。这两个语气词是多功能的，不仅可以用于祈愿式，也可以用于邀约式。另外，ja 还可用于感叹语气。例（9.27）采用愿望类心理动词，表达自己内心的一种愿望。

第 10 章 动词形态变化

动词形态研究在藏语传统语法研究中占有至为重要的地位。相传在公元 7 世纪图弥桑布扎（ཐོན་མི་སམ་བྷོ་ཊ）所著《性入法》（རྟགས་ཀྱི་འཇུག་པ）这部语言学著作之中，核心即阐释动词的"形态"变化和"时体"① 关系，此法为后世历代语法著作所沿袭。藏语动词研究堪称藏语传统语法研究的灵魂。

书面藏语动词具有发达的"时体"和"式"的语法范畴，藏语称"དུས་གསུམ་དང་སྐུལ་ཚིག"，即"三时和命令式"（又称"三时一式"，包括现在时、过去时、将来时和命令式）的形态变化。笔者统计的结果是约占全部动词的 62%，这种"时体"和"式"的区别是通过形态手段（བསྒྱུར་འཇུག），即元辅音的交替来表达的。如"举起"这个词，其"三时一式"的词形见表 10-1。

表 10-1 "举起"三时一式的词形

时式	过去时	现在时	将来时	命令式
举起	bkjags. pa	ɴgjog. pa	bkjag. pa	kʰjog

在表格中，前置辅音 b-、ɴ-，后置辅音 -s，基本辅音 -k-、-kʰ- 和 -g-，元音 -o-、-a- 的屈折交替是表达"时体"和"式"的主要形态手段。

我们再看藏族语法学家所总结的 5 个前置辅音 b-、d-、g-、m-、

---

① 书面藏语动词到底有无"时"范畴，传统藏文文法所谓"三时"范畴，其本质到底是"时"范畴还是"体"范畴，本书不做评论，我们统称"时体"范畴，或者有时就按传统语法称"时"范畴。

N-的性质及时式表达功能,则对此现象会有更加直观的认识①(见表10-2)。

表10-2 书面藏文5个前置辅音的性属及功能

	阳性	中性	阴性	过去	现在	将来
b-	+			+		
d-		+			+	
g-		+			+	
m-			+	+	+	+
N-			+		+	+

随着时代的发展,动词的这种形态特征也日趋简化。现代藏语卫藏方言和康方言简化得尤其厉害,这种内部屈折相较书面藏语丰富的手段几近消失殆尽。安多藏语方言还存在相对较多的形态变化,虽然相较书面藏语也出现了大幅度的简化,但比康方言和卫藏方言保存得多很多。(瞿霭堂1985:1-15)

因此,调查研究现代方言中动词时式的简化模式和简化机制,且与书面藏语动词形态进行比较,归纳总结演化规律,无疑对藏语方言研究具有重要的意义。东纳话动词还有部分存在形态变化,但所占比例已经不高。在我们所调查的450多个单音节动词中,发现约115个还有形态变化的动词,占比为25%左右,远远低于书面上62%的比例。

东纳话动词的形态变化从发生屈折的音节部位看,可以分为3种:声母屈折、韵母屈折和声韵母都屈折。屈折的方式是元、辅音的交替变化。我们把书面上的过去时称为"完成体",而现在时和将来时称为"未完成体"。东纳口语中相当于书面上的现在时和将来时的动词形态之间已经没有屈折变化,现在时和将来时已经合二为一了。以下我们对此进行详细分类和分析。

---

① 本表据噶玛司都(ཀརྨ་སི་ཏུ)《司都文法详解》(第二版)青海民族出版社2003年版第153~195页制作而成。其中,藏文字母阴性、阳性等术语为古代语法学家从发音强度和发声态角度对藏文字母分析所用术语,阴性字发音较弱,阳性字发音较强,中性字介于两者之间。详见格桑居冕、格桑央京《实用藏文文法教程》(四川民族出版社2004年版,第359~360、第445~458页)。

10.1 声母屈折

声母屈折都是通过辅音交替来实现的，主要是清浊交替和送气不送气的交替。单纯靠声母屈折的例词不是很多，目前发现了 16 例。下面是其中几例：

下落	pap（完成）	ⁿbap（未完）	
铺/展	ⁿdiŋ（完成/未完）	tʰiŋ（命令）	
售卖	tsoŋ（完成/未完/命令）	tsʰoŋ（命令）	
关/挡	kʰok（完成）	kʷok（未完/命令）	
给与	ṣʷən（完成/命令）	ẓʷən（未完）	
放置	ẓʷok（完成）	ⁿdʐok（未完）	ṣok（命令）

"下落"是声母辅音清浊的对立，即 p - 和 ⁿb - 的对立。"铺/展"主要有声母辅音清浊的对立，一个为浊鼻冠音 ⁿd - ，一个为清送气音 tʰ - 。"售卖" tsoŋ 本身除了可以表达完成和未完成的意义外，口语中还可以用来表达命令式的意义，同时命令式的声母还可以是送气形式的 tsʰoŋ，文字中也显示"卖"的命令式为 tsʰoŋ，由此可知，tsʰoŋ 可能是更早的形式，用不送气的 tsoŋ 表达命令式，应该是形态简化过程中出现的过渡现象。"关/挡"主要是送气和不送气的区别，一个是辅音声母 kʰ，一个是 kʷ，后者还是个圆唇性质的音。

10.2 韵母屈折

靠韵母屈折来表达体式变化的词，开闭音节中都有分布，但主要分布在开音节中，闭音节很少。韵母屈折都是通过元音的交替来实现的。下文将具体分析。

10.2.1 开音节词

此种类型在东纳话中共发现 34 例，具体还可以分为 9 种不同的类型，如下所示：

（1）a：o 型。

a∶o 在开音节中屈折对立的类型仅有 4 例。如下所示：

睡觉	ŋa（完成/未完）	ŋo（命令）	
使睡/压住	ʰŋa（完成/未完）	ʰŋo（命令）	
拔	ⁿba（完成/未完）	ⁿbo（命令）	
派送	ʰtɕa（完成/未完）	ʰtɕo（命令）	

（2）i∶ɐ 型。

i∶ɐ 型在开音节中屈折对立的类型也仅有 2 例。如下所示：

看	ʰti（完成/命令）	ʰtɐ（未完）	
嚼烂	tʂʰi（完成/命令）	tʂʰɐ（未完）	

（3）i∶a 型。

i∶a 型在开音节中仅发现 1 例。如下所示：

宰杀	ʂʷi（完成）	ʂʷa（未完/命令）	

（4）i∶ɔ 型。

i∶ɔ 型的例子是最多的，共有 8 例。如下所示：

喂养	ʰtsi（完成/命令）	ʰtsɔ（完成）	
逃跑	ⁿdʐi（完成/命令）	ⁿdʐɔ（未完）	
买	ŋi（完成/命令）	ŋɔ（未完）	
放牧	tsʰi（完成/命令）	tsʰɔ（未完）	
加热	r̥i（完成）	r̥ɔ（未完/命令）	
制造	zʷi（完成/命令）	zʷɔ（未完）	
揉拌	ʰni（完成/命令）	ʰnɔ（未完）	
耕/犁	ɦmi（完成/命令）	ɦmɔ（未完）	

（5）i∶ə 型。

i∶ə 型屈折的例子共有 8 例。如下所示：

拧	ʰtʂi（完成/命令）	ʰtʂə（未完）	
吸吮	ni（完成/命令）	nə（未完）	
偷盗	ʰkʷi（完成/命令）	ʰkʷə（未完）	
计算	ʰtsi（完成/命令）	ʰtsə（未完）	
拌揉	ɦdzi（完成/命令）	ɦdzə（未完）	

借贷	ʰtɕi（完成/命令）	ʰtɕə（未完）
捡拾	tʰi（完成/命令）	tʰə（未完）
钻/掏	ⁿdʐi（完成/命令）	ⁿdʐə（未完）

（6）i：e 型。

i：e 型屈折的例子共有 8 例。如下所示：

交换	ɦdʐi（完成/命令）	ɦdʐe（未完）
玩耍	ʰtsi（完成/命令）	ʰtse（未完）
掺和	ri（完成/命令）	re（未完）
混合	ⁿdʐi（完成）	ⁿdʐe（未完）
做	ʂi（完成/命令）	ʂe（未完）
打开	ʂʷi（完成/命令）	ʂʷe（未完）
劈开	ʰtsi（完成/命令）	ʰtse（未完）
打架	tɕʷi（完成/命令）	tɕʷe（未完）

（7）ɐ：o 型。

ɐ：o 型在开音节中仅发现 1 例。如下所示：

| 弄烂 | ʰtʂɐ（完成/未完） | ʰtʂo（命令） |

（8）i：a：ɔ 型。

i：a：ɔ 型元音屈折的例子仅见 1 例。如下所示：

| 吃 | si（完成） | sɐ（未完） | sɔ（命令） |

（9）i：el 型。

i：el 型在开音节中仅发现 1 例。如下所示：

| 做 | ʂi（完成/命令） | ʂel（未完） |

10.2.2 闭音节词

在闭音节中发生通过元音屈折来表达形态变化的例子，共发现 32 例，除了韵母主元音是 e：o 型屈折的一例外，其他都是韵母主元音 ɐ：o 的屈折，且 o 都是命令式。下面是其中的几例：

| 按/压 | ɦnan（完成/未完） | ɦnon（命令） |
| 站起 | laŋ（完成/未完） | loŋ（命令） |

杀死	ʰtsal（完成/未完）	ʰtsol（命令）
张开	ɦdaŋ（完成/未完）	ɦdoŋ（命令）
敬献	ʂam（完成/未完）	ʂom（命令）
做/放	ʰtaŋ（完成/未完）	tʰoŋ（命令）
敲打	ɦdep（完成/未完）	ɦdop（命令）

上述 7 个例子中，前 6 例全部是 ɐ：o 型的元音交替，最后一例是 e：o 型的交替。

10.3 元辅音屈折

这类词可以分为 3 类：发生体式变化的一组词全部是开音节的，发生体式变化的一组词全部是闭音节的，发生体式变化的一组词有开音节也有闭音节的。

10.3.1 开音节词

这类词总共发现了 17 例，细分又可以有如下 3 种类型。

（1）声母辅音圆唇："非圆唇 + 韵母元音"屈折对立型。声母辅音类型共有塞音、塞擦音、擦音和鼻音 4 种，而元音共有"i：u""i：ɥ""i：ɔ"和"a：o"4 种类型，其中前两种恰是本书 10.1.1 一节所缺乏的两种元音屈折模式，主要原因就于此处的几个词声母发生了圆唇化。如下所示：

哭	ŋʷi（完成/命令）	ŋu（未完）
煎炒	ɦŋʷi（完成/命令）	ɦŋɔ（未完）
融化	zʷi（完成/命令）	zɥ（未完）
擦除	ʂʷi（完成/命令）	ʂɥ（未完）
舀	sʷi（完成/命令）	sɥ（未完）
雕刻	ʰkʷi（完成/命令）	ʰkɔ（未完）
煮	tsʷi（完成/命令）	tsɔ（未完）
分开	ɣʷi（完成/命令）	ɣɔ（未完）
感染	ɦgʷi（完成）	ɦgɔ（未完）
寻找	tsʷa（完成/未完）	tsʰo（命令）

（2）声母是清音："浊音+韵母元音"屈折对立型。这类词主要发现了4例，但却是同音词。如下所示：

挖掘	tʂi（完成/命令）	ⁿdʐə（未完）
问询	tʂi（完成/命令）	ⁿdʐə（未完）
写/画	tʂi（完成/命令）	ⁿdʐə（未完）
裁切	ⁿdʐɐ（完成/未完）	tʂi（命令）

"挖掘"和"问询"两者的书面形式不同："挖掘"的"三时一式"书面形式为 drus（过去命令）和 Ndru（现在将来），"问询"的"三时一式"书面形式为 dris（过去命令）、Ndri（现在），dri（将来）。这两个词后世经过音变而成为同音词了。

（3）声母清音："浊音+声母圆唇"："非圆唇+韵母元音"屈折对立型。这类词主要发现1例。如下所示：

| 驱使/搬 | kʷa（完成） | ⁿɢi（未完） | kʰo（命令） |

10.3.2 闭音节词

该类词共发现14例。声母中辅音的发音部位都是相同的，只是发音方法有所不同，而韵母中韵尾的发音部位可能相同也可能不同，辅音韵尾有 -p、-k、-n 和 -ŋ。如下所示：

打碎	ʰtʂʷɐk（完成/未完/命令）	tʂʰok（命令）
端	tɕʷɐk（完成/未完）	tɕʰok（命令）
覆盖	ⁿɢep（完成/未完/命令）	kʰop（命令）
放置	ʐʷok（完成）	ⁿdʐok（未完）/ʂok（命令）
拿/唱	laŋ（完成）	lan（未完）/loŋ（命令）
拿/捉	zoŋ/soŋ（完成/命令）	ʱdzən（未完）

前两个例子中，声母的对立主要体现在送气和不送气上，而元音的对立主要体现在 a：o 的屈折上。第三个例子声母辅音在清浊对立的情形下，命令式又是送气音，而韵母元音则为 e：o 的对立。"拿/捉"中的 soŋ 和 zoŋ 为自由变体形式，两者在口语中可自由变化，区别只是清浊的不同，只是以发浊音为常。这反映了语音演变的渐变性特点。

10.3.3 开—闭音节词

目前这类词只发现了两例，如下所示：

喊/叫　　pi（完成/命令）　　　　　ⁿbol（未完）
去　　　soŋ（完成/命令）　　　　　ⁿdʑɔ（未完）

这两个词在书面形式上即有所不同，如"喊/叫"书面语上"三时一式"变化为 bos$_{过去/命令}$和 Nbod$_{现在/将来}$，"去"在书面上的"三时一式"变化为 pʰjin$_{过去}$、Ngro$_{现在/将来}$和 soŋ$_{命令}$。

命令式本质上与"三时"不是同一个语法范畴，不过，因为命令式会有内部屈折的变化，所以藏语传统语法都是放在一起来讨论。在现代口语中，动词形态的简化，除了"三时"的简化外，命令式也大量简化。比如有些动词书面上有命令式形式，但口语中并不用，比如"握"，书面命令式为 tɕʰoŋs，但口语并没有 tʂʰoŋ 的读音形式，而是用 tʂʷaŋ。另外，部分动词有命令式形式，但在我们调查时，发音人通常会告诉我们，在命令句中，命令形式有时可用可不用，而用动词未完成形式代替（如果动词有完成和未完成形态对立的话），比如命令别人"铺垫子"，马伯成先生说 tʰiŋ–a tʰoŋ 或 ⁿdiŋ–a tʰoŋ 都可以（"铺"：tʰiŋ$_{命令}$—ⁿdiŋ$_{完成/未完}$ – a tʰoŋ 为表命令的助词）。这可能反映了命令式处于不断简化的过程中。

综上，东纳话中动词形态简化得比较厉害，在全部 450 多个单音节词中，还有形态变化的仅有 115 个，所占比例在 25% 左右，比例还不小。其次，有形态变化的词，主要是"完成/命令式"≈"未完成"形成对立，另外还有"完成/未完成"≈"命令式"的对立，"完成"≈"未完成/命令"的对立等几种类型，3 种形态变化词仅有 3 个，即"吃""放置"和"拿/唱"。

另外，还有个别词，不知道是受到连读音变的影响还是语言自身不同词汇演变竞争的关系，发生了自由交替的情形，这并不是形态变化。如 pʰan 和 pʰaŋ 都是"投掷"的意思，两者可以用于"三时一式"，并无区别，通常构成 tsʰaŋ pʰan 和 tsʰaŋ pʰaŋ "打枪"，都可以。该词的藏文书面形式是 pʰaŋs（过去时）、Npʰen（现在时）、Npʰaŋ（将来时）和 Npʰoŋs（命令时）。其中 Npʰaŋs 和 Npʰen 若按东纳话的音变规则可以读作 pʰaŋ 和 pʰan。因此，很可能是现在在口语中两者正在相互竞争存废。

东纳话尚存形态变化动词的相关情况，请参看附录 2"东纳话动词体式变化表"。

第 11 章 专门语汇

本章我们对东纳话口语中专门领域的词汇进行汇总分析，这类词往往容易具有当地文化色彩，容易创新发展，从而与其他地方的口语不同。主要有 7 个部分，即人名、动物名、亲属称谓词、颜色词、地名、敬语词和借词。

11.1 姓和名

藏族历史上也是存在姓氏的，rus. pa 这个词可以翻译成"姓氏"，本义乃"骨头"。另外，还有些用部落名称或生活的地域名称作为姓氏的，但相对而言都不太普遍。现代藏族社会明确知道自己姓氏的藏族人为数甚少，绝大多数人对此没有感知。个人名字通常都是直接用"名"来表达，或在名字前面加上自己的出生地，而把姓氏冠于名字之前或之后的情况绝少见到，笔者接触的大多数藏族人和到访过的藏族社区都是如此。

但东纳藏族是个例外，其姓名文化有两大特点：①人人都有确定的姓氏，且被广泛采用；②有"大名"和"小名"的区别。"小名"通常指藏语名，而"大名"即"姓氏 + 名字"。大名和小名的区别是确定无疑的，只是两者的具体关系稍微复杂。典型的大名通常呈现汉式特征，外人第一眼不容易分辨出到底是个汉族人名还是藏族人名，而典型的小名则采用藏式名字。当然，也有些人采用"汉式姓氏 + 藏式名字"的方法，如"王扎西"。

另外，普遍采用姓氏，以及"汉族化姓氏 + 藏语名字"来起名，似乎是整个河西走廊地区的一大文化特色。最东面的华锐藏族同样有此特点，中间的马蹄藏族也是如此。这种文化现象和历史上河西走廊汉文化发达的影响显然有很大的关系。更有甚者，敦煌文献中已发现这类"汉族化姓氏 + 藏语化人名"的命名方式，这种历史的关系似乎尤其意味深长。

11.1.1 历史原因

据当地长者的介绍，现在东纳当地普遍存在的姓氏和汉式名字，主要是 1955—1958 年间推行民主改革的产物。当时只有男性户主才有明确的姓氏和名字，其他人都只有藏名，对姓氏比较模糊，更少有汉式名字的。1958 年之前，女性都没有汉语名字，都是惯常采用藏语名字，1958 年之后才开始有汉语名字。1955 年第一次进行民主选举时，很多人没有藏语名字，当地行政部门为方便起见，生硬地给取一个，然后再冠以家庭男性长者的姓，从而当地开始流行汉式的姓和名字起来。①

从 1955 年到 21 世纪初，汉式姓氏和名字一直非常流行。现在随着当地藏语口语的消亡，年轻人已经基本不会说当地藏语，而完成语言转换。他们很多人习惯于大名和小名都采用非常汉式的表达，不想起一个带有藏语痕迹的名字，他们自己大多走出东纳社区，走向更广的地域，心理上认为藏式的姓名（主要是姓之后的名）容易让外人联系到民族身份，而他们自身不懂藏语，文化习俗严重汉化，所以鉴于自身藏文化缺失和不可更改的民族属性间的矛盾，他们为维护自身尊严，干脆取一个非常汉族化的名字。

近些年，随着藏文化在社会上受到的认知越来越多，并受到不断推崇，而当地也逐渐开始发起藏文化的复兴运动，寻求自身身份的建构和强化，这也间接影响到当地人的取名方式。年轻人中开始流行取藏语名字，尤其那些小名是汉式的人，有很多开始取个藏式的名字。父母也开始流行为新生儿女取藏式的小名，这是一个值得重视的文化心理现象。

11.1.2 姓氏

姓氏在东纳藏族社区里面被明确地广泛使用，日常口头话语中，也常常会说 tɕatsʰaŋ "贾家"、soktsʰaŋ "索家"、ⁿgotsʰaŋ "顾家" 等，ʰdoŋri 在当地口语中就是 "姓氏" 的意思。身份证都采用了明确的姓氏标记，加之现在很多年轻人不会说藏语，所以日常的交流中，很多时候都喜欢用明确的姓氏来指称所要谈及的人，因而姓氏文化和汉族无二致。东纳藏族人氏王岩松先生著有《东纳藏族户族史略》，他认为东纳现有 3000 多人口

---

① 肃南县的另外几个藏族部落，即分布在今马蹄寺乡的藏族，也都是有姓氏的。当地的西部裕固族同样有明确的姓氏。东部裕固族我们还没调查，还不清楚。

当中，大概有 50 个姓氏，统计为 48 个，其中以马、强、李、索、乔、顾等姓氏人口居多。较为独特的姓氏有阿、卡、牙等，浪姓在张掖市独此一户。主要姓氏的汉语写法及藏语词源如表 11-1 所示。①

表 11-1　东纳姓氏及所属部落

部落	姓氏	藏语词源	部落	姓氏	藏语词源	部落	姓氏	藏语词源
蒲家部落	蒲	pʰərtsʰɐ	佘家部落	佘	ʂʮən	乔家部落	顾	ⁿgo
	李	ri		牙	ɦjɐkʂʮ		蒲	pʰərtsʰɐ
	马	mɐtsʰɐ		贾	tɕa		苏	?
	索	sok		朗	ɦlaŋtsʰɐ		朗	ɦlaŋtsʰɐ
	强	tɕʰaŋtsʰɐ		朵	tok		于	rɐtsʰɐ
	朗	ɦlaŋtsʰɐ		舒	ʂʮ		闫	kɐktsʰɐ
	贾	tɕa		杨	sok		刘	ɦŋo
	郭	kɔtɕa		龚	koŋ		韩	han
	牙	ɦjɐkʂʮ		妥	tʰuo		凯	kʰiⁿdzən
	郝	?		贺	kʰor		朵	tok
	安	ⁿdoŋɐk		安	ⁿdoŋɐk		薛	?
	喇	rɐtʂok/lɐⁿdʑɐ		凯	kʰiⁿdzən		安	ⁿdoŋɐk
	阿	a		僧	sɐŋ		贺	ⁿgor
	朵	tok		郭	kɔtɕa		叶	jarkʰu
	薛	?		常	rəŋŋa			
	顾	ⁿgo						
	乔	ⁿdzo						
	贾	tɕa						
	强	tɕʰaŋtsʰɐ						
	索	sok						
	黄	hɔser						
	卡	kʰɐk						
	王	ⁿbu						

---

① 东纳藏族人王岩松先生著有《东纳藏族户族史略》，按东纳藏族三大部落，分别记叙了现如今东纳藏族的户族情况，十分详细，本章内容就是笔者在王先生的帮助下写成的。

表 11-1 中有些姓氏，像"舒""龚""妥""贺""韩"等，不清楚是否有藏语来源（因此用问号表示），而口语中都是采用当地汉语读音来指称的。而那些有比较明确的藏族词汇来源的姓氏形式，有些可以知道其语义来源，如蒲姓 pʰartsʰɐ 和马姓 matsʰɐ 就是以这两个部落的名称为姓氏的，直接音译而来。而"黄"姓则是来自 hɔser 的意译，因为 ser 就是"黄"的意思。有些姓氏，如王姓ⁿbu，"王"和ⁿbu 两者之间没有明确的语音对应关系，"王"并不是ⁿbu 音译的结果。那"王"到底和ⁿbu 有何关系，就是对当地藏族历史文化最有研究的王岩松先生也不知道。他只是说，ⁿbu 在东纳口语中还有"虫子"的意思，王姓和"虫子"的关系到底如何，则不清楚。另外，据说其祖上可能为蒙古族，那是否又和蒙古语有关系呢？这都不清楚。像李姓 ri，ri 在当地藏语中有"布匹"的意思，但两者有何关系，或是没有关系，都无法确定。另外，像朗姓ʱlaŋtsʰɐ，是和历史上非常有名的朗姓是不是同一支，我们也不敢肯定。

另外，我们必须强调，上述姓氏是"汉式姓氏"而不是"汉氏"或"汉族姓氏"，这是两回事。像上面所讲的蒲姓，是音译自藏语当地部落名，而黄姓则是采用了色彩词 ser 的意译，像王姓既非音译又非意译，到底是如何而来还有待考察。而郭姓则被认为是个典型的汉族姓氏，母语者认为就是来自汉语的"郭家"kɔtɕa 的"郭"。这是否表明当地有些藏族实则祖上乃由汉族转变而来的呢？这些都是有待考察的内容。因此，东纳藏族人所采用的姓氏有两种："汉式姓氏"和"汉族姓氏"，而以前者为主流。所以，不能说东纳藏人都采用了汉族的姓氏，只能说他们受到了汉族姓氏的强烈影响，从而明确地在日常生活中启用姓氏，并按代传承。东纳姓氏的来源是个非常值得继续深入研究的课题。

11.1.3 名字

当地藏族姓名文化的另外一个特点，是类似汉族姓名，有明确的"大名"和"小名"的区分。"大名"即"学名"，而"小名"即"乳名"。"大名"通常是汉式的，而"小名"则既有汉式的，也有纯藏族式的。像笔者的发音合作人马伯成先生，其大名即"马伯成"，而小名则是 loŋzaŋŋəma，音译作"洛桑尼玛"。其妻子大名叫"叶玉花"，小名叫 ɣaŋɣaŋ，音译作"昂昂"。他们俩有一个儿子，叫"马雪明"，小名"小凤"；还有一个女儿，叫"马雪萍"，小名"小青"，一对儿女的小名都是汉语式的，没有藏语式小名。马雪明又生了两个儿子。其中大儿子大名叫"马瀚儒"，而小名叫 pʰɛkparoŋ，音译作"普巴绒"；小儿子大名叫"马瀚霖"，小名叫 ʱdarzi，音译作"达儿孜"。有些藏语小名，甚至可能是藏汉组合而成，如王岩松先生说，之前有个人叫"嘉央哇哇" ⁿdʑɛjaŋwawa，ⁿdʑɛjaŋ 是典型的藏语，wawa 很可能来自汉语"娃娃"，但现已亡故，无从核对。

我们的两位发音合作人刘自生和索翠花夫妇，"刘自生"和"索翠花"即他们的大名，而小名则分别是 pʰɛkmɔtsʰerəŋ 和 sʷəkjaŋʰtɕəl，音译作"普巴才让"和"舒央洁"。他们共有 3 个儿子、两个女儿。其中大儿子刘进国，未取藏语名，而取了汉语名字，叫"金彪"。其生有一女，小名 ʰkaᵝzaŋⁿdʑo ma，音译作"孕藏卓玛"，大名叫"刘洁"。二儿子大名叫刘金全，亦未取藏语名，而取汉语名字"金铃"。二儿子生有一个男孩，小名叫"彤彤"，没有藏语小名，大名叫"刘瑞"。三儿子大名刘金贵，藏语名 wawa，音译作"瓦瓦"①，尚未结婚。两个女儿也都没有藏语名字，而分别取小名为"金凤"和"红梅"，都是典型的汉族名字。据刘自生夫妇介绍，他们对子孙，在他们小的时候多叫小名，而大了则叫大名，小名基本就很少叫了。

更有代表性的是王岩松先生家族的姓名文化，可以说是当地藏族姓名文化的最好代表和样本。既体现了时代的差异，如中华人民共和国成立前出生的人和中华人民共和国成立后出生的人姓名有所不同，也体现了族际间相互影响的关系，尤其是藏汉之间的相互影响。既可以看到政治运动对人名的制约，也可以看到个人如何主动地迎合社会的发展变化而改变人名。

王义功 王岩松爷爷。据传是从青海都兰县蒙藏地方流落到甘肃东纳三山口藏族地区的，后与祁林乡黄草坝村一安姓藏族姑娘结婚，定居在东纳卯来泉乔姓部落里，这事大概发生在清朝光绪十一年（1886 年）。王岩松先生说其爷爷有可能是蒙古族，但不可考，也不记得到底是否有藏语名字。

王德才 王岩松的父亲，为王义功独子。藏语名 tontʂəptsʰerəŋ "东珠才让"。

强玉凤 王德才妻，王岩松母。生于 1906 年，藏语名 tʂʰitʰarʰtɕəl

---

① wa wa 听起来与汉语"娃娃"一词音近，但他们夫妻俩都认为这是个藏语名字，而不是汉语名字，且还说青海的藏族自治区地区也有人取类似的名字。

	"禅塔西"，1958年时才取名"强玉凤"。
王廷华	王岩松的大哥，藏语名 pʰakpaʰtɕap "蒲巴甲"。
强玉莲	王廷华妻。藏语名 liroŋ "累顺"。
王建新	王廷华长子。藏语名 lizaŋroŋ "来桑顺"。妻子乔玉花，藏语名 tʂʰizaŋ "差桑"。其子王小军，无藏语名字。长女王晓琴，无藏语名字。次女王晓微亦无藏语名字。
王建忠	王廷华次子。藏语名 ⁿdzomaroŋ "卓玛顺"，其媳妇为张掖汉族，孩子亦都改汉族名字，没有藏族名字。
王建国	王廷华三子，藏语名 tʂɔⁿdzəroŋ，媳妇为汉族，其子女也都只有汉语名字，无藏语名字。
王廷贵	王岩松二哥。藏语名 lamaʰtɕap。他有一个早夭的儿子，名叫王廷富，藏语名 ʂʷəkdɔʰtɕap。王廷贵之妻凯月英，藏语名 rəntʂʰanʰtɕəl。
王 宾	王廷贵长子。1966年生，小名"永红"，无藏语名字。娶汉族媳妇。其子王若飞。但直到大学时才改为此名，之前一直都是用藏语名字 hʷatan "华旦"。
王 璟	王廷贵次子。无藏语名字。有汉语小名"忠忠"（或称"忠娃子"）。因生于"文化大革命"时期，当时有"忠于毛主席"的口号，提倡"三忠于"，该名字是受当时社会思潮影响而取的。王璟之妻是汉族，儿女都已经全部汉化，没有取藏语名字。
王 丽	王廷贵长女。无藏语名字。
王 霞	王廷贵次女。无藏语名字。
王秀英	王岩松大姐。藏语名 serzʷaŋʰtɕəl。其子藏语名 tʂaʂiʰtɕap "扎西嘉"。
王秀兰	王岩松二姐。藏语名 jaŋtsʰɔʰtɕəl。
王秀芳	王岩松三姐。藏语名字 tsʰeroŋ。嫁与原籍高台县汉族人氏王学智，但王学智入了东纳的户族。
王岩松	曾取名"王廷寿"，藏名叫 polpa ⁿdoŋnɛk saŋtʂʰanʰtɕap，音译作"博巴·东纳·桑禅释迦"。"博巴"乃"藏人"的意思，"东纳"乃自己所在的"东纳部落"，"桑禅释迦"为小名。

玥桂芬	王岩松之妻。汉族，嫁到王家后，起藏名 jyma ⁿdʐoma "玥玛卓玛"，汉字用"玥"而不用原来的"岳"，一是因为她嫁到王家，就用王字旁的汉字；而藏语中的"–ma"是"妇女、女性"的词缀，所以 jyma 有"王家媳妇"和"岳姓妇女"的双关义。二则是因为她的脸像月亮那样漂亮，所以用了"玥"字。
王扎西	王岩松的儿子。王先生自己说这等于是把"小名"（王）和"大名"（扎西）合在一起了。小的时候曾取小名"长青"，后来就放弃了。家里统一起来，使用"扎西"这个小名，不再使用"长青"。
王钟洛桑	王扎西的儿子。是为纪念他去世的母亲（姓钟），所以采用复姓，而"洛桑"即小名，藏语为 lɔzʷaŋ。
王卓玛	王岩松大女儿。"卓玛"即 ⁿdʐoma，为藏族常见的名字，是为小名，同时冠于姓之后，也是大名。嫁给裕固族姓"于"的人，所生女儿叫"于拉姆措"，小名即"拉姆措" ɬaᵐtsʰɔ。这等于是把大名和小名合一，都是藏族传统的名字，而前面冠以裕固族的姓。
王妮玛	王岩松二女儿。也是大名和小名合一。原来是叫"尼玛"，"尼玛"即 ɲəma，义为"太阳"。因为感觉 ɲəma 这个音多是男性用名，所以文字上用了"妮"这个字。王妮玛丈夫贾治军，藏族，但没有藏族小名。所生女儿叫"贾阳华木措"。"贾"为父姓，而"阳"是母名。小名和大名都是"华木措"。
王尕玛	王岩松三女儿。ʰkarma 义为"星星"。"尕玛"同样是大名和小名合一。其女儿姓名为 panmajaŋtɕən "白玛央金"，"白"是父姓，"玛"是取的母名字中的一个音节，为的是兼顾 panma 这个谐音。panma 为莲花之意，在藏族聚居地是个比较普遍的吉祥的名字。

上述王岩松先生家族人员的姓氏和名字几乎就体现了东纳藏族内部姓氏和名字及其组合的所有特点，用王先生自己的话说："松及子女及其孙子女三代人，均以藏汉复合语在户籍及官场注册署名，按其年龄和时代，在东纳户族中都是独一无二的。"

表 11-2 仅仅简单罗列东纳地区常见的一些藏语名字，由此可以大致对该地的藏族人名有个简单的了解。王岩松先生专门编著了《东纳藏族户族史略》，里面详细记载了东纳三大部族的人名和简历，是了解东纳姓名文化的宝贵资料，本节的调查内容基本上就是来自王先生的记录和搜集。我们同时还和青海省同德县和共和县的藏语常用名字进行了比较，同德县和共和县两地都有的，标"有"，两县都无的，标"无"。

表 11-2　东纳藏族常用藏语名

男性常用名字			女性常用名字		
东纳藏名	汉语音译	安多	东纳藏名	汉语音译	安多
ⁿdẓə̍k	智合	有	serzʷaŋʰtɕəl	塞藏嘉	有
tsʰeraŋ	才让	有	tʂəʂiʰtɕap	扎西嘉	有
tontʂəpʰtɕap	端智嘉	有	jantsʰɔʰtɕəl	央措吉	有
namsiroŋ	南木绒	无	tsʰeroŋ	才绒	没
tʂaʂə	扎西	有	ʰtanⁿdẓəptɕap	旦智嘉	有
ⁿgonputsʰeraŋ	贡布才让	有	nɔro	闹柔	有
rəɳtʂʰan	仁禅	有	liroŋ	累顺	无
jaŋjaŋ	阳阳①	无	norzoŋ	闹宗	无
pʰakmɔtsʰeraŋ	普毛才让	有	ɬaɦdẓʷa̍	拉加绒	无
ʰtanⁿdẓəp̍roŋ	旦智绒	无	toɳtʂʰək	东赤	没
ʰtanⁿdẓəptɕap	旦智嘉	有	rəɳtʂʰan	仁禅	有
pʰakpatsʰeraŋ	普巴才让	有	r̥oɳtʂʰək	绒赤	无
ⁿdər̍dʐi	达尔吉	有	koŋpuʰtɕap	贡布嘉	有
mɔɳək	冒尼	无	liˢtɕəl	利氏吉	无
ɣaŋɣaŋ	昂昂_{男女皆可}	无	tsʰɔtsʰɔ	措措	有
tsʰeraŋtonʈʂəp	才让顿珠	有	ɦjitʂʰək	依赤	有
ɦjitʂʰək	依赤	无	ɦjiroŋ	依绒	无

---

① 借自汉语"阳阳"，为常用的男孩名字。

（续上表）

男性常用名字			女性常用名字		
东纳藏名	汉语音译	安多	东纳藏名	汉语音译	安多
saŋʳdziʰtɕap	桑吉嘉	有	ɦjiⁿdzɔn	依卓	有
tsʰeʰtɕəl	才吉	有	liʂʷək	利硕贺	无
waȵaŋ	瓦相	无	jaȵtsʰɔ	央措	有
ɦgantantsʰerəŋ	甘旦才让	无	jaȵtsʰɔʰtɕəl	央措吉	有
wanmatonⁿdʐəp	完玛多智	有	tʂʰoȵri	崇日	无
ɦdəkɣaȵoŋ	德尕绒	无	ɦdʐomatsʰɔ	卓玛措	有
namɬatsʰerəȵ	南拉才让	有	rəȵtʂʰantsʰɔ	仁青措	有
tʂʂəʂiʰtɕap	扎西嘉	有	serzʷaŋ	瑟桑	有
tʂɔⁿdʐək	昭智合	有	karte	尕儿黛	无
tʂɔⁿdʐəpȵoŋ	昭智绒	无	jiʰtɕəl	依洁	无
ɣaȵtʂʰan	昂禅	有	tʂʰətʂʰə	澈澈	无
tʂʰɔtʂʰɔ①	超超①	无	roȵroŋ	绒绒	无
ɦgaᵝzaŋ	尕藏	有	ɦgaʳga	嘎嘎	有
xʷɐtʂʰan	华谦	有	pɔʰtɕəl	博吉	无
xʷɐtan	华旦	有	ʂʷəkʰar	索尕儿	无
ɣaȵtan	昂旦	有	ɦdʐomatsʰɔ	卓玛措	有
sʷəmadonⁿdʐəp	索玛东珠	无	ɦdʐomaʰtɕəl	卓玛吉	有
ɦjiʰtel	依德	无	ɦdʐoma	卓玛 男女皆可	有
nɔro	闹柔	有	ʰtɐkmɔ	德合毛	有
lamaʰtɕap	喇嘛嘉	有	jəmtsʰɔ	叶姆措	有
ʂʷəkdɔʰtɕap	硕斗嘉	有	ʰtoȵtsʰɔ	东措	有
lizaȵoŋ	里藏绒	无	ⁿdʐejaȵʰtɕəl	嘉央嘉	有

从表11-2可知，有些藏语名字是和同德县一致的，有些本身就是藏

---

① 这个名字被认为是现在才有的名字，不是藏族传统社会里的名字，可能来自汉语的"超超"。

族聚居地较为常见的名字，而有些则不见于同德县，很有可能是当地比较特殊的名字。像王岩松先生所说，有些名字一听就知道不是东纳当地的藏语名字，如"贡嘎某某"。

11.2 动物名称

东纳藏族传统上是个游牧部落，主要以经营畜牧业为主，所以口语中对牲畜的称呼法较为复杂，构成了一个较有特色的称谓系统。当地主要的家畜有绵羊、牦牛、马、犏牛、黄牛、山羊和藏獒等，还有骆驼和毛驴。当地还有些野生的羊类，如青羊、盘羊、黄羊和石羊等。对动物的分类，主要根据的特征有年龄、大小、公母、颜色和角的长相等，当然，具体到每类家畜侧重点会有所不同。我们接下来仔细分析这些词汇的构成特征。

11.2.1 绵羊

东纳话中没有一个统称"绵羊""山羊"等的名词，只有具体种类的区别。lək 是所有绵羊的总称之词，无雄雌和年龄之别。

若按牙口和年龄来对绵羊进行分类，此时通常不分雌雄。如下所示：

loɣo	刚生下的羊羔
ləya	过一岁还不到两岁的羊羔
sonʑi	两颗牙（1 周岁的羊）
sozʁ	4 颗牙（两周岁的羊）
sotʂək	6 颗牙（3 周岁的羊）
kʰɐkaŋ	牙满口的绵羊（4 周岁牙就满口，长齐 8 颗牙，从此不再换牙。此时叫 ʰtsar kʰɐkaŋ 新满口的）
kʰɐrgan	牙老了的绵羊

羊的牙每年长两颗，所以可以按牙口来算年龄。然后 3 周岁以后，母羊就可以产羔了，公羊就可以骟掉或留种了。这时会有专门的按公母和功能（产羔和留种）的划分法。

母的	tsʰermə	3 周岁刚能产的母绵羊
	mɐmə	3 周岁及以上已经产羔的母羊
	ləɣel	1 周岁母羊

公的	ləkᵗʰoŋ	一两岁的公羊
	tʰəkri	绵种羊（3周岁及以上，留种用的）①
	tʰoŋŋo	绵羯羊（3周岁及以上，此时不留种就要被骟掉）
	tʰoŋŋokʰɐkaŋ	刚刚满口的绵羯羊（kʰɐkaŋ"满口"，指5周岁的羊）
	tʰoŋŋokʰɐʳgan	牙老的绵羯羊

根据角形和角的数量等来命名羊的种类的则有：

ⁿgɔʳdɔ	无角的羊（绵羊、山羊和牛皆可如此称呼）
reʑi	独角的羊
rezʴʐa	4只角的羊
retʂək	6只角的羊（4只角和6只角的羊非常罕见，但有）
reɣor	角卷曲的羊
rama kɐlep	身上是白的，角向左右撇开的羊
rɐlep	角斜向后和左右撇开的羊
reⁿdɐ	角向上斜着撇开的

羊通常都是两只角的，所以"两只角"没有固定的词。

根据毛色划分羊的种类的则有：

nɐkri	黑（全身黑的绵羊）
katʂi	白（全身白的绵羊）
ⁿgɔɣar	身子黑而头白的羊
ⁿgɔnɐk	身子白而头黑的羊
nɐktɕʰɐ	身子是白色且兼有黑色的山羊（白色和黑色混杂的颜色）
tɕɔri	整个身子略带土红色的羊
tɕʰɐmək	脸上有白有黑的羊
mɔʳde	两只耳朵都短小的羊（当地汉语方言叫"揪耳子"）

---

① 马伯成先生说，记得他小时候，老人也说 tʂʰomtʂʰom，书面上对应的恰恰是这个词。现在不说这个词。

马伯成先生说，以前那些用来挤奶的羊，牧民通常都会给它们一个固定的名字。多数是藏语的名字，后来随着汉语影响的加深，也采用汉语名来取名，如"小叮当""褐眼眼"（眼睛周围的毛色有一坨坨是黑色的）。家里人之间说到哪头羊，直接用名字即可辨识，无须专门去指着看，通常就是根据上面的一些类型特征来取名字。而现在年轻的放牧人基本没有人再用此种命名方式。

另外，还有各种羊皮的名称，如下所示：

sok – kə paksa	羊皮（统称，不论绵羊还是山羊）
lək – kə paksa	绵羊皮
ləkpak	绵羊皮
rɐpak	山羊皮

11.2.2 山羊

山羊的分类也主要根据公母、年龄和牙口等，以及根据颜色和角的长相。以下主要是根据公母和年龄的分类。

rama	山羊（统称）
ratʰoŋ	山羯羊
ratʰɐk	山种羊
ramɔ	山母羊①
rəˢtsə	当年山羊羔子
eˢke	1周岁的羊，但跨了两年②
rama kʰɐʳgan	牙老的山羊
ratʰoŋ kʰɐʳgan	牙老的山羯羊
ratʰoŋ kʰɐkaŋ	刚刚满口的山羯羊

根据花色，主要是根据头部颜色及腹部颜色的分类，没有根据脊背的颜色的分类。如下所示：

---

① 当地藏民在翻译这些词时，使用的汉语构词方式很独特，如山母羊、山羯羊、山种羊、山羊羔子等。

② 山羊一般3月份产羔，一过12月就叫 eˢke。但12月份之前的还是叫 rəˢtsə。满一周年时长两个大牙，当地汉语叫作"二齿子"或"页石子"。

rama martʂi	红山羊
rama ŋɔri	青山羊
rama katʂi	白山羊
rama nɐkri	黑山羊
rama tɕʰɐri	花山羊
rama ɦdzɐlok	头及腹部带花色的山羊
rama ɦdzəyar	身上黑的，腿上、耳朵上、脸上都有些白毛
rama kɐmək/kɐlok	身上全是黑的，脸上和眼部一部分是白的
rama ⁿgɔnɐk	头是黑的，其他部分是白的
rama ⁿgɔtɕʰɐ	头是花色的，而身子是黑的羊
rama sermək	耳朵和脸色掺有部分白毛的山羊
rakrɐk	身上黑的，脸上有点灰或红①

根据角的有无及长相，主要有如下一些：

rama ⁿgʳɕʰ	没角的山羊
rama semək	耳朵带麻点子的山羊
rama rɐlep	角向后撇开长的山羊
rama rɐⁿdzək	角向上直立长的山羊
rama rɐtʂok/rɐko②	角向上并对着弯曲的山羊
raⁿdɐ	角向两边撇开长的山羊
ramənɐŋmɐn	门角对长，稍向前，似钩。当地汉语叫"爬个子"
raɲɐ	角向后长（向后睡着）

其他一些特征的分类如下：

ɦdzɐra	汉族人养的山羊（无 polra "藏族人养的山羊"）
ɦdzɐlək	汉族人养的绵羊（无 pollək "藏族人养的绵羊"）
tsʰetʂək	一次下两个羔子的羊

---

① 该词用于形容山羊，不用于绵羊。
② rɐ mənloukə 角+门楼阁。长相相似，叫法不一致。

ʰɲe	羊拉的不干不稀的粪便
rima	羊粪（圆粒子状的粪便）
ʰtsɔ	羊肚子里的粪便
tʂʷɐlɔ	怪胎羊（通常指3条腿、变异了的羊）
ra‑ɣə paksa	山羊皮①
rɐtçо	瘸腿山羊
ʰkaŋtço/ʰkaŋtʂʰək	腿坏了的山羊

11.2.3　野羊

上述绵羊和山羊两类，都是圈养的。而东纳地区因地处祁连山山麓，草原茂盛广大，是故当地还有一系列野生羊类，主要品种如下所示：

ʰtso	羚羊
ʱgo	黄羊
ʱna	青羊
ʱnɐkʲək	公青羊 _{两周岁以上}
ʱnɐtʰoŋ	小公青羊 _{两周岁及以下}
ʱnɐmɔ	母青羊
ʱniˬke	1周岁母青羊
ʱniɣe	青羊娃子
ʰnɨən	盘羊

11.2.4　牦牛

不分公母，按年龄来命名：

jɐrə	1周岁的牦牛
jarma/roktsʰe	两周岁的牦牛

3周岁时公牦牛就可以骟掉了，而母牦牛就留着产奶，此时没有专门的名称。

---

① 根据属格标记的不同，还可以说 rame paksa 或 rama‑ɣə paksa。

ʱjɐk	公牦牛（骟掉的）
ʱjɐktʰək	种公牛（未骟掉的）
ⁿdzʅə	母牦牛（留着产奶）
ⁿdzʅəʳgan	老公牦牛
ʱjɐkʳgan	老母牦牛
ⁿdzʅətʰokma	尚未挤奶的3周岁的母牦牛

该地牦牛一般不按牙齿数（当地汉语方言称"几齿子"）来计算年龄，即不用长了几颗牙来作为计算年龄的依据（羊通常论"几齿子"来计算年龄），所以像 *soɲi "两颗牙"和 *kʰɐkaŋ "满口"等都是没有这种称谓的。

根据角的有无和形状的分类。牦牛有长角和不长角两类。长角的牦牛，其角长相不一，但主要以类似像汉族门楼一样从两边向中间勾连的形状为主。

ʐɐˢtɕe	有角的
ⁿgɔʳdɔ	无角的①
ʐɐⁿdzək	直角的
ʐɐⁿdɐ	角横着向两边扩展的
ʐɐɣor	圆角的
ʐɐzer	角向外斜撇着长的
ʐɐⁿtʂʰɐ	细角的
ʐɐrom/ʐɐˢtək	粗角的
ʐɐrəŋ	长角的
ʐɐlok	角非常短的，或者非常短且带着点上钩钩
ʐɐji	独角的，一只角坏了
ʐɐlep	角向左右撇
ʐɐⁿdzək	角向上长
ʐɐɲɐ	角向后撇（爬个子）
ʐɐkoko/ʐɐməŋmən	角像门楼一样对着长（钩/门）②

---

① ʐɐˢtɕe 和 ⁿgɔʳdɔ 亦可用于指称有角和无角的牛、羊。
② ʐɐkoko 和 ʐɐməŋmən 是个藏汉复合词，ʐɐ 是"角"的意思，而 koko 为"钩钩"，məŋmən 为"门门"，后两者均为汉语词源。

rɐtsʰɐtsʰɐ	角交叉长（角叉叉）①
serⁿdɐ	黄色的角向两边伸展的牛
kɐrⁿdɐ	白色的角向两边伸展的牛
nɐkⁿdɐ	黑色的角向两边伸展的牛
ʰŋɔⁿdɐ	青色的角向两边伸展的牛
tɕʰarⁿdɐ	身上是花的，角向两边撇着

还可以根据毛色划分，主要根据黑、白、红、黄、蓝、花、褐等颜色，以及头的毛片来划分。

nɐkdɔ	黑牛且不长角
tɕʰɐʳdɔ	身上是花的（兼有白黑）而不长角
seʳdɔ	身上是黄色的，不长角
kɐʳdɔ	身上是白色的，不长角
nɐkʂʷək	身上毛比较薄，比较光滑
nɐkpa	身上毛比较多
tɕʰartʂʰək	身上花的，体格小的
katʂi/katʂi katʂi	白牦牛
nɐkri/nɐkri nɐkri	黑牦牛
serser	土黄色牦牛
ʰŋɔri/ʰŋɔʰŋɔ	青灰色牦牛
tɕʰɐri/tɕʰɐtɕʰɐ	花色的牛
kartɕʰɐ	白色较多的黑花色牛
nɐktɕʰɐ	黑底色花牛
ʰsertɕʰɐ	黄底色花牛
ʰŋɔtɕʰɐ	青底色的花牛
ⁿgɔtɕʰɐ	头是花色的牛
ⁿgɔnɐk	头是黑色的牛
ⁿgɔser	头是黄色的牛
ⁿgɔɣar	头是白色的牛
tʰɔkʰar	唯有天门盖是白色的牛（亦可指用于称羊、马等）

---

① rɐtsʰɐtsʰɐ 也是个藏汉复合词，rɐ 为"角"义，tsʰɐtsʰɐ 为"叉叉"。

11.2.5 犏牛

分黄犏牛和牦犏牛。牦犏牛就是牦乳牛和黄种牛配种生下的，而黄犏牛则是黄乳牛和牦犏牛配种生下的。但这两种在东纳话中并没有单独的称呼，统称犏牛。

ⁿdɔ	犏牛的总称
ⁿdɔmɔ	母犏牛
ⁿdzɔtʂʰək	小犏牛①
ⁿdzɔʴgan	老的犏牛（总称或指老的公的犏牛）
ⁿdzɔkʰɐʴgan	牙口老的犏牛
ⁿdzɔmɔkʰɐʴgan	牙口老的母犏牛
ⁿdzɔ - ɣə paksa	犏牛的皮

还有尕力巴牛，有犏乳牛和公牦牛所生以及犏乳牛和公黄牛所生两种。因为这种牛是杂交的，使唤起来不爱出力，放在山上容易乱跑。

kɐlipɐ	尕力巴（总称）汉
mɔtsɐtsɔ	犏乳牛和公牦牛所生汉
mɐjisoŋ	犏乳牛和公黄牛所生汉
pʰɔ - kɐlipɐ	公尕力巴牛
mɔ - kɐlipɐ	母尕力巴牛

11.2.6 黄牛

黄牛也按年龄、公母和花色来分，但简单得多。常见的主要有如下一些：

ɦlaŋŋ/ɦlaŋɲɐ	黄牛（总称）
porək	牛娃子②
ɦlaŋtʂʰək	小牛
pɐmɔ	母黄牛

---

① 东纳话对一至三岁的小犏牛不再进行细分，而是用 lɔn̩i "两岁"、lɔsəm "三岁" 来指称。
② 专指一岁小牛。而两岁及以上采用诸如 lɔn̩i "两岁"、lɔsəm "三岁" 等 "年岁+基数" 构成的叫法。

pɐʳgan	母老黄牛
ɦlaŋtʰək	公种黄牛
ɦlaŋʳgan	公老黄牛
ɦlaŋŋok	黄牛皮

东纳话中黄牛颜色只有 3 种：nɛkri "黑牛"、sertʂi "黄色牛"、tɕʰɐri "花牛"。没有白色、青色的黄牛。

其他有关牛的名词：

ɣoŋŋa	干牛粪
ɦn̠e	湿牛粪
nor‑kə paksa	牛皮

11.2.7 马匹

ʰtɐ 是马的总称，又可以用来指称"公马"。

ʰtɐɣɐ/ʰti	当年的马驹子（不论公母）
pʰɔˢti	小公马驹
mɔˢti	小母马驹
tʰɔrə	两岁的马（不论公母）

3 周岁时，母马就可以产马驹了，公马就可以骟掉了，用来骑，或者留作种马。

pʰɔˢtɐ	3 周岁及以上骟掉的公马
ʰtsep	种马（3 周岁及以上留种的马）
ɦgonma	雌马（3 周岁及以上才可以下马驹）
ʰtima	怀着小马的雌马（3 周岁以上的马）

还可以根据颜色来分类，通常由两个颜色词合在一起来表达马的颜色，第一个词表达基本色，而后面的词则表达附属色。基本色是以毛根子为主的色调，而附属色则是指毛梢子的颜色。

ʰtɕaŋtɕaŋ	毛根红色，不是纯红色，而是紫红色的马（主要是根据马鬃说的，又称"糟溜马"）
ʰtɕaŋkʰar	身上青，肚子稍微带白的马

ʰtɐtɕɔri	红青马
ʰtɐŋɑŋri	米黄色的马
ʰtɕɑŋmar	红中稍带紫色的马
ʰtɕɑŋnɐk	红中稍带褐色的马
ʰtɕɑŋser	红中稍带黄色的马
ʰtɕɑŋtɕʰɐ	红中稍带花色的马①
wɐser	黄中带黑色
sernɐk	海溜马
*sertɕʰɐ	——
kʰamkʰam/kʰamri	酱红色的马
kʰamtɕɐ	东纳此地很少见此类型的马
kʰammar	紫红色的马
kʰamnɐk	紫黑色的马
kʰamser	紫黄色的马
kʰamtɕʰɐ	紫花色的马
nɐknɐk	黑黑的马
*nɐkser	——
nɐktɕɐ	斑马一样的颜色的马
ʰtŋ̊ɔ̥tɕʰɑ̥	全身发青的马
ʰŋɔnɐk	铁青马（青黑色的马）
ʰŋɔɣar	青白色的马
*ʰŋ̊ɔtɕʰɐ	——
rɐkrɐk	海溜色的马，类似土黄色（东纳当地对此颜色的马不再细分）
ɦdzɔɦdzʉ	红青马（根子是白色的，稍略带黄色，并掺杂淡红色）

有关马的其他名词还有如下几个：

ʰtɐrəŋ	马粪
ʰtɐɣok	马皮

---

① 据说蒙古族的马中常见此种颜色，而东纳本土一旦出现此种颜色的马，一般不养而卖掉。

| ʂʷanˢtɐ | 用于骑的马 |

11.2.8 骆驼

骆驼在当地有，但并不多，且不是主要的家畜。所以对其分类就简单得多，常见的与骆驼有关的词主要有如下一些：

ɦŋɐmaŋ	骆驼（统称）①
ɦŋɐmaŋ – pʰɔ	公骆驼
ɦŋɐmaŋ – mɔ	母骆驼
ɦŋɐŋˢtsep	种骆驼
ɦŋɐmaŋ perək	骆驼粪便
ɦŋɐmaŋ paksa	骆驼皮
ɦŋɐtʂʰək	小骆驼
ɦŋɐmaŋtʂʰoŋŋa	小骆驼

没有按年龄划分的单独的词汇，如 4 岁及以下骆驼没有专门的词汇表达。

11.2.9 毛驴

毛驴按种类和颜色的分类要少得多，常见的主要有如下一些词：

poŋŋo	毛驴（统称，与母的对应时指公的毛驴）
poŋˢti	一岁的驴
poŋtʰor	两岁的驴

3 周岁及以上就要称为 poŋ – ma "母毛驴"或者 poŋˢtsep "种公驴"了，如下所示：

poŋ – ma	母毛驴
poŋ – pɔ	公毛驴
poŋˢtsep	种公驴
ʂanly	骟掉的驴（借用汉语"骟驴"）

---

① 祁连的瓷窑口、青稞地和祁文的堡子滩读作 ɦŋɐmaŋ，文殊村/祁文村、腰泉村、珠龙观村、陶丰村等地读作 ɦŋɐmaŋ。

poŋwɔʰtɕɐri	灰色毛驴
ʰtərəŋ	马骡子驴等拉的粪便
poŋŋok	驴皮

顺便附带记录几个有关骡子的词，这类词也非常少，常见的主要如下所示：

tʂi	骡子
tʂiŋok	骡子皮
ʰtərəŋ	骡子拉的粪便
pʰɔ - tʂi	公骡子
mɔ - tʂi	母骡子

11.2.10 藏獒

当地人对藏獒以 tɕʰə 称之，即"狗"义。对藏獒的分类主要是根据颜色，其他的分类不常见。主要有如下一些分类：

tɕʰə	藏獒（统称）
tɕʰəmɔ	母狗
tɕʰəpʰɔ	公狗
tɕʰərgan	老狗
tɕʰətʂʰək	小狗
ɦgɔtɕʰə	哈巴狗

藏獒的颜色很多，东纳当地常见的分类法主要有如下一些：

taŋɣar	白胸黑狗
nɐkri	全黑的（狗）
tɕʰɐri	花色的（狗）
taŋri	褐色的（狗）
tɕʰəʰtɐk	花老虎（花色的狗。狗的一种比喻说法）
tʂʷɐyar	前爪子白色的（狗）
ɦdʐɐlok	爪子和脸上呈黄白色的（狗）
ɦdʐamar	爪子和脸上呈红黄色的（狗）

东纳地区作为传统牧业区域，养殖和放牧牲畜在日常生活中占据重要地位。因此，在此附带一提当地几种饲养和驱赶牲畜的拟声词。主要有如下这几个：

tʰɔ! tʰɔ! tʰɔ!	给绵羊喂草料时常如此呼唤
tʂʰɔ! tʂʰɔ! tʂʰɔ!	驱赶绵羊或山羊时的声音
tu! tu! tu!	驱赶马的声音
ter! ter! ter!	呼唤或驱赶驴的声音
tʂi! tʂi! tʂi!	呼喊牛娃子的声音

另外，驱赶牛群或羊群的时候，通常还采用吹口哨的方式，这在藏族聚居区都是很普遍的现象，但驱赶驴和马则不吹口哨。

11.3 亲属称谓词

东纳当地的亲属称谓和书面语系统相比，大多数是相同的，但也有不少体现了当地的口语特色，而且和南边安多藏语也近相同。以下我们分门别类地予以讨论。

11.3.1 祖辈和父母辈

这个辈分的主要特点就是，不分内外，自己父母的父母称谓统一，都叫 amʲə 和 aji。祖辈以上，曾祖父、曾祖母没有单独的称谓，同样叫 amʲə 和 aji，或者委婉地称为"爷爷的爸爸/妈妈"或"奶奶的爸爸/妈妈"。当地俗语叫"爷爷孙子无大小"，也就是祖辈以上和孙辈以下没有单独的称谓来指代的意思。妻子的爸爸妈妈则除了使用 apɐ 和 amɐ 之外，还可以用 akʰɐ 和 ane。如下所示：

amʲə	曾祖父	aji	曾祖母
amʲə	爷爷	aji	奶奶
amʲə	外公	aji	外婆
apɐ	爸爸	amɐ	妈妈
apɐ/akʰɐ	岳父	amɐ/ane	岳母

11.3.2 父母的同辈

（1）父系亲属（pʰa.sa）。父系亲属里面，相对较为有特点，而且可以看到因为血缘的亲疏而导致的亲属称谓的退化和同化作用：越是亲近的，越不易被同化；越是远的，则较为容易被同化。以下为男性亲属的称谓系统：

伯父	apɐtʂʰe	伯母	amɐtʂʰe
叔父	apɐtʂʰoŋ	婶母	amɐtʂʰoŋ
老三及以下	akʰɐ	婶母_{老三及以下}	ane

上述涉及自己爸爸的同父兄弟，采用三分模式，或者也可以采用二分模式。例如比自己爸爸大的都叫 apɐ tʂʰe，而比自己爸爸小的都叫 apɐ tʂʰoŋ。相应地，伯母叫 amɐ tʂʰe，婶母叫 amɐ tʂʰoŋ。

姑姑（不分大小）	ane 或 kuma "姑妈_汉" 或 ane kuma _{藏汉复合词}
姑父（不分大小）	kujə "姑爷_汉"
侄子（不分大小）	tʂəɣɐtsə "侄子_汉"
侄女（不分大小）	tʂəmʵtsə "侄女_汉"

发音合作人马伯成先生和王岩松先生说，"姑姑"这个词，小时候都是叫 ane，而现在多改称"姑妈"，或者采用 ane kuma 这样一个藏汉复合词来表达，但叫 kuma 的频率是最高的。

"姑父"这个称谓，发音合作人小时候也是采用汉语，叫"姑爷"，而姑爷的爸爸叫"姑爷爷"，而现在两者没有区别了，不管是姑父还是姑父的爸爸都叫"姑爷"。

（2）母系亲属（ma.sa）。

舅舅（不分大小）	azˌaŋ/mɐzˌaŋ①
舅妈（不分大小）	ane 或 tɕouma "舅妈_汉" 或 ane tɕouma
外甥子（不分大小）	wɛsəŋtsə
外甥女（不分大小）	wɛsəŋmʵ

"舅舅"的藏语称法至今在口语中非常活跃，即使在已经基本不懂藏

---

① azˌaŋ 指亲舅舅，而 mɐzˌaŋ 则指表舅。

语的年轻人口中，也还是习用，而不是借用汉语来表达。"舅妈"一词，发音合作者说，他们小时候常采用 ane，但现在已经基本采用借自汉语的 tɕouma "舅妈"一词了，或者有时也可以说 ane tɕouma 这个复合形式。外甥和外甥女也是借用汉语，有时也可以采用迂回的方式，如 atʂəya - yə ʂələ "姐姐的儿子"或者 atʂəya - yə pɔmɔ "姐姐的女儿"等表达。另外，口语中还有一个表达集合化概念的 mɐʐaŋ 一词，就是用于表达自己和表姐弟的关系的一个称谓。①

  姨妈（不分大小） ane 或 jima "姨妈_汉"或 ane jima
  姨夫（不分大小） kujə "姑爷_汉"或 jifu "姨夫_汉"

  发音合作人说，"姨夫"在他们小的时候也是叫"姑父"，而现在基本都采用汉语的借词"姨夫"来称呼。姨妈也是之前多叫 ane，而现在则更常用汉语的借词"姨妈"，或者有时也采用藏汉复合式词汇 ane jima 来称呼。

  由上文可知，姑妈、舅母和姨妈之前都叫 ane，而现在基本都采用汉语形式改叫 kuma、tɕouma 和 jima 了。而姑父和姨夫之前统叫"姑爷"，现在也还没有根本的分歧，还是常用"姑爷"这个汉借词，只是姨夫这个词现在也逐步在借用汉语的"姨夫"来表达，有逐步弃用 kujə 这个汉借词的趋势。但"舅舅"则非常稳固地存在于这个称谓系统中，采用的完全是藏族传统的称谓 aʐaŋ，而且实际上藏族传统社会也是个"舅父权"社会。

  由此可见，这种称谓系统退化的趋势，血缘关系远近不同，退化程度也不同："舅舅"因最近，所以"舅舅"的固定称呼还完整地保留着，"姑姑"和"姨妈"则其次，以前叫 ane，现在虽然不是最高频，但还是存在于口语中，但"姑父"和"姨夫"这两个和自己没有血缘关系的人，发音人说据他们记事起就是采用汉语式称谓词"姑爷"。

11.3.3 自己的同辈

  兄弟姐妹，东纳话袭用书面藏语的专门词汇 miŋr̥əŋ 来表达。在这组称谓里面，就出现了几个相对较为特殊的词，如"姐姐""嫂子"和"姐

---

① mɐʐaŋ 这个词在书面上是"母亲和舅舅"的意义，此处显然与此不同。

夫",但"妹夫"没有单独的词汇形式,只能采用屈折手段来表达,即"妹妹的男人或妹妹的丈夫"。另外,像毗邻的青海安多藏族自治区,对"弟弟"和"妹妹"的称呼,还因说话人性别的不同而有不同叫法,但东纳当地则对此不做严格区分,只在称呼妹妹时,有时也会因自己是女性而和青海的安多类似采用一个专门的形式 ɾəŋmɔ 来称呼,但发音合作者说并不严格。如下所示:

atɕə	哥哥	no/nokɐ	弟弟①
atʂəya	姐姐②	nəmɔ	妹妹③
pakma	嫂子④	jəɾne	姐夫⑤
nəmɔ - ɣə ʰtɕepsa（或者 nəmɔ - ɣə eɣ pʰɔˢtɕi） 妹夫			

11.3.4 对象与晚辈

这组词里面,基本和藏语书面语同形,但最大的特点是孙辈没有传承藏语的词汇,而是借用汉语词汇来表达。如下所示:

男人	pʰɔˢtɕi	老头子	ɦgɐpɔ
女人	mɔˢtɕi	老婆子	ɦganmɔ
儿子	ʂələ	女儿	pɔmu
儿媳	nama	女婿	makpa
孙子	suntsʅ	孙女	sunmʅ
外孙子	wesuntsʅ	外孙女	wesunmʅ

前两行里头的"老头子"和"老婆子"通常只用于 50 岁以上的相互间和在别人面前时指代称呼。另外,还有 ʰtɕepsa "丈夫",口语中也会用到。

---

① 不似青海那样,区分哥哥和姐姐对弟弟的称呼,而是用 notʂʰək "小弟弟"。
② 个别人也开始叫 atʂʰi,这应该是受了安多藏语影响的原因。
③ 哥哥和姐姐都可以这么叫,不像青海那样严格区分哥哥和姐姐而对妹妹有不同的称呼。不过,口语中的确也还有个词 ɾəŋmɔ,通常用于姐姐称呼妹妹。
④ 该词来自书面上的 bag.ma,本义为"新娘、新妇",此处发生转义。肃南县的另一藏族乡马蹄乡称其为 ɬəmɔ。
⑤ 另外一个藏族马蹄乡称其为 awo mɐkʰwɐ。

11.4 地名

地名是方言文化的重要组成部分之一。地名的稳固性对方言史、民族历史等方面所起的研究作用，是众所周知的事实。而现实却是，不管汉语还是藏语的方言调查，基本都对地名关注较少。因此，本节我们补充一些东纳地区的地名信息。

东纳地区面积广大，区域内藏、汉语等地名众多，我们暂时无力把区域内所有地名都搜罗一遍。因此，本地名录分两部分：其一是东纳乡区域内重要地名录，如村、山、湖、庙、路等；其二是堡子滩村四季草场地名录。前者粗略，为全乡之境地名录；后者详细，为一村之内地名录，是更加微观的地名。尤其后一部分，极其详尽，可以说对一村辖区域内的地名做了尽可能详尽的收录，集中展示了当地的地名文化。

11.4.1 东纳重要地名

文殊寺	ⁿdzʐeja ʱgonpa	文殊沟	ʱgonpitɕam
文殊山	ⁿdzʐeja ɐŋʐɐ	文殊沟河	ⁿdzʐejəŋtɕam
三山口	ⁿdoŋŋɐkkʰɐʰtsɐm	甘坝口	kanpaloŋ
瓷窑口	ʱdzæmiⁿdɔ	黄草坝	ʰtsɐloŋ
珠龙观	tʂoŋɣorki	陶丰村	tʰoletʰaŋ
黄草坡	sʷaŋserlep	腰泉村	tʂəkʰarki
堡子滩	pʰutsʐtʂʰəkʰa	青稞地	ʱdzæmikʰok/niʳŋontʰaŋ
祁文村	tɕʰiwən①	祁文地区	ʱjəro
红山村	loŋmar	榆林坝	ʱjərloŋ②
观山村	ʱdɔʳgo③	唐丕儿	tʰaŋkatʂi
祁连山	ⁿdɔlɐrəŋmo	坂塞日山	panser
镜铁山	tɕʰɐrep④	汉蒙驻地	tʰaŋʰkarjək⑤

---

① 该村是新建的一个村，所以只有汉语名字。
② 曾经取消建制的祁林乡也称 ʱjərloŋ。
③ 原指凸起的、石头很多的地方。
④ 当地还有 tɕʰɐrepkoŋma "上镜铁山" 和 tɕʰɐrepjokma "下镜铁山" 之别。
⑤ 即河西走廊北面汉族和蒙古族居住的地方，相对于藏族居住于河西走廊南边的山里面而言。

素珠链	tʂʰəŋlɐ①	黑河	nɐktʂʰə/tʂʰənɐk②
北大河	katʂʰəho/tʂʰəɣarho	红水坝河	tʂʰəmarho/martʂʰəho
马营河	ʰtsɐloŋho	石油河	ʱdɔʳnəmho
观山河	ʱdɔʳqoho	黄草坝河	ʰtsɐloŋtɕam
甘坝河	kampatɕam	白杨河	ʱdʐɐloŋho
拖勒河	tʰoleho	丰乐河	loŋkʰorho
马苏河	sɐmarho	榆林坝河	ʱjərloŋtɕam
上老虎沟	ʰtɐkloŋkoŋma	鹿沟	ʂaloŋ
雪豹沟	ʰtsɐloŋ	黄羊滩	ʱgotʰaŋ
豹子沟	ʰtsɐⁿgɐk/ʰtsɐloŋ	旱獭沟	ʂʰəloŋ

11.4.2 堡子滩村地名

堡子滩乃东纳一村名，本节所记的堡子滩村地名录，由马伯成先生提供。他本人就是堡子滩村人，在堡子滩村放牧生活了几十年，是故平日搜集记录了这些地名。笔者蒙其允许，附国际音标注音，收录于此。

堡子滩村四季草场地名录

洪水坝河	tʂʰəmarho	老君庙	无藏语名
东牛头山	ȵəyakɐri	沙龙	ʂɐloŋ
瓜旦子峡	ʱdʐɐntɕʰok	大湖窝垭腰	ʱdʐɐkʰorɳəya
白杨沟	ʰkəⁿbəgɐk	柏树湾顶	ʂɐk ʂarⁿgɔ
白水河羊圈	ʱdʐɐʳdomɳəya	白水河	tʂʰəyortɕam
三岔河	ʰtsəmtʂʰəndɔ	小沟河	naktoŋyor
牛头山	ʱdʐɐjaⁿɕɔ	青稞地	ʱjarɬiyor
木窝蒲阳山	kɐlepsɐ	木窝蒲	ʱlaŋkʰig ək
三道石人	sʷəⁿʰsəm	三道石人西圈	ʰteyoŋlɐkʰɐ
黑水河下圈	ʂəŋtɕoyor	黑水河上圈	tikʰorlɐkʰɐ

---

① 素珠链为当地祁连山脉的最高峰。tʂʰəŋlɐ 为当地根据汉语名字"素珠链"而意译过来的一个名字，并非当地自古就有的旧名。旧名现已不可以识。

② "黑河"在我们的调查中，出现了这两种不同的叫法，仅是词序颠倒之别。下面的"北大河"和"红水坝河"同样如此，"北大河"又叫"白水河"，因其水清澈透亮之故。"红水坝河"因其流域经过红色土壤和岩石，是故水发红而得名。

玉石梁	ʱdɔtsʰək	大柳沟	ʱlaŋloŋtʂʰe
小柳沟	ʱlaŋloŋtʂʰoŋɲa	上石门子	ⁿbərtɕapkoŋma
肠子沟下河圈	tʂʰolʰtanɣor	肠子沟上河圈	ʱgənɬiyor
肠子河窑洞圈	ʱŋɐʳdiyor	肠子沟上塘圈	jɐɣaɔ
闸子沟南岔	ʱdzɐⁿtɕʰok	闸子沟土墩梁	ʰtɕɐjiʱdən
闸子沟下河	tʂɐklamatʂiyor	白石崖沟	ʰtɕərənaŋ
白石头沟口	kɐriⁿɔ	小白石头沟	karʰtsəknaŋ
多泉头坡	tʂʰəⁿgɔmaŋŋitʰɔ	下马路沟	ʰtɐʂʷawa
闸子沟配种站	lamloŋⁿdɔ	红闸山沟口	ʱdzɐmaroⁿdɔ
中堂鄂博	koŋtʂʰanlaptsʰe	煤窑塘上圈	ʱdeloŋkoŋma
煤窑沟	ʱdeloŋjokma	红羊圈 夏季牧场	loŋmarnaŋ
湖塘洼	loŋdəpn̊e	海子塘	tsʰɔkʰikʰɐ
香子沟	parigək	香子沟下河	tsʰɔʰkamyor
牧场沟	ʰtsɐloŋək	牧场沟下树洼	tʰɐliyor
青羊圈顶	ʰŋ̊ɔkʰikʰɐ	勺子沟	tʰəmdzʷɐ
马义泉	ɬimar	青沙塘	ʰŋ̊otoŋək
白鄂博塘	kʰɐjartɐ	煤窑塘	tʂɐkri
黄草顶	serəⁿɔ	黄草顶鄂博	rɐdzʷɐlaptsʰe
上臭水	tʂʰəloŋyor	上臭水上圈	tʂʰəloŋkoŋma
杰达坂羊圈	tsʰəkliɬi	下臭水阳山	riyɐrn̊ən
下臭水下河水	kotsʰaŋho	四台子达坂	ʱdzɐʰtoŋɬ
八庄口	wutɕʰok	钳洞子沟	ʂɐn̊eloŋ
碳山子石膏矿羊圈	无藏语名	八庄口新圈	pʰəŋnamaŋɬi
黄石头坡羊圈	pʰəŋsertʂiŋ	黑羊圈	ɬinɐkⁿdiŋ
鄂博湾	laptsʰegək	石羊圈	tʂɐkhoŋɬi
鞍子沟鄂博	ʱgɐrəlaptsʰe	楼儿山	panyotɕʰɐtsɐ
鞍子沟塘	ʱgɐʳkʰigək	小闹皮沟	tʂiloyotsʰəkʰa
小闹皮沟新圈	kakʰorⁿdɔ	大闹皮沟新圈	无藏语名
大闹皮沟	pɔɣar	东岔口新圈	无藏语名
西岔口子	ʂokdiⁿdɔ	广河沟	ləkpaⁿdəksɐɬi

西岔恼夏季牧场	ʰlaŋtɕyɛnyor①	西宁水	ɬimar
红沙流	ʰtɐkʰtsɐsɐ	大羊圈	mɔlokjə
大羊圈西圈	ʰtɕerɐmatʂigək	大羊圈东圈	tɕʰɐtsʰaŋⁿdɔ
甘沟崖	tsʰɔloŋkapa	甘沟口	loŋkʰoŋⁿdɔ
大羊圈涝把水	lokpaʰŋori	黑鹰沟	lɐktsʰaŋɬi
馒头山	tikorlɐkʰɐ	甘沟泉	maɣatʂʰə
锅庄台子	ʰtɕekrilɐkʰɐ	南过龙	nɐⁿgɔrɐŋ
达坂塘	tsʰɔmɐroⁿdap	甘沟红羊圈	mardiŋŋaŋ
臭水（前）	ⁿgɔmʲel	骟马沟	nɐktɕoyor
木桥子	tʰaŋɬinaŋ	榆树沟	ʰdzɐ'gi
榆树沟路口	无藏语名	骆驼巷	ʰŋɐloŋ
骆驼巷口	ʰŋɐloŋⁿdɔ	长沟	ȵɐkma
黄土崖子	ʰtɕesoɣor	堡子滩	tʂʰəkʰɐ
臭葱沟	zoŋtarⁿdɔ	臭葱沟恼夏季牧场	zoŋʰtarnaŋ
大直沟东岔口	ʰlaŋrəⁿdɔ	大直沟	tsʰelaŋɕmɔʰtsɐ
大直沟西岔口	ʰdeliɬi	大直沟西岔夏场	lɐktsʰaŋkarɔ
大直沟滩春季牧场	kʰoŋtʂʰɐkⁿdɔ	泉闹沟	ʰȵɔrəknaŋ
小直沟	loŋtʂʰannaŋ	磁窑沟	kɐtʂʰənaŋ
松达坂口	sematʰoⁿdɔ	松达坂	sematʰonaŋ
松达坂东岔	tɕʰakloŋnaŋ	九条沟	ɬimarⁿgɐkgʷə
红坡梁	kʰimarɣor	白泥泉子	tʂʰəkatʂi
刺窝羊圈	tsʰerkor	双井子	mɔtitɕəŋ
红沙河	ʂamtʰiⁿdɔ	东红沟	tʂʰəmar
羊圈坡	ɬimar	双羊圈	kapatsʰʷema
小火烧	ʂotinaŋ	大火烧	nɐkloŋnaŋ
闸塘圈	ʰdzɐməkri	炮仗沟	pʰɔtʂaŋnaŋ
过路沟	lamloŋnaŋ	黑沙垭腰	ȵɐkyaŋɐkⁿnɐk
无汉语名	ʰtɐwɐjokma	无汉语名	ʰtɐwɐkoŋma

---

① 该词语音形式中，出现了一个不合东纳话一般音系规则的语音形式 tɕyan，怀疑乃汉语借词"圈"。

需要补充说明的是，有些地方有藏语名，但尚未有相应的汉语译名，所以马伯成先生有的自己进行了翻译，比如"闸塘圈""过路沟""炮仗沟"等，汉语名是马先生自己翻译的结果，不通行于其他人之口。有些马先生自己也不知道如何翻译好，比如 ʰtawajokma 和 ʰtawagoŋma 等，暂未有汉语译名。

11.5 颜色词

我们搜集到口语中的常用颜色词主要有红、黄、蓝、紫、黑、绿、青、灰和米黄等。颜色词的词根属于形容词，具有谓词属性，可被视为静态动词，可附加时体和示证标记。下述"词根+词缀"形式中的词缀，实际是形容词的名物化词缀，词缀乃自指性质的。重叠式乃构形变化，表达程度的增强，实际即增量。如下所示：

语义	词根	词根+后缀	重叠式
红	mar	matʂi	matʂi matʂi
黄	ser	setʂi	setʂi setʂi
蓝	ʰŋɔri	ʰŋɔri	ʰŋɔri ʰŋɔri
紫	kʰam	kʰamri	kʰamri kʰamri
黑	nɐk	nɐkri	nɐkri nɐkri
绿	ɦdzaɲ	ɦdzaɲri	ɦdzaɲri ɦdzaɲri
灰	ʰtɕɐ	ʰtɕɐri	ʰtɕɐri ʰtɕɐri
青①	tɕɔ	tɕɔri	tɕɔri tɕɔri
米黄	ŋaɲ	ŋaɲri	ŋaɲri ŋaɲri

上述颜色有些还可以两两复合组合，从而表达各种过渡色彩，其语义规则是：前面的词表达的是底色，是最基本的颜色；后面的词表达的是附加色，是次要颜色。这类词最常见的是用于各种布料上面，还有马身上。我们目前搜集到的是下面一些组合：

红花色	martɕʰɐ	红黑色	marnɐk
黄白色	sertɕʰɐ	黄黑色	sernɐk

---

① 红不红、蓝不蓝的一种色调，一般用于形容马。

绿花色	ʱdzaŋtɕʰə	绿黑色	ʱdzaŋnɐk
蓝花色	ʱŋɔtɕʰə	黑蓝色	ʱŋɔnɐk①
紫花色	kʰamtɕʰə	紫褐色	kʰamnɐk
黑花色	nɐktɕʰə	白花色	kartɕʰə
桃红色	ʱlɔkʰə	鹅黄色	ŋaŋkar
桃花红	ʱlɔmar	米黄色	ŋaŋser
桃黄色	ʱlɔser	淡黄色	ŋaŋʰtɕɐ

11.6 敬语词

当地敬语的形式可以说基本消失殆尽，我们对照着书面上常见的一些敬语形式进行调查，几个发音合作人都认为在东纳口语中这些形式都不存在。东纳南边的安多地区敬语已经比拉萨地区少得多，已经很不发达了，而东纳当地就连南边安多藏族聚居区常见的一些敬语形式也不存在了。

比如第二和第三人称，书面上及安多口语中都有敬语形式，分别为 tɕʰed 和 kʰoŋ，但这两个词在东纳当地的口语中是不存在的，也没有其他对应的形式表达敬称。

藏语口语中常见的一些敬语，大量是和佛教有关的，而东纳当地由于1958年的各种社会运动，至今已无一人出家修行。目前唯一还有僧人的寺庙是乡政府驻地的文殊寺，但其中也只有3名外来僧人，都不是本地人。所以他们平日里接触僧人是极其少的。这也可能导致与僧人和宗教有关的一系列敬语形式在口语中都因不常用而丢失不存。但敬语词汇及敬语意义的表达并未在当地口语中完全消失，还是有些许的保存，虽然不是很多。

如对姓名的称呼。当地过年有祭拜父母祖宗灵位的习俗，若对自己的爷爷奶奶和祖父母等祭享，如自己为索姓，开头通常会说："soktsʰaŋ-gə aji-ɣə tsʰanⁿdzi〔索家-属格 奶奶-属格 名号〕索家奶奶等人"或是"soktsʰaŋ-gə amʲi-ɣə tsʰanⁿdzi〔索家-属格 爷爷-属格 名号〕索家爷爷等人"，此时不直呼其名，而是用 tsʰanⁿdzi "名号" 这个具有敬

---

① 即"铁青马色"。

语意义的词汇形式来指称。tsʰan 有时还用来转指"身体"意义，如"tɕʰo tsʰan ɦde jən – na"［你：属格 身体 平安 是：向心 – 语气词］"您身体好吧？"，也具有敬语的意义。另外，调查合作者还认为，在叙述文殊寺里的活佛及一般僧人时，名字前面加上身份属性也具有敬语的意义，如 alɐk ɦdanpʰeɲəma "活佛旦贝尼玛"、akʰə ɦdetʂan "阿克德禅"。

有时表达对父母的尊敬的叫法，还会采用修辞性的说法，tʂəntʂʰan pʰɐmɐ "恩深情重的父母双亲"，或者 tʂəntʂʰan amɐ "恩深情重的阿妈"、tʂəntʂʰan apɐ "恩深情重的阿爸"。

另外，"给"一般的说法是 ʂʷən，但用于敬献哈达时，则用 pʰəl，这是个较为典型的敬语词汇。不过值得怀疑的是，pʰəl 并不符合当地口语的音变规则，因为其对应的书面形式 pʰul 在东纳话中的规则音变是 pʰu。所以我们也怀疑该词可能受了青海藏语读音的影响，是近年来才引进的一个词。

另外，口语中还有一些对不雅之事的隐晦的表达法。这种表达未必和敬语有关联，但从交际的角度来讲，隐晦表达也未尝不可视为对听话者的一种尊重。如大小便的表达：

(11.1) ŋɐ　　　　　ɦgotʂʰe – zək　　　　ⁿdzɔ – ˹dʐən.
　　　　我：通格　　大门 – 无定　　　　　去：未完 – 将行：向心
　　　　我想要大便。（字面含义：我要去大门那儿）

(11.2) ŋɐ　　　　　ɦgɔ – zək　　　　　　ⁿdzɔ – ˹dʐən.
　　　　我：通格　　门 – 无定　　　　　　去：未完 – 将行：向心
　　　　我想小便。（字面意思：我要去门那儿）

(11.3) ŋi　　　　　ⁿdzɔ – ɐn　　　　　　ʰtʂənpa　　　　taŋ – dʐən.
　　　　我：施格　　去：未完 – 连词　　　尿　　　　　　放 – 将行：向心
　　　　我去小便。

其中例（11.1）和例（11.2）都是隐晦的表达，而例（11.3）就是非常直白的陈述。我们认为，隐晦表达可以视作敬语的一种迂回表达形式。

另外，在一些民歌和祭祀用语中还残存着敬语词汇，口语中则基本不存在了。如下面这首民歌中的 ɕɐk 一词：

(11.4) ɕɐkdewi　　　tɕal – ni　　　　　tɕʰar – ni　　　　joŋ
　　　　村子　　　　断离 – 连词　　　　游逛 – 位格　　　来
　　　　离开部落独自而来。（M – 5：C – 2）

ɕɐk 本义为"手",此处置于 dewi(为口语 ɦdewi 省略前置辅音而来)前表达敬语意义,本义已经虚化。不过,ɕɐk 的书面形式乃 pʰjag,其在东纳话中的规则音变形式当为 ʂɐk 才对,但发音人在这首曲子里却发成了 ɕɐk,所以不知道这到底是存古的现象,还是语言接触导致的结果。

11.7 借词

东纳藏族因为紧邻汉语文化圈,而且 20 世纪中期开始,因为政策等原因当地人有一段时间不说藏语,所以口语中借入了大量汉语词汇。有很多南边的安多藏族聚居区比较常见的词汇形式,在当地的口语中即使在老年人的口语中,也已经消失,而大量使用当地的汉语读音。尤其是现代一些表示新生事物的新词、新术语,基本都是采用的汉语形式。虽然周围还有裕固族和蒙古族等民族使用裕固语和蒙古语,但当地藏族和他们并不混居,所以语言的接触并不多,主要的接触对象还是汉族汉语。以下是我们搜集到的有代表性的借词系统。

11.7.1 名词类借词

(1)称谓系统。

kuma	姑妈	jima	姨母
tɕoma	舅妈	kujə	姨夫/姑父
suntsʅ	孙子	sunmʅ	孙女
wesuntsʅ	外孙子	wesunmʅ	外孙女
lɔpan	老板	meikuo kuitsʅ	美国鬼子
petʂʰək①	小辈之人		

(2)动植物。

wukui	乌龟	ʂanly	骟驴(阉割的驴)
kɐlipɐ	尕力巴牛	lekwatsʅ	青蛙
hamakututsʅ	蝌蚪	tʂutʂu	蜘蛛
mʅfəŋ	蜜蜂	ɕətsʅ	蝎子

---

① petʂʰək 乃汉藏复合词,pe 乃汉语借词"辈",tʂʰək 为藏语固有词"小的"。

tʂutsɿ	竹子	tsʰaŋjəŋ	苍蝇
tsɿtʂoŋ	种子	ma	麻
mɔtsatsə	犏乳牛和公牦牛所生的尕力巴牛		
majisoŋ	犏乳牛和公黄牛所生的尕力巴牛		

另外，还有一些藏汉复合词。如下所示：

rɐkoko	藏语"角" + 汉语"钩钩"。形容像钩子一样对着长的两个角
rəməŋwəŋ	藏语"角" + 汉语"门门"。形容像门楼一样对着长的两个角
rɐtsʰɐtsʰɐ	藏语"角" + 汉语"叉叉"。两个角交叉而长（当地方言"角个子"）
pʰɔ-kɐlipɐ	藏语"公" + 汉语"尕力巴"。即"公尕力巴牛"之义
mɔ-kɐlipɐ	藏语"母" + 汉语"尕力巴"。即"母尕力巴牛"之义
tʂʷɐɣar	汉语"爪" + 藏语"白色的"。白色的爪子

(3) 饮食类。

kʰɐtsʰək	辣子	tɕʰəŋtsʰe	芹菜
tɕʰiətsə	茄子	xuaʂəŋ	花生
mɔku	蘑菇	tsʰoŋ	葱
kuatsə	瓜子	fəntʰiətsə	粉条子
pʰiŋkuo	苹果	ɕiaŋtɕiɔ	香蕉
ɕikua	西瓜	hətʰɔ	核桃
liə	梨	tɕytsɿ	橘子
pʰutʰɔ	葡萄	suan	蒜
tɕaŋ	姜	tɕotsʰe	韭菜
tsɿma	芝麻	pɔku	苞谷

(4) 交通工具。

feitɕi	飞机	tɕʰitʂʰə	汽车
xuotʂʰə	火车	tʂʰətsan	车站

tʂʰʷan	船		

（5）生活用品。

piŋɕaŋ	冰箱	tianxua	电话
tian ʂə	电视	tiannɔ	电脑
jənxaŋ	银行	pʰiɔ	票
tʰɛ	台	tʂuotsə	桌子
tʂʰuaŋ	床	he	鞋子
tɕantsʅ	剪子	tʰitsə	梯子
tʂaŋtsʅ	章子	waŋtsʅ	网
mətʂʅ	墨	saɣə	骰子
tɕʰi	棋	toŋtsʰe	铜子（钱）
pʰe	扑克牌	kʰaŋtʂon	热炕①
kʰaŋtʂʰanɕyətsə	藏靴	kantʂaŋ	擀面杖

（6）历法时间。

ɕatsʅ	夏至	toŋtsʅ	冬至
səho	时候		

"立冬"和"立夏"有专门的词汇表达，而"夏至"和"冬至"则是借用的汉语形式。

另外，星期一到星期天的表述，通常都是采用汉语的方式来表达，也不用汉语"星期"+藏语数词的方式来表达，像 * ɕəntɕʰi ʰtsək 这样的藏汉混合说法也不用，上述两种用法即使在老年人中间也没有藏语式的表达。

（7）行政单位。

ʂəŋ	省	ɕaŋ	乡
ɕaŋtʂaŋ	乡长	ɕan	县
tsʰoŋ	村	tsʰoŋtʂaŋ	村长
ʂutɕi	书记	tuitʂaŋ	队长

---

① 此乃藏汉复合词，kʰaŋ 乃借自汉语的"炕"，而 tʂon 为藏语词"热"。

（8）衣物穿着。

taji	大衣	titɕyəliaŋ	的确良
fanəʳtiŋ	凡尔丁①	watsə	袜子
he	鞋子	miankʰu	棉裤
ɕifu	西服	tʂoŋ ʂanfu	中山服
miŋxaŋfu	民航服②		

（9）国家地域。

nedeʳ	日本	meikuo	美国
tɕʰifəŋ	祁丰（乡）	matʰi	马蹄（乡）
xuaŋʂʰəŋ	皇城（镇）	peijən	白银（乡）
ɕəntʂo	新州	ɕuankʰuantʂʰaŋ	选矿厂
taɕiko	大西沟	tɕʰantʰɛtsə	前台子
ho	大河		

（10）方位名词。

我们记录到的词有一个"上"，这个词在祁连当地的口头语中，如马伯成先生所属的地方，即常借用汉语的"上"来表达，而笔者调查的祁文地方的珠龙观村的口语，则用的是藏语 tʰok "上面"这个词。如下面这两个句子，例（11.5）a 是祁连当地惯常的表达法，而例（11.5）b 则为祁文当地的惯常表达法：

(11.5) a. kʰaŋ   ʂaŋ - ŋa   zol.
         炕   上 - 与格   坐：命令
         炕上坐！
      b. kʰaŋ   tʰok - ya   zol.
         炕   上面 - 与格   坐：命令
         炕上坐！

（11）其他。

tɕʰəsən   生气_{名词}（如 tɕʰəsən laŋ "生气"）

---

① 一种衣料。
② 一种老式服装，有4个口袋。

ʱdzɐmiŋtʂʅ   汉语名字①

11.7.2 动词类借词

东纳口语中我们记录到的借自汉语的动词并不是很多，但也的确是存在的。如 fenpʰei "分配"、ʂaŋ "上（班）"、tɕantʂʰa "检查"、tʰuiɕou "退休"、pijə "毕业"、tʂʰəŋli "成立"、fəŋkan "风干"等。汉语的动词进入东纳话，实际上是被看作名词形式的，其后都要附加动词 ʂe（未完）或 ʂi（完成和命令）。我们看几个具体例子：

(11.6) te   okan   ma - ʂi,   ta
       其：通格   那   否定-做：完成 叹词
       fenpʰei - ʂi   me,
       分配汉-助动词：完成   无：向心
       （二儿子去部队，从部队回来之后，）没那个，没有分配工作。(L-1: 5)

(11.7) ⁿdʐoŋɣor - nə   kan - nə   lɐˢkɐ - zək   jo,
       珠龙观村-位格   其-位格   工作-无定   有：向心
       lɐˢkɐ   te - ni   ɕyankʰuaŋtʂʰaŋ - nə
       工作   其-位格   选矿厂汉-位格
       pan ʂaŋ - ʂe - gə ɣo②.
       上班-助动词：未完-进行：向心
       小女儿在珠龙观那里有份工作，在那里的选矿厂上班着呢。(L-1: 8)

(11.8) jaŋ   jitɕʰiəŋ   tɕantʂʰa - ʂi
       又   疫情汉   检查汉-助动词：完成
       又是做疫情检查（L-1: 26）

另外，在口语语料中，说话者在给我们讲述故事时，还常常会自觉或不自觉地出现系动词 sʅ "是汉"的借用。如下所示：

(11.9) ⁿdə   sʅ   aⁿdo   sɐtʂʰɐ   re,
       这   是汉   安多   地区   是：叙实
       ⁿdoŋnɐkkʰɐtʂəm   aⁿdo   sɐtʂʰɐ   re.
       东纳三山口   安多   地区   是：叙实

---
① ʱdzɐ 乃 "汉族" 义，miŋtsʅ 乃汉语借词 "名字"，ʱdzɐmiŋtsʅ 即某物或某人的汉语称呼法。
② 此时刘自生插了一句 "li - ɣə do"。

这是安多地区，东纳三山口是安多地区。(S-1：1)

这是不是受到讲故事的客观环境的影响而出现的情况，我们尚不得而知。另外还记录到一个词 tɕʰəsən"生气"，组成 tɕʰəsən laŋ 结构，表达"生气"的意义，laŋ 为"起"的意思。tɕʰəsən 由汉语"气"+"生"合成而来，因为东纳话是SOV语序，所以把汉语的"生气"借入后变成了"气生"结构。

(11.10)　ŋi　　　　　li - lo　　　　　ma - re,
　　　　我：施格　　做 - 名物化　　否定 - 是：叙实
　　　　tɕʰɔ　　　　tɕʰəsən　　　　ma - laŋ.
　　　　你：通格　　生气　　　　　否定 - 起
　　　　不是我做的，你别生气。

11.7.3　虚词类借词

虚词的借用口语中我们搜集到的语料主要有副词、连词、语气词等。如下所示：

（1）副词。常见的借用自汉语的副词有"一下""经常""就""也""刚""再""随手""还"等。如下例子所示：

(11.11)　jiha　　　arək　　　tə - ta　　　　　tɕʰəkʰo - soŋ - zək.
　　　　一下汉　　阿柔人　　其：通格 - 话题　生气 - 助动词 - 拟测
　　　　那个阿柔人一下就生气了。(S-2：21)

(11.12)　tɕʰi　　　　　　ŋæ　　　　　　tʰap　　　　　　ṣi - la,
　　　　你：施格　　　　我：与格　　　方法　　　　　　做：命令 - 语气
　　　　sʷer - kə　　　　ɳ̊eŋ - zək　　　tsʷa - a　　　　tɕʰoŋ - na,
　　　　猴子 - 属格　　　心 - 无定　　　找 - 连词　　　来 - 连词
　　　　tʰoŋ - taŋ - na　　tɕo　　　　　ŋi　　　　　　　nal - ta
　　　　吃 - 助动词 - 连词　就汉　　　　我：属格　　　病 - 话题
　　　　tʂək - ⁿdzɔ - kə　　tə - ser.
　　　　好 - 助动词 - 新异　其 - 引述
　　　　（母乌龟对公乌龟）说："你给我想个办法吧！把猴子的心找来的话，（我）吃掉的话，我的病就会好的。要是没有猴子的心，我会死的。"
　　　　(M-1：7)

(11.13) zi   sokt͡ʂʰəkʰʷa–ra   t͡ɕaŋ①   ⁿdʐ–ʑə ɲaŋ.
       他：通格   肃州–与格   经常汉   去：未完–进行：新异
       他经常去酒泉（"酒泉"古称"肃州"）。

(11.14) zi   ʂʷal–ɲə   kan   jə   zʷaŋ–gə.
       他：施格   说–名物化   那   也汉   好–新异
       他说的那也很好。

(11.15) ŋɐ   t͡ɕaŋ   jon–le jən.
       我：通格   刚汉   来–完整：向心
       我刚刚来到。

有趣的是，参与调查的 3 位发音人对下面句子中划线的词，一致认为是借自汉语的词，感觉不符合他们对藏语固有词的母语感知。但据笔者分析，这两个词都是藏语词，而不是汉语词。如下所示：

(11.16) ⁿde–ni   ᵐɲə   t͡ʂək   mən–pe,
       这–位格   人   六   非–名物化：连词
       te   mʲə   mə–ɲaŋ.
       其：通格   人   否定–有：新异
       这儿仅有六个人，再无其他人。

(11.17) t͡ɕʰək–ɲiɣi   to   t͡ʂəma   tʰoŋ.
       你–双数：施格 快点   饭   喝
       你们俩快吃饭！

例（11.16）中，te 被调查者认为来自汉语的"再"。但我们认为，te 源自藏语的兼指代词 te "其"，此处语法化为连词，功能有点类似汉语的"再"，但本质上还是个藏语词。例（11.17）中，发音人也一致认为这个 to 不是藏语固有词，语感上这句话就像是汉语和藏语混着说一样，to 应该是个汉语词才对。3 位发音人平时在外大多都是以甘肃酒泉和嘉峪关当地的汉语方言来和别人交流，但他们虽感觉 to 不是藏语固有词，但也不知道其到底对应汉语哪个词，当地汉语方言里面，"快"的意思也没有 to 这个音。to 通常是附加在未完成体动词前，表示"快"的意思，如 to

---

① 书面上有个词 rgjun. du "经常"，这个词在青海安多藏族自治区口语中习用，常读作 ʱdzəⁿdə 或 rdzəⁿdə。东纳口语中的 t͡ɕəŋŋa 一词，虽然语音上与之类似，但不符合 rgjun. du 在东纳口语中的规则音变。而且母语中根据语感，认为 t͡ɕəŋŋa 乃汉语的词，这点也很重要。

ⁿdʑɔ［快 走：未完成体］"快走"，to tʰoŋ［快 喝］"快喝"，to jar laŋ［快 向上－连词 起来］"快起来"。我们认为 to 这个词来自藏语书面语中的 do，《藏汉大辞典》（张怡荪 1985：1294）在 do 的第三个义项中列出了一个语义："表示濒临、接近等义的一种前缀：do ɕi 将死。"但是问题是不符合音变规则，按东纳话的语音演变，do 应该演变为 tɔ 音，而不是 to 音。所以 to 这个词到底是否汉借词，有待继续考察。

（2）语气词。语料中常见的语气词有"嗓""咧"和"嗳"等几个，整体上不多。如下所示：

(11.18) ti　　　　　ʰkam－lan－nə,　　ʰkam－lan－nə
　　　　其　　　　 弄干－助动词－连词　弄干－助动词－连词
　　　　fəŋkan－liə　　　ti,　　　　saŋ－ŋa
　　　　风干汉－语气汉"咧"　其　　　锅－与格
　　　　naŋ－ŋa　　　　ⁿdəro　　　　ʰɕɔ－gə jo－n̥e.
　　　　里面－与格　　　这样　　　　炒：未完－进行：向心－语气汉"嗳"
　　　　然后弄干，风干咧，再放到锅里这样炒嗳。(L-2：2)

(11.19) ta　　　tɕefaŋ－gə　　ɦdzɐ－nə,　　　ta
　　　　然后　　解放－属格　 后面－位格　　 然后
　　　　ɦdzɐkʰap　soma　　　　tʂʰɐk－zɐk－nə－saŋ,
　　　　国家　　　新的　　　　成立－助动词－连词－语气汉"嗓"
　　　　ta　　　　te－ɣə　　　ʰpon－ta　　　tʂək
　　　　然后　　　其－属格　　官－话题　　　一
　　　　la　　　　me－tsʰoŋ－zək.
　　　　也　　　　无－助动词－拟测
　　　　解放后，新国家成立了嘛，然后他的官呢一个也没有了。(S-3：5)

（3）连词。东纳口语中所借汉语连词主要是副词性连词，比如"就""才"等，整体上也不多。口语语料中，副词性连词"就"具有非常高的使用率，长篇语料及日常口语中也经常可以看到。如下所示：

(11.20) təro　　tɕi　　　ʂi－nə　　　　te
　　　　那样　　计谋　　做：完成－连词　其：通格
　　　　tɕoˆ　　ʰŋɐmi　　tʂakpa　　　　ʂor－soŋ－nə
　　　　就汉　　早晨　　土匪　　　　　走－助动词－连词

tɕo,	ȵənkoŋ	ɦdzɐ-ɣə	tɕo
就汉	中午	后面-属格	就汉

jile	rɐ	tɕo	kʷɐ-taŋ-nə jən.
全部	帐篷	就汉	搬迁-助动词-完整：向心

那样谋划后，他们就……早晨土匪走了后就，中午过后他们就全部把帐篷搬走了。(S-3：37)

上述例子中，出现了 4 个 tɕo "就"，除了最后一个没有连接性功能外，其他 3 个都有连接性功能，表达短时间内动作的顺承意义。

第 12 章　内部方言差异

东纳部落内部虽然语言的一致性很高，但也存在方言的些微差异。我们在当地调查时，当地人一致地告诉笔者，"河东和河西的话有点差异，但很小"。所谓河东和河西的"河"，即指洪水坝河，它从祁丰藏族乡的正中间穿过，是祁丰藏族乡的一条主要河流，基本上把东纳藏族居住的地盘一分为二（见图 12-1）。

我们的调查显示，河东和河西的差异，在语音、词汇和语法上都有体现，但都是相对细微的差别，构不成系统性的对立。本书的主要发音人马伯成先生，生于 1948 年，原籍河东地区的瓷窑口村，于 20 世纪 60 年代搬迁到河西的堡子滩村。马伯成先生的妻子叶玉花原籍河东地区的青稞地。另一主要发音合作人索德廉先生，生于 1933 年，原籍也是瓷窑口，与马伯成原是邻居，后于 20 世纪 60 年代搬迁到同为河东的青稞地。而本书次要发音合作者刘自生和索翠花夫妇，现户籍地为河西原祁青乡陶丰村，但原籍为河西的祁文一带，原祁青乡民众皆是 20 世纪五六十年代由原祁文一带的百姓搬迁过去的。本书所述东纳内部的方言差异主要基于马伯成和索德廉两位先生的语言系统，与刘自生和索翠花夫妇的比较。

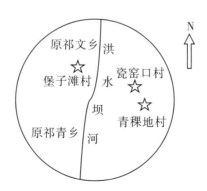

图 12-1　洪水坝河分割的"河西"与"河东"之地

河东与河西的内部区别，主要体现在一些词的语音上，词汇和语法上的区别较少。目前我们所发现的河东与河西的差异，主要有以下一些。

12.1 语音音系

马伯成先生虽然于20世纪60年代由河东的瓷窑口村搬迁到河西的堡子滩村，但他对口语中哪些是河东的口语，哪些是河西的口语，仍可以较清晰地辨别出来。下面是我们从他的口语中搜集而来的河东与河西词汇的不同读音，并得到刘自生夫妇的验证。

词汇	河西	河东
乌鸦	$k^h ɐt^h ɐ$	$hɐt^h ɐ$
黄羊	$^ɦg^w ɐ$	^ɦgo
旱獭	$ʂɿ$	$ʂ^w a$
开水	$tʂ^h ənk^h o$	$tʂ^h ək^h o$
大坂	$l^w ɐ$	$lɐ$
红嘴鸦	$^h tʂoŋχ^w a$	$^h tʂoɦɐ$
馒头	$kɔɐɕ$	$k^w ɐɐ$
骆驼	$^ɦŋɐmaŋ$	$^ɦŋɐmaŋ$
白胸黑狗	$taŋk^h ar$	$taŋɣar$
踩	$^ɦdə$	^ɦdi
耕地	$^h tʂɐʂ$①	$^ɦmɔ_{未完}/^ɦmi_{完成/命令}$
穿	kon	$k^w an$
骑	$ʂon$	$ʂ^w an$
点火	^ɦdʐon	$^ɦdʐ^w an$
吵	$k^h on$	$k^{hw} an$
使役/使用	$k^h ɔ$	ko②
疼痛	^ɦdzer	zer
舀	$^h tʂ^w i_{完成/命令}/tʂɿ_{未完}$	$ʂ^w i_{完成/命令}/ʂɿ_{未完}$

---

① $^h tʂɐʂ$ 本义为"扯开"（如"扯一尺布"），在河东则引申为"耕地"义，如 sɐ $^h tʂɐʂ$，而河西则说 sɐ $^ɦmɔ$。

② 比如"过日子需要的（东西）"，可以说 ko-sɐ jo-ɲi "祁连"或 $k^h ɔ$-sɐ jo-ɲi "祁文"。

词汇	河西	河东
数字连词	sɔ①	ʰtsɐ

12.2 词汇语义

词汇语义方面的不同，首先是对同一事物，所用的指称不同。比如下面这几个词，"棉袄""杏子""山羊羔子""帽子"河东和河西分别用了不同的词来指称，而"两口子"和"头面"（一种服饰）则是部分语素不同。如下所示：

词汇	河西	河东
棉袄	tʂyɣɔtsə②	orə
杏子	ɣorək	xaŋrə
山羊羔子	e ˢtsə	rə ˢtsə
帽子	ⁿcɔ ʂɐ	kɐli
两口子	ʱdzɐwɐ	ʱdzɐⁿcɔ
头面	ʱtəkgʷɔ	ʱtəkdzap

其次，在一些固定搭配上，选用不同的词，从而形成区别。如下所示：

（1）表示"一拃"的量词，河西习惯用 sormɔ ʱaŋ 来表示（sormɔ 本义乃"手指"），此处 sormɔ 引申为"寸"，即五寸为一拃；而祁连当地说 sormɔ kaŋ，kaŋ 意即"一"，转用于计量时使用，此处 sormɔ 引申为"拃"。

（2）再如"把饭盛来！"这句话，河东习惯说"tʂəma lək‑a ʂok"，lək 乃"倒"义；而河西习惯说"tʂəma ʱtʂʷi‑a ʂok"，ʱtʂʷi 乃"盛"义。

（3）东纳为牧区，过去以马为主要交通工具。东纳习俗中，后生晚辈骑马从老人面前经过时，要下马致意，以示尊敬。但有些后生晚辈不懂礼貌，"不从马上下来"，此时老人常会说ʰtɐkʰɐ‑ni mə‑ⁿbap‑kʰi（河

---

① 如刘自生夫妇介绍自己年龄时，说ʱdəntʂ ʰɻ.zcɐ "七十四"、tʂəktʂ ʰəsɔsəm "六十三"，十位和个位数相连时，所用连词为 sɔ，而这在河东则为 ʰtsɐ。
② 即"猪腰子"的意思，为汉语借词。

东）和 ^{h}tɛk^{h}ɐ - ni mə - ʐʷor - gi（河西），即"下（马）"河东用 ^{n}bap，而河西则用 ʐʷor。

（4）家里来了客人，一般会说"炕上坐"。此句河东和河西也有区别：河东通常说"k^{h}aŋ ʂaŋ - ŋa zol"，而河西通常说"k^{h}aŋt^{h}ok - ʝa zol"；河东的方位词借用了汉语的 ʂaŋ"上"，而河西还是使用的藏语自己的方位词 t^{h}ok"上面"。

（5）藏族常用垫子作为坐具或卧具，所以常用"铺垫子"这个短语。其命令式，河东一般说 t^{h}iŋ - a t^{h}oŋ（t^{h}iŋ 为"铺"的命令式，亦可用非命令式 ^{n}diŋ$_{完成/未完}$）；河西有些地方，如原祁文乡地区的一些村子会说 piŋ a - t^{h}oŋ。但 piŋ 这个词即使原祁青的人也不这么说，笔者推测很可能是 t^{h}iŋ 在某些人的口语中变成了 piŋ。

类似上述的区别，我们暂时没能调查到更多，仅有上述几个例子。不过从中却可以看到，这种词汇上的区别，都不是根本性的。

12.3 形态句法

本书语言系统是基于河西地区的口语调查记录所得。相对来说，不同方言点语音和词汇的比较会容易些，但语法上的比较则需要做大规模的语料调查才行。目前我们尚未对河西的藏语做大规模调查研究，但把我们河西的主要语法项拿出来逐一与河西的发音人核对，得到和他们的语法完全一致的回答。

形态上的一些区别，上述语音部分也有涉及，这点或许是目前看来河东和河西最明显的形态的区别。不过，这也可以归入语音的差异。

第 13 章　东纳话的地位

东纳话在地理位置上，处于藏语分布的最北边。在语言特征上，如在语音、词汇与语法上具有自己的特点，和南边青海的安多藏语基本无法通话，具有一定的差距。

13.1　藏语方言的分类

藏语不仅分布在国内，在国外如印度、尼泊尔、不丹等还有分布。国内外对藏语方言进行分类的论著很多，有些是针对整个国内外藏语方言的分类，有些则是针对中国区域内的藏语方言的分类。可参考瞿霭堂、金效静（1981）和西義郎（2002、2003）的综述。

国内的藏语方言，传统上被分为卫藏方言、康方言和安多方言三大方言，在此基础上，再细分为不同的土语，比如格桑居冕、格桑央京（2002）[①]就是使用这种分类法，然后卫藏方言又分为"前藏土语群"和"后藏土语群"，康方言分为"北路次方言""南路次方言"和"牧区次方言"三大土语群，安多方言则分为"农业区土语群"和"牧业区土语群"两大类。

瞿霭堂、金效静（1981）和格桑居冕一样，也把藏语方言从上位上分为三大方言，但三大方言的下位分类更加细致。

1. 卫藏方言

（1）前藏土语：拉萨市、山南地区。

（2）后藏土语：日喀则地区。

（3）阿里藏语：阿里地区。

（4）夏尔巴土语：聂拉木县樟木口岸。

---

① 按书中序言可知，该书最早于 20 世纪 60 年代即成稿，所以代表的实际是那个时代的分类和认识。

（5）巴松口语：工布江达县错高和雪卡乡。

2. 康方言

（1）东部土语：德格、甘孜、康定、雅江、昌都、丁青、理塘、巴塘、乡城、稻城、波密、察隅、墨脱等。

（2）南部土语：云南迪庆藏族自治州、四川木里藏族自治县。

（3）西部土语：改则、班戈、聂荣、申扎、安多、那曲。

（4）北部土语：青海玉树藏族自治州。

（5）卓尼土语：甘肃甘南藏族自治州卓尼县、迭部县。

（6）舟曲土语：甘肃甘南藏族自治州舟曲县。

3. 安多方言

（1）牧区土语：青海各藏族自治州、四川阿坝藏族羌族自治州部分地方。

（2）农区土语：青海化隆回族自治县、循化撒拉族自治县、乐都县部分地方。

（3）半农半牧土语：青海黄南藏族自治州同仁县、甘肃省甘南藏族自治州夏河县。

（4）道孚土语：四川甘孜藏族自治州道孚县、炉霍县。

目前，最新的对国内外藏语方言进行分类的学者是 Tournadre (2013)，他把国内外的藏语分为8个语群。

（1）中部语群（Central section）：日喀则地区、前藏地区、洛卡（Lhokha）、贡波（Kongpo）等。

（2）西北语群（North-Western section）：拉达克（Ladakhi）、巴尔蒂（Balti）、普力克（Purki）等。

（3）西部语群（Western section）：斯必蒂（Spiti）、库努（Khunu）、嘉德（Jad）等。

（4）西南语群（South-Western section）：夏尔巴（Sherpa）等藏尼交界地带的方言。

（5）南部语群（Southern section）：宗卡（Dzongkha）、扎芒（Tsamang）。

（6）东南语群（South-Eastern section）：那曲、玉树、木雅、木里等。

（7）东部语群（Eastern section）：舟曲、迭部、卓尼、白马等。

（8）东北语群（North-Eastern section）：安多、色尔坝、卡龙等。

上述藏语方言分类，不管是瞿霭堂、金效静（1981）还是 Tournadre

(2013)，都兼顾了语音、词汇和语法 3 个部分，从而把藏语的下位土语群区别开来。但目前国内外的分类，没有任何一种提及东纳话。因此，我们有必要把东纳话较为典型的语言特征详列如下，以寻求它在藏语方言中的分类地位。

13.2　东纳话的特征

以下分语音、词汇和语法择要介绍一下东纳话的主要特征，以便探究它的方言地位。

1. 语音特征

（1）无送气擦音。藏语方言普遍具有送气擦音一组，如 s^h、x^h 和 $ɕ^h$ 等，但东纳话中没有这组发音。南边的藏语方言，如阿柔话，却是具有送气擦音的。

（2）b 读作 p。书面上的 30 个字母中，浊音 b 通常在安多藏语中弱化为 w，几乎没有例外。但在东纳话中，b 却并未弱化为 w，而是浊音清化，读作 p，如 pol "藏族"。

（3）韵尾 t 和 l 自由交替。书面上的浊塞尾 d，在安多方言中，要么变为 t，要么变为 l，南部安多方言通常变为 t，而北部安多方言通常变为 l。东纳话书面韵尾 d 目前正处于 t 和 l 自由变读的阶段，不过倾向性是变读为 l。比如"戴胜鸟"一词，我们第一次问询时，刘自生念 $p^hətʂ^həl$，而索翠花则念 $p^hətʂ^hət$。两人皆为同一地方的人，但口语读音有异，但多念几次，则各自的 t 和 l 都会自由变换，这显示 -t 和 -l 处于自由交替之中。

（4）卷舌化。书面 30 个字母中的 tɕ、tɕ^h、dʑ、ɕ、ʑ 都变读为相应发音方法的卷舌音。另外，像 Pj 组也变成为卷舌音。这在南部的安多藏语中并不常见。

（5）圆唇化。东纳话声母的圆唇化非常发达，T 组和 K 组，以及 Ts 组、Tɕ 组和 tʂ 组都有圆唇化的现象。有些圆唇化声母和非圆唇化声母尚为自由变读，而有些已经固定下来，成为固定读音。

（6）塞擦音擦化。主要发生在带前置辅音的浊塞擦音上，如 $^ɦdʑ$、$^ɦdʐ$ 和 ^ɦdz 等，清的塞擦音主要是 ^{h}ts 和 ts^h。口语中上述擦化现象非常普遍，具有很高的频率。

（7）sr 清化。sr 在东纳话中变成了 r，这也是和东纳南边的安多藏语不一样的地方。

（8）浊音未完全清化。单辅音的浊塞音和塞擦音，都发生清化，但在复辅音非前置辅音中，这类浊音性质都保留。

（9）无声调。东纳话至今没有辨义性的声调，而只有习惯音高。

（10）其他。东纳话还存在一些特殊的语音变化，如"换位"，体现在 rus.pa > rəpsa "骨头" 和 skjes.pa > ʰtɕepsa "丈夫"、kʰjags.pa > tɕʰaksa "冷" 等词中。个别词还保留着 s 韵尾的痕迹，如 las.ka > lɐˢkɐ "工作"。有个别"因位变韵"现象，但不如四川的康方言发达。有一定的元音和谐，等等。

2. 词汇方面

词汇方面的特点，在一些特征词上，和南边的安多藏语有所不同。另外，有些南部安多藏语常见的词，在此处却多采用了汉借词的形式。详细情况如下。

（1）表食物义词。东纳话 sɐma 指所有的各种粮食，而该词在南部安多口语中为"饭"，而东纳话指"饭"则用 tʂəma，和南部安多地区不同。

（2）服装类词汇。常用词"衣服"为 kɔzi，这个词与其他很多地方不同，也是当地特征词。

（3）表称谓义词。pakma "嫂子"、atʂəɣa "姐姐"、jərne "姐夫"，这一组词也是当地的特色词，和南部安多口语不同。

（4）表方位义名词。东、南、西、北这 4 个方位，由于东纳当地受南高北低、东西延伸的祁连山脉的影响，通常采用以山的走势和高低定位的方式来表达，分别是 mɐri "北"（来自书面上的 mar "下面"），jɐri "南"（来自书面上的 jar "上面"），hɐri "东"（来自书面上的 har "那边"），sɔri "西"（来自书面上的 tsʰur "这边"）。如可以说 jɐri rəⁿɕɔ "南面的山"，mɐri rəⁿɕɔ "北面的山"。不过，"东" 和 "西" 同时还可以用与书面藏文一致的 ʂar（< çar）和 nəp（< nub），但 "南" 和 "北" 则通常不再使用书面上的 lho "南"、bjaŋ "北" 来指称，这可能与祁连山脉东西延伸有关系。

（5）表人称义代词。第三人称采用 zi，而第一人称包括式通格为 ɔ，施格为 e，属格为 o。同时，第二和第三人称没有敬语形式。

（6）表感谢义词。其"谢谢"一义，当地惯常采用 ɔʳdʐɐ 表达，如

tɕʰɔ ɔʳdʐæ re"谢谢你"。如若是感谢别人为自己做了某件事，则习惯用 tɕʰɔ ʰkapli ʂi（-nə）或 tɕʰɔ ʰkaʰli ʐʷək（-nə）"给你添麻烦了"或"你辛苦了"，而南部安多地区惯常采用 kʷatʂəntɕʰe。

（7）表数义词。东纳话的 tʂozʅ"十四"（< btɕu. bʐi）和 tʂʷæɳa"十五"（< btɕo. lŋa）这两个词的读音，也具有当地特色。

（8）表尊敬义词。南部安多地区常见的敬语形式，在东纳基本全部丢失。

（9）动词方面，几个常用的动词，如"给予"，东纳话为 ʂʷən$_{完成/命令}$（< bjin）vs. ʐʷən$_{未完}$（< sbjin），不使用书面上的 ster 词形。"到达"采用的是 ʰtsep，而不用南部安多地区常采用的书面形式 tʰon。

（10）汉语借词更多，如"桥""床""孙子""乌龟""青蛙""苍蝇""蜜蜂""竹子""蘑菇""尼姑""天葬""火葬""结巴""哑巴"等，已经借用汉语，当地口语中没有藏语表达式。

3. 语法方面

语法方面，东纳话也反映了其和周边安多藏语的诸多不同。在动词形态变化、格助词和时体范畴等方面，都有自己的一些特点。

（1）动词形态变化方面，我们统计了 450 多个动词，其中尚有形态变化的 115 个，占 25% 左右，与青海共和县方言相当。共和方言为农区话，而安多地区为牧区话，还会高几个百分点。

（2）格助词方面，位格、离格和比格标记都用 ni。这点和南部的安多藏语不完全相同，比如毗邻的阿柔话，位格采用 na，离格采用 ni，而比格采用 ʰtina。另外，施格和属格大多数时候限于在人称代词上才有内部屈折形式，其他情况多采用在名词后单独附加属格或施格标记的形式。

（3）连词方面，叙实性从句链中的连词采用 ni（或变体 nə），而南部安多口语叙实性从句链连词采用与宿主韵尾和谐的 Ci 式，如 ŋi、ni、mi、ri 和 li 等。在表目的的从句中，连词使用的是 a，而不是安多口语中常用的 kə。

（4）体标记方面，完整体标记为"V$_{完成}$ – le jən"和"V$_{完成}$ – le re"，而南部安多藏语通常采用的是把其中的 le 替换成 nə 来表达的模式，即"V$_{完成}$ – nə jən"和"V$_{完成}$ – nə re"。虽然东纳话现在也有"V$_{完成}$ – nə jən"和"V$_{完成}$ – nə re"标记，却是和南部安多口语接触而来。经历体标记东纳话为"V$_{完成}$ – le jo"和"V$_{完成}$ – le ṅaŋ"，而"V$_{完成}$ – nə jo"和

"V_{完成} – nə ṅaŋ"在安多口语中是非法形式，表经历体南部安多通用 V – mjoŋ。即行体标记，东纳话为 V_{未完} – sɐr ṅaŋ，而南部安多通用 V_{未完} – nə V_{未完} – nə 这种重叠的形式表达。

（5）存在动词方面，采用 ʰṅaŋ（<snaŋ）和 jo（<jod）对立的二分形式，而安多口语基本上是不使用 snaŋ 这个词的（极个别地点，如甘肃华锐藏族使用 snaŋ，但所占比例极小）。

（6）疑问助词方面，东纳话的发音形式为 a，而不似南部的安多口语采用的是 e 或 ə。

（7）缺乏某些构式，如没有 tɕe – Adj tɕe – Adj "越来越 + 形容词"这一构式。

（8）疑问语气助词方面，表达邀约的语气词为 japa、jala、tala，表达命令的 tala、kʰɐ 等不见于南部安多口语中。

13.3　东纳话的地位

东纳藏族百姓对自己所说的话到底是安多方言还是康方言，都是没有清晰认知的，这点和周边其他藏族聚居区不同。像青海藏族聚居区、四川藏族聚居区或西藏藏族聚居区，藏族百姓通常都会对自己所说的话属于三大方言中的哪个方言有比较一致的意见。虽然群众的观点未必正确，但至少有个倾向性的认识。但东纳藏族则完全不同，基本都不清楚自己说的话属于哪个方言。近年来，在当地有名望的知识分子的推动下，一种观点渐次浮出，即认为东纳口语属于康巴藏语。这种观点的提出，实际是基于族群来源的历史传说而非语言事实，因为当地传说他们来自西藏的康巴地区。

在沟通度上，东纳话和周边的藏语也有不小的差距。索德廉先生说，有一年他去青海省同仁县，在宾馆住宿时，接触到青海玉树和果洛的一些藏族人，他基本听不懂对方的口语（玉树话传统上被认为属于康巴藏语，而果洛藏语被认为是属于安多藏语牧区话）。2015 年 7 月 21 日到 8 月初，索德廉先生又和家人一起经青海去了西藏。他说，到了昌都，听当地人说话，几乎完全不懂。返程途经青海果洛州玛多县，在县城住宿，当地人说的口语，也基本无法交流，不能听懂（玛多县藏语大多属于安多口语）。由此可见，在沟通度上，东纳话和安多方言和康方言还有不小的差异。

判定一种方言的归类，从根本上要靠共同创新，然后把具有共同创新的一组归为一类。从这个角度来看，东纳话和青海广大的安多地区口语在方言语音、词汇和形态句法上存在诸多不同。我们倾向于认为东纳话是个独立的方言岛，与安多方言和康方言都有不小的差异。当然，相对来讲，东纳话和安多方言的距离更近一些，所以把它纳入安多方言中也无不可，也可以认为它是安多方言中具有较多自身特色的一种方言。

附 录

1. 词汇表

说明：

①本表收录东纳话 3000 多个词汇，以国际音标注音。东纳地区内部有细微方言区别，本词汇记音以马伯成和索德廉两位先生提供的河东地区的方言为准。

②东纳口语尚无辨义性声调，只有习惯性音高，双音节或多音节词中存在固定音高模式。本书对此不予标注。

③鉴于动词有屈折的形态变化，因此，本词表排列上分"非动词"和"动词"两类排列。非动词按名物门类分列，虚词依词类性质分列。

④部分词右下角小字为注释，说明词的搭配环境或使用语义等附带信息。

⑤以"古""旧""诗""汉"等分别标记词汇中的古词、旧词，来自诗歌等口传文学中的词，以及汉语借词。

⑥名词或动词不同义项间用 1、2 等编码，同一语义的不同说法，则以"/"区分。

（1）天文、地理。

天	^{ɦ}nam	星星	^{ɦ}karma
天色	^{ɦ}namŋɔ/^{ɦ}nam^{n}dok	流星	^{ɦ}kar^{n}dʐ
太阳	ŋəma	启明星	^{ɦ}karʐan
朝旭	ŋə^{ɦ}tse①	天气	^{ɦ}nam/^{ɦ}namŋɔ
月亮	^{ɦ}dza		

---

① 指刚刚升起照到山尖上的阳光。

云	sʷən	那边的坡	harcɔ
雷	ⁿdʐək	这边的坡	sorcɔ
风	ɦloŋ	山谷	loŋna
雨	tʂʰar/ɦnam	低矮处	or
牛毛细雨	tʂʰarsənpu	山脑	nɐcɔ
虹	ⁿdʐa	山鞍	dɐ
彩霞	sʷənmar	山口子	ⁿdɔ
雪	kʰa/tʂʰək①	阴坡和阳坡	ɲənřəp
冰雨	pəktʂʰo②	山阴面	řəp
霜	ʰtsɐtʂʰək	山阳面	ɲɐn
露水	sʷitʂə	地坑/沟洞	toŋ
雾	ɦməkpa	沟谷	ⁿgɐk
冰	tar/tʂʰɔroŋ/tɕʰaksa	窄小的沟	ⁿgɐk tʂʰotʂʰo
火	mʲe/ᵐɲe	大坂	lɐ
烟	tɔ	冰川	tarlɐ
电	ɦlok	垭腰	kʰikʰɐ/kʰi
气	rək③	红垭腰	kʰimar
白汽	kʰɐrlaŋ④	墼壁	kapa⑥
干旱	sɐrkam	石崖	tʂɐk
世界	kərkʰaŋ	山洞	tʂɐkkʰoŋ
凸起处	ⁿbərlok	石窟	tʂɐkpək
凹陷处	ʰtəpsɐ	乱石岗	ɦdzɐ
裂缝	ⁿgisɿ	乱石顶	ɦdzɐcɔ
地	sɐ	石碣子	ɦdək⑦
山	rə/ʂar⑤	滚石	ɣapⁿdʐi/ɦdɔⁿdʐi
山顶	ʂarⁿcɔ	山梁	ɦgaŋ
山坡	rəŋcɔ/ʂarŋcɔ		

---

① kʰa 是冬天下的雪（如 kʰa karo "白雪"），tʂʰək 为高山积雪（如 tʂʰək karo "白雪山"）。
② 冰雹和雨混合的一种气候现象。
③ 如 rək lan "吸气"、rək bər "出气"。
④ 冬天从嘴里呼出来的气体。kʰɐ 本义为"嘴"，而 ˈlaŋ 本义为"气体"。
⑤ ʂar 本义为"东面"，东纳话引申为"山"，主要是受东纳地理方位影响的结果。如构成 ʂar tʰonpɔ "山高"、ʂar ɦmɐncɔ "山低"。
⑥ 一种由土形成的高墩。如直立在水边被水冲而形成的悬崖。
⑦ 指挡路的石头。

汉义	东纳话	汉义	东纳话
山梁边角	ⁿdʑam①	地面	sɐ
洞可住人	sɐʳbək/sɐkʰoŋ	沙尘暴	sɐmən
金洞	ʰtsertoŋ②	泥石流	sɐnɐr
虫窝	ⁿbutsʰaŋ	浮尘	tʰaʳcɔ
窟窿	hɐrək	土	tʰa/səɣar
河/滩	tɕam③	地如"～面"	sɐ
大平滩	ho	红土	sɐmar
山湾子	tɕo④	农区	ɦdʐɐtɐŋ⑦
湾跟前	tɕoˢtsɐ	牧区	rənaŋ/pɔlnaŋ
河坝	tɕampa	夏季牧场	ɦjarsɐ
洪水	tʂʰəlok	冬季牧场	ɦgənsɐ
湖	tsʰɔ	石头	ɦcɔ
玉湖	jəmtsʰɔ	手抓石	lakdɔ⑧
冒水草滩	nɐ	大石块某一块	ɦdɔpʰən
海	ɦdʐᵐatsʰɔ	一堆石头	ɦdɔpɐɔ
井	toŋtʂʰə	沙子	ʂʷema
泉	tʂʰəⁿcɔ	浮尘	tʰa/tʰaʳdo⑨
水边	tʂʰəkɐ	脚印	ʰkaŋdʑi
窖水	toŋtʂʰə	周圈	ɣɔrɐ
阴凉	sʷiⁿgɔ/tɕəpⁿgɔ	方圆	hɐrəp
清凉地	sʷise	脏东西	ʰtsokpa
路	lam	泥	ⁿdem
小路	sɐlam⑤	软泥	ⁿdemⁿbək
平坝/平原	tʰaŋ	稀泥	ⁿdemtʰaŋ⑩
沼泽	nɐkʰɐ⑥	水	tʂʰə

---

① ⁿdʑam 本义是"脸颊"，引申为"坡的斜边角"。
② 指挖金子的洞窟。
③ 统称淌水的地方。
④ 由高台子及其下方的大湾子构成。大湾子处是平坦之地，适合放牧牛羊等。
⑤ 一般指某个僻静地方的路。
⑥ nɐ–ɣə tsʰi 意思为"湖边"。
⑦ 字面意思是"汉族地方"。
⑧ 拿在手里击打牲畜的石头。
⑨ 如扫地时扬起的尘土。
⑩ ⁿdemⁿbək 指用于修房子等一类的泥。ⁿdemtʰaŋ 指下雨后地上形成的薄泥。

汉义	音标	汉义	音标
凉水	tʂʰəntɕʰɐk	草木灰	kɔtʰa
热水	tʂʰəⁿdʐon	朱砂汉	tʂysa
波浪	tʂʰəlap	地方	kaŋ③
泡沫	rɔ①	地区	sɐtʂʰa
青苔	tʂʰəˢtsə	地方	sɐkʰɔk④
森林	nɐk	三山口	ⁿdoŋnɐkkʰɐʰtsəm
冰山	tarlɐ	佘家部落	ʂɣnɐŋ
草	ʰtsɐ	蒲家部落	pʰərtsʰɐ
青草	ʰtsɐˀŋon	六族家蒲家	tsʰɔtʂɔk
草坪	sʷaŋˢtsɐ	亦如十部	ɦjərɐtsʰɔtʂɣ
草场	ʰtsɐkʰɐ	乔家	ⁿdʐo⑤
秋天的草坡	serlep	甘坝口	kanpaloŋ
金子	ʰtser	瓷窑口	ɦdzɐmiⁿdɔ
银子	ɦŋo	黄草坝	ʰtsɐloŋ
铜	saŋ	珠龙关	tʂoŋɣor
黄铜	saŋser	陶丰村	tʰoletʰaŋ
红铜	saŋmar	黄草坡	sʷaŋserlep
铁	ʰtʂɐk	腰泉村	tʂɐkʰarki
金刚用于人名	ɦdoʳdʑi	堡子滩	pʰutsɿ tʂʰɐkʰɐ
铅	ʂɐɐ	青稞地	ɦdzɐmikʰok/niʳŋontʰaŋ
土枪药	ʂɐɐ	祁文村	tɕʰiwən⑥
锈	ɦɐɣ②	柴灶子	zoŋⁿdzo
铝汉	ly	祁文地区	ɦjəro
煤	ɦdɔsɔ	红山村	loŋmar
炭	sɔ	榆林坝	ɦjərloŋ
一种石头	pʰɔtʂaŋ		
碱汉	tɕan		

---

① 比如 rɔ tʂʰal-ki ňaŋ "正在起泡沫"。
② 如 ɦjɐ tʂʰɐk-soŋ-zɐk "生锈了"。
③ 比如"你从哪儿（地方）来的"或者"他在哪儿（或他在什么地方）"，此时的"哪儿（地方）"要用 kaŋ。
④ sɐtʂʰɐ 是大的地方，即地区，而 sɐkʰok 是小的地方，如盖房所选定的地方。
⑤ 东纳当地指称"某家"，都是习惯用"姓氏+家"的组合方式。此处，乔家姓周，是故常采用ⁿdzotsʰaŋ指乔家，当然亦可直接用姓氏代替。
⑥ 该村是新建的一个村，所以只有汉语名字。

观山村	ʰdɔˈgoho①	旱獭沟	ʂɥloŋ
文殊寺	ⁿdʑʁjəŋonpa②	青山顶	amiŋɕɔ
西藏寺	tɕʰəˈkʰorgonpa	药水泉	ʰmantʂʰəˈɐ
祁连山	ⁿdɔlʁɾəmo	汉地	ʱdʐɐnɐk sɐkʰək
坂塞日	panser	长江	ⁿdʐʰətʂʰə
镜铁山	tɕʰʁrep③	黄河	ʱmɐtʂʰə
黑河	tʂʰənɐk	雅鲁藏布江	ʰtsaŋtʂʰə
山神	rəʱdʷɐk	北京(旧)	maser⑥
托勒山	tʰole	北京(汉)	petɕiŋ
疏勒山	sɥri	拉萨	ɬɐsɐ
素珠链	tʂʰəɲɐ④	康巴	kʰaŋpa
汉蒙驻地	tʰaŋkarjək⑤	安多	aⁿdɔ
幸福藏人	poʰtɕɔl	布达拉(宫)	pɔtɐlɐ
马营河	ʰtsɐloŋho	塔尔寺	ʰkənbən
石油河	ʱdɔʰnəmho	拉卜楞	lɐmˈaŋ
红水河	tʂʰəmar	酒泉(汉)	soktʂʰə⑦
上老虎沟	ʰtɛkloŋkoŋma	张掖(汉)	tʂaŋjɛ
雪豹沟	ʰtsɛloŋ	嘉峪关(汉)	tɕaykʷan
黄羊滩	ʱgotʰaŋ	新地	sɐtʰoksɔma⑧
豹子沟	ʰtsɛⁿgɐk/ʰtsɛloŋ	城市	kʰʷar
鹿沟	ʂaloŋ	村子	ʱdɐkʰək
盘羊沟	ʰn̥anloŋ	商店	tsʰoŋkʰaŋ
桦树沟	ʰtɛkloŋ		
柳树沟	laŋkʰitoŋ		

---

① 凸起的、石头很多的地方。

② 文殊寺和西藏寺是东纳地区最主要的两座寺庙，分别又称为 ʱgontʂʰən "文殊寺" 和ʱgontʂʰoŋ "西藏寺"。又因文殊寺建立在像一尊自然形成的文殊菩萨造型的山上，因此又名ⁿdʑʁjəŋʂʷaŋ "自然形成的文殊"。

③ 当地还有 tɕʰʁrepkoŋma "上镜铁山" 和 tɕʰʁrepjokma "下镜铁山" 之别。

④ 素珠链为当地祁连山脉的最高峰。tʂʰəɲɐ 为当地根据汉语名字"素珠链"而意译过来的一个名字，并非当地自古就有的旧名。旧名现已不可识。

⑤ 即河西走廊北面汉族和蒙古族居住的地方，相对于藏族居住于河西走廊南边的山里面而言。

⑥ 该词只出现在故事语料中，通常口语中已经借用汉语词来表达。

⑦ 或称 soktʂʰəkʰʷar "酒泉城"。soktʂʰə 即肃州，为酒泉市旧称。

⑧ "新地"为酒泉地名，靠近东纳，之前为无人之地，后有人到当地居住，故此得名。

部落	tsʰɔwa/sʷiɣor	刘姓	ɦŋo
寿村	ʂo		
桥_汉_	tɕʰjɔ	**（2）身体、器官。**	
邻居	tɕʰəmtsʰaŋ	身体	ʰtʂo/li_见于诗歌_
家乡	jo	身高	ɦdzək
家	ɦjəl①	光溜身体	ʰtʂɔroŋ②
家庭	tɕʰəm	头	ⁿgɔ
地震	sɐⁿgo	脑袋	ɦlalpa
姓氏	ɦdoɲri	额头	tʰɔpa
索姓	soktsʰaŋ	头发	ʰtɕɐ
李姓	ritsʰaŋ	辫子	lane/lanə③
顾姓	ⁿgotsʰaŋ	辫子	tʂoɣo④
牙姓	ɦjɐk ʂɥ	眉毛	ɦȵəksɥ
佘姓	ʂɥȵəŋ	睫毛	ɦȵəksɥ
叶姓	jarkʰu	眼睛	ɦȵək
贾姓	ɦdzɐʂaŋ	眼珠子	ȵəkde
郎姓	ɦlaȵtsʰɐ	斜眼	sərȵək
朵姓	toktsʰaŋ	鼻子	ʰɲɐ
贺姓	kʰor	鼻孔	ʰɲɐˑɕɔ
凯姓	kʰiⁿdʐən	耳朵	ɦna
郭姓_汉_	kɔtɕa	脸	ŋɔ
蒲姓	pʰərtsʰɐ	面颊	ⁿdzampa
强姓	tɕʰaȵtsʰɐ	嘴唇	kʰɐ
喇姓	rɐtʂok	唇上肉	kʰɐʂɐ
马姓	matsʰɐ	胡子_专指人的_	kʰɐpsɥ
乔姓	ⁿdzˑotsʰaŋ	连鬓胡	ɦdzɐrəkɲɔ
黄姓	hɔser	下巴	mantsʰe
王姓	ⁿbutsʰaŋ	脖子	ʰke
于姓	rɐtsʰɐ	脖颈	tʂoŋ
闫姓	kɐktsʰɐ		

---

① 如 tɕʰɔ ɦjəl kaŋ-ni-jən "你家是哪里的"。
② 常用以形容小孩不穿衣服，赤条条的。
③ 女人梳的满头的特别细小的辫子。
④ 男人盘在头上的辫子。同时还具有"线团"之义。

肩膀	tʂʰɐkkʰɐ/sʷoksɐ	中指	ⁿdzoɣorəkrək
背	ɦgawa	无名指	tʂakpaʰtɕardi
腋	tʂʰʷan	小指	sʷitʂʰəkkʰɐtʂʰoŋ
胸	tʂaŋ	指甲	semɔ
胸口	tʂʰʷənkʰɐ	拳	kʰʷətsʰɐr
怀抱	paŋ	男娃生殖器	tsɔtsɔ
乳房	nəma/nəʳɕɐ	睾丸	ɦlokri/ɦləkpa/ɦləkdɔ
乳头	nəⁿɕɐ	女性生殖器	ɦȵama/kima
奶汁	ɣɔma	女娃生殖器	pɐlɔ
肚子	kʰokpa	成年妇女	mɔʳgʷɕɐ
肚脐	ʰte	小脚汉妇	ɦdʐɐmuʰkaŋⁿdzək
腰	ʰkepa	赶牛汉男	ɦdʐɐʳganɦlaŋʰtʂɐk
屁股	ɣoŋtoŋ	胎盘	ʂɐma③
肛门	ɣoŋtoŋkʰɐʳdi	皮肤	paksa
大腿	ɦlɐ	皱纹	ɦȵerma
大腿肉	ɦlɐʂɐ	皴	tɕək
胯下	z̩ʷok	痣	ʰm̥e
膝盖	piⁿgɔ①	黄斑病	rəma
脚	ʰkaŋɐ	疤	ɦm̥ɐ
小腿	ȵɐ②	癣	ʰtsək
小腿肚肉	ȵɐʂɐlok	麻子	r̥emaŋɔ/tʂʰarŋɔ
脚踝	tʰək	血	tɕʰɐk
胳膊	lakke	筋	tʂoŋ
手	lakpa	脊筋	sʷer④
手腕	laktsʰək	脉 手脉	ʰtsɐlam
手指	ⁿdzoɣo/sormɔ	骨头	rəpsa/rəppa
手掌	tʂʰaŋtʰi	蒙皮	ʂɐʰtsɐ⑤
拇指	tʰeɣoŋ/ⁿdzəktʂʰe	脊椎骨	ɦgatsʰək
食指	neɣoŋ		

① 发音人说之前还听到有老人说成 piŋgɔ。实即由 pi + ⁿgɔ 重新分析和同化而来。
② 亦可指脚和脚趾头。
③ 主要用于动物。
④ 指牛羊脊椎骨上的筋。
⑤ 骨头外面的一层皮。

肋骨	ʰtsoɣo	薄屎	ɦȵaŋŋa
骨节	tsʰək	尿	ɦdzəŋ④/ʰtʂən
骨髓	ʰkaŋ	屁	ʂʷan
牙齿	sɔ	汗水	ɦŋotʂʰə
犬牙	ⁿdzamsɔ	痰	kʰɐlə
前门牙	ⁿgɔsɔ/ɦgənsɔ	口水	kʰɐtʂə
牙龈	ɦni	清鼻涕	ɦȵɐtʂʰə
舌头	ʰtʂe	眼泪	ɦȵəktʂʰə/tʂʷima⑤
腭	ʰkan	脓	ɦnɐk
喉咙	otɕʰok/owa	疮	ɦma
嗓子	ᵐȵetʰok/ᵐʲetʰok	疙瘩	ⁿbərtɔ
肺	ɦlɔ	圆疙瘩	lokri
肺病	ɦlɔnal①	红印记	mar ʂər
天花	ɬɐ②	污垢	ʰtsokpa/tʂʰelpa⑥
心脏	tʂənpa/ʰȵəŋ③	声音	ʰkal
肝	tʂʰʷənpa	痒	tʂʰək
脾	tsʰʷera	打嗝声	ɦgək
肾	kʰʷama	臭味	tʂɔri⑦
胆	tɕʰəpsa	味道味觉	tʂɔ
胃	pʰɔ	气味	tʂə
肠子	ɦdzəma	尸体	rɔ
大肠	ɦdzəyar/ɦdzətʂʰe	生命	r̥ok
小肠	ɦdzənɐk	寿命	tsʰe
膀胱	ʰtʂənɦdʑi		
胯骨	ʰtʂə	**（3）人物、称谓。**	
屎	ʰtɕakpa	人	mʲi/mʲə/ᵐȵə
屎婴儿所拉	kɐkɐ	人民	ᵐȵəmaŋ

---

① 此为羊常得的一种病。
② "天花"的书面语为 lha.ⁿbrum，此处只保留了首音节。
③ tʂənpa 在口语中使用频率更高。
④ 发音人说 ɦdzəŋ 比较古老，是小时候听老年人如此说，现在基本不用了。
⑤ ɦȵəktʂʰə 是如风吹、沙打等时流的眼泪，tʂʷima 是指平时大哭时流的眼泪。
⑥ tʂʰelpa 指锅上的一圈圈污渍。
⑦ 如 ˢkaŋ-gə tʂɔri "脚臭味"。

百姓	maɳtsʰok	农民	sɐⁿdepᵐŋə
首领/村长	tsʰɔˢpon	士兵	ɦmɐk
藏族	pol	军人	ɦmɐkmʲə
汉族	ɦdʐɐ/ɦdʐɐnɐk	部队	ɦmɐk/ɦmarmɐk⑤
蒙古	hor	兵娃子	ɦmɐktʂʰək
回族	sokpɔ	首领(诗)	ɦdʑiwɔ
裕固族	jəɣɔr	牧民	ɕʷəkdewa/soktsʰɔ
半汉半藏	ɦdʐæmapol	木匠	ʂəŋzʷɔ
成年人	ᵐȵɐtʂʰe	铁匠	ʰtʂɐkdoŋ
小孩	ȵɔɣɔ/ȵɔɣɔtʰiko	猎人	tsʰaŋpan
汉族小孩	ⁿdʐorək/ɦdʐɐtʂʰək	放羊人/牧人	lək̊dʐə
汉族女人	ⁿdʐamɔ	牧人	sokdʐə
新地娃	ɕəŋtiwa①	炊事员	liwa
婴儿	ȵɔɣɔtʰikʰɔ/petʂʰək②	英雄	ʰpɐwu
老年人	lɔlon	女英雄	ʰpɐmu
老头儿	ɦgɐpɔ	单身	ᵐȵəˢtɕaŋ
老太太	ɦganmɔ	乞丐	ᵐȵəˢtsaŋ
妇女	mɔˢtɕi	贼	ʰkɐnma
男人	pʰɔˢtɕi	懒汉	lalma
妇女	mɐɻə/mɔʳgɔ③	好人	zʷaŋᵐɐtə
男女	pʰɔmɔ	强盗	tʂakpa
小伙子	ȵokʐon	病人	nalpa
年轻人	lɔȵɔȵ	国王/皇帝	ɦdʐɐwɔ
姑娘	r̊oɳtʂʰoŋ④	皇帝	koŋma
干部	liʰtɕepa	官/领导	ʰponpɔ
专家	kʰʷiwa	干部	ⁿgɔwa
商人	tsʰoŋᵐɐȵə	朋友	tʂokpɔ
医生	ʰmȧnpa		

---

① 该词为汉藏混合结构，ɕəŋti 乃汉语地名"新地"，wa 为藏语指人后缀。因为新地一带的孩子之前好偷盗东纳藏族百姓财物，常做损害当地藏族居民利益的事，所以成为当地常用词。

② 敦煌藏文中有个词 be. ci "小孩、幼儿"，东纳话可能继承了这个古老的形式。

③ mɔʳgɔ 指年龄较大的妇女。

④ 此词专指未出嫁的姑娘。

⑤ ɦmar 为"红色"，mak 为"军队"，即"红军"与"部队"是同一个词。

邻居	tsʰi/rok	母亲	amɐ
老师	ɦgeʳgan	父母	pʰamɐ
雇工	ɦlɐwa	儿子	ʂɘlə/ʂʷɘlɐ
裁缝	kɔzi zʷɔwa	媳妇	nɐmɐ③
石匠	ɦdɔli/ɦdɔʳdoŋ	女儿	pɔmɔ
屠夫	ʂanpa	女婿	makpa
跛子	ʰkaŋtɕo	孙子(汉)	suntsʅ
瞎子	ɦȵək ʂar	孙女(汉)	sunmʅ
聋子	ɦnɐɣon	小娃娃	ȵɔɤu
秃子	ⁿgɔlok/ⁿgɔʳcɔ	小伙子	ȵokzɔn
麻子	maŋɔ/tʂʰarŋɔ①	小字辈	tʂʰoŋrok
驼背者	ȵɐlok	哥哥	atɕɐ
傻子/笨人	ɦlanpa/ɦlantʰɔ	姐姐	atʂəɣa
活儿	lɐˢkɐ	弟弟	nokɐ
疯子	ʰȵanpa	妹妹	nəmɔ
结巴(汉)	tɕiɘtɕiɘtsʅ	嫂子	pɐkmɐ
哑巴(汉)	japa	姐夫	jəɳe
主人/掌柜	ɦdɐkpɔ	亲戚	ȵɐle
客人	ⁿdzɔwa	伯父	apɐtʂʰe
生人	ᵐȵ-iʃ- mə- ʂi- kɐ	伯母	amɐtʂʰe
自己人	raŋᵐȵɐ	叔叔	apɐtʂʰoŋ/akʰɐ
敌人	ɦazɐ	婶母	amɐtʂʰoŋ/ane
小字辈	petʂʰək②	侄子(汉)	tʂəɣɘtsɐ
穷人	mepu	侄女(汉)	tʂəmʅtsɐ
富人	ʂʷɐkpu	兄弟	sʷən
富人	jopu	兄弟姐妹	miŋřəŋ
名字	miŋ	舅父	azɻaŋ
爷爷	aᵐȵi/amʲi	舅母	ane
奶奶	aji		
父亲	apɐ		

---

① maŋɔ 为汉藏合璧词，ma 即汉语"麻子"的"麻"，ŋɔ 为藏语"脸"之义。tʂʰarŋɔ 是 tʂʰar "雨" + ŋɔ "脸"的组合，即像下雨一样星星点点地分布。

② 个子小、辈分小的小娃娃，或者肚子里怀着的也可以此来指称。

③ 既可以指自己的妻子，也可以指儿媳妇，通常指小辈的媳妇，即儿媳妇。

姨夫_汉	kujə	犏牛	ⁿdzɔ
姨母	ane/jima_汉	雌犏牛	ⁿdzɔmɔ
姑父_汉	kujə	雄犏牛	ⁿdzɔpʰɔ
姑母	ane/kumɐ_汉	小母犏牛	ⁿdzɔtʂʰək
岳父	apɐ/akʰɐ	花犏牛	ⁿdzɔtɕʰoŋkʰar
岳母	amɐ/ane	黄牛	ɦlaŋɔ
亲戚	ȵəle	老黄牛	ɦlaŋʳgan
丈夫	ʰtɕepsa	公黄牛_已骟	ɦlaŋpʰɔ
妻子	ɦgemɔ	种公牛_未骟	ɦlaŋtʰək
夫妻	ɦdzɐⁿgɔ①	母黄牛	pɐmɔ
继母	mɐzʷəkma	小黄牛娃	ɦlaŋtʂʰək
继父	pʰɐzʷəkma	牛粪	ɣoŋŋa③
寡妇	mʲəʰtɕaŋ	犄角	rɐ
光棍儿	mʲəkʰer	蹄子	səkkʰi/ɦȵəkpa
双胞胎	tsʰʷema/tsʰʷetsʰʷe	绒	kʰə/kʰʷəɣə
孤儿	pʰɐmɐmᵐȵə	皮	paksa

（4）生命、动物。

牲畜	ɦgɔsok	毛	sʮ④
大型牲畜	kʰama②	毛	ʰtsəlpa⑤
幼畜_乌兽等	tʂəɣa	牦牛毛	nortsəl
牲畜耳记	ɦnɐkʰi	山羊毛	raˢtsəl
牦牛	nor	山羊胡子	ŋakma
驮牛	ɦjɐk	绵羊毛	ləkpa
种牦牛	ɦjɐktʰək	毛色	pakʰɐ/tɕekʰɐ
雌牦牛	ⁿdzɔ	尾巴	ɦŋama
牦牛娃子	jɐrɐ	公山羊性器官	kima
两三岁牦牛	ʰoma	牲畜睾丸	ləkɔ
不孕牦牛	ⁿdzɔʰkam	白额牲畜	ʰɔkʰar

---

① 如 ⁿdzɐⁿgɔ ʰtʰor-soŋ-zək，是"夫妻离婚了"的意思。
② 特指牛、马等大型牲畜，如 kʰama tʂʰəla zək-jo"有多少牲口？"。
③ ɣoŋlon"湿牛粪"。ɣoŋŋa 统称牛粪，不论干湿。或者说 ɣoŋŋa ʰkambə"干牛粪"，ɣoŋŋa lonpa"湿牛粪"。
④ 一般指胡须或人皮肤上的毛等。
⑤ 统称牦牛毛和绵羊毛。

马	ʰtɐ	皮霉菌病	ɦɳɔ
马驹	ʰti/ʰtɐɣe	山羊	rama
小母驹	morti	山羊羔	rəˢtsə
小公驹	pʰɔˢti	羊羔₁周岁	eˢke
大走马	ʰtɐkomtʂʰan	羯羊群	tʰoɳtɕʰə
跑马	ɦdzəkˢtɐ	山羯羊	ratʰoɳ
走马	ⁿdzɔˢtɐ	绵羯羊	tʰoɳɳo
马坐骑	ʂʷanˢtɐ	细毛羊	paⁿdʐamlək⑥
海青马	tʂʰəⁿtɐʰɳɔri	细毛羊娃子	loɣoʰtʂɔroɳ
蹦马	ɦdzəkˢtɐ①	羊毛	pa
公马	pʰɔˢtɐ	羊角	sokrɐ
母马	ɦgonma	羊毛油	patsʰi
种马	ʰtsep/ʰtˢtsep	羊毛和牛毛	ʰtsəlpa
骟马汉	ʂɐma	羊粪蛋	rima/ləl
吉祥马	ɦjaɳˢtɐ②	羊粪	ɦȵe⑦
骏马	ʰtɐ tɔwa	羊粪	ʰtsɔ⑧
马鬃	ɦɳokma	羊粪块子	tʂərma⑨
马额毛	pʰenpʰen	羚羊	ʰtso
马粪	ʰtɐrəɳ	黄羊	ɦgo
绵山羊	rɐlək③	盘羊	ʰɳ̊an
绵羊	ləkkʰar	青羊	ɦna
绵羊羔	loɣo/loɣotekʰɔ	公青羊	ɦɳ̊aⁿkjək
母绵羊	mɐmɐ	母青羊	ɦnamu
怪胎羊	tʂʷɔlɐ	青羊娃子	ɦniɣe
羊疥癣病	tʂɐsʂɐ④		
口膜炎	kʰɐtsʰe⑤		

---

① 走路不稳, 不宜用于骑行的一种马。
② 身上绑着红色布片的马, 不允许妇女骑乘。
③ 绵羊所生, 但绵羊不认, 而是从小吃山羊奶长大的一种羊。
④ 山羊所得的一种病, 类似人脸上的瘊子, 一般长在嘴上和脸颊上。绵羊不得此病。
⑤ 当地汉语称"羊口疮"。
⑥ 20世纪50年代新引进的一种品种, 因而是个较新的词。
⑦ 羊所拉的成块而不是呈颗粒状的粪便。
⑧ 羊肚子里的粪便, 乃统称, 不论干湿等其他外形。
⑨ 羊圈里面羊所拉的屎, 经过长期踩踏, 与尿混合而形成的羊粪块子。

圈 统称	ɬi	老虎	ʰtɐk
羊圈	tsʰʷer ʂo	狮子	səŋⁿgi
汉人的绵羊	ɦdʑɐlək	龙	ⁿdʐɔk
汉人的山羊	ɦdʐɐra	爪子	ɦdʐɐma ɦdʐɐzoŋ
白羊/宝贝	ɦjaŋkʰar	三爪形	ʰtɕɐkri ③
骡子	tʂi	猴子	sʷer
驴	poŋŋɔ	象	ɦlaŋʂʰe
骆驼	ɦŋɐmaŋ	野牦牛	ⁿdʐoŋ
猪	pʰɐk	豹子	ʰtsɐ
母猪	pʰɐkmɔ	熊	tʂel
公猪	pʰɐkpʰɔ	狗熊	nɐktʂel
被骟牲畜	sʷawa ①	母熊	tʂemɔ
猪崽	pʰɐktʂʰək	野猪	pʰɐk
猪粪	pʰɐktɕɐk	鹿	ʂa
狗	tɕʰə	鹿角	ʂarɐ
哈巴狗	ⁿgɔtɕʰə	八叉鹿茸	ʂawurɐʳdʐʷal
母狗	tɕʰəmɔ	獐子	ɦla
野狗	tɕʰəʳdom	麝香	ɦlɐˢtsə
狗粪	tɕʰəˢtɕʰɐk	野马/野驴	ʰtɕaŋ
猫	mɔrə	石貂	ram
兔子	ɦgoŋ	刺猬 汉	tsʰɿwi
翅膀 飞禽的	ʂokpa	旱獭	ʂʷa
羽毛 鹰的	ʂʷaʳdʐɔ	旱獭肉	ʂɥʂɐ
绒毛	ʂʷasɿ	小旱獭	ʂorɐk
鸭子	ŋaŋwa	大旱獭	ʂɥʳgan
鹅	ŋaŋwa	老鼠	tʂɐ/tsəkli ④
一种禽兽	ŋaŋwaʰtserⁿgɔ ②	草老鼠	ʰtsɐtʂɐ
鸽子	pʰəkron	地老鼠	ʰtsɐⁿpʰar ⑤
野兽	rətɐk		

---

① 统称被骟的牛、羊、马等牲畜。
② 当地的一种禽兽,具体学名暂时不清楚。
③ 鸟的3个指爪所形成的形状。
④ 指家里吃粮食的老鼠。
⑤ 体型比较大的一种老鼠,似狐狸,对草原危害大。亦有人把狼、豹子等统称为 ʰtsɐⁿpʰar。

橙足鼯鼠	tʂɤyar nama	麻雀	sʷi
野猫	ɑtsɐtʰɐ	喜鹊	ʰtɕɐyɤ
黄鼠狼	r̥emaŋ	乌鸦	hɐtʰɐ
豹	pʰɛrɤ	红嘴鸦	ʰtʂoŋhɐ kʰɛmar
狼	tʰɐŋgam①	白脖子鸦	ʰtʂoŋhɐn.ɤyar
秃尾巴狼	sʷaŋkʰʷə ɦŋɐlok	鸡	tewu
狐狸	ɣɛ	小鸡	tetʂʰək
猞猁	ɦjɤyar	鸡肉	te ʂɛ
鸟 大型	sʷa	鸡蛋	teʳgoŋ
大鹰	sʷatʂʰan②	高山雪鸡	rɛkoŋ/koŋʳŋoŋ⑤
鸟 小型	sʷi	一种雪鸡	ləkkoŋ/koŋkʰar⑥
鸟窝	sʷatsʰaŋ/sʷitsʰaŋ	雪鸡 总称	koŋmɔ
鸟粪	sʷaʰtɕɛk/sʷiʰtɕɛk	松鸡 汉	soŋtɕi
额老鹰	ninikɛma	高原山鹑	sʷarɛtɕʰok⑦
胡兀鹫	kɔⁿdiŋ	弱小鸡类	sʷaŋ.oŋtʂʰoŋ⑧
鹞子	tɕʰɐ	沙鸡	r̥okpa/rɛr̥ok/sʷaɛtɕʰok⑨
金雕	ɦlɛk③	沙鸡	ʂatɕi⑩
秃鹫	sinɛkri④	布谷鸟	kʰijək
猫头鹰	ɣəkkan	戴胜鸟	pʰətʂʰəl
燕子	kʰɛlɛjək	孔雀	sʷaŋaŋhɐ
大雁	tɕʰoŋtɕʰoŋ		

---

① tʰɐŋgam 本义乃"吃土"。另外,狼在当地还有 kʰɛtʰam、ɦdʐamtsʰɐk、ʰtɕaŋkʰʷə 等称谓。

② 如鹰、鹞子、秃鹫、喜鹊等吃肉的鸟类。

③ 书面藏文为 glag,属大型猛禽,可捕食羊羔、狐狸、兔等。因经常捕食羊羔而被视为牧区害鸟之一,传统习俗允许捕杀。

④ 秃鹫在当地又据体色分为 tʰaŋkʰar 和 tʰaŋnek 两种。前者飞起来翅膀梢子是黑的,落在地上时全身是白的。后者全身都是黑色的,当地方言称"黑尕只"。

⑤ rɛkoŋ 本义为"山羊+雪鸡",比喻像山羊一样生活在高山上的鸡。灰颜色,红爪子。

⑥ ləkkoŋ 本义为"绵羊+雪鸡",比喻像绵羊一样生活在平地的雪鸡。尾巴是白色的。ləkkoŋ 和 koŋkʰar 乃异名同实。

⑦ 体型较小,和家养的鸡差不多。身上是灰色的,腹部暗黄色,爪子是暗红色。

⑧ 指鸽子、乌鸦等小型的鸟类。

⑨ 我们给发音人展示了"黑脸沙鸡"的图片,认同其是 r̥okpa,当地汉语方言称之为"尕达鸡"。但发音人同时认为当地还有一种叫"沙鸡"的鸡类,与所谓"尕达鸡"并不相同。

⑩ 不同于"尕达鸡",此处乃指一种小型的鸡,通常在草丛里头,夏天在灌木林里。

乌龟(汉)	wukui	花	ᵐȵetok
蛇	ru	核儿(汉)	tʰɔrəntsʅ/lirəntsʅ
青蛙(汉)	lekʷatsʅ	柏树	ʂəkpa
蝌蚪(汉)	hamakututsʅ	黄柏树	ʰtɕera
鱼	ȵɐ	柏树仔	ʂəktʰok
虫	ⁿbu	松树	ʰtsompa/nɐkʰtsompa
跳蚤	ⁿbuʂʰoŋʰtɐk	松香	tʰaȵʂʰə
虱子	ʂək	杨树	ɦdzʋloŋ
虮子	r̃emaŋ	野白杨	mʋa
荷曲	ⁿbunɐk①	桦树	ʰtakpa
蹦虫	ʰtək	柳树	ʰtʂaŋma
苍蝇(汉)	tsʰaŋjəŋ	灌木柳林	laŋma/laŋkʰi③
蛆	ⁿbu	带刺灌木	kʰɔmajaptsʰe④
蚊子(汉)	wəntsə	檀香	tsʷantan
蜘蛛(汉)	tʂutʂu	竹子(汉)	tʂutsʅ
蚂蚁	ⁿbutɕɐkma	刺儿	tsʰerma
蜜蜂(汉)	mɿfəŋ	水果	ʂəȵtʰok/sitʰok
蝗虫	tʂʰoŋmatʂʰoŋʰtɐk	桃子(汉)	tʰɔɤɛ
蜻蜓(汉)	tɕʰəȵtʰiŋ	核桃(汉)	hətʰɔ
蝴蝶	ʂʷemalaptsʰe	西瓜	ɕikʷa
蝎子(汉)	ɕətsʅ	苹果	pʰiaŋkuo

（5）植物、花木。

树	nɐk②	香蕉(汉)	ɕiaŋtɕiɔ
树苗	nɐktʂʰək	红枣	ɦmartʂək
根	ʰtsɐpa	梨(汉)	liɤ
叶子	lɔma	桔(汉)	tɕytsʅ
树叶	nɐklɔ	杏	xaŋɤə
树枝(汉)	ʂujapa	葡萄(汉)	pʰutʰɔ

---

① 一种小虫子，会钻到羊身上吸血越吸体型越大。"荷曲"乃当地汉语方言名称，学名暂不清楚。

② 如 nɐkkʰerə "一棵独树"。

③ laŋma 和 ʰtʂaŋma 都是指柳树，但前者是一种低矮的灌木类柳树，而后者是较为高大的柳树。

④ 和灌木林长在一起的一种带刺的灌木。

莲花	panma①		小麦	ni/nitɕɔ
冬虫夏草	无名字		青稞	niˈŋon
藏红花	kərkəm		玉米_汉	pɔku
羊胡子草	rɐʳgok②		棉花	řəŋ
庖牛草	nɔrgok		麻_汉	ma
冰草	ɦdʐɐkma③		蔬菜	ʰtsɐlələ
芨芨草	ʰtsətʰo		萝卜_汉	luəpʰu
鞭丛	ⁿdʐoŋʳgok		辣椒	kʰɐtsʰək
头发菜	ʰtɕələlə		葱_汉	tsʰoŋ
麻黄草	tsʰʷe		蒜_汉	suan
沙葱	kɔmɐli		姜_汉	tɕaŋ
野猫儿	ʰtsɐtʰa④		韭菜_汉	tɕotsʰe
益母草	ɐ kʰʷəra		马铃薯	ʰtsəmpa
石黄	lɐɣar		豆子	řanma
锁阳	sene		花生_汉	xʷa ʂəŋ
大黄	səmsa		芝麻_汉	tsʅma
柽柳	sʷanma		蘑菇	mɔku
五灵脂	tʂɐɣar nama rima⑤		人参果	tɕɔmɔ
车前子	tɕʰəram		小米	tʂʰəŋma
让巴草	rampa⑥		大米	ⁿdʐi
（6）饮食、烹调。			饭	tʂəma
吃喝_{名词}	sɐⁿtʰoŋas		粥/大米汤	ⁿdʐitʰaŋ
粮食	sɐma		面粉	ɦdʐan
粮食	ʂəŋ⑦		白面	ɦdʐankʰar
种子_汉	tsʅtʂoŋ			
穗子_汉	sʷitsʅ			

---

① panma 的书面正字是 pad. ma，韵尾 -d 在东纳话中演变为 -l，然后 -l 由于受到声母鼻音 m - 的同化作用而变成 n - 。若单念，母语者依然可以明确把 pad 发成 pal。

② 羊胡子草与庖牛草、鞭丛、沙葱等都是当地汉语方言的称呼，这些草都是人可以吃的。

③ 当地的一种野草，根系发达，对农作物危害较大。牛、羊等牲畜比较爱吃。

④ 当地的一种草名，"野猫儿"是当地的汉语方言对此草的称谓。

⑤ 由橙足鼯鼠（当地汉语方言称为"石兔子"）排出的粪便所制成的一味中药。

⑥ 种子可当饲料或食品的一种野草，牧区普遍生长。

⑦ ʂəŋ 在书面上为农田，东纳话指庄稼。如 sɐ ⁿdep - kə "种地"，而 ʂəŋ ⁿdep - kə 乃"种庄稼"。

黑面	ɦdzˌannɐk	干酪	tʂʰɔrɐ
面片	ɦdzˌanlep	胶奶	ʰtʂə
馒头	kʷɐrɐ	奶皮子	kʰejɐk
面条	ʰtʂardzˌan/ʰtəpdzˌan	奶角子	ɣɔˢtɐ
拉面	tʰanɦdzˌan	糌粑	ʰtsampa
软面	ɦdzˌanʰɕmeɔ	牛肉	nor ʂɐ
饺子	kɔraⁿdzˌɐ	干牛肉	nor ʂɐ ʰkampɔ
包子	tsʰalma	干肉	ʂɐˢkam
早茶	ʰȵɐtʂɐ/naȵtʂɐ	羊肉	sok ʂɐ/lək ʂɐ
早饭	ʰȵɐmi tʂəma	猪肉	pʰɐk ʂɐ
中午饭	ȵəŋɡoȵ tʂəma	杂碎/下水	naȵtʂʰə
晚饭	ʂʷərɐ tʂəma	血肠	ɦdzˌəma
酥油糖米饭	ⁿdzˌitsʰi①	灌肉肠子	tsʰəkʰi
奶茶	ɣɔtʂɐ/tʂɐkar	剩饭	sɐⁿtʂʰok/ɬɐktʂʰok④
奶沫	ɣɔˢtsə	咬痕	kʰɐ ʂo
酥油茶	tʂɐjaȵmar/martʂɐ	盐	tsʰɐ
肉	ʂɐ	糖	karɐ
瘦肉	ʂɐrdzˌəl	醋	ʰtɕɔr
肉色	ʂɐⁿdok	花椒	ɦjarma
羊背子	tsʰaȵrɐ②	蛋	ʂʷarɡoŋ/ɦɡoŋ
油通名	ʰn̩əm	肉汤	kʰʷa
清油	ɦji	酒	tʂʰaŋ
脂肪油	tsʰi	开水	tʂʰəkʰo/tʂʰəⁿkʰo
羊油	ləktsʰi	冰棍汉	piəŋkun
酥油黄油	mar	茶	tʂɐ
牦牛乳	ⁿdzˌəmar	烟	tɔ
酪浆	tɐra③	药	ʰman
酸奶	ʂɕ		

---

① 在将煮好的米饭中，放入酥油和白糖而制成。
② 羊的尾椎部分，是当地招待客人的贵重礼品。
③ 该词书面正字为 dar。
④ sanʈʂʰok "吃剩下的"（如说 "你吃剩下的我不想吃"）。ɬɐktʂʰok 指吃了但没吃完、留下来的。比如可以是故意留下来的。ɬɐk 本义为遗留。另外，kʰɐʂo 也有吃剩下的意思。kʰɐ 本义是 "嘴"，而 ʂo 本义为 "残迹"。

草药/中药	ʰtsɐʳman	腰间饰品	tʂʰande③
麦麸	pʰətsʰe	绣花鞋	metokʰtsəkɬam
马料	ʰtɐʈʂʰi	高冲隆	ⁿgɔtʂʰoŋloŋ④
狗食	tɕʰɐʂk	恰日恰竖	tɕʰɐritʂaʂʷək
鼻烟	ʰctaŋ	藏装坎肩	tɕatɕatsʅ⑤
粉条(汉)	fəŋtʰʲc	藏袍	la
营养(诗)	ʱdzʐətʂi	针扎子	kʰapʂʷək⑥
味道(嗅觉)	ri	针线框	sɔkʰək⑦
味道(味觉)	tʂɔ	玛瑙项链	ʱjəʂʷərə

（7）服饰、穿戴。

		红穗狐皮帽	tʂɐla⑧
布	ri	褐子长袍	ʱnamputʂʰamtʂʰa⑨
丝	kʷiʂkəl	腰带	ʰkerɐk
绸子	kʷi/tarkʷi	礼帽	ʂɐmɔ
绸缎袍子	kʷilɐ	烟袋	tɔkʰək
丫头头面	ⁿgɔtək	烟锅子	kaŋsɐ
狐皮帽	aʂɐʂɐ	白腰小刀	tɕətʂʰoŋjɐɣar
头面	ʰtəkdʐap	五色手巾	lakʂi
串珠	tɕɐʳŋɐ/tsʰeʳma①	荷包(汉)	həpɔtsʅ⑩
飘带	ʰtɕapri	长腰藏靴	kʰaŋtʂʰanɕyətsə
八卦牌	meloŋ	短大恶(汉)	tuantɐɣa⑪
海螺	toŋ②	氆氇	tʂʰək
绣花枕头	metok ɬi-ɣiʰnipɐk	毛毯子	mama

---

① tɕɐʳŋɐ 与 tsʰeʳma 两者异名同实，指缀于头发辫子最末尾的串珠，下面吊红穗子。已婚者戴3串，未婚者戴1串。
② 女式藏装上一排排连缀着的海螺，有大有小。
③ 一种短的片状衣服构件，放在胸前，挂于腰带上。
④ 藏族女装某个部件，从右肩垂下到腰间，上面绣花儿，下面串着珠子。
⑤ 妇女长袍外所穿高领偏襟坎肩。
⑥ 放针的一种小绣花布质荷包，针用完之后扎到上面。
⑦ 比针扎子大，长约30厘米，宽约15厘米，放针、线、布条子等的。
⑧ 结婚时新娘所戴。
⑨ 用自己捻的羊毛线织成的褐子做的衣服。相对较古老的一种衣服，以前多为穷人所穿。
⑩ 一种藏式绣花荷包，里面通常放有香草。
⑪ 此乃汉语借词，1958年之前对穿汉族衣服的人的贬称。因为汉族衣服通常短，而藏族衣服较长，所以才有此叫法。汉字有可能是"短大恶"，也可能是"短大儿"，我们此处只按照读音来暂时记作"短大恶"。

褐子	ʰnampu①		里子	naŋri
布衣	ri-kə kɔzi		宝贝	rənpɔtsʰe
袈裟	ɦdzan		珊瑚	ʂʷərə
衣服	kɔzi		绿松石	ɦjə
藏袍	polla		玛瑙	tʂʰoŋ
衣领	koŋŋa		耳环	ɦnʁloŋ
衣袖	pʰɔroŋ		项圈	ʰkeʰtɕə
纽子	tʰeptʂʰɿ		手镯汉	tʂʷotsɿ
扣子	tʰeploŋ		裹肚	kʰokkʰep
裤子	torma		丝袍	kʷila
头帕汉:头纱	tʰosa		一种饰物	tɕʰante⑥
帽子	kali/ⁿɢɔʂʁ		一种饰物	ⁿgotʂoŋ⑦
腰带	ʰkerək②		头上小饰物	toȵtʂʰək
藏服装饰	xʷi③		枕头	ʰni
裤带	tortʰik		毡子	ʰtan
裹腿	ʰkaŋʰtɕə/ȵʁʰtɕə		地垫	sʁˢtan
袜子	ʰkaŋⁿbu/ ʂəp/ᵐbut④		软毡	ⁿdzokɣoŋ⑧
毛袜子	ⁿbutʰɔ			
鞋	ȵʁʂəp		**(8) 建筑、居住。**	
靴子	ham⑤		房子	kʰoŋŋa
皮袄	ʰtsakpa		草窝铺汉	wəpʰu⑨
棉袄	orə		旅店	ⁿdzokʰaŋ/wʁkʰaŋ
手帕	lakʂɿ		茶房	tʂʁkʰaŋ
梳子	ʂʷal/sɔmaŋ		楼房	tʰok
头饰	ⁿgɔtʁk			

---

① 一种手工捻成的毛线，用于织衣服、褡裢等。
② ʰkerək 是指穿上宽大的藏服后，需要从腰间用绳子把藏服束缚紧，这类绳子通常都是由哈达来代替。此时就叫ʰkerək。
③ 藏服袖口并列所缝的数条彩色布条。
④ 一种棉袜子。
⑤ 不管是皮质的还是布料的，皆可以此指称。
⑥ 妇女衣服上类似小包一样的东西，上面的 5 个穗子叫 tɕʰanterŋa。
⑦ 妇女脖子上戴的类似白海螺一样的饰品。
⑧ 用羊毛铺在毯子上所做的一种软毡，可作为衣服里子和床铺单子来用。
⑨ 四周由石头垒成，以苫草为顶的一种住所。

客厅汉	kʰətʰiŋ	（9）工具、杂物。	
牛圈	norɬi	东西	ɦdzəptʂɐ
马圈	ʰtɐɬi	桌子汉	tʂoktsʰe
羊圈	sokɬi	凳子	ɣoŋʰtɕɐk/ɣoŋⁿdək
圈墙	ɬikʰɐ	床汉	tʂʰʷaŋ
砖汉	tʂʷan	土炕总称	sɐtʰap⑦
瓦汉	wa	热炕	tsʰɐtʰap/kʰaŋtʂon⑧
墙汉	tɕʰaŋ	箱子	ɦgam
木头	ʂəŋ	柜子汉	kʷitsʅ
木板	ʂəŋlep	盒子	ɦgamtʂʰoŋ
柱子	kɐwɐ	玻璃	ʂel
门	ɦgɔ	镜子	ŋɔˢɐ
门槛	ɦgɔˢʂɐŋ	眼镜	ɦȵəkrɐ
大门	ɦgɔtʂʰe	脸盆	kɐtɔlɐ
牛毛帐篷	rɐnɐk/rɐ	盆子	ʰn̥ol
白布帐篷	rikʰər	扫帚	sɐʂʷɐk
天窗盖	kʰɐtsʰep①	笤帚	ʂʷɐkma
外撑杆	rɐkɐ②	灯	karmʲe
内撑杆	naŋkɐ③	柴	məʂəŋ
帐篷橛	pʰerɐ④	火石	mʲeʳdɔ
帐篷门	rɐʳgɔ	火镰	mʲetʂʰɐ
帐篷檐	lanⁿdap⑤	火柴	mʲeⁿbar
帐篷下角	rɐⁿdap	火把	ⁿbarmʲe
帐房底子	rɐʂo⑥	香烧香	sʷaŋ
院子	rɐkor		
厕所	ʰtɕɐkʰaŋ		

---

① 牛毛帐篷上遮挡天窗的东西。
② 用以在外面撑起牛毛帐篷的杆子。
③ 用以在里面撑起牛毛帐篷的杆子。
④ 支起帐篷的橛子。
⑤ 帐篷接近地面的檐子。
⑥ 游牧时支帐篷、搭灶台等的一片地方。
⑦ 用石头垒成，在"冬窝子"里。
⑧ 马伯成先生认为，tsʰɐtʰap 应该是从青海藏语中借用的，而东纳本土词为 kʰaŋⁿdzon。

灶	tʰapkʰɐ	尺子汉	tʂʰətsə
铁锅	ʰtʂɐkzaŋ	针	kʰap
罗锅铜质	wɐma/saŋŋa	锥子	ⁿbək
三叉锅庄	ɦdʑipusɐmtsʷək	剪子汉	tɕantsʅ
锅做馒头用	korzaŋ/korsaŋ①	梯子汉	tʰitsə
烟垢	tʂəmək	擀面杖	kantʂaŋ
盖子	kʰɐlep/saŋkʰɐlep	伞	tʂʰarkʷək
刀	tɕə	电话	ɦlokʰkəl/kʰɐpər
勺子铁的	ʰtɕokji	手机汉	ʂotɕi
勺子统称	ʂəkji	锁	sɐ
瓢	tʰəmpu	钥匙	sɐtʰər
木碗	tʂɐne	轮子	kʰorlo
碗	ʰkaro	棍子	ɦjəkpa
半碗	ʰkaˢkel②	马鞍	ʰtɐʳɐ
茶碗	tʂɐkʰɐ/tʂɐkɐro	牛鞍	norgɐ
盘子	ɦdzerma	毛驴鞍	poŋʳgɐ
筷子	tʰərma	鞍子之上	tʂok
瓶子	pʰiŋtsʅ	缳绳汉	sɔʂəŋ④
茶罐汉	tʂɐkʷan	马笼头	ʰtɐʳtʰər
瓦罐	ɦdzɐri/ɦdzɐma	马肚带	ɦlɔ
茶漏子	tsʰɐk	马嚼子	r̥ap
打奶茶桶	som	拴马绳	ʰtɐpʰar
水桶	tʂʰəsom	马蹬	joŋtʂʰan
打酥油的杆	ɣtɕʰi	马掌	ɦŋəktʂɐk
挤奶桶	sirə	马槽汉	matsʰɔ
臼	tʂɐʳdoŋ	口筐子	tʂʰikʰək⑤
杵	tʂɐʳdoŋɦdɔri	后鞦	ʰŋ̍el
吹火筒	kʰoma③	缰绳	tʰərtʰɐk
背带	lane		

---

① 放在火堆里的一种锅。
② ˢka 为"碗"，ʰkel 为"一半"的意思，如可以用于说"半碗饭"。
③ 用于皮风箱。
④ 绑在鞍子上的小绳子。
⑤ 挂在马脖子上喂草的筐子。

毛绳	ʰtsəlʰtɐk	扁担汉	piantan
鞭子	ʰtʂɐk	把儿刀把儿	jɔwa
驮子/褡裢	ⁿgɔɲi/taliə	绳子	tʰakpa
牛鼻圈	ʰɲɐtɐk	绳子股	tʰoɣo
顶针	ⁿgɔja	麻绳/草绳	ʰtsɔtʰɐk
图章汉	tʂaɳtsɿ	拴头绳	ʰkɐtɐk⑧
牛皮绳	pɐktʰɐk	线	ʰkəpa
工具	lɐktʂʰɐ	棉线	tokpa/riʰkar
斧头	ʰtɐri	结儿	ⁿdəlpa
锯子	soklan	毛线	paʰkəl
钻子	ʰtsorʰbək	镰刀	sɔrɐ
铁锨	ʰtʂɐk ʂam	筛子/箩子	lɐktsʰe
犁汉	lixua	石杵	ɦdɔri
耙汉	pʰatsɿ	磨石	ɦdar
被子	ɲɐⁿgap/ɲɐsɐ①	石磨	tʂʰʷək
口袋	tʰar/tʰɐkɣar②	线杆	pʰaŋ⑨
口袋	ɦdʐemək③	线坨子	pʰaŋlɔ
口袋	ko④	经线	ɦdʐiʰkəl
皮口袋	ɦlɐko/pɐkko⑤	纬线	sʷon
羊毛口袋	patʰar	纵	ʰɲi⑩
羊毛包	pakʰək/pako⑥	木刀	ʰtakma
布口袋	riko	橛子	pʰɐrɐ⑪
羊皮口袋	ʰtɕawa⑦	木头橛子	ʂəŋpʰer
打茶器具	tsɐʳdoŋ	立身架	tʰɐkʳkaŋ

① ɲɐsɐ 本义为"住处",此处引申亦可指被褥。如 ɲɐsɐ ⁿdiŋ "铺床"。
② 用羊毛、牛毛等线织的口袋片子所做成,约 1.4 米,用于装粮食。
③ 用毛线毯做的一种半截子小口袋,约 80 厘米长,用于装牛粪,当地不用背篓装牛粪。
④ 指布或皮等做的小口袋,用于装小件杂物。
⑤ ɦlɐko 是獐子皮口袋,而 pɐkko 是羊皮口袋。
⑥ 用羊毛编织的包。
⑦ 缝合羊皮制成的背水容器。
⑧ 套在头上打了圈的绳子。
⑨ 手工捻线的线杆子。
⑩ 用以提拔经线的织具。
⑪ 这种橛子总共有 3 个部分,上面的一个叫 jeɣər,下面的两个叫 mɐɣər。

铁橛子	ʰtʂakpʰer	火车	ᵐɳekʰor
下压线板	nortep	汽车	ʱloŋkʰor
支线架子	ʱɢanpu	木排车	ʂəŋˢtɐ
绕扣杆	nərəŋ	飞机	ʰtʂɐkʂʷa /feitɕi
织机零件	tʰɐkʂəŋ①	自行车	ʰtʂɐktɐ
固定纬线	sʷerək/ʰtserək②	秤 较大型	ʱdʐɐma
抛石器 窝儿朵	ɣɐɽdɔ	戥子 非常小	raŋ
赛马	ʰtɐɽdʐək	秤砣	ʱdʐɐɽdɔ
矛	ⁿdoŋ	斗	tʂe
刀鞘	tɕəʂəp	升	ʂəŋtsʰe
枪	tsʰaŋ/pərɐɽəŋ③	钱	toŋtsʰe④
枪声	tsʰaŋʰkal	银圆	ŋoɣor
子弹	ʱdi	价格	koŋ/rən
箭	ⁿdɐ	租费/薪资	ʱlɐ
陷阱	tʰərtoŋ	工钱	ʱlɐtsək
火药	ʰman	薪资	lɐkkɐ
火硝	ʂo	家财 总称	ʱdʐi
木炭	sɔtsʰe	账	tom⑤
硫黄 汉	lynxʷaŋ	质量	tsʰɐk
毒	tək	步行	ʰkaŋtʰaŋ
网 汉	waŋtsʅ	份儿	ʰkɐ
礼物	lakʰtɐk/ʰtawa	集市	tsʰoŋɐ
包袱	tʰəm	税	tɕʰɐ⑥
经书	ʰpetʂʰɐ		

（10）交通、交易。

船 汉	tʂʰʷan		

（11）文化、娱乐。

字	joɣo/kɐkʰɐ⑦
信	joɣo

---

① 织布机所用的各种零部件的总称。
② 一根长的把经线束起来不让散的纬线。
③ pərɐɽəŋ 是之前旧有的一个词，乃过去的叫法，现在不再使用。
④ 靠近青海的祁青、珠龙观等地的人习惯说ʱɢormu，而这个词通常认为来自青海的藏语，因为他们在地域上与青海相近。
⑤ 比如"算账"为 tomʰtsi。
⑥ 如 lɐktɕʰɐ "羊税"，ʰtsɐtɕʰɐ "草税"。
⑦ joɣo 指书写的字，而 kɐkʰɐ 原本是藏文30个字母的前两个字母，引申指"文字"，也可以指"文化"。

字体	ʱdzək	酒歌	tʂʵaŋʰlə
画汉	xʷatʂaŋtsʅ	山歌/情歌	lɐri
纸/页	ʂokyɔ	玩耍歌	ʰtseʵlə
笔	ʱjəkⁿdzə	回忆曲	ʰmoŋʵlə
墨	mətʂʅ	赞歌	ʰtolə
墨锭	mətiŋtsə	结婚	ʱȵəndzɐp
圆圈	ɣɔri	新娘	nama sɔma
学校	ʱjəkkʰaŋ/lopkʰaŋ	说唱曲	ʰtam
话	ʰkaltʂɐ	婚庆演说词	ʰtol ʂʷal
琐碎话	ʱȵaŋʵdzi①	媒人	parwa
口音	kʰɐtsʰək	念经人	awɐ akʷə
祝福话语	ʰŋ̊onlam	下马曲	ʰtɐlanʵlə
藏语	poʵkal	铺毡曲	ʰtanⁿdiŋʵlə
藏文	pojək	戏曲/汉曲	ʱdzɐʵlə
汉语	ʱdzɐʵkal	扬炒面	ʂʷemar
汉文	ʱdzɐjək	迎福经	ʱjaŋⁿbol
名字	miŋⁿdok	吉祥酒	ʱjaŋtʂʰaŋ
记号	ʰtɐk	结婚新房	mɐle
故事	ʰtam	嫁妆/份子	tɕʰɐʵkɐ④
谚语	ʰtamxʷe	丧葬祷词	ʱge ʂʷal
俗语	kʰɐʵpe	婚祝词	mɐkpikɔʵku
笑话/玩笑	ʰtsemɔ	锅庄汉	kʷətʂʷaŋ
谜语	kʰe	娱乐	ʰtsekər
言语	ʰkatʂʰɐ	说辞	kʰe ʂʷə
脏话	ʰkɐtʂʰɐ ʵtsokpa	棋汉	tɕʰi
废话/瞎话	laŋʰtam②	骰子汉	sɐɐ
电影汉	tianjəŋtsə	扑克牌汉	pʰe
歌/歌舞	ʱlə③		

---

① 如 ʱȵaŋ-ʵdzi maŋ-kə "说头多", 指不讨人喜欢的烦言碎语。
② 书面正字写作 loŋ. gtam, 此处东纳话发生了不规则音变, 将 loŋ 读作 laŋ。
③ ʱlə 除了有 "歌曲" 的意思, 还具有 "歌舞" 的意思, 指有歌有舞的文娱活动, 比如 "跳舞" 说成 ʱlə tʂʰoŋ-gə ȵaŋ, tʂʰoŋ 乃 "跳" 义。可能是因为藏族自古有歌必舞、有舞必歌的传统, 导致 ʱlə 引申出 "歌舞" 的意义。
④ 份子指结婚时送给新人的各种财物。

（12）宗教、意识。

鼓	ʱŋɐ	魂/命根	ʱlama
嚓—种乐器	rək	灵魂	r̥ok
钟庙里的	tɕoŋ	天堂	ʱnamnaŋ
铃	tʂiloɣo	地狱	sɐjok/sɛnaŋ①
小铃铛	tɕʰɔri	前世	ʱnamn̥on
风铃	ʱloŋtɕʰol	来世	mɛtsʰe
海螺	toŋ	下辈子	tsʰeʂʷəma
嘎巴拉鼓	ⁿdɐrə	缘分/命运	li
海螺	toŋkʰar	心眼好	n̥anˢtsi②
卷轴画	tʰaŋkɐ	好运	liˢkɐ
面具汉	miantɕy	眼红	hanpar
煨桑台	saŋtʂʰə	贪心	r̥ep
鄂博	laptsʰe	苦难	ʱdək③
中堂鄂博	koŋtʂʰanlaptsʰe	凶兆	ʰtiŋan
西沟鄂博	tʂəkʰar laptsʰe	喇嘛	ʱlama
高杆鄂博	kɐrəŋ laptsʰe	本尊	jətam
苯鄂博	ⁿbən laptsʰe	佛陀	saŋʳdʐi
红垭豁鄂博	kʰimarlaptsʰe	空行诗	kʰɐⁿdʐɔ
信仰	talpa	护法神诗	r̥oŋma
神仙/佛	ɬɐ	财神	norɬɐ
土地神	joɬɐ	土地神诗	sɐʳdʷɐk
仙女	ɬɛmɐ	土地神诗	jədɐk
神像	ɬɐˢku	矿神诗	ʱderdɐk
鬼	ⁿdʐe	龙神诗	ⁿdʐəkdɐk
妖精/魔	ʱdəl	活佛/化身	alɐk
龙王	ʱlə	堪布	kʰanpɔ
格萨尔	liŋkəser	僧人/和尚	akʰa/tʂawa
佛	saŋʳdʐi	小僧人	pante
地藏菩萨	ʱjəɬɐ	尼姑汉	nikutsʅ
小珠子	r̥oŋtʂʰək	斋僧茶	maŋtʂɐ

---

① 如 ʱnam naŋ-ŋa ⁿgo, sɐ naŋ-ŋa ⁿdzo "上天堂，下地狱"。
② 形容妇女心地善良。
③ 如 ʱdək tʰoŋ-gi ṅaŋ "正在吃苦"。另外，还可以说 ʱdzək-tʰoŋ-gi ṅaŋ。

占卜者	mɔˢtɐ	经	tʂʰi
阎王	ⁿdzeʰpoŋŋonatsʰer	经书	ʰpetʂɐ
寺庙	ꜛgonpa/ɬɐɣaŋ	念珠	tʂʰəŋŋɐ
经堂 寺庙	tʂʰikʰaŋ	嘛呢经轮	tʂʰikor
家中供神处	ɬɐkʰaŋ	罪	n̪ewa
经幡	tartʂʰok	拉加喽	ɬɐᵖdzʷɑ
插杆	r̊ok ʂəŋ①	（13）日常、生活。	
红旗	tarmar	想法	sampa
佛舞	tʂʰam	权力	ɣaŋ
六字真言	mɐne jəktʂək	生活	namsa
香 烧~	sʷaŋ	出生地	ʰtɕesɐ
上香	sʷaŋpʰəl	好处	zʷaŋsɐ
煨桑的火苗	sʷaŋᵐn̪e	答复	lan
宝瓶	pəmpa	几次	lanma
塔	tsʰəktan	区别	tɕʰɐpar
火葬	rɔmʲer̯ək	吉祥	tʂɐʂɐ
食子/施食	ʰtorma	情况	ʰtɐwa
玛尼堆	ꜛdoⁿbəm	运气	ꜛloŋtɐ
鄂博	laptsʰe	手气	lakjoŋ
宝剑	ratʂɐ	小气	sʷer
佛像	ɬɐ	计谋	tɕi
酥油灯	tʂʰɔmʲe	肚量	kʰokdzɐ
哈达	kʰɐtɐk	危害	ꜛdək③
敬献的物品	ʂam	谢谢	ɔʳdzɐ
护身符盒	kɐwu	客气	tɕʰam
护身绳	r̊oŋˢtak②	生气	tɕʰəsən/tsʰəkpa/
放生羊 绵羊	tʰanpa		kʰaŋtʂʰo④
放生羊 山羯羊	rezo	记号	ʰtɐk
咒	ŋ̊ɐk	影子	tɕəᵖgɔ
祈愿	mɔlam	颜色	ⁿdok

---

① "鄂博"里插着的杆子。
② 挂在脖子上的红色小绳。
③ 如 ꜛdək tʂʰe-ɣɑ "危害大"。
④ 常用的固定搭配有 tɕʰəsən laŋ 和 tsʰəkpa sɐ 等。

瞌睡	ʱȵəʰtʂok/ʱȵətʂʰok		经验(汉)	tɕəŋjan
梦	ʱȵəlam		会议	tsʰok
呼噜	ʰŋɔrɐ		距离	tʰɐk
瞌睡	ʱȵəltʂok①		路程	lamtʰok
喝的动作	hop②		步行	ʰkaŋtʰaŋ
心间	ʱjəl③		步伐	kompa
主意	ʱlɔ		(14) 空间、方位。	
羡慕(名词)	hanpa		方向	zʷok⑤
脸色	ŋɔjo		东~方	hɐri/har
种类	ʰnɐ		南~方	jɐri/jar
事情	tontɐk		西~方	sɔri/sor
难处	ʰkɐsɐ		北~方	mɐri/mar⑥
打架	tɕəkri④		中间	ʰtɕima/par
恩情	tʂən		一边	kʰɐji/tʂʰɔji
活儿	lɐˢkɐ		旁边	kʰɐji
办法	kɔpa		外面	ʂʷeji
做法	lilək		梢	ʰne
用法	kolək		左~边	ʱjo
用处	kosɐ		右~边	ʱji
样子/形状	tsʰəkkɐ		前~边	ʰŋən/ʱŋwa
力气	ʂək		后~边	ʱdzap/zʷək
监狱(汉)	tɕany		外~边	ʂʷe
坟	tərtɕɐ/tɐrsɐ		里~边	naŋ
丧事	ʱgetʰok		楞	sər
空话	ʰtoŋlam		角	tʂə
赤脚	ʰkaŋdzan		尖儿	nekʰɐ/ⁿdzəkri/ʰtse
国家	ʱdzɐkʰap			

---

① 如 ʱȵəltʂok ʱdzɐk "打瞌睡"。
② 如 hop - zək tʰoŋ "喝一口"。
③ 如 ʱjə - la ʂar - ȵə "心里想的"。
④ 如 tɕəkri tɕʷe "打架"。
⑤ zʷok kaŋ - ŋa ⁿdzɐ -ˈdzɐŋ [方向 哪个 - 与格 去:未完成 - 助动词] "去哪儿", 字面意思 "往哪个方向走啊"。
⑥ 当地东西南北的说法, 受地理环境的影响, 北和南采用的是 mar "北" 和 jar "南", 而东和西采用 ʂar "东" 和 nəp "西"。mar 和 jar 本义乃分别指 "下面" 和 "上面"。

周围	kʰorjo	那儿	sor
坡下面	ȵeⁿdap	底下 天~	ʂap/tʰi⑥
跟前 山	ʰtsɐ		
身边	lɐkjək	**（15）时间、时令。**	
跟前／近前	tsʰi/tsʰe①	时间	ɦnam
界线	ɣɔsɐ	一会儿	sə ʂəŋzək
顶上 房~	ɦlal	有点／一会儿	tʰiɣazək/tʰikʰɐzək
地下 里面	ɣor②	古时候	ɦnɐȵau
上下	ɦlalɣor	大前天	ɦdzˌiⁿbar
上方 地势	ʰtol	前天	kʰiⁿbar
下方 地势	ʰmal	昨天	ⁿdɐrgoŋ
上 桌子~	lɐkʰɐ③	今天	tərɐŋ
上面	koŋma④	明天	naŋˢkɐ
中间	parma	后天	ŋɐȵau
下面 相对空间	jok⑤	大后天	ɦȵɐʧˌəp
上下	koŋjok	大大后天	ɦȵɐgʷəp
上 天~	ɦnamɔ	前年	zˌoŋlɔ
表面 墙~	(tɕʰaŋ)ŋɔ	去年	nɐȵau
下 山~	ʂoma	今年	tɔtsʰək
以上	jantʂʰal	明年	saȵȵən
以下	mantʂʰal	后年	zˌəȵɐ
往上	jar	今天早上	ⁿdɐnaŋ ʰŋɐmi
往下	mar	晚上	ɦgoŋ/ɦgoŋma/ɦgoŋmɔ
下半身	ʂo	前天晚上	kʰiⁿbar ɦgoŋkʰɐ
向上	tɕan	昨晚	ⁿdɐŋʳgoŋ
向下	tʰər	今晚	tɔʳgoŋ
边儿	kʰɐso	明晚	naŋˢkɐ ɦgoŋkʰɐ
这儿	har	白天	ȵəŋkʰar/ȵənpar

---

① tsʰi 和 tsʰe 都可以，而且它们还可以重叠表程度深，如 tsʰetsʰe 和 tsʰitsʰi。
② 指地下的空间。
③ 紧挨平面的上方。
④ 通常用于一定密闭空间的顶部，如灯在头顶"上"。
⑤ 指两个物件相对的空间位置，比如"我在上面走，你在下面走"中的"下面"即用 jok。
⑥ "脚底子""杯底"多用 ʂap，而"脚底"通常用 tʰi。

早晨	ʰŋɐmi	年纪	lɔ
中午	ȵaŋˌʳgoŋ	近来	taŋ ʂə/ȵəma ⁿgoŋᵈe
上午	ʰŋɐrɔ	从前	ʱnaʐoŋlɔ
下午	ʂʷərɐ	以前	ʱŋɐn
每天	ȵəndʐʅ	当前	tɐˢkap
黄昏	məŋⁿɔ	古时候	ʱnaȵəŋparte
晚上	ʱgoŋkɐ/ⁿdaŋ	这次	tɕɐrap
半夜	ʱnamˢtɕə	现在	tɕʰɔ/tɐtʰaŋ
属相	lɔˌˢɕn	将来	tɐʐʷək soŋna
属鼠	ʂʯlɔ	后来	ʱdzɐma
属牛	ʱlaŋlɔ	春	ʰtʂəl
属虎	ʰtɐklɔ	夏	ʱjar
属兔	jɔlɔ	秋	ʰtonkʰɐ
属龙	ⁿdʐəklɔ	冬	ʱgən
属蛇	rulɔ	新年	lɔsar
属马	ʰtɐlɔ	闰月	ʱdzɐɬɐk
属羊	lɐklɔ	立春	ʰtʂəlⁿbol
属猴	ʂʷerlɔ	立夏	ʱjarⁿbol
属鸡	ʂʷalɔ	立冬	ʱgʷənⁿbol
属狗	tɕʰəlɔ	夏至汉	ɕɐtsʯ
属猪	pʰɐklɔ	冬至汉	toŋtsʯ
日子	tsʰʅ	日食	ȵəⁿdzən
初一	tsʰʅˑtʂək/tsʰʅⁿgɔ	月食	ʱdzɐⁿdzən
初二	tsʰʅˑȵi		

（16）数目、计量。

月	ʱdzawa	数字	tɕaŋkɐ
大月	ʱdzatʂʰe	一	ʰtʂək
小月	ʱdzatʂʰoŋ	二	ʱȵi
正月	ʱdzɐlɔ	三	ʰtsəm
二月	ȵəpsinaŋ	四	ʐʯ
十二月	pɔlɔ	五	ʱaŋ
月初	ʱdzaⁿgɔ	六	tʂək
月中	ʱdzaˢtɕɔ	七	ʱdən
月底	ʱdzaʂʷə	八	ʱdʐʷal
生日汉	ʂɐŋʐɐ	九	ʱgʷə
年	lɔ	十	tsʯ

十一	tʂʉᵏtsʰək	一百零八	ʱdʐʷɐ – la – ʱdʐʷal
十二	tʂʉᵏȵi	八百八十	ʱdʐʷɐʱdʐʷɐ (– la)
十三	tʂʉᵏsəm		ʱdʐʷɐtʂʰə
十四	tʂozʐʉ	千	ʰtoŋ
十五	tʂʷɐʳŋɐ	万	tʂʰə
十六	tʂʉrək	十万	tʂʰətʂʉ
十七	tʂɔʳdən	一	kaŋ/ɣaŋ①
十八	tʂɔʳdʑʷal	一半	ʂʷeji/ʂʷetsək/kʰɐji
十九	tʂʉʳgo	起始/开头	taŋma
二十	ȵəʂə	最后	ʱdzɐ②
二十一	ȵəʂə ʰtsɐᵏtʂək	第一	toŋʰtʂək
二十八	ȵəʂə ʰtsɐʳdʑʷal	第二	toŋȵə
三十	səmtʂʰətʰampa	第三	toŋsəm
三十四	səmtʂʰə ʰtsɐᵝzʉ	第四	toŋzʉ
三十五	səmtʂʰə ʰtsɐʳŋɐ	第五	toŋɐŋɐ
三十八	səmtʂʰə ʰtsɐʳdʑʷal	第八	toŋʰdʑʷal
四十	zʉptʂʰʉ	把~菜	sʷar
四十四	zʉptʂʰʉʰtsɐᵝzʉ	堆~	poŋtʰok
四十五	zʉptʂʰʉʰtsɐʳŋɐ	双~鞋	ȵitʂʰɐ
五十	ʱŋɐᵖtʂʰʉ	群~羊	tɕʰə/təmpɔ
五十五	ʱŋɐᵖtʂʰʉʰtsɐʳŋɐ	顿吃~/趟/回	lanma
六十	tʂəktʂʰə	方~布	kʰɐ
六十五	tʂʰətʂʰəʰtsɐʳŋɐ	滴~油	tʰik
七十	ʱdəntʂʰə	斤	ʱdʑɐma
七十五	ʱdəntʂʰəʰtsɐʳŋɐ	两~	r̥aŋ
八十	ʱdʑʷatʂʰə	钱两~	ʱloŋ
八十七	ʱdʑʷatʂʰə ʰtsɐʳdən	斗~	tʂe
九十	ʱgəᵖtʂʰə	捧~	sʷar
九十八	ʱgəᵖtʂʰəʰtsɐʳdʑʷal	升~	ʂəŋ
九十九	ʱgəᵖtʂʰəʰtsɐʳgʷə	里~	li
百	ʱdʑʷɐ	庹~	ⁿdom
一百零一	ʱdʑʷɐ – la – ʰtʂək		

---

① 用于如"一斤"等计量短语中。
② 如 ʱdzɐ-gə ʰtʂək re［末-属格 一 是：叙实］"是最后一个"。

尺__	kʰɐ	他们	kʰɔtsʰɔ/zitsʰɔ
拃__	sormɔ	大家	jile/tsʰaŋma
寸__	sormɔ	自己	raŋ
元__	ɣor	别人	ʑanmʲə
角__	tʂə	这	ⁿdə
分__	ɦloŋ	那	kan 远指
颗/种/类	ʰne	其	tə 兼指
夜__	ɦgoŋtsʰək__夜	其古	ho①
辈子__	tsʰetʂək/tsʰetsʰək__辈子	这边	hɐre
步__	kompa	那边	tsʰəre/harkan
一次	repli	这里	ⁿdəni/naⁿde/hɐⁿde②
次/回	repri/lanma	那里	kanni
半个	ʂʷeji	这两个	ⁿdəkɲi
每天	ȵəndɐ	那两个	təkɲi
每个	rere	这样	ⁿdəro③
每晚	ɦgoŋlɐ	那样	kantʂo/kanⁿdʐɐzək/tsʰɐno

(17) 称代、指示。

我	ŋɐ	那么	tɐre
我俩	ŋəkɲi	这些	ⁿdətsʰɔ/ⁿdaŋʂə/ⁿgode④
咱俩	ɔɲi		
我们	ŋətsʰɔ	那些	kantsʰɔ
咱们	ɔ	谁	sə
你	tɕʰɔ	什么	tʂʰəzək
你俩	tɕʰəkɲi	几个	tʂʰɐtsʰək
你们	tɕʰətsʰɔ	哪儿	kaŋ
他	zi/kan/kʰɔ/kʰoʳgɕ	几时	nam
他俩	tɕʰəkɲi/ziɲi/kʰəkɲi		

---

① 这是非常古老的一个词，在东纳话中已经虚化，不用作指示代词，而是和位格标记 ni 组合成 ho‐ni，表示"在那儿"之义。

② hɐⁿde 发生了音节的重新划分，实际其乃由 hɐ+ⁿdə+la 合音而成，ⁿdə 加与格标记 la 合音为 ⁿde，然后ⁿde 又和 hɐ 合音读作 hɐⁿde，然后发生音节的重新划分，后一音节的鼻冠音 n 变成了前一音节的韵尾。

③ ⁿdə‐ro ma‐ʂel "不要这样做"。

④ 如"这些天"，可以说 ȵəma ⁿdaŋʂə 或 ȵəmaⁿgode。

那时候	parte		狭窄	ʂəɲtʂʰoŋŋa/tokmɔ
怎么	tʂʰəro		厚	tʰəkpɔ
多少	tə		薄	r̥appɔ/r̥o
其他	tekə		深	sapmɔ
别的 物/事	mɐɲi		浅	ʰkelpɔ
大部分	ezəkyə		满	kaŋmɔ
一点/一些	ⁿgɐ		空	ʰtoŋŋa
某些	ⁿgɐre		多	maŋŋa
一些	tʂʰɐtsʰək		少	n̪oŋŋa
各自	tʂəkritʂəkri		方	tʂəzʮ
一切/大家	tsʰaŋma		圆	lokri/ɣorri
每一	ri		扁	lep
一个个	tʂəkri/kʰərɐ		尖	ⁿdzəkri
有些	lɐlɐ		秃	ⁿgɔʳdɔ/ⁿgɔlok
(18) 性质、状态。			平	ɦdemɔ
大	tʂʰemɔ		破	tʰelpɔ
小	tʂʰoŋŋa		破破烂烂	tʰɐletʰɐlɐ
粗	rompɔ		弯弯曲曲	kəkmakəktʂʰɐk
细	tʂʰo①		旧旧破破	ɦn̪aŋŋɐn̪əŋŋɐ
高	tʰɔ/tʰonpɔ		稀稀疏疏	tʂʰɐlitʂʰəlɐ
低	ɦmɐmɔ		索索掉掉	sɐlesəlɐ
凸	ⁿbər		乱七八糟	səɣesɔɣa/sɐlesəlɐ
凹	ʰtəp②		东抛西弃	harjəksorjək③
凹凸不平	ⁿbəriⁿbəri		花花绿绿	tɕʰɐmatɕʰɐtsʰe/tɕʰɐritɕʰɐʂʷək
长	rəŋŋa			
短	tʰoŋŋa		马马虎虎	ɐlɐɐlɐ
远	tʰɐkrəŋ		新的旧的	sɔmaɲɐŋŋa
近	tʰɐkɲe/tsʰe		一模一样	ɐnɐɐnɐ
中等/中间	par		高高兴兴	ʰtseʰtseʳgaʳga
宽	ʂəɲtʂʰanpɔ		曲里曲连	ɣɔriɣɔra

---

① 书面正字是 pʰra. mo，我们认为口语中的 tʂʰo 应该就是词根 pʰra 和词缀 mo 合音音变的结果。因为口语中已经不能再说 tʂʰomo 这一形式了。

② 该词本义为"塌陷"。

③ 本义为"扔过来扔过去"，用以形容乱糟糟。

正~面	ŋɔjitʂek	畜膘	ʂʷel/ ʂel
反~面	ŋɔjiɦɲi	瘦	ɦdzəlpɔ (pa)
侧~面	kʰɐja	干~的	ʰkampɔ
准打得~	pʰək	湿	ɦlonpa
偏	ɦjɔ	稠粥~	kəɣa/ⁿbɐk
歪	ɦjɔ	稀/清粥~	ʰtsɐ/ʰtso/taŋma
横	tʂʰel	密布~	tʰəkpɔ
竖	tʂaŋmɔ	稀头发~	r̥appɔ
直	tʂaŋmɔ	硬	r̥ɐmɔ
弯	kəkpɔ	软	ʰɲɔmɔ
黑	nɐkri	光滑	ⁿdʐampɔ
白	kɐtʂi	粗糙	ʰtsəŋmɔ
红	ɦmɐtʂi	滑跤	ⁿdʐel
紫	kʰamri	紧	tampɔ
黄	setʂi	松	ɬolte/ɬolpɔ
绿	ɦdzaŋri	结实	tampɔ/ʰpɐmɔ②
蓝/青	ʰŋonri	光秃	ɦdəmpa③
灰	ʰtɕɐri	乱~哄哄	tʂʰək
亮	ʰtsarpa/taŋma	对	ⁿdʐək
重	ɦdzɐmlɔ	错	tʂʰək
轻	jaŋmɔ	真	ɦdanpa/ŋɔma
快	ⁿdzokpɔ	假	ɦdzənpa
慢	tamɔ	生~的	ɦlonpa
早	ʰŋɐ	熟~的	tsʰʷima
迟	tʂʰʷi	半生不熟	tsʰʷimaɦlonpa
锋利	ɦnɔpɔ	新	sɔma物品/sarwa食物
钝	ɦdəlpɔ	旧	ʰɲəŋŋa
清	taŋma	好	zʷaŋɔ
浑浊	ɦɲokpa	坏	ŋanpa
胖	ⁿbɐk/tsʰɔpɔ①	直且滑	ʂʷanmu
肥	tsʰɔpɔ		

---

① ⁿbɐk 是 "胖"，而 tsʰɔpɔ 是 "肥"。
② ʰpɐ 形容人的头发。
③ 如 ɦŋɐrdəm 就是 "秃尾巴" 的意思。

大/强 力气	ʂel①		腥/膻	ŋartʂi
心坏	mɐrəp		闲	kʰompa
差/弱	ʱȵompɔ		急	tʂiwa
贵 价钱~	ʰkɐmɔ		干净	ʰtsaŋma
便宜	ʰtsɐmɔ		脏	ʰtsokpa
年老	ⁿgipa		活~的	si
年轻 名词	lɔȵoŋ		死~的	ʂə
美	jɐkpɔ		清楚	ʰtsarma
丑	məjɐk②		野蛮的	ʱɢolpɔ
烫	tsʰɐmɔ		乖的	ʱjoŋmɔ③
冷	tɕʰɐkpɔ		美/好	ɐtsɐ
冻	tɕaŋmɔ		好听	zʷaɲȵu
暖	tʂonpɔ		完整	ʰtsonpɔ④
热	tsʰɐ		响	ʰkaltʂʰepɔ
凉快	sʷi		充足/够	ⁿdaŋ
阴	ʱnɐk		辛苦	ʱdək⑤
难	ʰkɐmɔ		辛苦/麻烦	ʰkapli⑥
容易	ʰtsɐmɔ		等待得住	ni
香	ʂəmpɔ		耐得住	sənpɔ
臭	tʂɔpɔ		闷	sənpɔ
酸	ʰtɕərɔ		急忙	tʂiwa
酸涩/牙碜	ʰtsel		花花的	tɕʰɐtɕʰɐ
甜	ʂəmpɔ		聪明	sʷaŋŋɔ/ʱjɐkjaŋ
苦	hɐmɔ		蠢	ʱlantɔ
辣	kʰɐtsʰək		老实	ʱjaŋʳgan
咸	tsʰɐkʷo		和气	kʰɐʱdemɔ
淡 盐~	tsʰɐᵐȵel		合适	ⁿdzʑək

---

① ʂel 既可做谓词，表示"力气大"，也可做体词，表示"力气"，比如：matsʰi nama ʂel-kə 或 matsʰi nama ʂel-te tʂʰe-ɣɔ "马家媳妇力气大"（马家媳妇特别能干活）。

② "丑"没有单独的固定词根形式，而是采用否定词缀 mə "不"加形容词 jɐk "美"的合成形式来表达。

③ 既可以用于形容孩子，也可用于形容马等，如ʂzɐʱjoŋmɔ "乖孩子"，ʰtɐ ʱjoŋmɔ "乖马"。

④ 比如形容一个西瓜完整没被吃过。

⑤ 如 ʱdəktʰoŋ "吃苦"。

⑥ ʰkapli 书面正字写作 dkaɲɖ. las，但口语读音却多出一个 -p，不知何故。

恰当/合宜	ȵampɔ	很	ŋɔmɑ
公平	ȵampɔ	就~汉~	tɕo
坏	ŋanpa	一下~汉~	jiɦɐ
凶猛	tsʷanpɔ①	好好地/认真地	ⁿdʐəkɣa ʂel
柔软	sənpɔ		
厉害	atsa②	好好地	zʷaŋɡə
客气	tɕʰam	跟着	ɦdʐɐʂəɣa
吝啬	ʰtetʰək	真得/根本	wɐɡa
懒	lalpɔ	非常	aha（zək）
笨拙	koŋŋa	完全/所有	tɛktɛk
稀奇	ɔmani	约略	tsamⁿɡɐ
高兴	ɦɡamɔ	还	tɐroŋ
愉快	tsʰampa	肯定	kʰɔtʰɐk
幸福	ɦdeˢtɕɔl	马上	tɐ
平安	ɦdemɔ	务必	jənnɐmənnɐ/jənmənnɐ
悲哀/痛苦	ɦdək	共同/一起	ɦɐⁿde/ɦɐⁿɡə
恶心	ʂanpa	随便	raŋŋa
单独	ʰtʂəkpɔ	快速地	rema
窄	tokpɔ	快速地	to
陡峭	zerpɔ	慢慢地	hɔtaɣi
近	ȵemɔ	前前后后	harasora
安静	kʰɐrok	静悄悄地	kʰɐroɣa
重要/要紧	kɐtʂʰe	静悄悄地	kʰɐⁿtɕəkɣa
		突然	kɔrəkɣi

（19）副词。

刚才	sɔma	有时候	tɕʰəri
刚刚	tɕaŋ	以前	kʰikəma
经常	tɕɕəŋŋa	忽然	terkɔ
再	jaŋ	恰好~汉~	tʂɔtʂɔ
根本/从来	tele		

（20）其他虚词。

全部	jile/ⁿdʐəjigi	和	la
完完整整地	ʰtsaŋmazək	除……以外	tiɦɐⁿtʂʰəni
都	tsʰɔ	又/也/再	jaŋ

---

① 指人性格刚烈强势。
② 指一个人的能力非常强，如：ᵐȵə atsa-wɔ-zək［人 厉害-名物化-无定］"一个厉害的人"。

再不然	temənna	位格	ni
也	la	离格	ni
从此	oŋde	比格	ni
于是/然后	teni	话题标记	nə
然后	ɦdzɐni	从句链连词	nə
不只/不止	mənde/jəkzək	招呼语	aro[①]
疑问助词	a	喂/哎	kɐre
施格	gi/ki/ɣi/ɣə	嗯/是/对	ɔle
属格	gi/ki/ɣi/ɣə		

[①] 藏文正字为 a. rogs，即"朋友"。常用来作招呼语，如"喂，朋友"。

2. 东纳话动词体式变化表

释义	书面正字				东纳口语		
	过去	现在	将来	命令	过去	非过去	命令
缠绕	དཀྲིས	དཀྲི	དཀྲི	དཀྲིས	ʰtɕi	ʰtɕi	ʰtɕi
①搅拌；②搅浑	དཀྲུགས	དཀྲུག	དཀྲུག	དཀྲུགས	ʰtʂək	ʰtʂək	ʰtʂək
搅拌/冲打/惊动	དཀྲོགས	དཀྲོག	དཀྲོག	དཀྲོགས	ʂʷok	ʂʷok	ʂʷok
偷窃/偷盗	བརྐུས	རྐུ	བརྐུ	རྐུས	ʰkʷi	ʰkʷə	ʰkʷi
①挖掘；②雕刻	བརྐོས	རྐོ	བརྐོ	རྐོས	ʰkʷi	ʰkɔ	ʰkʷi
①收缩/卷曲；②隐忍/藏留	བསྐུམས	སྐུམ	བསྐུམ	སྐུམས	ʰkəm	ʰkəm	ʰkəm
邮寄/捎带	བསྐུར	སྐུར	བསྐུར	སྐུར	ʰkər	ʰkər	ʰkər
弄干/使干燥	བསྐམས	སྐམ	བསྐམ	སྐམས	ʰkam	ʰkam	ʰkom
使穿上/使套上	བསྐོན	སྐོན	བསྐོན	སྐོན	ʰkʷan	ʰkʷan	ʰkon
口渴	སྐོམས	སྐོམ	སྐོམ		ʰkom	ʰkom	
①转动；②圈起 ③包围	བསྐོར	སྐོར	བསྐོར	སྐོར	ʰkor	ʰkor	ʰkor
煮/熬	བསྐོལ	སྐོལ	བསྐོལ	སྐོལ	ʰko	ʰko	ʰko
借贷	བསྐྱིས	སྐྱི	བསྐྱི	སྐྱིས	ʰtɕi	ʰtɕə	ʰtɕi
呕吐	བསྐྱུགས	སྐྱུག	བསྐྱུག	སྐྱུགས	ʰtɕək	ʰtɕək	ʰtɕək
生长	སྐྱེ	སྐྱེ	སྐྱེ		ʰtɕe	ʰtɕe	
搬/挪	བསྐྱོད	སྐྱོད	བསྐྱོད	སྐྱོད	ʰtɕel	ʰtɕel	ʰtɕel
派送①	བསྐྱལ	སྐྱེལ	བསྐྱལ	སྐྱོལ	ʰtɕa	ʰtɕa	ʰtɕo
害怕	སྐྲག				ʰtɕɐk	ʰtɕɐk	

---

① 像"嫁"也可以用这个词，如 pəmə ʰtɕa - kə to "正在嫁姑娘"。

（续上表）

释义	书面正字				东纳口语		
	过去	现在	将来	命令	过去	非过去	命令
肿胀	[藏]	[藏]	[藏]		ʰtɕaŋ	ʰtɕaŋ	
猜	[藏]	[藏]	[藏]		kʰel	kʰel	kʰel
遮盖	[藏]	[藏]	[藏]		kʰep	kʰep	
空闲	[藏]	[藏]	[藏]		kʰom	kʰom	
分娩①	[藏]	[藏]	[藏]		tɕʰəl	tɕʰəl	
精通/练达	[藏]	[藏]	[藏]		kʰwi	kʰwi	
纺/捻	[藏]	[藏]	[藏]		kʰwa	kʰwa	kʰwa
搓线	[藏]	[藏]	[藏]		kʰi	kʰi	kʰi
打中 静止物	[藏]	[藏]	[藏]		kʰi	kʰi	
背负/携带	[藏]	[藏]	[藏]	[藏]	kʰwər	kʰwər	kʰwər
怨恨	[藏]	[藏]	[藏]		kʰwan	kʰwan	
①回转；②迷恋；③想起；④环绕	[藏]	[藏]	[藏]		kʰor	kʰor	
使役/利用②	[藏]	[藏]	[藏]	[藏]	ko	ko	kʰo
①煮沸；②驯服	[藏]	[藏]	[藏]		kʰo	kʰo	
冷/变冷	[藏]	[藏]	[藏]		tɕʰɐk	tɕʰɐk	
携带/拿	[藏]	[藏]	[藏]	[藏]	tɕʰər	tɕʰər	tɕʰər
①领~孩子；②教诲	[藏]	[藏]	[藏]	[藏]	tɕʰəl	tɕʰəl	tɕʰəl
①错乱；②心燥；③争斗	[藏]	[藏]	[藏]		tʂʰək	tʂʰək	

① 一般用于动物分娩，比如"分娩羊羔"。
② 如"tʂʰə ko - kəñaŋ"［水 使用 - 助动词］正在浇地。（字面意思为"正在使用水"）。另外，ko - sɐ - ñaŋ、kʰo - sɐ - ñaŋ、ⁿgi - sɐ - ñaŋ 这 3 个短语都有"可有用处"的意思，ko、kʰo 和 ⁿgi 都有"使用、使役"的意思。

（续上表）

释义	书面正字				东纳口语		
	过去	现在	将来	命令	过去	非过去	命令
洗浴/洗涤	བཀྲུ	འཁྲུད	བཀྲུ	ཁྲུས	tɕʏ	tɕʏ	tɕʰi
①闪失/扭伤；②腹鸣；③耳聋	འཚོགས	འཚོག	འཚོག		tʂʰok	tʂʰok	
满了	གང	གང	གང		kaŋ	kaŋ	
开~花	གལ	གལ	གལ		kal	kal	
弯曲/佝偻	གུག	གུག	གུག		kək	kək	
懂得/知晓	གོ	གོ	གོ		kɔ	kɔ	
匍匐前行	གོག	གོག	གོག		kok	kok	kok
穿/戴	གྱོན	གྱོན	གྱོན	གྱོན	kʷan	kʷan	kʷan
发出声响	གྱེག	གྱེག	གྱེག		tɕek	tɕek	
①散开；②脱离	གྲོལ	གྲོལ	གྲོལ		tɕʰo	tɕʰo	
雇佣/租用	གླ	གླ	གླ		ʱŋa	ʱŋa	ʱŋa
乱翻	སློང	སློང	སློང	སློང	ʱloŋ	ʱloŋ	ʱloŋ
高兴/喜欢/爱	དགའ	དགའ	དགའ		ʱga	ʱga	
①分开①；②悬挂；③撑起~~帐篷	དགར	དགར	དགར	གོར	kʷar	kʷar	kʰor
发笑	བགད	བགད	བགད	དགོད	ʱgal	ʱgal	ʱgol
需要/需求	དགོ	དགོ	དགོ		ʱgɔ	ʱgɔ	
分开	དབྱེ	དབྱེ	དབྱེ		ɣʷi	ɣɔ	ɣʷi
干吞/干咽	འགམས	འགམ	འགམས		ⁿgam	ⁿgam	
裂开/破碎	གི	གི	གི		ⁿgi	ⁿgi	
就地坐②	གུས	འགུས	གུས		kəm	kəm	kəm

---

① 如羊和羊混在一起了，需要分开。
② 这是指席地而坐，没有坐垫。ⁿdək 或 zʷal 通常是指坐在坐垫上。

（续上表）

释义	书面正字				东纳口语		
	过去	现在	将来	命令	过去	非过去	命令
摇晃	འགུལ	འགུལ	འགུལ		ⁿgo	ⁿgo	
覆盖/隐藏	བཀབ	འགེབས	དགབ	ཁོབ	ⁿgep	ⁿgep	ⁿgep/kʰop
①驱使；②搬~帐篷；③驮/挂；④相信	བཀལ	འགེལ	དགལ	ཁོལ	kʷa	ⁿgi	kʰo
①感染；②爬	གོས	འགོ	འགོ		ɦgʷi	ɦgɔ	
①阻止；②反驳	བཀག	འགོག	དགག	ཁོག	kʷok	kʷok	kʰok
①拔除/拔掉；②撕下/剥下	བཀོག	འགོག	དགོག	ཁོག	kʷok	kʷok	kʰok
延迟/经过	འགོར	འགོར	འགོར		ⁿgor	ⁿgor	
举起/抬起	བཀྱགས	འགྱེགས	དགྱག	ཁྱོག	tɕʷak	tɕʷak	tɕʰok
成功	གྲུབ	འགྲུབ	འགྲུབ		ⁿdzəp	ⁿdzəp	
①类推；②打滚①	འགྱེས	འགྱེ	འགྱེ		ⁿdzi	ⁿdzi	ⁿdzi
走	ཕྱིན	འགྲོ	འགྲོ	སོང	soŋ	ⁿdzə	soŋ
解开	བཀྲོལ	འགྲོལ	དགྲོལ	ཁྲོལ	tɕo	tɕo	tɕʰo
老/衰老	རྒས	རྒ	རྒ		ɦgi	ɦgi	
淌~过去	བརྒལ	རྒལ	རྒལ	རྒོལ	ɦga	ɦga	ɦga
打/做/作/制造	བརྒྱབ	རྒྱག	བརྒྱག	རྒྱོབ	ɦdʑak	ɦdʑak	ɦdʑop
吃饱	བརྒྱགས	རྒྱགས	བརྒྱག		ɦdʑak	ɦdʑak	
跑动/快走	རྒྱུགས	རྒྱུག	བརྒྱུག	རྒྱུགས	ɦdʑək	ɦdʑək	ɦdʑək
撵/赶~出去	བརྒྱངས	རྒྱོང	བརྒྱང	རྒྱོང	ɦdʑaŋ	ɦdʑaŋ	ɦdʑoŋ

---

① 如眼泪在眼眶里滚下来。"淌下来"是 tʂar。

（续上表）

释义	书面正字				东纳口语		
	过去	现在	将来	命令	过去	非过去	命令
①贯穿；②传染；③套	བརྒྱུས	རྒྱུད	བརྒྱུ	རྒྱུས	ʱdʑi	ʱdʑi	ʱdʑi
①卡住/勒；②哑①	བསྒགས	སྒོག	བསྒག	སྒོགས	ʱgɐk	ʱgɐk	ʱgok
等待/等候	བསྒུགས	སྒུག	བསྒུག	སྒུགས	ʱgək	ʱgək	ʱgək
弯曲	བསྒུར	སྒུར	བསྒུར	སྒུར	ʱgər	ʱgər	ʱgər
摇撼/摇动	བསྒུལ	སྒུལ	བསྒུལ	སྒུལ	ʱgo	ʱgo	ʱgo
翻动②	བསྒྱུར	སྒྱུར	བསྒྱུར	སྒྱུར	ʱdʑər	ʱdʑər	ʱdʑər
卷/包~药/裹	བསྒྲིལ	སྒྲིལ	བསྒྲིལ	སྒྲིལ	ʰtʂəl	ʰtʂəl	ʰtʂəl
办事	བསྒྲུབས	སྒྲུབ	བསྒྲུབ	སྒྲུབས	ʱdzəp	ʱdzəp	ʱdzəp
点火/点灯	བསྒྲོན	སྒྲོན	བསྒྲོན	སྒྲོན	ʱdʐʷan	ʱdʐʷan	ʱdʐʷan
哭	ངུས	ངུ	ངུ	ངུས	ŋʷi	ŋu	ŋʷi
哼哼叫 指牦牛叫	ངར	ངར	ངར	ངར	ŋər	ŋər	
夸耀/炫耀	ཆོམས	ཆོམ	ཆོམ	ཆོམས	ŋom	ŋom	ŋom
使唤	མངགས	མངག	མངག	མངགས	ŋʷɐk	ŋʷɐk	ŋʷɐk
煎/炒	བངོས	ངོ	བངོ	ངོས	ʱŋʷi	ʱŋo	ʱŋʷi
包裹/裹缠	གཅིར	གཅིར	གཅིར	གཅིར	ʰtʂər	ʰtʂər	ʰtʂər
拧/扭紧	གཅུ	གཅུ	གཅུ	གཅུ	ʰtʂi	ʰtʂə	ʰtʂi
①打碎；②祛除/止住；③降低/减去；④违背	བཅག	གཅོག	གཅག	ཆག	tʂʷok	tʂʷok	tʂʰok

---

① 形容嗓子哑也可以用这个词。
② 比如把书页翻过去，把肠子翻过来等。

（续上表）

释义	书面正字				东纳口语		
	过去	现在	将来	命令	过去	非过去	命令
①砍伐/杀戮；②隔开/断绝	[藏文]	[藏文]	[藏文]	[藏文]	ʰtʂal	ʰtʂal	tʂʰol
踹/打①	[藏文]	[藏文]	[藏文]	[藏文]	ʰtʂar	ʰtʂar	ʰtʂar
①破裂；②断绝	[藏文]	[藏文]	[藏文]		tʂʰɐk	tʂʰɐk	
形成	[藏文]	[藏文]	[藏文]		tʂʰɐk	tʂʰɐk	
足/够	[藏文]	[藏文]	[藏文]		tʂʰok	tʂʰok	
跳/跃	[藏文]	[藏文]	[藏文]	[藏文]	tʂʰoŋ	tʂʰoŋ	tʂʰoŋ
供奉	[藏文]	[藏文]	[藏文]	[藏文]	tʂʰol	tʂʰol	tʂʰol
握/执	[藏文]	[藏文]	[藏文]	[藏文]	tʂʷaŋ	tʂʷaŋ	tʂʷaŋ
说	[藏文]	[藏文]	[藏文]	[藏文]	ʂʷal	ʂʷal	ʂol
①断；②烂；③短少；④困；⑤累；⑥掉下去	[藏文]	[藏文]	[藏文]		tʂʰal	tʂʰal	
升起②	[藏文]	[藏文]	[藏文]		ʂar	ʂar	
①死亡；②熄灭	[藏文]	[藏文]	[藏文]		ʂə	ʂə	
扎/捆	[藏文]	[藏文]	[藏文]	[藏文]	tʂoŋ	tʂoŋ	tʂoŋ
舀	[藏文]	[藏文]	[藏文]	[藏文]	sʷi/ ʰtʂʷi	sʏ/tʂʏ	sʷi/ ʰtʂʷi
①丢了；②跑了	[藏文]	[藏文]	[藏文]		ʂor	ʂor	
谒见/朝拜	[藏文]	[藏文]	[藏文]	[藏文]	ⁿdzɐ	ⁿdzɐ	ⁿdzɐ

---

① 如踹娃娃一顿。
② 如太阳升起来了。

（续上表）

释义	书面正字				东纳口语		
	过去	现在	将来	命令	过去	非过去	命令
偷窥	འཆབས	འཆབ	འཆབ	འཚོབས	ⁿdʐap	ⁿdʐap	ⁿdʐap
①衡量；②评比；③偿付	བརྫས	གཞལ	གཞལ	འཚོལ	ⁿdʐe̝	ⁿdʐe̝	ⁿdʐe̝
拆掉	བཤིག	འཇིག	བཤིག	ཤིག	ʂʷək	ʂʷək	ʂʷək
①消化~~饭食/东西；②融化	ཞུ	འཇུ	འཇུ		ʂə	ʂə	
致使	བཙུགས	འཛུག	གཞུག	ཚུགས	tʂək	ⁿdʐək	tʂək
①放置；②建立/树立；③保存/积蓄；④抛弃/丢开；⑤打②	བཞག	འཇོག	གཞག	ཞོག	zʷok	ⁿdʐok	ʂok
剥/削	བཤུས	འཚོད	གཤོད	ཤོད	zʷok	zʷok	zʷok
抢夺	བཙོམས	འཚོམས	བཙོམ	ཚོམས	tʂom	tʂom	tʂʰom
交换/交易	བརྗེས	རྗེ	བརྗེ	རྗེས	ɦdʑi	ɦdʑe	ɦdʑi
忘记	བརྗེད	བརྗེད	བརྗེད		zʷel/ɦdzʷel	zʷel/ɦdzʷel	
听/闻	མཉན	ཉན	མཉན	ཉོན	ȵan	ȵan	ȵan
睡	ཉལ	ཉལ	ཉལ	ཉོལ	ȵa	ȵa	ȵo
买	ཉོས	ཉོ	ཉོ	ཉོས	ȵi	ȵɔ	ȵi
①入睡；②做梦	གཉིད	གཉིད	གཉིད		ɦȵəl	ɦȵəl	
照看/伺候	གཉེར	གཉེར	གཉེར	གཉེར	ɦȵer	ɦȵer	ɦȵer

① 比如可以说 ˢʷaŋ ⁿdʐok "敬香"
② 如 "打人" 即用这个词。

（续上表）

释义	书面正字				东纳口语		
	过去	现在	将来	命令	过去	非过去	命令
腹泻/拉肚	ཆད	ཆད	ཆད		ʰɲaŋ	ʰɲaŋ	
枯萎	ཉེར	ཉེར	ཉེར		ʰɲer	ʰɲer	
①找到；②生~孩子	ཉེད	ཉེད	ཉེད		ʰɲel	ʰɲel	
比较①	བསྣམས	སྣམ	བསྣམ	སྣོམས	ʰɲ̊am	ʰɲ̊am	ʰɲ̊am
①使睡；②压住	བསྙལ	སྙལ	བསྙལ	སྙོལ	ʰɲ̊a	ʰɲ̊a	ʰɲ̊o
①到达；②会见；③控诉/告状②	གཏུགས	གཏུག	གཏུག	གཏུགས	ʰtək	ʰtək	ʰtək
切/宰	གཏུབ	གཏུབ	གཏུབ	གཏུབས	ʰtəp	ʰtəp	ʰtəp
①释放③；②做	བཏང	གཏོང	གཏང	ཐོང	ʰtaŋ	ʰtaŋ	tʰoŋ
靠~墙上	གཏད	གཏད	གཏད	གཏོད	ʰtal	ʰtal	ʰtal
抛/洒	གཏོར	གཏོར	གཏོར	གཏོར	ʰtor	ʰtor	ʰtor
凭借/依托④	བརྟེན	རྟེན	བརྟེན	རྟེན	ʰtan	ʰtan	ʰtan
拴牧⑤	བཏགས	འདོགས	གདག	ཐོགས	ʰtol	ʰtol	ʰtol
扎穿/刺穿	བཏོལ	རྟོལ			ʰto	ʰto	
看	བལྟས	ལྟ	བལྟ	ལྟོས	ʰti	ʰtɐ	ʰti
对折	བལྟབ	ལྟེབ	བལྟབ	ལྟོབས	ʰtap	ʰtap	ʰtop

① 比谁说得好，比谁强大。
② 如控告别人。
③ 如把牛羊放了。
④ 如扶着墙走或挂着拐杖走。
⑤ 即放长绳子来放牧。

(续上表)

释义	书面正字				东纳口语		
	过去	现在	将来	命令	过去	非过去	命令
重叠/重复	བཙབས	ཙུབ	བཙུབ	ཙོབས	ʰtap	ʰtap	ʰtop
饥/饿	སྟོགས	སྟོགས	སྟོགས		ʰtok	ʰtok	ʰtok
指示①	བསྟན	སྟོན	བསྟན	སྟོན	ʰton	ʰton	ʰton
向上交代吩咐	བསྟོད	བསྟོད	བསྟོད	བསྟོད	ʰtol	ʰtol	ʰtol
烂/破~衣服	ཐེད	ཐེད	ཐེད		tʰel	tʰel	
沉入/隐没/融化	ཐིམ	ཐིམ	ཐིམ		tʰəm	tʰəm	
遇到/接触/会见	ཐུག	ཐུག	ཐུག		tʰək	tʰək	
抵抗/忍受	ཐུབ	ཐུབ	ཐུབ		tʰəp	tʰəp	
制伏/镇伏	ཐུབ	ཐུབ	ཐུབ	ཐུབ	tʰəp	tʰəp	tʰəp
连接/接缀	མཐུད	མཐུད	མཐུད	མཐུད	tʰəl	tʰəl	tʰəl
和谐/合好②	མཐུན	མཐུན	མཐུན		tʰən	tʰən	
①磨碎；②织/编	བདགས	འདག	བདག	འཚོག	tʰɐk	tʰɐk	tʰɐk
①打仗；②剁肉	བདབས	འདབ	བདབ	འཚོབས	tʰap	tʰap	tʰop
滴/漏~水	འཐིགས	འཐིག	འཐིག		tʰik	tʰik	
采集/收集③	བཏུས	འབུ	བཏུ	ཐུས	tʰi	tʰə	tʰi
喝/饮	བཏུངས	འཐུང	བཏུང	འཐུངས	tʰoŋ	tʰoŋ	tʰoŋ
拉/牵	འཐེན	འཐེན	འཐེན	འཐེན	tʰan	tʰan	tʰan

---

① 如指给某人看什么东西。
② 如与别人关系合得来，和别人关系好。
③ 如拾牛粪或拾柴火等。

（续上表）

释义	书面正字				东纳口语		
	过去	现在	将来	命令	过去	非过去	命令
①啃；②剔；③摘①	བཏོགས	འཐོག	བཏོག	ཐོགས	tʷok	tʷok	tʰʷok
离散/分散	འཐོར	འཐོར	འཐོར		tʰor	tʰor	
流行/盛行/发达	དར	དར	དར		tar	tar	
能/能够	ཏོ	ཏོ	ཏོ		tɔ	tɔ	
清澈/明亮	དངས	དངས	དངས		taŋ	taŋ	
痊愈/病好	དྲག	དྲག	དྲག		tʂɐk	tʂɐk	
惦念/思念	དྲན	དྲན	དྲན	དྲན	tʂan	tʂan	
温/热/暖	དྲོས	དྲོ	དྲོ		tʂi	tʂi	
张开/打开	གདངས	གདང	གདང	གདོངས	ʰdaŋ	ʰdaŋ	ʰdoŋ
熏	བདུགས	བདུག	བདུག	བདུགས	ʰdək	ʰdək	ʰdək
打结	མདུད	མདུད	མདུད	མདུད	ⁿdəl	ⁿdəl	ⁿdəl
洁净/干净	དག	འདག	འདག		tɐk	tɐk	
戴	བགོས	འདོགས	གདག	གདོགས	ⁿdok	ⁿdok	tʰok
足够/满额	འདང	འདང	འདང		ⁿdaŋ	ⁿdaŋ	
越过/超出②	འདའ	འདའ	འདའ		ta	ta	
打颤/发抖	འདར	འདར	འདར		ⁿdar	ⁿdar	

① 用牙一点点地撕咬并揪下来，或者用刀子剔的动作。"摘"则是用手的动作。

② 口语中如果说"火灭了"，乃"mʲe ta - sɐr ɲaŋ"，我们感觉此处的 ta 即来自书面上的 ᴎdaᴎ，但此处发生了比较大的音变，由浊鼻冠塞音变成了清塞音。

（续上表）

释义	书面正字				东纳口语		
	过去	现在	将来	命令	过去	非过去	命令
铺排/展开	བདིང	འདིང	གདིང	དིང	ⁿdiŋ	ⁿdiŋ	tʰiŋ
居住/坐	འདུག	འདུག	འདུག		ⁿdək	ⁿdək	
制伏/调伏	བདུལ	འདུལ	གདུལ	ཐུལ	ⁿdo	ⁿdo	tʰo
①驱赶；②刮毛①	བདེད	འདེད	བདེད	དེད	ⁿdel	ⁿdel	ⁿdel
栽植/修建；	བཏབ	འདེབས	གདབ	ཐོབ	ⁿdep	ⁿdep	ⁿdep
戴~手镯/栓	བདོགས	འདོགས	གདགས	ཐོགས	ⁿdok	ⁿdok	tʰok
①贪恋；②爱好	འདོད	འདོད	འདོད		ⁿdol	ⁿdol	
念/诵	བདོན	འདོན	གདོན	ཐོན	ⁿdon	ⁿdon	ⁿdon
剪裁/割裂	དྲས	འདྲ	དྲ	དྲོས②	ⁿdʐə	ⁿdʐə	tʂi
询问	དྲིས	འདྲི	དྲི	དྲིས	tʂi	ⁿdʐə	tʂi
叠/卷~被子等	དྲིལ	འདྲིལ	དྲིལ	དྲིལ	ri/tʂi	ri/tʂi	ri/tʂi
掘/挖~耳朵	དྲུས	འདྲུ	དྲུ	དྲུས	tʂi	ⁿdʐə	tʂi
托/拽/牵引	དྲུད	འདྲུད	འདྲུད	དྲུད	ⁿdʐəl	ⁿdʐəl	ⁿdʐəl
混合/搅和	འདྲེས	འདྲེ			ⁿdzi	ⁿdze	
惊悚/诧异	འདྲོག	འདྲོག	འདྲོག		ⁿdʐok	ⁿdʐok	
磨~刀	བདར	འདར	བདར	དོར	ɦdar	ɦdar	ɦdor

---

① 如驱赶牛羊，刮羊毛等等。
② 该组词的书面语的形态变化在不同词典中稍有不同，此处是按张怡荪主编的《藏汉大辞典》。按西北民族大学教研组所编《藏汉词典》则为：དྲས 过去 - དྲ 现在 - དྲ 将来 - དྲས 命令。若按照东纳口语的实际读音，《藏汉大辞典》的收词可能是对的，因为它的非命令式形式是 ⁿdʐə，而这正好 འདྲ 对应。而《藏汉大词典》则无此形式。

（续上表）

释义	书面正字				东纳口语		
	过去	现在	将来	命令	过去	非过去	命令
坍塌/塌陷/陷落	ཐུབ	ཐུབ	ཐུབ		ʰtəp	ʰtəp	
摊开/铺开~~牛粪①	བརྡལ	རྡོལ	བརྡལ	རྡོལ	ɦda	ɦda	ɦdo
敲打/捶打②	བརྡུངས	རྡུང	བརྡུང	རྡུངས	ɦdoŋ	ɦdoŋ	ɦdoŋ
①敲打；②钉③	བརྡེབ	རྡེབ	བརྡེབ	རྡོབ	ɦdep	ɦdep	ɦdop
舔	བལྡགས	ལྡག	བལྡག	ལྡོགས	ɦdɐk	ɦdɐk	ɦdok
①反刍；②咀嚼④	བལྡད	ལྡད	བལྡད	ལྡོད	ɦdal	ɦdal	ɦdol
回旋/盘旋⑤	ལྡིང	ལྡིང	ལྡིང		ɦdiŋ	ɦdiŋ	
灌水/注入⑥	བླུགས	འབླུག	བླུག	ལྡུགས	ɦdək/lək	ɦdək/lək	ɦdək/lək
喂乳/使饮⑦	བླུད	འབླུད	བླུད	ལུད	ɦdəl/ləl	ɦdəl/ləl	ɦdəl/ləl
烤热/晾晒	བསྲེགས	སྲེག	བསྲེག	སྲེགས	ⁿdi	ⁿde	ⁿdi
①危害；②训人	བསྡིགས	སྡིག	བསྡིག	སྡིགས	ɦdək	ɦdək	ɦdək
①喜乐；②遭罪	བདེ	བདེ	བདེ		ɦdək	ɦdək	
填/塞	བསྡུས	སྡུད	བསྡུ	སྡུས	ʰti	ʰti	ʰti

---

① 把堆在一起的东西铺开，如"铺牛粪""摊开粮食""铺床"等。
② 如打茶的动作。
③ 如用鞭子捶打羊毛；钉帐篷橛子。
④ ˢtɕəkʰdzok 或者 tɕəklok 也有反刍之义。
⑤ 到处游荡，胡浪荡。发音人说浪荡是自己的事，不能用命令式。
⑥ 相当于汉语的灌、灌满。
⑦ 如给牛、羊灌奶。

（续上表）

释义	书面正字				东纳口语		
	过去	现在	将来	命令	过去	非过去	命令
住/坐	བཞུད	སྡོད	བཞུད	སྡོད	ɦzʷal	ɦzʷal	ɦzol
①捆绑；②断除	བསྡམས	སྡོམ(a)	བསྡམ	སྡོམས	ɦdam	ɦdam	ɦdom
吸吮~~乳房	ནུན	ནུ	ནུ	ནུས	ni	nə	ni
退还/后撤	ནུར	ནུར	ནུར	ནུར	nər	nər	nər
没过/沉没	ནུབ	ནུབ	ནུབ	ནུབ	nəp	nəp	
损坏/伤害	གནོད	གནོད	གནོད		ɦnol	ɦnol	
按压/按捺/制止	མནན	གནོན	མནན	ནོན	ɦnan	ɦnan	ɦnon
有	སྣང	སྣང	སྣང		ʰn̊aŋ	ʰn̊aŋ	
致伤/致残	བསྙད	སྙེད	བསྙད		ʰn̊al	ʰn̊al	ʰn̊al
伤/残	བསྙད	སྙེད	བསྙད		ʰn̊al	ʰn̊al	
喂乳/给哺乳	བསྙས	སྙེས	བསྙས	སྙོས	ʰn̊ən	ʰn̊ən	ʰn̊ən
挪/推	བསྙུར	སྙུར	བསྙུར	སྙུར	ʰn̊ər	ʰn̊ər	ʰn̊ər
揉和/拌匀	བསྙོ	སྙོ	བསྙོ	སྙོ	ʰn̊i	ʰn̊o	ʰn̊i
弄乱/搞乱	བསྙོགས	སྙོག	བསྙོག	སྙོགས	ʰn̊ok	ʰn̊ok	ʰn̊ok
添加/加法	བསྣན	སྣོན	བསྣན	སྣོན	ʰn̊an	ʰn̊an	ʰn̊on
怀抱	པང	པང	པང	པོང	paŋ	paŋ	poŋ
交代①	དཔལ	དཔལ	དཔལ	དཔལ	ʰpal	ʰpal	ʰpal
积聚/积累	སྤུང	སྤུང	སྤུང	སྤུང	ʰpoŋ	ʰpoŋ	ʰpoŋ

---

① 如给某人交代某事。

（续上表）

释义	书面正字				东纳口语		
	过去	现在	将来	命令	过去	非过去	命令
吹①	སྤུར	སྤུར	སྤུར	སྤུར	ʰpar	ʰpar	ʰpar
抖/摇晃	སྤྲུག	སྤྲུག	སྤྲུག	སྤྲུག	ʰpək	ʰpək	ʰpək
耐用 无-l 尾	སྤྱོད	སྤྱོད	སྤྱོད	སྤྱོད	ʰtɕo	ʰtɕo	ʰtɕo
打中 活动物/受击②	ཕོག	ཕོག	ཕོག	ཕོག	pʰɐk	pʰɐk	
动弹/挣扎	འཕགས	འཕག	འཕག	འཕོག	pʰɐk	pʰɐk	pʰok
跳跃/腾起/生气	འཕར	འཕར	འཕར		pʰar	pʰar	
①捞~肉；②脱~衣；③掏出；④吐出	ཕུད	འཕུད	འཕུད	ཕུད	pʰəl	pʰəl	pʰəl
推~门	ཕུད	འཕུད	འཕུད	ཕུད	pʰu	pʰu	pʰu
搓揉	ཕུར	འཕུར	འཕུར	ཕུར	pʰər	pʰər	pʰər
飞行/翱翔	འཕུར	འཕུར	འཕུར		pʰər	pʰər	
①丢；②打~枪；③添加	འཕངས	འཕང	འཕང	འཕོང	pʰaŋ	pʰan	pʰoŋ
擦拭/扫除	འཕགས	འཕག	འཕག	འཕོག	ʂʷɐk	ʂʷɐk	ʂok
悬挂	དཔྱངས	དཔྱང	དཔྱང	དཔྱོང	ʰtʂaŋ	ʰtʂaŋ	ʰtʂoŋ
扬起③	ཕུར	འཕུར	འཕུར	ཕོར	ʂʷar	ʂʷar	ʂʷor
晚/迟	འཕྱིས	འཕྱི	འཕྱི		tʂʰʷi	tʂʰʷi	

① 如吹灭、吹笛子，吹气等。
② 感冒也是用这个词。
③ 如扬起麦子来簸扬糠秕。

（续上表）

释义	书面正字				东纳口语		
	过去	现在	将来	命令	过去	非过去	命令
错误	འཁྲུགས	འཁྲུག	འཁྲུག		tʂʰək	tʂʰək	
溢出/冒出	འཁྱུར	འཁྱུར	འཁྱུར		tʂʰwər	tʂʰwər	
搔/抓	འཁྲུག	འཁྲུག	འཁྲུག	ཁྲུག	tʂʰək	tʂʰək	tʂʰək
强取/掠夺/抢劫	ཁྲོག	འཁྲོག	འཁྲོག	ཁྲོག	tʂʰok	tʂʰok	tʂʰok
润湿/潮湿①	བང	བང	བང		paŋ	paŋ	
分离/脱落/外出	བད	བད	བད		pəl	pəl	
失落/丢失	བོར	བོར	བོར		por	por	
做/作	བྱས	བྱེད	བྱ	བྱོས	ʂi	ʂel	ʂi
水暴涨	བྲུག	བྲུག	བྲུག		tʂək	tʂək	
急/忙	བྲི	བྲི	བྲི		tʂi	tʂi	
倒~水	བླུགས	བླུག	བླུག	བླུགས	ʰləkʰ	ʰləkʰ	ʰləkʰ
①喂~水；②倒~茶②	བླུད	བླུད	བླུད	བླུད	ʰləl	ʰləl	ʰləl
抛弃/丢开	བསྐྱུར	སྐྱུར	བསྐྱུར	སྐྱུར	ʰjək	ʰjək	ʰjək
①弄烂；②剖开	བཤགས	འཤག	བཤག	ཤོགས	ʰtʂa	ʰtʂa	ʰtʂo
①降落；②来到	བབ	འབབ	འབབ		pap	ⁿbap	
叫指羊的叫声	འབའ	འབའ	འབའ		ⁿba	ⁿba	
燃烧	འབར	འབར	འབར		ⁿbar	ⁿbar	

---

① 把东西放在水里泡软了。
② 如给羊饮水，给客人倒茶。青海安多地区倒茶多用 ʰdək。

(续上表)

释义	书面正字				东纳口语		
	过去	现在	将来	命令	过去	非过去	命令
拔	འབད	འབད	འབད	འབོད	ⁿba	ⁿba	ⁿbo
跨/过~桥	བརྒལ	འགལ	འགལ	རྒོལ	ⁿbəl	ⁿbəl	ⁿbəl
漏~水	འཛག	འཛག	འཛག		ⁿbəl	ⁿbəl	
凸起/显露①	འབུར	འབུར	འབུར		ⁿbər	ⁿbər	
出来/新起②	འབུ	འབུ	འབུ		ⁿbu	ⁿbu	
献/呈/奉	ཕུལ	འབུལ	དབུལ	ཕུལ	pʰəl	pʰəl	pʰəl
①放倒；②教训③	ཕབ	འབེབས	དབབ	ཕོབ	pʰap	pʰap	pʰap
喊叫	བོས	འབོད	འབོད	བོས	pi	ⁿbol	pi
抛弃/舍弃	བོར	འབོར	འབོར	བོར	por	ⁿbor	por
粘合/粘贴	འབྱར	འབྱར	འབྱར		ⁿdzʷar	ⁿdzʷar	
擦去/拭净	ཕྱིས	འཕྱིད	ཕྱི	ཕྱིས	ʂʷi	ʂʯ	ʂʷi
冻伤	བསད	འཆད	བསད		ʂʷəl	ʂʷəl	
抹下	བཤད	འཆད	བཤད	ཤོད	ʂʷəl	ʂʷəl	ʂʷəl
涂上/敷上	བྱུགས	འབྱུག	བྱུག	བྱུགས	ɦji	ɦji	ɦji
发生/出现	བྱུང	འབྱུང	འབྱུང		ʂoŋ	ʂoŋ	
①开；②散	ཞིག	འཞིག	འཞིག		ʂi/ʂʷi	ʂi/ʂʷi	
打开/分开	ཕྱེ	འབྱེད	དབྱེ	ཕྱེས	ʂʷi	ʂʷe	ʂʷi

① 如"草发芽""小孩长牙"等。
② 比如说 ཁྱེད - ⁿbu - zək "你出花儿没有"。
③ 如把帐篷放倒，收起来，或者教训了某人一顿、收拾了某人一顿。

（续上表）

释义	书面正字				东纳口语		
	过去	现在	将来	命令	过去	非过去	命令
驱赶/疾走①	བརྡབས	འདེབ	རྡེབ	རྡོབས	ʰtʂəp	ʰtʂəp	ʰtʂəp
写/画/记	བྲིས	འབྲི	བྲི	བྲིས	tʂi	ⁿdʐə	tʂi
①钻；②掏②	བརྐོས	འདྲུ	འདྲུ	རྐོས	ⁿdzi	ⁿdzə	ⁿdzi
剃/剪~羊毛/割	བྲེགས	འབྲེག	བྲེག	བྲེགས	ⁿdzək	ⁿdzək	ⁿdzək
逃跑	བྲོས	འབྲོས	བྲོས	བྲོས	ⁿdzi	ⁿdzə	ⁿdzi
隐匿/暗藏/掩盖	སྦས	སྦེད	སྦ	སྦོས	zʷel	zʷel	zʷel
浸渍/淹泡	བཙོས	འཚོད	བཙོ	ཚོས	zʷaŋ	zʷaŋ	zoŋ
肿胀 如肚子胀等	རྒྱས	རྒྱས	རྒྱས		ri	ri	
给予	བྱིན	སྦྱིན	སྦྱིན	བྱིན	ʂʷən	zʷən	ʂʷən
贴	སྦྱར	སྦྱོར	སྦྱར	སྦྱོར	zʷar	zʷar	zʷar
吞/咽	མིད	མིད	མིད	མིད	ᵐɲel	ᵐɲel	ᵐɲel
细嚼慢咽	མུར	མུར	མུར	མུར	mər	mər	
捏/摸~乳房③	མནན	མནན	མནན	མནོན	ᵐɲaŋ	ᵐɲaŋ	ᵐɲoŋ
谩骂/咒骂	དམོད	དམོད	དམོད	དམོད	ʱmɔ	ʱmɔ	ʱmɔ
咬	རྨགས	རྨགས	རྨགས	རྨགས	ʱmək	ʱmək	ʱmək
耕/犁	རྨོས	རྨོད	རྨོ	རྨོས	ʱmi	ʱmɔ	ʱmi
①绣；②刺戳	བཙེམས	འཚེམ	བཙེམ	ཚེམས	ʰtsɐk	ʰtsɐk	ʰtsok

---

① 连打带揍的驱赶羊群的动作。
② 如把炕里羊粪掏出来。
③ 一般指揉捏、抚摸乳房的动作。

（续上表）

释义	书面正字				东纳口语		
	过去	现在	将来	命令	过去	非过去	命令
①扎针；②教育	བཙབས	གཙབ	བཙབ	གཙོབས	ʰtsap	ʰtsap	ʰtsop
①计算；②孝顺；③疼爱	བཅིས	བཅི	བཅི	བཅི	ʰtsi	ʰtsə	ʰtsi
修葺/建筑①	བཙེགས	བཙེག	བཙེག	ཙེག	ʰtsək	ʰtsək	ʰtsək
游戏/玩耍	བཅེས	བཅེ	བཅེ	ཙེ	ʰtsi	ʰtse	ʰtsi
①磨损；②牙碜	བཅེད	བཅེད	བཅེད		ʰtsel	ʰtsel	
疼痛/刺痛	ཚ	ཚ	ཚ		tsʰɐ	tsʰɐ	
①比量；②合适	ཚད	ཚད	ཚད	ཚད	tsʰal	tsʰal	tsʰal
筛	ཚགས	ཚགས	ཚགས		tsʷɐk	tsʷɐk	tsʷɐk
尽/完	ཚར	ཚར	ཚར		tsʰar	tsʰar	
聚合	ཚོགས	ཚོགས	ཚོགས		tsʰok	tsʰok	
闻/听到	ཚོར	ཚོར	ཚོར		tsʰor	tsʰor	
熟透/烂熟	ཚིས	ཚི	ཚི		tsʰi	tsʰi	
过滤/滤清	བཙགས	བཙག	བཙག	ཙོགས	tsʰʷɐk	tsʰʷɐk	tsʰok
磕头	བཙལ	བཙལ	བཙལ	འཙལ	tsʰʷa	tsʰʷa	tsʰo
焚焦/焦烂	བཙིག	བཙིག	བཙིག		tsʰək	tsʰək	
挤~牛奶	བཙིར	བཙིར	བཙིར	ཙིར	tsʷər	tsʷər	tsʷər
缝/缭/补	བཙེམས	བཙེམ	བཙེམ	ཙེམས	tsem	tsem	tsʰem
叫专指马叫	བཙེར	བཙེར	བཙེར		tsʰʷer	tsʰʷer	

---

① 一层层地往上垒起来。

（续上表）

释义	书面正字				东纳口语		
	过去	现在	将来	命令	过去	非过去	命令
放牧	འཚོས	འཚོ	འཚོ	འཚོས	tsʰi	tsʰɔ	tsʰi
①生活；②熟[①]	འཚོས	འཚོ	འཚོ		tsʰi	tsʰi	
卖/出售	བཙོང	འཚོང	བཙོང	ཚོང	tsoŋ	tsoŋ	tsoŋ/tsʰoŋ
①煮/炖	བཙོས	འཚོད	བཙོ	ཚོས	tsʷi	tsʷɔ	tsʷi/tsʰi
寻找/追求/探寻	བཙལ	འཚོལ	བཙལ	ཚོལ	tsʷa	tsʷa	tsʰo
抓住/执持	བཟུང	འཛིན	གཟུང	ཟུང	zoŋ	ⁿdzən	zoŋ
①竖立；②安置	བཙུགས	འཛུགས	གཟུག	ཚུགས	tsʷək	tsʷək	tsʰək
闭口/合目	བཙུམས	འཛུམ	བཙུམ	ཚུམས	tsəm	tsəm	tsʰəm
逃	བཟུར	འཛུར	གཟུར	ཟུར	zʷər	zʷər	zʷər
入/钻	འཛུལ	འཛུལ	འཛུལ	འཛུལ	ⁿdzo	ⁿdzo	ⁿdzo
扎/锥	འཛེར	འཛེར	འཛེར		ⁿdzer	ⁿdzer	ⁿdzer
①聚齐；②平安	འཛོམས	འཛོམ	འཛོམ	འཛོམས	ⁿdzom	ⁿdzom	ⁿdzom
研磨/拌揉	བཙིས	འཚི	བཙི	བཙིས	ɦdzi	ɦdzə	ɦdzi
挽起/卷起	བཙིར	འཛིར	བཙིར		ɦdzi	ɦdzi	ɦdzi
①圆满；②完毕	ཚོགས	ཚོགས	ཚོགས		ɦdzok	ɦdzok	
①流放；②派遣；③装	བཙོང	འཛོང	གཟོང	ཟོང	ɦdzʷaŋ	ɦdzʷaŋ	ɦdzoŋ
瞎	ཞར	ཞར	ཞར		ʂar	ʂar	
溶解/融化	ཞུ	ཞུ	ཞུ		ʂə	ʂə	

[①] 如饭熟了。

（续上表）

释义	书面正字				东纳口语		
	过去	现在	将来	命令	过去	非过去	命令
乘/骑	བཞོན	ཞོན	ཞོན	ཞོན	ʂʷan	ʂʷan	ʂʷan
①剃/刮；②剥掉	བགར	གར	གར	གར	ʐʷar	ʐʷar	ʐor
澄清 把水~~	བགར	གར	བགར	གར	ɦdzər①	ɦdzər	ɦdzər
烧焦	གཟོབ	གཟོབ	གཟོབ		ɦdzop	ɦdzop	
融化/熬炼/消融	བཞུ	ཞུ	བཞུ	ཞུ	ʐʷi	ʐʮ	ʐʷi
吃	བཟས	ཟ	བཟའ	ཟོས	si	sə	sɔ
发痒	ཟ	ཟ	ཟ		sə	sə	
吠/叫 狗~	ཟུག	ཟུག	ཟུག		sək	sək	
闭/合拢②	ཟུམ	ཟུམ	ཟུམ		zɛm	zɛm	
说/讲	ཟེར	ཟེར	ཟེར		ser	ser	
说③	བཟླས	ཟློ	བཟླ	ཟློས	ɦdzi/zi	ɦdzi/zi	ɦdzi/zi
疼 头~	གཟེར	གཟེར	གཟེར		zer	zer	
沉迷/醉	བཟི	ཟི	བཟི		zʮ	zʮ	
制造/做 ~衣服等	བཟོ	ཟོ	བཟོ	ཟོས	zʷi	cʷɔ	zʷi
聋	འོན	འོན	འོན		ɣon	ɣon	
消失/消隐④	ཡལ	ཡལ	ཡལ		ja	ja	

---

① ɦdzər 通常还会发生塞擦音的擦化，读作 ɦzər。
② 如眼睛或嘴闭上。
③ 该词只用于实义动词"说"义。bzlas 口语中有塞擦音 ɦdzi 和 zi 两读。
④ 比如一群马，跑起来尘土飞扬，一会儿不见了，即"消隐"了。

(续上表)

释义	书面正字				东纳口语		
	过去	现在	将来	命令	过去	非过去	命令
遮盖	ཡིབ	ཡིབ	ཡིབ	ཡིབ	jəp	jəp	jəp
歪/斜	ཡོ	ཡོ	ཡོ		jɔ	jɔ	
来	ཡོང	ཡོང	ཡོང		joŋ	joŋ	
借贷	གཡར	གཡར	གཡར	གཡར	ɦjar	ɦjar	ɦjar
扔	གཡུགས	གཡུག	གཡུག	གཡུགས	ɦjək	ɦjək	ɦjək
摇晃	གཡོར	གཡོར	གཡོར	གཡོར	ɦjor	ɦjor	ɦjor
打悬/绕圈①	གཡུག	གཡོག	གཡོག	གཡུགས	ɦjap	ɦjap	ɦjap
摸	རེག	རེག	རེག		rak	rak	rak
散落②	རེ	རེ	རེ		rɐ	rɐ	
看见	རིག	རིག	རིག		rək	rək	
帮助	རོགས	རོགས	རོགས	རོགས	rok	rok	rok
腐烂/腐朽	རུལ	རུལ	རུལ		ro	ro	
浸润/使湿	བརླན	རླན	བརླན	རློན	ɦlon	ɦlon	ɦlon
起/站立	ལངས	ལང	ལང	ལོངས	laŋ	laŋ	loŋ
起/亮/明天~	ལངས	ལང	ལང		laŋ	laŋ	
做/作	ལས	ལས	ལས	ལོས	li	li	li
闲扯/乱说	ལབ	ལབ	ལབ	ལོབ	lap	lap	lap

---

① 比如用脚在别人头上绕一圈的动作。
② 如羊跑得漫山都是。

（续上表）

释义	书面正字				东纳口语		
	过去	现在	将来	命令	过去	非过去	命令
咳/吐	ཁ	ཁ	ཁ		lə	lə	
遗忘/留下	ལུས	ལུས	ལུས		li	li	
①取/拿；②唱 ③减	བླངས	ལེན	བླང	ལོང	laŋ	lan	loŋ
①跌倒；②返回	ལོག	ལོག	ལོག		lok	lok	
①获得；②知悉	ལོན	ལོན	ལོན		lon	lon	
①学会；②习惯	ལོབས	ལོབས	ལོབས		lop	lop	
①说；②梳理	བཤད	བཤད	བཤད	ཤོད	ʂʷal	ʂʷal	ʂol
剥皮~牛皮等	བཤུས	འཤུ	བཤུ	ཤུས	ʂʷi	ʂɥ	ʂʷi
掉色	ཞུད	ཞུད	ཞུད		ʂə	ʂə	
知道/理解	ཤེས	ཤེས	ཤེས		ʂi	ʂi	
①推断；②扯~布	བཤགས	གཤོག	བཤག	གཤོགས	ʰtʂɐk	ʰtʂɐk	ʰtʂʰok
敬献~~哈达	བཞམས	གཞོམ	བཞམ	ཞོམས	ʂam	ʂam	ʂom
宰杀	བཤས	བཤ	བཤ	ཤོས	ʂʷi	ʂʷa	ʂʷa
冲刷/洗漱	བཤས	བཤ	བཤ	ཤོས	ʂʷa	ʂʷa	ʂʷa
燎①	བཞུར	བཞུར	བཞུར	ཞུར	zɥr	zɥr	zɥr
醒/觉/悟	སད	སད	སད		sal	sal	
厌烦/憎恶	སུན	སུན	སུན		sən	sən	

---

① 去掉 r 后就和"醉"同音。

（续上表）

释义	书面正字				东纳口语		
	过去	现在	将来	命令	过去	非过去	命令
思/想	བསམས	སེམས	བསམ	སོམས	sam	sam	som
挑选	བསལ	འསེལ	བསལ	བསལ	sʷa	sʷa	sʷa
撕	བསེད	གསེད	བསེད	སེད	sʷel	sʷel	sʷel
①增长；②积攒	བསོགས	འསོག	བསོག	སོག	sʷok	sʷok	sʷok
恢复/复原①	སོས	སོས	སོས		si	si	
忍耐/忍受	བཟོད	ཟོད	བཟོད	ཟོད	řan	řan	řan
伸长②	བསྲིངས	སྲིང	བསྲིང	སྲིངས	řəŋ	řəŋ	řəŋ
①守护；②拯救	བསྲུངས	སྲུང	བསྲུང	སྲུངས	řoŋ	řoŋ	řoŋ
打~酥油	བསྲུབས	སྲུབ	བསྲུབ	སྲུབས	ṣʷək	ṣʷək	ṣʷək
①混合；②收拾	བསྲེས	སྲེ	བསྲེ	སྲེས	ři	ře	ři
燃毁	བསྲེགས	སྲེག	བསྲེག	སྲེགས	řək	řək	řək
加热/烤热	བསྲོས	སྲོ	བསྲོ	སྲོས	ři	řo	ři
编/织	བཏགས	འཐག	བཏག	ཐོགས	le	le	le
到达	སླེབས	སླེབ	སླེབ		ʰtsep	ʰtsep	
翻腾~~粮食	བསློགས	བསློག	བསློག	སློགས	ɦlok	ɦlok	ɦlok
放倒~~帐篷	བསློགས	བསློག	བསློག	སློགས	ɦdzok	ɦdzok	ɦdzok
①乞讨；②立起；③吵醒	བསླངས	སློང	བསླང	སློངས	ʰtsaŋ	ʰtsaŋ	ʰtsoŋ
教授	བསླབས	སློབ	བསླབ	སློབས	ʰtsap	ʰtsap	ʰtsop

---

① 如某个动物或人重新又活了。
② 如伸手、伸脚等动作。

（续上表）

释义	书面正字				东纳口语		
	过去	现在	将来	命令	过去	非过去	命令
劈破/砍开	བཤས	བཤེ	བཤ	ཤེས	ʰtsi	ʰtse	ʰtsi
梳理~~羊毛/头发	བཤད	བཤད	བཤད	ཤད	sel	sel	sel
喂养①	བསོས	བསོ	བསོ	སོས	ʰtsi	ʰtsɔ	ʰtsi
①杀死；②灭除	བསད	བསད	བསད	སོད	sʷal/ ʰtsal	ʰtsal	ʰtsol
钻~眼子	བསོར	བསོར	བསོར	སོར	ʰtsor	ʰtsor	ʰtsor
遗留/剩下	ལུག	ལུག	ལུག		ɬɐk	ɬɐk	
掉下/堕落	ལྷུང	ལྷུང	ལྷུང		ɬoŋ	ɬoŋ	
释放/松开	གློད	གློད	གློད	ློད	ɬol	ɬol	ɬol

① 通常指牛羊。

3. 藏文动词待考正字

除上述基本可以确定书面正字的动词外，东纳口语中，还有一些口语词暂时在既有藏语词典中找不到正字。有些词，在临近的青海安多口语中也存在，藏族学者同样认为词源不明，一般会按音变规则写成符合藏语拼读法则的形式，比如"埋"写作གླུམ་ glum，"奓拉﹙头﹚"写作གནར་ gnar。是故我们暂列于此，以待后究。

释义	完成	未完成	命令
攥/捏①	tʂʷaŋ	tʂʷaŋ	tʂʷaŋ
跟随	ʂək	ʂək	ʂək
闲逛/游荡	ɦdom	ɦdom	ɦdom
铡﹙草﹚	ɦdəm	ɦdəm	ɦdəm
亲吻	ɦmar	ɦmar	ɦmar
打架②	tɕʷi	tɕʷe	tɕʷi
做﹙事﹚③	ʰkap	ʰkap	ʰkap
晾晒﹙衣服﹚	ɦdʐ̩i	ɦdʐ̩i	ɦdʐ̩i
捆	tsoŋ	tsoŋ	tsoŋ
攮/驱赶	ʰtsəp	ʰtsəp	ʰtsəp
涂抹	tʂəl	tʂəl	tʂəl
拉走/牵④	tʂəl	tʂəl	tʂəl
做事⑤	ʰkap	ʰkap	ʰkop
过河﹙统称﹚	ⁿbər	ⁿbər	ⁿbər
淌过/踏过﹙﹙河﹚	ɦdi	ɦdi	ɦdi

① 有可能与字典中名词 tɕaŋ "一握、一把"有同源关系。（《藏汉大辞典》第 783 页）
② 如 ɦdʐɛkri tɕʷe［架 打］"打架"。
③ tontɛk tʂəkya ʰkap［事情 好好 做］"好好做事"。ʰkap 此时也可以换成 li（<las）"做"。
④ 比如"牵着马/牛/羊"等走。
⑤ 如 tontɛk ˢkap-kijo［事情 做-助动词］"正在做某事"。

(续上表)

释义	完成	未完成	命令
熟 ~皮子①	ʰtsan	ʰtsan	ʰtson
洒 ~水、~种子等	ʰtʂo	ʰtʂo	ʰtʂo/ ʂo
泼 ~水	pʰol	pʰol	pʰol
甩 ~水	pʰe	pʰe	pʰe
骂	zək	zək	zək
埋	ɦləm	ɦləm	ɦləm
蘸	səp	səp	səp
还 给别人	ʰtɕən	ʰtɕən	ʰtɕən
嚼 ~烂	tʂʰi	tʂʰɐ	tʂʰi
翘 ~尾巴	ʰtʂor	ʰtʂor	ʰtʂor
下来 从树上~~	z̪ʷor	z̪ʷor	z̪ʷor
扣住	ɦmok	ɦmok	ɦmok
蒙住	ɦdəp	ɦdəp	ɦdəp
戳 ~瞎	tʂʷar/tʂar	tʂʷar/tʂar	tʂʷar/tʂar
调和 糌粑	ʰto	ʰto	ʰto
踩踏	ɦdi	ɦdi	ɦdi
骟 ~公羊	ɦnɐ	ɦnɐ	ɦnɐ
吹牛/谝大话	ɦlol	ɦlol	ɦlol
流/淌	ʰtʂar	ʰtʂar	
耷拉/垂头	ɦnar	ɦnar	
生产 ~~羊羔	tɕʰəl	tɕʰəl	
烂 ~苹果等	sək	sək	
下山 太阳~~	ⁿdzəp	ⁿdzəp	
消肿	ʂəp	ʂəp	
糊涂	ⁿdz̪oŋ	ⁿdz̪oŋ	
结实	ʰpɐ	ʰpɐ	
发疯	ɦdzɐ	ɦdzɐ	
掉下	tʂʰal	tʂʰal	
瘸	tɕo	tɕo	
沉 ~下去	tʂʰək	tʂʰək	

---

① 从音变规则推测，该词书面正字可能为 འ (འ现在 - ཕ过去和将来 - འ命令)。འ意为"并合、缝补"。(《藏汉大辞典》第 2998 页)

4. 长篇语料选①

(M-2) 商人和小偷

(1) ʰloŋjək   ʰgoŋmə-zək-ni,   tshoŋmə-zək-kə   lak-ɣa
     刮风   晚上-无定-位格   商人-无定-施格   手-位格

     poŋwɔ-zək,   poŋwɔ   tʂi   ⁿdʐɐ~ⁿdʐɐ-zək
     驴-无定   驴子   骡子   相似~重叠-无定

     tɕhər-ni   tɕhəmaː   ⁿdʐɔ-ɣɐ   ṅaŋ.
     牵-连词   家：与格   去：未完-进行：新异

     在一个刮风的晚上，一个商人手里牵着一头驴，一头像骡子一样的驴，正往家赶。

(2) tɐˢtɐ   ʰkənma-ɲiɣi   ʰti-ni,   ta   ⁿdəro
     那时   小偷-双数：施格   看：完成-连词   就   这样

     poŋwɔ   tʂi   ⁿdʐɐ~ⁿdʐɐ-zək,   raŋ-gə
     驴子   骡子   相似~相似-无定   自己-属格

     sam-nə   ta   hanpar   laŋ-nə,
     心-位格   就   眼红   起：完成-连词

     ta   thap   ʂe-la   ⁿdʐɔ-zək   ʰku-ja.
     就   方法   作-连词   去：未完-无定   偷：未完-语气

     那时，两个小偷看到了这情景，心想这样一头像骡子的驴，他们眼红了，
     （心想）应该想个办法去偷来啊！

(3) ʰkənma-ɲiɣa   khantɕəkya   tshoŋmə-ɣɐ   ʰdʐɐ
     小偷-双数：通格   悄悄地   商人-属格   后面

     ʂək-ni,   ʰkənma   tʂək-kə   poŋwɔ
     跟-连词   小偷   一个-属格   驴子

     ⁿgɔ-ɣɐ   thər   mar   ʂwə-laŋ-nə,
     头-属格   笼头   下面   摘下-助动词-连词

     raŋ-gə   ⁿgɔwaː   jar   ʰdʑi-taŋ-nə,
     自己-属格   头：与格   上面   套-助动词-连词

     ʰkənma   tʂək-kə   poŋwɔ   ⁿde-nə

---

① 此处附录两篇具有代表性的长篇语料，一是马伯成先生讲述的"商人与小偷"，二是索德廉先生讲述的"阿柔笨汉"。"商人与小偷"的故事并非当地流行的民间故事，而是马先生从一本汉语故事书中用藏语转述而来。"阿柔笨汉"乃当地流行的民间故事。

小偷　　　　一－施格　　驴子　　　赶着－连词
ʂʷər　　　　ʂor－soŋ－zək.
返回　　　　逃跑－助动词－拟测

两个小偷偷偷地跟在商人后面，其中一个小偷把驴头上的笼头取下来戴到自己头上，另外一个小偷赶着驴回头逃跑了。

(4) tsʰoŋᵐȵə　　tɕʰəmaː　　　ʰtsep－nə　　　　zʷəkɣa
　　商人：通格　家里：与格　到－连词　　　　以后
　　ʰtʂək　　　ʰti－ni,　　　raŋ－gə　　　　lak－ɣa
　　一　　　　看：完成－连词　自己－属格　　手－与格
　　ⁿɡɔ－a　　　tʰər　　　　ɦdʑi－jo－ȵi　　　ᵐȵə－zək
　　头－与格　　笼头　　　　套－助动词－名物化　人－无定
　　tʂʰə－ȵaŋ.
　　拉着－助动词

商人回到家里以后一看，自己手里牵着一个头戴着笼头的人。

(5) ta　　　　tə－nə　　　　tə－ta　　　　tʂʰəzək
　　然后　　　其－位格　　　其－话题　　　什么
　　tʂoŋ－soŋ－zək.
　　发生－助动词－拟测

然后（他想），那到底发生了什么？

(6) tɕᵋtɕ　　　　ʰkənma－ɣə　　　ʂʷa－te re　　　ŋi,
　　这时　　　　小偷－施格　　　说－完整：叙实　我：施格
　　ɦnamŋon－nə　　ŋanpa　　　li－zʐək－nə,
　　前世－位格　　　坏事　　　做－助动词－连词
　　ŋanpa　　　li－zʐək－nə－ta,　　　　tə－ɣə
　　坏事　　　　做－助动词－连词－然后　其－施格
　　ɦdzwu－ɣə　ŋʷaʐɣ　　　　pʰap－nə,　　　poŋwɔ－zək
　　上帝－施格　我：与格　　　惩罚－连词　　驴子－无定
　　lok－nə　　ta,　　　　mʲə　　　　　ŋaŋ－ŋa
　　变－连词　　然后　　　人　　　　　　里面－与格
　　soŋ－ŋa　　　　　　　mʲə－a
　　去：完成－连词　　　　人－与格
　　ʰtɕ－kʰə　　　　　　　ⁿdzək－kə ȵaŋ.
　　看：未完－名物化　　　致使－进行：新异

这时，小偷说："我前世做了恶事。做了恶事之后，因此被上帝惩罚，从而变成一头驴，来到人间，变成驴让人看。"

(7) pʰap – nə   taŋ – soŋ – nə   ta,   ta
    惩罚－连词   做－助动词－连词   然后   然后
    ŋɐ   jaŋ   mʲə – ɣə   mʲə – atʂoŋ – ʐ̩ɐk.
    我：通格   又   人－属格   人－与格变－助动词
    惩罚完了之后，现在我又变成了人间的人了。

(8) tsʰoŋᵐȵɐ – ɣə   ȵan – nə,   ʰkənma – ɣə   ʂʷal
    商人－施格   听－连词   小偷－施格   说
    te   ʰkatʂʰɐ   tə   ɦdanpare.
    其：通格   话   其：通格   真是：叙实
    商人听后，认为小偷说的是真的。

(9) ʂʷal – nə   ta,   ⁿdəro   jən – na   ta,
    说－连词   然后   这样   是－连词   然后
    ŋi   leˢkɐ – ta   tɕʰɔː^   tɕʰɔ – ta
    我：施格   活儿－焦点   你：与格   你：通格－话题
    ɦdək   manna   tʰoŋ – nə,   tɐroŋ   kɐpʰli
    苦   很多   喝－连词   而且   麻烦
    ⁿdzok – tʰan.
    放置－助动词
    (小偷) 说完后，（商人）说："这样的话，那我还曾让你干很多活儿……你呢吃了很多苦头，（我）还给你添很多麻烦。"

(10) ŋi   lak – nə   ta   ɦŋukar   raŋ
     我：属格   手－位格   现在   银子   两
     ɦŋɐtʂʰɐtsʰtsəm   jo,   tɕʰi   tɕʰə – ra
     五十三   有：向心   你：施格   拿－连词
     soŋ – ŋa   ɦdzɐ – nə   ⁿdʑakya ʂel   tsʰowa
     去：命令－连词   后来－位格   好好地   生活
     ʂi.   te   leˢkɐ   ŋanpa   la
     做：命令   其：通格   事儿   坏的   也
     ma – li – a,   jaŋ   poŋwo   ma – tsoŋ.
     否定－做－语气词 又   驴子   否定－变成
     我手头有五十三两银子，你拿去以后好好地生活吧。不要再做坏事，也不要再变成一头驴。

(11) tɐro ʂel   ʂʷal – nə   tɕo   ʰkənma^
     那样   说－连词   就汉   小偷

ʰkənma - ɣə   n̠an,   ʰkatʂʰɐ   maŋŋazək
小偷 - 施格   听   话语   很多
ʂʷal - nə,   ta   hara   ʂor - soŋ,
说 - 连词   然后   那边   跑 - 助动词
kʰɐjə - a   ʂor - soŋ - zək.
一边 - 与格   跑 - 助动词 - 拟测

那样说了后，小偷……小偷听着，说了很多话，然后就往那边跑了，往一边跑了。

(12) ɦdzawa   ⁿgɐ   pəl - ni,   tsʰoŋᵐn̠ə
     月份   几个   去：完成 - 连词   商人
     kʰʷartʂʰe - zək   naŋ - ŋa   soŋ - nə,
     大城市 - 无定   里 - 与格   去：完成 - 连词
     jaŋ   raŋ - gə   poŋwɔ   rək - zʐk - zək.
     又   自己 - 属格   驴子   看到 - 助动词 - 拟测

几个月过后，商人去到一座大城市里，又看到了自己的驴子。

(13) ta   raŋ - gə   raŋ - ŋa   ʂʷal,
     然后   自己 - 属格   自己 - 与格   说
     ŋɐ - ta   li   ŋan - nə,   ᵐn̠ənan
     我：通格 - 话题   命   坏 - 连词   坏人
     jaŋ   poŋwɔ - zək tʂoŋ - soŋ - nə,   ᵐn̠ə
     又   驴子 - 无定   变成 - 助动词 - 连词 人
     naŋ - ŋa   ɦdzək - kə n̠aŋ.
     里面 - 与格   跑 - 进行：新异

然后，他自言自语道："我命真不好，坏人又变成一头驴子，在人间正跑着呢。"

(14) ᵐn̠ɐ - ɣə   naŋ - ŋa   ɦdzək - nə   jaŋ
     人 - 属格   里面 - 与格   跑 - 连词   又
     tə,   li   ŋanpa   ʂʷok - kə n̠aŋ.
     其：通格   事情   坏的   积累 - 进行：新异
     tɐˢtɐ   ŋɐ   la   tʰap
     现在   我：通格   也   方法
     me   tə - ɣə,   ɦgontʂʰoksompu.
     没有   其 - 新异   三宝

"又变回到人间来跑着，积累苦难。现在我也没有办法了。三宝啊！"

(15) ta　　　　　raŋ-gə　　　poŋwɔ　　　rək-nə
　　　然后　　　自己-属格　　驴子　　　　看见-连词
　　　te-n̠iγa　　　　　　　kʰɐkʷar-taŋ-zək.
　　　其-双数：通格　　　　分开-助动词-拟测
　　　然后，他看到自己的驴后，那两者又分开了。

（S-2）阿柔笨汉

(1) arək　　　lanpa　　　tə　　　polpa　　　sɐtʂʰɐn-　　kʰɐʳtsaŋ
　　阿柔　　　笨人　　　其：通格　藏族人　　地方-位格　　以前
　　ŋən　　　ʂʷal～ʂʷal　　pəl-n̠i　　jo-nə re　　　tə.
　　天　　　说～重叠　　　去-名物化　有-完整：叙实　其：通格
　　阿柔笨人就是藏地以前经常被人们说起的一个傻瓜的名字。

(2) arək　　　si-sɐ-ta　　　　sɐtɕʰɐ　　　　re,
　　阿柔　　　叫-名物化-话题　地方　　　　　是：叙实
　　sɐmiŋ-zək　　re.　　　　　ta　　　miŋ
　　地名-无定　　是：叙实　　　叹词　　名字
　　te　　　　miŋ-la　　　　tə-n̠iγiˆ　　　arək
　　其：通格　名字-连词　　　其-双数：属格　阿柔
　　si-taŋ-zək.
　　叫-助动词-拟测
　　说到阿柔，是个地方，是个地名。人名和地名那两者……人们给它起名叫阿柔。

(3) arək　　　lanpa　　　ser-na-ta,　　　tə
　　阿柔　　　笨人　　　叫-连词-话题　　其：通格
　　sampa　　te　　　　ra　　　　me-dʐi
　　思想　　　其：通格　也　　　　无-名物化
　　mʲə-zək　　re.　　　　tə　　　　sokdzə-zək
　　人-无定　　是：叙实　　其：通格　　牧民-无定
　　re,　　　　sampa　　me-te re.
　　是：叙实　　思想　　　没有-完整：叙实
　　说到阿柔笨人，就是没有头脑的这么一个人。这是个牧人，没有思想。

(4) sokdzə-zək　　　　ŋən-ⁿdʐi-zək-ya　　　sok
　　牧民-无定　　　　一天-无定-与格　　　牲畜
　　tsʰi-ni　　　　　　jar　　　　　　　　　soŋ-nə,
　　放牧：完成-连词　　上面　　　　　　　　去：完成-连词

```
    sok              ⁿde            teː            jar
    牲畜             赶着           其：与格       上面
    soŋ – nə,        jo – zək       kə             soŋ – nə,
    去：完成-连词    远僻-无定     那             去：完成-连词
    ɬɐɣaŋ            tʂʰoŋ～tʂʰoŋ – zək          jo – kə.
    神庙             小～重叠-无定                有-新异
```
牧民有一天放羊，往上面去，赶着羊往上面去，去一个远僻地方，那儿有座小小的神庙。

(5)
```
    ɬɐɣaŋ            naŋ – ŋa       soŋ – zək,
    神庙             里面-与格      去：完成-拟测
    ɬɐɣaŋ            naŋ – nə       ɬɐʳku          jo – kə.
    神庙             里面-位格      神像           有-新异
```
进了庙里，庙里有座神像。

(6)
```
    ti               raŋ – gə       ɦjəkpa – zək   ʰte – ɲaŋ,
    其：施格         自己-施格      棍子-无定      拄-助动词
    ɬɐɣaŋ            naŋ – ŋa       ʰtsep – nə,    o,
    神庙             里面-与格      到-连词         叹词
    ɦjəkpa – ta      ɬoŋ – nə       ʰkepaː         tʂaŋ – taŋ – nə,
    棍子-话题        接下来-连词    腰：与格        别进-助动词-连词
    ta               ŋi             joɬɐː          sʷaŋ – zək
    现在             我：施格       土地神：与格   香-无定
    pʰəⁿdʐɐ          se – zək.
    敬奉             说-无定
```
他自个儿（手里）拄着根棍子，到了庙里，噢，然后他把棍子别到了腰上，然后说："我给土地神上炷香。"

(7)
```
    ta               joɬɐː          sʷaŋ – zək     pʰəl – nə,
    然后             土地神：与格   香-无定         敬献-连词
    sʷaŋ             pʰəl – taŋ – nə               ti.            saŋ
    香               敬献-助动词-连词              其：施格        香
    pʰə – tʂek       tə             jaŋ,           ti
    敬献-助动词      其：通格       又             其：施格
    jar – ta         kʰeʂʷal        ɕi – zək.
    往上-语气        说头           做：完成-拟测
```
然后给土地神上了个香，他上完香。上完香后，他又起身呢说了段颂词。

(8) a　　　　　joɬɐ　　　　　tɕʰanpu,　　　tərəŋ
　　叹词　　　　土地神　　　　大的　　　　　今天
　　ŋ̊ama　　　　zʷaŋ-gə,　　　ʰkarma　　　ɦdzɛwi①,
　　日子　　　　好-新异　　　　星星　　　　繁多
　　koŋ　　　　　ɬtʂʰen　　　　tsʰaŋwi②,　　ɬ
　　上面　　　　大神　　　　　齐聚　　　　神
　　tʂɐʂʂ　　　　koŋma-gə　　ŋ̊ama　　　　jən-tsʰer.
　　吉祥　　　　上面-属格　　日子　　　　是-引述
　　ⁿdək ʂel　　　tə-ta　　　　kʰeʂʷal　　　ʂi-zək.
　　这样　　　　其-话题　　　说头　　　　做:完成-助动词
　　ta　　　　　　mʲə-a　　　　ɦdeˢtɕəl　　　joŋ-kʰɐ,
　　然后　　　　人-与格　　　吉祥幸福　　来-连词
　　sok-ɣa　　　natsʰɐ　　　　me-kʰɐ.
　　牲畜-与格　　疾病　　　　　没有-语气
　　他说道:"啊,今天时光美好,良辰吉日,是为大梵天王吉祥之日。"这样
　　说了颂词:"人平安!牲畜无病!"

(9) z̢ʷək-ni　　　tə,　　　　ⁿdək ʂel　　　ʂʷal-taŋ-zək,
　　后来-位格　其:通格　　这样　　　　说-完整体-拟测
　　kʰeʂʷal　　　ʂi-taŋ-nə　　　　　　　　ti
　　说头　　　　做:完成-助动词-连词　其:施格
　　ra　　　　　ʂʷɐktsʰʷa-zək,　　　　ʂʷɐktsʰʷa-taŋ-zək.
　　又　　　　　磕头-拟测　　　　　　磕头-助动词-拟测
　　然后这么说完了,颂词说完后,他又磕头,磕了头。

(10) o,　　　　　ⁿdə-ni　　　　joɬɐ　　　　ⁿdê
　　哦　　　　　这-位格　　　土地神　　　这
　　ŋi　　　　　paŋ-nə　　　　tɐ̂　　　　　ⁿɕɔ
　　我:施格　　怀抱-位格　　其:通格　　头
　　tʂʰoŋ-tʂʰoŋ-zək　　　naŋ-nə　　　ʰtɕe-z̢ɐk-ŋ̊i
　　小~重叠-无定　　　　里面-位格　　携带-助动词-名物化

---

① 然而,我们在对这句话的意思进行核对的时候,发音合作者口头给我们解释时又用了ʰkarmɐ ɦazɐ-gə。显然,从这句话中可以看出唱语体和自然口头表述时还是有所不同的。

② 此处如用藏文,当写作 tsʰaŋ-bas, tsʰaŋ 乃"齐聚"之义,ba 为名物化标记,而 -s 本源为施格标记,此时语法化为从句连词。上文的ɦdzɛwi"繁多"也如此。

ʰtser   tʰikɐzək   jo.
金子   一点点   有：向心

"噢，这个地方的土地神……我怀里揣着……"（他的）小小的口袋里头，有携带的一点点的金子。

(11) ta   ŋi   ɬɐ   te: ʂam–dʐə
　　 现在   我：施格 神仙   其：与格 献–名化

　　 me–gə,   ta   ʰtser   tsamazək
　　 无–新异 现在   金子   一点点

　　 ʂam–na   tʂʰok–ki–se.
　　 敬献–连词 可以–新异–引述

"现在我没有可以给神贡献的东西，现在给他一点点金子的话应该可以。"

(12) ʰtser   ʂʷeji   lək–zʐk–zək,   ʂʷeji
　　 金子   一半   倒–助动词–助动词 一半

　　 lək^   ta   saŋtʂə   lɐkʰɐ
　　 倒   现在   香台   上面

　　 ʰtser   tʰiɣa–zək   lək–taŋ–nə,   ʂʷiji
　　 金子   一点点–无定 倒–助动词–连词 一半

　　 ⁿdʐok–taŋ–ŋa,   ta   ŋi   ɦdzɐma^
　　 放下–助动词–连词 然后   我：施格   以后

　　 ta   ŋi   namsa   taŋ   ɦgɔ–ɣə–se.
　　 然后   我：施格   日子   做   需要–新异–引述

他把一半金子倒了出来，一半……一半金子倒在上香的香台上。一半收起来了，然后说："我以后……（这一半留着）我过日子。"

(13) ti   ʰtser   ⁿdək ʂel   lək–zʐk–nə
　　 其：施格   金子   这样   倒–助动词–连词

　　 tə,   kʰɐ   ʂʷər   ɦgɔ
　　 其：通格   方位   返回   门

　　 tə–ta   ʂʷe: ⁿdʐɔ–ya   se–nə re.
　　 其：通格–话题 外：与格 去：未完–语气 说–完整：叙实

　　 ʰke   jo–ŋi   ɦjəkpa   ma–loŋ–zək.
　　 腰   有–名物化   棍子   否定–取–完成–拟测

他这样倒完金子之后，转身到门口，说："走啊！"腰上的棍子没有取下来。

(14) ta   ʂʷe: pəl–ti,   ɬɐɣaŋ–gə
　　 然后   外面：与格 去：完成–连词 神庙–属格

ʱgɔ - ɣə   ⁿgɔ   tʰok - soŋ - zək.
门 - 施格   头   卡 - 助动词 - 拟测
然后往外走的时候，神庙的门把头给卡住了。

(15) ta   tə   tə - ɣə   arək - ki,
     然后   其：通格   其 - 施格   阿柔 - 施格
     o,   ⁿdə   joɬɐ - ɣə - ta,   ŋi
     叹词   这   土地神 - 施格 - 话题 我：施格
     ʰtser   ʰtsaŋma   lək - ma - zʐk - ɣaˆ
     金子   全部   倒 - 否定 - 助动词 - 连词
     ʰtser   zʷok ～ zʷok - nəˆ   ta
     金子   放置：完成～重叠 - 连词   然后
     ʰtser   ʂʷeji   ma - lək   kɐˆ
     金子   一半   否定 - 倒   那
     zi   jaŋ   ʰtser   lək - taŋ - zək.
     他：施格   又   金子   倒 - 助动词 - 拟测
     然后阿柔这人就说："哦，这土地神吧，我没把金子全部放下，（你就不让我走）……"把金子都放下了，然后他把另一半没放下的那些金子……他又把金子倒下了。

(16) ta   ɬoŋ - nə   ʰtser   lək   jə
     然后   下来 - 连词   金子   倒   也（汉）
     lək - zʐk - zək   ta,   ⁿgɔ   tʂʰoŋ ～ tʂʰoŋ - zək
     倒 - 助动词 - 拟测   然后   口   小～重叠 - 无定
     ⁿdəro   ʱgoza   soŋ - nə   tə
     这样   口袋   去：完成 - 连词   其：通格
     saŋtʂʰək   lək ʰɐ: jile   zʷək.
     香台子   上面：与格   全部   放下
     然后接下来就把金子倒下了，把那个口这么小小的口袋走过去全部放到香台子上面。

(17) ti   ŋɐ - ta   ʂʷər   ⁿdʑɔ - a   si.
     其：施格   我：通格 - 话题   返回   去：未完 - 语气   说
     他说："我呢回去了哈！"

(18) ʂʷər   soŋ - nəˆ   jaŋ   soŋ - ŋa
     返回   去：完成 - 连词   又   去：完成 - 连词
     ʱgɔ: ʰtsep - nə,   ʱjəkpa - ɣə raŋ - ɣə
     门：与格   到 - 连词   棍子 - 施格   自己 - 属格

	ⁿgɔː	tʰok – soŋ – zək.
	头	卡 – 助动词 – 拟测

回头走了，走到门口时，棍子又把（他）自己的头给卡住了。

(19) tʰok – soŋ – nə　　　ti,　　　　jiha
　　　卡住 – 助动词 – 连词　其：施格　　一下ᵃ
　　　arək　　　　　tə – ta　　　tɕʰəkʰo – soŋ – zək.
　　　阿柔人　　　　其：通 – 话题　生气 – 助动词 – 拟测

卡住了，那个阿柔人一下就生气了。

(20) o,　　　joɬɐ　　　ⁿdə – ta　　　wɐgə,
　　　哦　　 土地神　　 这 – 话题　　 真真地
　　　ŋi　　　　　ʰtser　　　saŋma　　　tɕɔː
　　　我：施格　　金子　　　 全部　　　 你：与格
　　　lək – zək – nə,　　　tɕʰi　　　tɐroŋ　　　(ŋɐ)
　　　倒 – 助动词 – 连词　你：施格　 依然　　 （我：通格）
　　　ʱdzən – ⁿdək – nə　　　zʐwok – ɣa,　　　ʰkən – na
　　　抓 – 助动词 – 连词　　　放置：完成 – 连词　前面 – 位格
　　　jo – a　　　ⁿdzɔ – ɣa　　　mə – ⁿdzʐək – kə　　　tʂʰə
　　　家 – 与格　去：未完 – 连词　否定 – 致使 – 新异　　什么
　　　re.　　　　ser – kə.
　　　是：叙实　说 – 新异

"哦，这土地神真是的，我把金子全部都给你倒下了，你干吗还捉着我在前面不让（我）回家。"他这么说。

(21) ta　　　ʱjəkpawɔ　　　mar　　　laŋ – nə
　　　然后　 棍子　　　　 往下　　 取：完成 – 连词
　　　soŋ – nə　　　joɬɐ – ɣ　　　ⁿgɔ – a　　　jəkɕa
　　　去：完成　　 土地神 – 属格　 头 – 与格　 摇动
　　　tʂʰɐtsʰək　　　ʂi – taŋ – nə,　　　ta　　　joɬɐ – ɣ
　　　几个　　　　　 做：完成 – 助动词　然后　 土地神 – 属格
　　　ⁿgɔː　　　　la　　　tʂʷok – taŋ – zək.
　　　头 – 与格　 又　　　打 – 助动词 – 拟测

然后取下棍子过去，往神的头上摇晃了几下，然后往神的头上又打了一顿。

(22) ta　　　ʂʷeː　　　pəl – ni,　　　joɬɐ – gə^
　　　然后　 外边 – 与格　 去：完成 – 连词　土地神 – 施格
　　　ʱjəkpawɔ　　　laŋ – taŋ – nə,　　　lakpaː
　　　棍子　　　　　 取：完成 – 助动词 – 连词　手：与格

ʰte – nə,　　ʂʷeː　　　　　pə – tʂɐk – zək.
柱－连词　　外面：与格　　去：完成－助动词－拟测

然后再出去时，土地神……棍子被取下来了，放在手里挂着，所以就出去了。

(23) o,　　　　ta　　　ŋi　　　　kʰo　　　　ⁿgɔ
　　 哦　　　叹词　　我：施格　　他：属格　　头
　　 tʂʷok – taŋ – nə,　　ta　　　joɬɐ　　　ⁿdə – ta
　　 打－助动词－连词　　然后　　土地神　　这－话题
　　 toŋtsʰe – ta　　　wɐga　　　sam – nə　　ɦga
　　 钱财－焦点　　　真真地　　心－位格　　喜欢
　　 se – ni,　　ta　　　təro　　　re.
　　 说－连词　　叹词　　那样　　是：叙实

他说："噢，我打完他头，（然后他就放我走了），这个土地神在心里实在也是喜欢钱财的人呐！"就是那样的。

(24) ta　　　　　　ʂʷeː　　　　　pəl – taŋ – zək,
　　 然后　　　　外面：与格　　去：完成－助动词－拟测
　　 raŋna　　　　ʂʷeː　　　　　pə – tʂɐk – zək.
　　 随性　　　　外面：与格　　去：完成－助动词－拟测
　　 ɦjəkpa　　　laŋ – taŋ,　　　　ʂʷeː
　　 棍子　　　　取：完成－助动词　外面：与格
　　 pəl　　　　tʂʰok – zək.
　　 去：完成　可以－拟测

然后到（寺庙）外面去了，随便就到外面去了。棍子取下来了，就可以到外面去了。

(25) tə　　　　　arək　　　　　　te　　　　ʰkən – nə – ta
　　 其：通格　　阿柔　　　　其：与格　前面－离格－语气
　　 talpa　　　ʰtɕe – zək – mo,　　taɦdzɐma　　ʰtsep – nə,
　　 信仰　　　生－拟测－语气　　然后来　　　到－连词
　　 ti　　　　jaŋ　　　ȵewa　　　sʷok – zɐk – zək.
　　 其：施格　又　　　罪过　　　积累－助动词－助动词

那个阿柔人前面呢生起信仰了嘛，然而到了后来他又造下了罪过。

(26) ta　　　　ⁿdəro　　　　　re.
　　 叹词　　这样　　　　　是：叙实

嗯，（故事）就是这样的。

参考文献

一、中文文献

[1] 陈践．吐蕃文献解读及古藏文厘定疏释［J］．民族翻译，2017（4）：8—13．

[2] 苍抓西，哈建民，黄晓芹．东纳藏族自治区双语教学的现状问题及对策［J］．中小学教育，2014（4）．

[3] 多识仁波切．藏学研究甘露［M］．兰州：甘肃民族出版社，2003．

[4] 尕藏尼玛．碰撞中的身份寻求：东纳藏族部落社会历史与文化变迁研究［D］．兰州：兰州大学，2014．

[5] 格桑居冕，格桑央京．藏语方言概论［M］．北京：民族出版社，2002．

[6] 华侃．藏语安多方言词汇［M］．兰州：甘肃民族出版社，2002．

[7] 黄成龙．蒲溪羌语研究［M］．北京：民族出版社，2007．

[8] 李智君．语言走廊：河陇近代语言地理研究［J］．厦门大学学报（哲学社会科学版），2009（4）：36—43．

[9] 刘丹青．语法研究调查手册［M］．上海：上海教育出版社，2008．

[10] 刘丹青．汉语及亲邻语言连动式的句法地位和显赫度［J］．民族语文，2015（3）：3—22．

[11] 罗秉芬，安世兴．浅谈历史上藏文正字法的修订［J］．民族语文，1981（2）：27—35．

[12] 瞿霭堂，金效静．藏语方言的研究方法［J］．西南民族大学学报（人文社科版），1981（3）：76—84．

[13] 孙天心．求吉藏语的语音特征［J］．民族语文，2003（6）：1—6．

[14] 王双成．藏语安多方言语音研究［M］．上海：中西书局，2012．

[15] 王岩松．祁丰藏族历史概况［Z］．1994．

［16］王岩松. 雪域民族——东纳藏族史略［Z］. 2004.

［17］王岩松，罗万明. 马蹄文殊古刹轶事［M］. 兰州：甘肃文化出版社，2014.

［18］西義郎，周炜. 西藏的方言［J］. 西藏研究，2002（4）：110—120.

［19］西義郎，周炜. 西藏的方言［J］. 西藏研究，2003（1）：104—111.

［20］洲塔，尕藏尼玛. 东纳藏族部落族源考略［J］. 西南民族大学学报（人文社会科学版），2012（12）：60—65.

二、外文文献

［1］海老原志穂. 青海省共和県のチベット語アムド方言［D］. 东京：东京大学，2008.

［2］DELANCEY S. Mirativity：the grammatical marking of unexpected information［J］. Linguistic typology，1997，1：33—52.

［3］EBIHARA S. Perfective auxiliary verbs of Amdo dialect of Tibetan："Intentionality" and "Directionality"［C］//Eleventh Himalayan Languages Symposium，Chulalongkorn University，Bangkok，2005.

［4］PAYNE T E. 如何描述形态句法［M］. 北京：世界图书出版公司，2011.

［5］REBUSCHI G，TULLER L. The grammar of focus［M］. Amsterdam：John Benjamins Publishing Company，1999.

［6］SUN J T. A phonological profile of Zhongu：A new Tibetan dialect of Northern Sichuan［J］. Language and Linguistics，2001，4（4）：769—836.

［7］SUN J T. Special linguistic features of gserpa Tibetan［J］. Linguistics of the Tibeto-Burman Area，2006，29（1）：107—126.

［8］TOURNADRE N，JIATSO K. Final auxiliary verbs in literary Tibetan and in the dialects［J］. Linguistics of the Tibeto-urman Area，2001，24（1）：49—111.

［9］TOURNADRE N. The Tibetic languages and their classification.［M］// Hill N W，OWEN-SMITH T. Trans-Himalayan linguistics historical and descriptive linguistics of the Himalayan area. Berlin：De Gruyter，2014：105—130.

后 记

　　本书是这些年研习藏语的一个小结，但说心里话，带着诸多遗憾。下笔才知自己学识浅薄，很多问题只能浅尝辄止，未能深入。好在从 2008 年开始接触藏语，至今 10 年有余，积累了一些藏语的基本知识，才可以勉强完成本书。

　　本调查的缘起，纯粹是基于好奇之心。我的硕士和博士论文的方言调查点是青海省海北藏族自治州祁连县，当我拿着地图分析祁连周边藏族分布的时候，发现它的西北靠近酒泉和嘉峪关的是一个叫祁丰藏族乡的地方，这引起了我的兴趣。一来我所见的研究资料中，好像没有见到过相关的调查成果，二来我对敦煌古藏文文献一直保有浓厚的兴趣，当时觉得它作为离敦煌最近的藏族部落，会不会是之前敦煌周边部落迁居过去的呢？语言会不会和敦煌古藏文有关系呢？这想法让我不禁想去一探究竟。

　　后来在南开大学读博士时，申请了李方桂田野调查奖项目来做这个课题。本计划用该课题资助做河西走廊区域内肃南县马蹄藏族乡和祁丰藏族乡的调查，因这两地藏语都面临濒危，且相距较远，是河西走廊区域内除最东边华锐藏族外的两个最主要的藏族部落。但后来通过对祁丰籍藏族学者，同时也是之前肃南县县志办主任王岩松先生的请教，感觉祁丰的东纳话更加濒危，更加具有调查价值，所以就索性先对它做系统的调查研究。

　　从 2012 年我初次去甘肃肃南县马蹄寺结识阿克扎西让欧，了解东纳藏族部落的基本情况，到 2014 年亲自去肃南县城和祁丰藏族乡开始调查，又经历 2015 年和 2018 年的继续调查，前后寒暑假共计去了 5 次，反复调查核实语料，才有了这么个小小成果问世。

　　这本书从天津写到北京，从北京又写到广州，从学生时代写到工作时期，前后历时五载有余。本书写作期间得到很多老师的教诲。首先特别感谢引我入门的授业恩师阿错教授，没有他的指导和帮助，我不会有学习研究藏语的机会，也就更不会有本书的面世。我想，学问最大的指导莫过于引新人入新道，开启一个全新的天空。从这个角度讲，我是多么幸运。从最初入藏调查时一点一滴的藏俗教导，到讨论硕士和博士学位论文选题和写作，都得到他很多悉心的指导。不管是博士毕业后去北京工作，还是从北京来广州工作，平时有任何藏语的问题，我首先想到的还是通过邮件或微信随时向他请教，他都不厌其烦地给我解释，让我获得了很多藏语知识。他在学术上向来包容，也给我的固执本性以宽容，这也可能导致了我很多学术观点上的失误，但这还是由我自己负责。向询师母也和阿错老师一样，对我的藏语学习和工作等诸多方面，自始至终给予了莫大的鼓励和支持。南开大学曾晓渝老师讲授的田野调查课，让我受益良多。

还要特别感谢洪波老师。他既是我在南开大学学习时的授业恩师，也是我在北京学习时的合作导师，他所讲授的汉语史在当时给我的感受就是思想洗礼和震撼，至今记忆犹新。语言类型学的课也是在南开大学学的，这都使我拓宽了研究视野，更是影响了本书的写作。洪老师虽不从事藏语研究，但他独具理论慧眼，高屋建瓴，建议我博士学位论文不妨从藏语动词后的"小词"寻找思路，不曾想一下抓住了藏语古今历史语法最大的变化，也是藏语最具特色的语法部分，让我倍感喜悦。后来去首都师范大学跟随洪老师继续学习两年，做他的博士后。他没有给我分配任何教学任务，两年来每天 24 小时都由我自己支配，因此，这本书的相当一部分调查和写作都是在首都师范大学完成的。他还鼓励我从事古藏文的研究工作，最终写就了出站报告，很多藏语的理论问题都曾得到他的指导。只是很遗憾没能留在洪老师身边继续学习，有负他当时对我的期待，每每想来都是愧疚。

本调查得以顺利完成，离不开诸位发音人的大力帮助，以及调查中在生活等诸方面给予诸多照顾的当地人士。首先特别感谢发音人马伯成先生、索德廉先生，以及刘自生和索翠花夫妇。马伯成先生和索德廉先生是本书的主要语料贡献者，本书的大多数语料都是他们两位贡献的。刘自生夫妇主要提供了长篇语料，以及协助完成东纳部落河东和河西不同地区口语内部细微差异的比对工作。他们都年事较高，且在当地颇具威望，能得到他们的协助，是我莫大的荣幸。索德廉先生被誉为东纳的"宝贝老人"。他的说唱文学精彩绝伦，对典故如数家珍，殊为难得。他 80 多岁高龄，还坚持为我提供帮助，几次是拖着病体为我发音和核对语料，我甚是感激。他还不断嘘寒问暖，不管我是学生时去调查，还是工作之后再去调查，总会问我有无经济困难，并表示愿意给我一定的资助。如此热心之人，真让人感佩不已。马伯成先生学识丰富，是当地说唱文学，尤其是东纳民歌和东纳史诗的传承人。他做过小学老师，工作尽职尽责，耐心细致地回答我各种难解的问题。语音、词汇、语法和语料分析等大多问题，都承蒙他的协助。马伯成先生的夫人叶玉花女士，我调查期间，也偶有问题向她请教，她也提供了一些有价值的语料。刘自生夫妇非常热情好客，每次去他家总是热情地招待我。但让人惋惜的是，2014年我初识刘自生先生时，他还满面红光、精神较好，而今年1月份过年时再去调查时，刘先生已经因肿瘤发作而魂归西天，再无面见机会。由之前发音时他们俩密切配合，你一言我一语，到这次我只能面对索翠花女士一个人核对语料，让我甚感人生无常。

另外，还有一个人需要特别提出致谢，他就是王岩松先生。认识王岩松先生是该调查的一大幸运。他是个纯粹的藏族人，也是个难得的耿直的人，更是对我关爱有加。2013年，肃南县马蹄寺的阿克扎西让欧把王先生介绍给我，从此我与王先生相识。王先生是个耿直的人，矢志于学的人。他年轻时学问好、人品好、工作好，被誉为"肃南一支笔"，据说曾被提拔到县级领导的岗位，但他为人正直、直言不讳，最终只能愤愤然去了肃南县县志办这样一个清水衙门，从事基层史志工作。从此数十年如一日，秉持深厚的民族情怀，跑马肃南，勘界立碑，搜集史料，记录民谣，做了大量的工作。退休之后还从不间断地从事自己所钟情的肃南史志事业，尤其对本民族、本家乡的祁丰藏族着力甚多。他广搜史籍史料，勤勤恳恳，在身体有恙的状态下，依然笔耕不辍。自20世纪90年代起，他先后写了3本专著，即《祁丰藏族历史概况》《雪域民族——东纳藏族史略》和《祁连山下东纳儿女——祁丰藏族乡村史家谱简述》，为传续东纳文化做出了突出的贡献。

我每次去东纳调查，都要去嘉峪关王先生的家里拜访他，他也每次都十分热情地招待我，我们也总是有聊不完的各种历史文化问题，他也总是兴致勃勃。有一年晚上留宿他家，和他在一个床上睡觉。冬天天冷，夜里他怕我冻着，还专门起来给我披被子。我出门坐车，他会十分详细地给我指点，连公交车总共几站，下了车在哪儿转车都十分详细地告诉我。当我还是学生时，他还问我需不需要经济资助，他愿意协助。这几年调查期间，王先生不顾年事已高、身体有恙，屡次从嘉峪关家里亲自陪同我去乡上调查，提供调查的各种协助和关照。同时，他还提供了本书的大多数历史文化资料，以及部分章节的姓氏词汇。他还不断地督促我抓紧写完本书，并且一定要注上藏文，以方便他们学习自己的母语方言。

去年秋天，王先生不幸离世。我约略记得在他去世的前两天，我于夜里 10 点左右还收到了他的电话，但当时电话静音，很遗憾没有接听到。因为在这之前我给他邮寄了书，估计是他想告诉我书收到了。但因为当天天晚就没有给他回复过去，第二天我一忙就忘了给他回复，等第三天我打过去时，接电话的是王先生的女儿，她说父亲刚刚去世了，书还没有收到。我顿时唏嘘不已，异常难过。我现在也不清楚是他在病危时给我打的电话，还是怎么回事，总之天人两隔，再也没有面见的机会了。

另外，还需要特别说明的是，本书没有遵照王岩松先生和马伯成先生等东纳有识之士的要求，给每个例句和每个例词附上藏文，这也是一大遗憾。东纳地区只有老人才会说口语，且基本无人识藏文，只有马伯成先生略懂藏文。我深知他们期待通过本书学习藏文的热切心情，但我目前实在无力全篇都附加上藏文，只能向他们说声抱歉。

我在祁丰乡上调查时，还承蒙时任祁丰乡书记的强万生先生的大力帮助。西北民族大学的英加布老师和尕藏尼玛博士也给我提供了他们所录音的部分民间文学语料。谨对上述友人表达衷心的谢意。

藏语学界德高望重的前辈学者瞿霭堂先生欣然应允为拙作写序，为拙作增色不少。瞿先生是中国藏语研究筚路蓝缕的先驱之一，为中国藏语研究做了大量开拓性的贡献。感谢所有为中国藏语研究开路前行的前辈学者们，没有他们，就不会有今天的中国藏语研究事业。

最后特别感谢中山大学中文系的李炜老师、林华勇老师和庄初升老师等，他们给了我难得的机会来中山大学工作学习。中山大学中文系优越的办公条件和融洽的同事关系给我的研究工作带来了极大的便利。

本课题还先后受李方桂田野调查奖和北京市博士后课题资助，在此声明并致谢。

邵明园
2018 年 7 月 7 日
中山大学 中文堂